Leonie Herwartz-Emden
Mutterschaft und weibliches Selbstkonzept

Leonie Herwartz-Emden

Mutterschaft und weibliches Selbstkonzept

Eine interkulturell vergleichende Untersuchung

Juventa Verlag Weinheim und München 1995

Die Autorin
Leonie Herwartz-Emden, Jg. 1949, Dr. phil. habil., ist Hochschuldozentin im Fachgebiet Allgemeine Pädagogik/Frauenforschung, Fachbereich Erziehungs- und Kulturwissenschaften der Universität Osnabrück. Sie ist Mitbegründerin des Instituts für Migrationsforschung und Interkulturelle Studien (IMIS). Ihre Arbeitsschwerpunkte sind Migrationsforschung und interkulturelle Forschung im Bereich Erziehung und Sozialisation.

Die Deutsche Bibliothek - CIP-Einheitsaufnahme

Herwartz-Emden, Leonie:
Mutterschaft und weibliches Selbstkonzept : eine interkulturell vergleichende Untersuchung / Leonie Herwartz-Emden. - Weinheim ; München : Juventa-Verl., 1995
  (Juventa-Materialien)
  ISBN 3-7799-0875-1

Das Werk einschließlich aller seiner Teile ist urheberrechtlich geschützt. Jede Verwertung außerhalb der engen Grenzen des Urheberrechtsgesetzes ist ohne Zustimmung des Verlags unzulässig und strafbar. Das gilt insbesondere für Vervielfältigungen, Übersetzungen, Mikroverfilmungen und die Einspeicherung und Verarbeitung in elektronischen Systemen.

© 1995 Juventa Verlag Weinheim und München
Umschlaggestaltung: Atelier Warminski, 63654 Büdingen
Printed in Germany

ISBN 3-7799-0875-1

Für Julian und Marie Charlotte

How hard - to make ashes of the mind.
Sugawara no Michizane, 9. Jh.

Inhalt

Einleitung 11

ERSTER TEIL: Analyse und Deskription

1 Mutterschaft in ethnologisch-anthropologischer Perspektive - Konstitutive Merkmale von Mutterschaft in einfachen Gesellschaften 21
  1.1 Mutterschaft als sozial konstruierte Kategorie 21
  1.2 Kultureller Raum, Status und Prestige 22
  1.3 Matrifokalität und Geschlechtersymmetrie 24
  1.4 Diskussion 26

2 Mutterschaft in westlich-feministischer Perspektive - Konstitutive Merkmale von Mutterschaft in westlichen Gesellschaften 29
  2.1 Geschlechterverhältnis und Machtbeziehung zwischen Frau und Mann 30
  2.2 Mutterschaft und Mutterliebe in "Mutterbildern" 32
  2.3 Mutterschaft und weibliches Selbstkonzept 33
  2.4 Mutter-Kind-Beziehung und Erziehungstätigkeit der Frau 35
  2.5 Die Vereinbarkeit von Familie und Beruf als Basisvariable des mütterlichen Alltags 36
  2.6 Diskussion 38

3 Mutterschaft in den Herkunftsgesellschaften von türkischen und sowjetdeutschen Frauen 43
  3.1 Mutterschaft und Geschlechterverhältnis in der Türkei 43
  3.1.1 Forschungsstand 43
  3.1.2 Familienformen in der modernen Türkei 43
  3.1.3 Familie und Wertsystem 45
  3.1.4 Die Frau auf dem Arbeitsmarkt - Charakter der Frauenarbeit 47
  3.1.5 Veränderungen der Tätigkeit der Frau 50
  3.1.6 Die Vereinbarkeit von Familie und Beruf als Basisvariable des mütterlichen Alltags 51
  3.1.7 Geschlechterverhältnis im familiären Beziehungsnetz . 52

	3.1.8 Mutterschaft, Erziehung und sozialer Wandel	62
	3.1.9 Diskussion	66
	3.1.10 Konstitutive Merkmale von Mutterschaft in der Türkei	69
	3.2 Mutterschaft und Geschlechterverhältnis in der ehemaligen Sowjetunion	73
	3.2.1 Die Situation der Deutschen in der ehemaligen Sowjetunion	73
	3.2.2 Zur Lage und Rolle der Frauen in der ehemaligen Sowjetunion	77
	3.2.3 Konstitutive Merkmale von Mutterschaft deutscher Frauen in der ehemaligen Sowjetunion	97

4 Mutterschaft und Migration/Einwanderung 103

4.1 Die Arbeitsmigrantin aus der Türkei in der Bundesrepublik Deutschland ... 103
4.1.1 Die Migrantin/Einwanderin und ihre Familie im Spiegel sozial- und erziehungswissenschaftlicher Forschung ... 103
4.1.2 Strukturelle Komponenten der Lebenswelt von Arbeitsmigrantinnen aus der Türkei ... 110
4.1.3 Mutterschaft und Arbeitsmigration in soziologischer und demographischer Perspektive ... 115
4.2 Die Aussiedlerin aus der Sowjetunion in der Bundesrepublik Deutschland ... 121
4.2.1 Die Aussiedlerin und ihre Familie in der Forschungsdiskussion ... 121
4.2.2 Die einreisenden Deutschen ... 125
4.3 Perspektiven und Ergebnisse der internationalen Forschungsdiskussion ... 134
4.4 Konstitutive Merkmale von Mutterschaft unter der Bedingung von Einwanderung/Migration und Hypothesen zu den untersuchten Gruppen ... 138

ZWEITER TEIL: Methodisches Konzept

5 Methodische Prämissen und programmatische Überlegungen 159

5.1 Das Konzept "gender" ... 160
5.2 Geschlechterverhältnis und Geschlechtsrollenwandel als zentrale Untersuchungsgegenstände ... 168
5.3 "Kultur" als Untersuchungsgegenstand ... 171

6	Die Erforschung des weiblichen Selbstkonzeptes	173
	6.1 Die empirische Ermittlung der Geschlechtsrollenorientierung	173
	6.2 Die BEM-Skala in der Selbstkonzeptforschung	173
	6.3 Grundgedanken der BEM-Skala	175
	6.4 Vorteile der BEM-Skala	177
	6.5 Erwartungen an die BEM-Skala	178
	6.6 Die BEM-Skala in interkulturellen Untersuchungen	179
7	Die Validität interkultureller Untersuchungen	183
	7.1 Die Vorbereitung der Validierung auf der Ebene der theoretischen Explikation der Forschungskonzepte - Makroebene	183
	7.1.1 Problemstellung	183
	7.1.2 Die Unterscheidung von universellen und kulturspezifischen Konzepten in der interkulturellen Psychologie	183
	7.1.3 Die Strukturierung der Perspektiven	184
	7.1.4 Das "emic-etic"-Strukturgitter	186
	7.1.5 Methodischer Stellenwert des "emic-etic"-Strukturgitters	187
	7.1.6 Universalistische und spezifische Konzepte im "emic-etic"-Strukturgitter	190
	7.2 Die Validierung auf der Ebene der Forschungsinstrumente - Mikroebene	196
	7.2.1 Die Problematik der Entwicklung interkultureller Konzepte im Forschungsprozeß	196
	7.2.2 Klassische Validitätskonzepte	198
	7.2.3 Funktionale Äquivalenz	199
	7.2.4 Das Konzept von Validität in der vorliegenden Untersuchung. Design und Instrumente	200
	7.2.5 Voraussetzung der Validität	201
	7.2.6 Validierungsschritte	202
	7.2.7 Die "aufgedrängte" Validität als Scheinlösung und das Konzept der "abgeleiteten" Validität	204
8	Darstellung der Projektforschung	207
	8.1 Operationalisierung des "gender"-Konzepts für die empirische Untersuchung - Makroebene	207
	8.2 Meßprobleme	208
	8.3 Schlüsselkontexte und Befragungsbereiche	209

8.4	Operationalisierung der Fragestellung - Mikroebene	210
8.5	Leitgedanken des Forschungsansatzes	211
8.6	Design und Aufbau der Forschung	212
8.7	Die standardisierte Hauptbefragung	213
8.8	Die Mutterschaftsskalen	215
8.9	Merkmale der Stichprobe	218

DRITTER TEIL: Empirische Ergebnisse

9 Ausgewählte empirische Ergebnisse 221

9.1	Organisation der Kinderbetreuung	221
9.2	Mutterschaft	224
9.2.1	Analyse und Auswertung der Mutterschaftsskalen	224
9.2.2	Interkorrelationen der Mutterschaftsskalen	239
9.2.3	Der Einfluß ausgewählter sozialstatistischer Merkmale auf die Mutterschaftsskalen	242
9.3	Weibliches Selbstkonzept in der BEM-Skala (BSRI)	250
9.3.1	Statistische Vorgehensweise	250
9.3.2	Auswertung der Mittelwerte, Varianzanalyse und Median-Split-Methode	251
9.3.3	Kontrolle des Faktors "Schicht"	253
9.3.4	Median-Split-Auswertung	253
9.3.5	Korrelationen der Fem- und Mas-Skalen	254
9.3.6	Reliabilität der Original-BEM-Skala per Gruppe	255
9.3.7	Faktorenanalyse	255
9.3.8	Korrelationen der Mutterschaftsskalen mit der BEM-Skala	260
9.4	Erziehungsskalen	262
9.4.1	Gehalt der Erziehungsskalen	263
9.4.2	Meßbereiche und Reichweite der Erziehungsskalen	264
9.4.3	Auswertung der Erziehungsskalen	265
9.4.4	Korrelationen der Erziehungsskalen mit der BEM-Skala und den Mutterschaftsskalen	268

10 Zusammenfassende Diskussion 271

10.1	Darstellung der Ergebnisse der Einstellungsuntersuchung zu Mutterschaft, weiblichem Selbstkonzept und Erziehungsvorstellungen	271
10.2	Fazit	279

Literatur 287

Einleitung
Ausgangspunkt und theoretische Verortung der Forschungsfragen

Die vorliegende Arbeit untersucht Mutterschaft und weibliches Selbstkonzept aus einer interkulturell-vergleichenden Perspektive. Zwei verschiedene Gruppen von Frauen mit unterschiedlichen Migrations- bzw. Einwanderungserfahrungen, Arbeitsmigrantinnen aus der Türkei und deutsche Aussiedlerinnen aus der ehemaligen Sowjetunion, werden sowohl miteinander als auch mit einheimischen, westdeutschen Frauen verglichen.

Der Schwerpunkt der Arbeit liegt in der Frage, unter welchen Bedingungen Mutterschaft im Migrations- und Einwanderungsprozeß gelebt wird und welche Veränderungen sich in diesem Prozeß sowohl für die Praxis als auch für die Erfahrung der Mutterschaft und das Selbstkonzept der Frau ergeben. Eine selbständige Arbeit über Mutterschaft unter Migrations- und Einwanderungsbedingungen liegt bis dato weder in der bundesdeutschen noch in der internationalen Forschungsliteratur vor. Der (wissenschaftliche) Wissensstand über die Vorstellungen und die Praxis von Mutterschaft sowie deren Zusammenhang mit Frauenbildern und Geschlechterstereotypen bei Arbeitsmigrantinnen aus der Türkei und deutschen Aussiedlerinnen aus der ehemaligen Sowjetunion ist minimal; die Fragestellung ist in einer Forschungslücke angesiedelt.

Mutterschaft zu untersuchen heißt, die vielfältigen Prozesse in Augenschein zu nehmen, die Mutterschaft in den biographischen, sozialen und emotionalen Bezügen der Frau in Gang setzt. Mutterschaft ist Bestandteil des weiblichen Selbstkonzeptes, eine zentrale Dimension der weiblichen Geschlechtsrollenorientierung. Die Sozialisation zur Mutterschaft setzt für die Frau in ihrer Kindheit und Jugend ein; ihre Auswirkungen auf die weibliche Biographie und Lebensgestaltung reichen weit über die Phase der aktiven Mutterschaft hinaus.

Im Rückblick auf frühere Jahrhunderte der deutschen und europäischen Geschichte (vgl. Elisabeth Badinter 1988 und Yvonne Schütze 1991) zeigt sich, daß Mutterschaft und Mütterlichkeit - als Verhalten der Frau dem Kind gegenüber - historisch variabel und kulturell bedingt sind. Mutterschaft wurde in der christlich-abendländischen Kultur lange Zeit anthropologisch als innerste Wesenserfüllung der Frau verstanden; die bürgerliche Gesellschaft des 19. Jahrhunderts verschärfte diese Zuschreibung noch durch die Festlegung der Frau auf den Innenraum des Hauses und die Familie (vgl. auch Katrin Wiederkehr-Benz 1988, S. 780ff.). Mütterlichkeit wurde zu einer der Frau eigenen, besonderen Fähigkeit, die sich unterscheidet von Väterlichkeit und inhaltlich nicht komplementär dazu ist (vgl. dazu Miriam M. Johnson 1988). In der Ideologie der industrialisierten, modernen Gesellschaften dieses Jahrhunderts wurde Mutterschaft zur Wahlmöglichkeit für die Frau, erscheint als eine Option in ihrem Lebenslauf. Das Bild der idealen Mutter geriet in Gegensatz zur Konstruktion der idealen, berufstätigen Frau.

Für Einwanderinnen und Migrantinnen aus nicht-westlichen Gesellschaften entstehen harte Kontraste in der Konfrontation ihrer eigenen Einstellungen mit den Einstellungen der Aufnahmegesellschaft; ihre Mutterschaft gerät in den Einfluß der Veränderungen, die sie im Niederlassungsprozeß durchmachen. Mutterschaft wird zum Mittelpunkt von teilweise existentiellen Krisen, die Einwanderinnen und Migrantinnen erleben, aber auch zum Ausgangspunkt von neuen Sichtweisen und Einstellungen.

Veränderungen ergeben sich im Selbstkonzept der Frau, aber ebenso in der alltäglichen mütterlichen Praxis sowie in den ideologischen Sedimenten von Mutterschaft, den Vorstellungen und Erwartungen bezüglich Mütterlichkeit und mütterlicher Liebe. Die Veränderungen sind eingelagert in ein komplexes Bedingungsgefüge, das Veränderungen und Veränderungsbedürfnisse im Herkunftsland ebenso umfaßt wie die hiesigen materiellen, sozialen und rechtlichen Bedingungen der Famile und die persönlichen (und bildungsmäßigen, vgl. Bernhard Nauck 1992) Voraussetzungen der Frau selbst. Die Einwanderin und Migrantin ist weder nur "Emanzipations"-Gewinnerin, noch nur "Verliererin", sondern sie erfährt sowohl Gewinne als auch Verluste in ihrer neuen Lebenssituation. Veränderungen in den Bezügen, die Mutterschaft mit sich bringt, ergeben sich nicht deterministisch, sondern prozeßhaft und vielschichtig und sind nicht linear abhängig vom z. B. veränderten Status der Frau.

Die Mutter als weibliche Person ist jedoch bis heute ein weitgehend unerforschtes Phänomen, Mütter erscheinen in der Regel in der - ausbleibenden - Beschreibung ihrer Bedürfnisse als nicht unterschieden von den Bedürfnissen der Kinder.

Folglich ergibt sich eine doppelte Forschungslücke, denn die Mutter erscheint weder als weibliche Person, noch als kulturelle Gestalt. Weibliche Identität ist in *vielen* Aspekten unerforscht, insbesondere in der Verknüpfung zur Mutterschaft. Es liegt bis dato keine Sozialgeschichte weiblicher Aufgaben und Funktionen vor, es fehlt die systematische Bearbeitung ihrer Veränderungen, aber auch ihrer Konstanz. Wenig untersucht ist beispielsweise die Frage danach, welche Qualitäten und Kompetenzen eine gute Mutter (im westlichen Kulturraum) auszeichnen, und was der generelle Beitrag der mütterlichen Erziehungsleistung zum Erhalt der Familie und der Gesellschaft ist. Eine Art "Abwertung des Mütterlichen", wie sie für die ideologische Entwicklung der Bundesrepublik seit dem 2. Weltkrieg festzustellen ist, läßt sich auf der Ebene der Forschungsfragen und -gegenstände auch für die Erziehungswissenschaft konstatieren.

Mit der Ausrichtung der vorliegenden Arbeit auf die Erklärung von "Mutterschaft" und "weiblichem Selbstkonzept" wird gezielt darauf hingearbeitet, in den genannten Forschungslücken Denkanstöße zu geben.

Weibliche Identität wird im folgenden als weibliches Selbstkonzept gefaßt (und damit aus der Perspektive der Selbsteinschätzung definiert), als empirische Frage entwickelt und im Zusammenhang mit der Mutterschaft der Frau empirisch untersucht (vgl. Teil III der Arbeit).

Ebenen des Vergleichs

In einer globalen Charakterisierung werden im folgenden die Gesellschaften der "westlichen Welt" den Gesellschaften entgegengesetzt, die nicht industrialisiert bzw. geringer industrialisiert und weniger urbanisiert sind. Der Begriff "westliche Welt" umfaßt die Lebensbasis und -form jener Gesellschaften, die hochindustrialisiert und hochurbanisiert sind und ein - vergleichsweise - hohes Wohlstands- und Bildungsniveau aufweisen (dazu zählen die Gesellschaften Mittel- und Westeuropas und Nordamerikas, sowie Australien und Neuseeland und - mit Abstrichen - Japan). Der Begriff wird strukturell und nicht geographisch benutzt (vgl. hierzu auch Martin Kohli 1992), er zielt im folgenden vornehmlich auf den Aspekt der - individualisierten - Lebensformen, die in diesen Gesellschaften ermöglicht werden.

Über diese Entgegensetzung hinaus werden - z. T. implizit durch den Vergleichsaspekt, der durch den Einbezug von Migrations- und Einwanderungsbedingungen zustande kommt - drei verschiedene gesellschaftliche Systeme miteinander verglichen, nämlich die Gesellschaft der Bundesrepublik Deutschland mit der Gesellschaft der ehemaligen Sowjetunion und der der Türkei. Unterstellt wird, daß es sich bei diesen drei Gesellschaften um patriarchalische Gesellschaften handelt, allerdings unterschiedlicher Ausrichtung.

Für die Bundesrepublik Deutschland wird, ähnlich wie für die anderen der "westlichen Welt" zugeordneten Gesellschaften, aufgrund ihrer Sozialordnung, Rechts- und Erbfolgeform ein patriarchalisch basiertes Geschlechterverhältnis angenommen.

Die ehemalige Sowjetunion war eine fortgeschrittene planungsorientierte und staats-sozialistische Gesellschaft mit einem vollzogenen - allerdings auf bestimmte Bereiche ausgerichteten - Industrialisierungsprozeß, mangelnder Infrastruktur und geringerem Urbanisierungsgrad als in westlichen Gesellschaften. Pluralisierte Lebenslagen und Lebensstile können nicht vorausgesetzt werden, und für das Geschlechterverhältnis dieser Gesellschaft kann unterstellt werden, daß trotz staatlich forcierter Gleichstellungspolitik die Lebenschancen und -qualitäten für Frauen und Männer geschlechtsspezifisch ungleich verteilt waren und somit ein patriarchalisch basiertes Geschlechterverhältnis sozialistischer Variante überdauerte.

Die Türkei befindet sich, wirtschaftlich betrachtet, in einem weltmarktabhängigen Unterentwicklungsprozeß, es kann weiterhin angenommen werden, daß sie keine eigenständige Industrialisierung aufweist (diese ist erst in einigen wenigen Sektoren vollzogen), und daß sie durch die Koexistenz verschiedener Produktionsformen (auch vorkapitalistischer) sowie durch kraß ungleiche regionale Entwicklungen (auch durch einen raschen und anhaltenden Verstädterungsprozeß) und sozial polarisierte Lebensverhältnisse und -niveaus gekennzeichnet ist. Das Geschlechterverhältnis der türkischen Gesellschaft kann mit Kandiyoti (1988) als klassisches Patriarchat charakterisiert werden, dessen

Basis der erweiterte, patrilokale Haushalt ist (vgl. S. 278), und in dem die Lebensräume der Geschlechter segregiert sind.[1]
Der Erfahrungshintergrund der Herkunftsgesellschaften der Einwanderinnen/ Migrantinnen ist unerläßlicher Bestandteil der Analyse: Veränderungsprozesse setzen nicht erst in der Situation der Einwanderung/Migration ein. Die systematische Auswertung der Forschungsliteratur zur Situation der Frau in der türkischen Gesellschaft sowie in der ehemaligen Sowjetunion bzw. in der deutschen Minderheit unter der Perspektive "Mutterschaft" bildet, in Kombination mit der Auswertung der Migrations- und Einwanderungsforschung, die Basis für die Entwicklung der forschungsleitenden Hypothesen und damit für die empirische Untersuchung. Die Heterogenität der zu untersuchenden drei Gruppen verlangt ein methodisches Konzept, das diese verschiedenen "Zugänge" zu den Forschungsfragen integriert.

Die Arbeitsmigrantin aus der Türkei und die Aussiedlerin aus der ehemaligen Sowjetunion befinden sich in Lebenslagen, die qualitativ verschieden sind, dennoch zum Teil gemeinsame Merkmale aufweisen - Merkmale, die eine Einwanderungssituation ebenso mit sich bringt wie eine Migrationssituation (die häufig zur Einwanderung wird bzw. zu einer jahrelangen bis nahezu lebenslangen Niederlassung führt).

In der offiziellen Terminologie der Bundesrepublik Deutschland erscheint die Aussiedlerin aufgrund ihres Deutschtums nicht als Einwanderin. Hingegen wird im folgenden davon ausgegangen, daß ihre Aussiedlung eine (verdeckte) Einwanderung ist und die Einreisemotivation und -definition nicht mit der tatsächlichen Lebenslage verwechselt werden sollte. Durchgängig wird demzufolge im folgenden Text die Terminologie Einwanderung/Migration bzw. Einwanderin/Migrantin verwendet.

León Grinberg und Rebeca Grinberg (1990) stellen dazu fest, daß Menschen, die Migranten sind, ihre Gedanken eher auf die Rückkehr als auf den Fortgang konzentrieren (vgl. S. 19). Sie wissen oder vermuten, daß ihre Trennung von ihrem Herkunftsort und ihren Familien zeitlich begrenzt ist - eine Vorstellung, die sie vor der Konfrontation mit den Erfahrungen der neuen Umgebung schützt. Menschen, die der Kategorie der Immigranten zugehören, erleben den Verlust des Zurückgelassenen viel stärker, weil bei ihnen der Bruch mit alten Bindungen einen endgültigen Charakter aufweist - auch wenn dies in der Realität nicht zutrifft. Beide Gruppen müssen jedoch (in ihrer emotionalen Verarbeitung der neuen Erfahrungen) durch ähnliche Phasen der Trauer, der Entwurzelung und der Adaptionsversuche gehen (ebd.).

---

[1] Die duofocale Struktur männlicher und weiblicher Netzwerke kennzeichnete nicht nur die anatolische Bauerngesellschaft, sondern in ähnlicher Form auch die Stadtgesellschaft des osmanischen Reiches und konnte bis heute überdauern (Kandiyoti 1988, S. 274ff.). Der Charakter des Geschlechterverhältnisses erklärt sich vor allem durch diese Art der Geschlechtertrennung - der Islam wirkt vereinheitlichend auf die Gestaltung des Geschlechterverhältnisses, aber nicht verursachend (wie oft fälschlich angenommen wird).

Der Niederlassungsprozeß in der Bundesrepublik Deutschland hat folglich verschiedene Ausgangspunkte; er ist auch in den Statusbedingungen unterschiedlich, weil Aussiedlerinnen Deutsche sind und Arbeitsmigrantinnen aus der Türkei nur begrenzte Aufenthaltsbefugnisse oder -rechte haben.
Gemeinsamkeiten der untersuchten Gruppen der Einwanderinnen/Migrantinnen liegen darin, daß sie einen Prozeß der Auseinandersetzung mit der Bundesrepublik führen, in dem es immer um Vergleiche geht, um Anpassung, Abgrenzung oder Integration. Er ist dadurch verschieden, daß Aussiedlerinnen mit der Infragestellung ihres Deutschseins konfrontiert sind und Arbeitsmigrantinnen mit rassistischen Übergriffen und Ausgrenzungen zu kämpfen haben.
Beide Gruppen von Frauen sind in der hiesigen Gesellschaft mit dem westlichen Frauenideal konfrontiert. Ihr Selbstkonzept als Frau wird sich, ebenso wie ihre Vorstellung von Mutterschaft, entlang und in Auseinandersetzung mit diesem Frauenbild entwickeln und verändern. Die sich ergebenden Anforderungen an die geschlechtsspezifischen Dimensionen ihrer Identität treffen jedoch auf je andere Konstruktionen von Weiblichkeit und entwickeln eine eigene Dynamik. Sie überlagern und verändern in ihrer Eigendynamik nicht zwangsläufig die ethnische/nationale/kulturelle Identität (vgl. auch: Angelika Schmidt-Koddenberg 1989). Sie sind strukturell bedingt, und insofern lassen sich die Veränderungsprozesse der Arbeitsmigrantin durchaus in Beziehung setzen zu denen der Aussiedlerin - und umgekehrt.
In einzelnen Erfahrungsbereichen werden für die beiden Gruppen ihre Ähnlichkeiten deutlich zum Tragen kommen; in anderen Bereichen ihre Unterschiede. Für den Bereich der Erziehung der Kinder z. B., und damit in einem der wichtigsten Bezüge, die Mutterschaft im Leben der Frau schafft, führt die Situation der Arbeitsmigration zu gravierenden Konsequenzen und es ergeben sich starke Unterschiede zum Alltag der Aussiedlerin. Strukturelle Ähnlichkeiten lassen sich dennoch auch hier aufweisen.

Methodisches Konzept

Geschlechterverhältnisse, weibliche Selbstkonzepte und Mutterschaft in verschiedenen Gesellschaften zu untersuchen, verlangt die Entwicklung eines theoretischen Rahmens, welcher empirisch tragfähig ist und zugleich Kategorien verschiedener Art für einen Vergleich enthält:
1. diejenigen Kategorien, von denen angenommen werden kann, daß sie für die zu untersuchenden Gruppen gleich oder ähnlich gefüllt werden können (im folgenden sind dies in erster Linie strukturelle Merkmale);
2. Kategorien, von denen angenommen werden kann, daß sie je spezifisch für die einzelnen Gruppen sind.
Die Problematik dieser beiden Arten von Kategorien und ihre Bedeutung für den wissenschaftlichen Zugang in Studien, die zwischen Kulturen stattfinden oder "Kultur" zum Gegenstand haben, ist aus der Kulturanthropologie, der

Ethnologie, der Ethnographie und der Ethnomethodologie bekannt und wurde als wissenschaftstheoretisches und methodisches Problem in folgender Begrifflichkeit diskutiert: Als "emic approach" wird der Zugang dann bezeichnet, wenn es darum geht, die Perspektive der autochthonen Angehörigen einer Kultur in der Gesamtheit der in einer gegebenen Gesellschaft verwendeten Alltags-Klassifikationen zu erfassen, d. h. in der Art und Weise, in der sie ihre Objektwelt und sich selbst als Universum ordnen (vgl. die Diskussion bei Ina-Maria Greverus 1987). Im Gegensatz zu dieser Innen-Perspektive wird beim "etic approach" die Außen-Perspektive angelegt, das heißt aus der "objektiven" Perspektive vergleichender Analysen wird ein Zugang entwickelt. Die begriffliche Differenzierung entstammt der Linguistik ("phonemics/phonetics") und geht auf Kenneth L. Pike (1967) zurück. Die Weiterentwicklung des Ansatzes wurde vor allem in der interkulturellen Psychologie, bezogen auf die Problematik der Validität von interkulturellen Forschungsmethoden und -instrumenten, verfolgt (vgl. John Berry 1969, 1986 und Richard W. Brislin 1983, 1990).

Geht es beim "emic approach" um das Selbstverständnis und den Wissensbestand aus subjektiver Sicht und die Entwicklung von kulturspezifischen Konzepten, kommen im "etic approach" strukturelle Kategorien zum Tragen, die einen Vergleich erst ermöglichen - wobei das Ziel generalisierende bzw. universalistische Konzepte sind. Diese Konzepte stehen in einem dialektischen Verhältnis zueinander; ihre Differenzierung geschieht in analytisch-instrumenteller und theoriebildender Absicht (vgl. die Ausführungen im Kapitel "Validität").

Die Differenzierung zwischen "emic" und "etic" zieht sich durch alle Arbeitsschritte der vorliegenden empirischen Untersuchung im interkulturellen Bereich. Sie ist sowohl für die Entwicklung von theoretisch orientierten und strukturell ausgerichteten Kategorien relevant, als auch für die gesamte empirische Umsetzung. Sie kommt in der Operationalisierung der Fragestellung zum Tragen, dem Zugang zum Feld, in der Wahl der Methoden und Herstellung der Instrumente. In der Frage der Reliabilität und Validität der empirischen Instrumente spitzt sich die Problematik einer interkulturellen Untersuchung zu. In dieser Problematik wird die Differenzierung in "emic" und "etic" erneut relevant; sie wird leitend für alle methodischen Überlegungen zur Validitätssicherung.

Im ersten Teil der Arbeit entwickelt sich die Differenzierung entlang des "emic-etic-approach" in folgenden Schritten:

Die auf das Machtverhältnis zwischen Frau und Mann ausgerichteten Forschungsarbeiten bilden den Ausgangspunkt der Analyse von Mutterschaft in den untersuchten Gesellschaften. Die strukturelle Analyse des Machtverhältnisses wird erweitert um die Dimension der symbolischen Ordnung, der moralischen Basis und der ideologischen Konstruktionen, die für Mutterschaft in Gesellschaften relevant werden und Einstellungen und Verhalten entscheidend beeinflussen. Das Mutter-Kind-Verhältnis ist eine zusätzliche Ebene der

Analyse, die erweitert wird um die Kategorie "kultureller Raum", welche sich aufgrund der anthropologischen/ethnologischen Perspektive ergibt. Die leitenden Gesichtspunkte und thematischen Bereiche führen zu konstitutiven Merkmalen, die auf einer weiteren Stufe der Komprimierung zu verschiedenen "Kategoriensets" weiterentwickelt werden. Sie bilden die Fixpunkte des "emic-etic"-Strukturgitters, das die Vergleichsbasis der Arbeit und das methodische Vorhaben auf verschiedenen Ebenen und in verschiedenen Kontexten darstellt (vgl. Teil II der Arbeit).

Für die Untersuchung des Geschlechterverhältnisses und Mutterschaft in der Türkei wird die Perspektive gleichfalls auf die strukturellen Aspekte der Machtbeziehungen gerichtet. Selbstverständlich kommen hier weitere und andere theoretische Gesichtspunkte und Analyseansätze zum Tragen: Wie die auf die arabische Welt ausgerichteten Arbeiten von Fatima Mernissi, insbesondere ihre Arbeit über Geschlecht, Ideologie, Islam (1987) in den letzten Jahren für die westliche Forschung deutlich gemacht haben, ist die Stellung der Frau in der geschlechtersegregierten muslimischen Welt nicht schlicht mit ihrer unterdrückten Position in der Familie und als Frau generell zu erklären, sondern mit einer völlig andersartigen strukturellen und ideologischen Komposition des Geschlechterverhältnisses. Für die türkische Gesellschaft und Frauen im Islam allgemein hat dies Kandiyoti (vgl. z. B. ihre Arbeit von 1987) unternommen; sie untersuchte die Machtposition und den Lebensraum der Frau in dieser Welt, auch anhand von empirischen Studien. Leider liegt für die türkische Gesellschaft keine (zugängliche) Monographie vor, wie sie für die Analyse zu "Mutterschaft in westlichen Gesellschaften" z. B. mit der Arbeit von Johnson (1988) gegeben ist, so daß sich für dieses Kapitel die Ausführungen auf vielfältige Quellen stützen und z. T. deskriptiv angelegt sind. Die Position der Frau in der Familie der Türkei mit dem Maßstab "patriarchalische Verhältnisse = Unterdrückung der Frau" zu beschreiben, ohne auf die gesellschaftlichen Bedingungen des Geschlechterverhältnisses einzugehen, in welche diese Familie eingebettet ist, führt zu ethnozentrischen und oft stereotypisch gefärbten Annahmen - wie sie leider aus der deutschsprachigen Migrationsforschung zur Genüge bekannt sind (vgl. die Darstellung der "Forschungsdiskussion"). Der hier geplante strukturelle Rahmen soll demgegenüber eine solide Basis für einen Vergleich verschiedener Gruppen von Frauen bieten.

Die Ausführungen zu "Mutterschaft in der ehemaligen Sowjetunion" sind von dem Gesichtspunkt geleitet, die allgemeine Situation der Frau in einer sozialistischen patriarchalischen Gesellschaft in den Blick zu nehmen; die Literaturlage ist schwierig bzw. die zugänglichen Arbeiten sind heterogen in ihrer Ausrichtung. Insofern ist dieses Kapitel gleichfalls deskriptiver angelegt als das Kapitel zu "Mutterschaft in westlichen Gesellschaften".

In den Ausführungen zu "Mutterschaft unter der Bedingung von Einwanderung/Migration" wird nach der Herkunft der untersuchten Gruppen differenziert. Dennoch werden gemeinsame strukturelle Bedingungen für Mutterschaft

aufgezeigt, so daß ebenfalls in diesem Bereich die Unterscheidung in "emic" und "etic" zum Tragen kommt.
Mutterschaft und weibliches Selbstkonzept sind in der vorliegenden Arbeit die zu untersuchenden Hauptkonzepte, wesentlich ergänzt durch erziehungsrelevante Einstellungen. Weibliches Selbstkonzept wird dabei als empirische Frage behandelt, d. h. die komplexere Frage nach der weiblichen Identität wird eingeschränkt untersucht und vornehmlich im Aspekt der Selbsteinschätzung - dem Selbstkonzept - erfaßt (vgl. die Ausführungen zur "Geschlechtsrollenmessung" in Teil II der Arbeit). Die Messung der geschlechtsspezifischen Typisierung wird anhand der BEM-Skala (von Sandra Bem) und im Zusammenhang mit weiteren Befragungsbereichen vorgenommen. Für die Bereiche "Mutterschaft" und "Erziehung" wird die empirische Erfassung anhand eigenentwickelter Einstellungsskalen dargelegt (Teil II und Teil III der Arbeit).

Aufbau der Arbeit

Teil I der Arbeit ist folgendermaßen strukturiert:
Der Erfahrungshintergrund der Herkunftsgesellschaften von Migrantinnen/ Einwanderinnen ist unerläßlicher Bestandteil der Analyse von Veränderungsprozessen, für die beiden in der vorliegenden Arbeit zu untersuchenden Einwanderinnengruppen wird dies in systematischer Auswertung der Forschungsliteratur über die Frau in der Türkei unternommen: Für die Aussiedlerin aus der ehemaligen Sowjetunion geschieht dies, aufgrund der spärlichen Forschung über die Deutschen als Minorität in der ehemaligen Sowjetunion, aber auch aufgrund ihrer Einbettung in die Bedingungen der Gesamtgesellschaft, unter Hinzuziehung der Literatur über die Frau in der Sowjetunion.
Ziel dieser Kapitel ist zunächst, spezifische konstitutive Merkmale von Mutterschaft zu entwickeln sowie im weiteren strukturelle Kategorien für Mutterschaft unter Migrations- und Einwanderungsbedingungen zu erarbeiten und Hypothesen über Veränderungsprozesse aufzustellen.
In Anlehnung an die Differenzierung zwischen der "emic"- und "etic"-Perspektive ergibt sich eine Differenzierung auf verschiedenen Ebenen: Die Arbeit ist, wie bereits die Darlegung des methodischen Konzeptes erwies, so aufgebaut, daß sich aus den spezifischen "emic"-Kategorien, resultierend aus den Analysen zu "Mutterschaft in einfachen Gesellschaften" und "Mutterschaft in westlichen Gesellschaften" und aus den Bedingungen von Mutterschaft in den Herkunftsgesellschaften, unspezifische "etic"-Kategorien ergeben, die sich zu "etic"-Kategorien der nächsten Ebene ("derived etic") zusammenfinden (Kontext: "Mutterschaft unter der Bedingung von Einwanderung/ Migration"), die sich sodann wieder in "emic"-Kategorien (vgl. "Hypothesen" für die beiden Gruppen) auffächern.
Die Ausführungen im Kapitel "Mutterschaft unter der Bedingung von Einwanderung/Migration" beziehen sich auf die beiden Untersuchungsgruppen im interkulturellen Vergleich. Forschungsergebnisse aus dem internationalen

Raum über die Migrations- und Einwanderungssituation der Frau im allgemeinen bzw. über andere Nationalitäten werden zusätzlich herangezogen. Im deutschsprachigen Raum liegen zur Zeit die differenziertesten Forschungsergebnisse über die Frau aus der Türkei vor (insbesondere im Bereich von Erziehung in der Migrantenfamilie). Die spezifische Situation der Aussiedlerin in der Bundesrepublik ist demgegenüber so gut wie unerforscht; die strukturellen Komponenten für ihre Mutterschaft in der Bundesrepublik werden aus einigen wenigen neueren Studien und aus eigenen Forschungen erschlossen.
Aufgrund der Analyse zu "Mutterschaft in der Türkei" und zur "Mutterschaft deutscher Frauen in der ehemaligen Sowjetunion" ergeben sich jeweils sog. konstitutive Merkmale. Die konstitutiven Merkmale zu "Mutterschaft unter der Bedingung von Einwanderung Migration" und die "Hypothesen" zu den beiden untersuchten Gruppen bilden den Abschluß des ersten Teiles der Arbeit und leiten über zum empirischen Teil.
Teil II der Arbeit - der empirisch-methodische Teil - beginnt mit der Fragestellung, wie sich das "gender"-Denken methodologisch umsetzt und wie dieser Ansatz in eine konkrete methodische Perspektive münden kann. Sodann werden die gängigen Verfahren des "sex-role-research" kritisiert und die eigenen Überlegungen bzw. die Operationalisierung der Forschungsfrage in der vorgestellten Untersuchung dargelegt. Im "emic-etic"-Strukturgitter werden die die Untersuchung leitenden Kategorien auf den verschiedenen Ebenen einander zugeordnet. Diejenigen "emic"-Kategorien, die sich vorwiegend aus der Analyse von "Mutterschaft in westlichen Gesellschaften" und von "Mutterschaft in einfachen Gesellschaften" ergaben, und die den "Einstieg" in die Untersuchung leiteten, werden vorangestellt; darauf aufbauend folgen die sich ergebenden weiteren Kategorien der verschiedenen Analyseebenen. Der inhaltliche und methodische Zusammenhang der Kategorien macht diese Darstellungsform sinnvoll - zudem ergibt sich ein komprimierter Überblick über die strukturelle Basis und den Aufbau der Arbeit.
Die Beschreibung der einzelnen Forschungsschritte und die Konstruktion des Mutterschaftsfragebogens bilden, verbunden mit einer Abhandlung über die Problematik der Validität in interkulturellen Untersuchungen, den Abschluß des ersten Teiles der empirischen Ausführungen.
Ausgewählte Ergebnisse der statistischen Auswertungen zu "Mutterschaft", "weibliches Selbstkonzept" und "Erziehungsvorstellungen" werden im Anschluß in Teil III der Arbeit vorgestellt und interpretiert.
Im letzten Kapitel wird die Verbindung zwischen den Ausführungen des ersten Teiles und den empirischen Überlegungen und Ergebnissen hergestellt und ein abschließendes Resümee gezogen.

Weitere Perspektiven der Arbeit

Zurückgegriffen wird für die Bearbeitung der Fragestellung auf internationale Literatur aus verschiedenen Disziplinen. Die theoretischen und empirischen

Arbeiten mitteleuropäischer, türkischer und US-amerikanischer SoziologInnen und von SoziologInnen aus der ehemaligen Sowjetunion bzw. der GUS wurden ebenso ausgewertet wie empirische Forschungsarbeiten der "women of color"-Forschung aus den USA.

Mutterschaft in der Verankerung von Geschlechterverhältnissen zu erforschen legt es nahe, nach der Situation in einfachen, nicht-industrialisierten, auch nicht-patriarchalischen Gesellschaften zu fragen. Hierzu werden Ergebnisse der anthropologischen, ethnologischen und ethnopsychoanalytischen Literatur ausgewertet. Im Kapitel über Einwanderung und Mutterschaft wird die bundesdeutsche (und deutschsprachige) Literatur über Migrantinnen und Einwanderinnen, vor allem die erziehungswissenschaftliche Migrantenfamilienforschung diskutiert und durch internationale empirische Forschungsergebnisse zu "Mutterschaft unter der Bedingung von Einwanderung/Migration" ergänzt.

Der empirisch-methodische Teil der Arbeit stützt sich auf die sozialpsychologische und soziologische "gender"-Forschung ("gender"-Konzept), auf die sozialpsychologische Einstellungsforschung (vgl. "Operationalisierung der Fragestellung" und "Skalenbildung") und auf Überlegungen und Konzepte aus der interkulturellen Psychologie ("Validitätsproblematik").

Die Arbeit selbst versteht sich als eine erziehungswissenschaftliche, empirische und interkulturell-vergleichende Untersuchung, die einen Beitrag zu der (auch anthropologischen) Frage leisten soll, wie und unter welchen Bedingungen Mutterschaft und weibliche Selbstkonzepte in verschiedenen Gesellschaften zustande kommen und wie der Einfluß moderner, industrieller Gesellschaften auf weibliche Selbstkonzepte und Konzepte von Mutterschaft aussieht. Der Gegenstand der Arbeit sind die Erfahrungen und Lebenswelten verschiedener Gruppen von Frauen, und sie bietet einen Beitrag zur allgemeineren Frage nach Geschlechtsrollenwandel und der Gestaltung von Geschlechterverhältnissen in Gesellschaften. Die empirische Untersuchung entstand im Zusammenhang mit einem Forschungsprojekt (FAFRA: "Familienorientierung, Frauenbild, Bildungs- und Berufsmotivation von eingewanderten und deutschen Frauen in interkulturell-vergleichender Perspektive")[2], in dessen Gesamtvorhaben das Thema Mutterschaft *ein* Untersuchungsthema in der Erfassung von Geschlechtsrollenwandel und Akkulturationsstrategien war bzw. ist (die Untersuchung dauert noch an).

---

[2] Dieses empirische Forschungsvorhaben wird seit 1991 (bis 1997) an der Universität Osnabrück im Fachgebiet Allgemeine Pädagogik/Frauenforschung durchgeführt und von der DFG finanziert. Es ist angesiedelt im DFG-Forschungsschwerpunktprogramm FABER (=Folgen der Arbeitsmigration für Bildung und Erziehung). Initiiert und beantragt wurde das Forschungsprojekt von PD Dr. Leonie Herwartz-Emden (Projektleiterin, Erziehungswissenschaftlerin), wissenschaftliche Mitarbeiterinnen sind Dr. Sedef Gümen (Soziologin), Manuela Westphal (Dipl.-Päd.), Tatjana Reinersmann (M.A., Übersetzerin). Beraten wurde das Forschungsteam in verschiedenen Arbeitsphasen durch Prof. Dr. Maya Nadig (Ethnologin und Ethnopsychoanalytikerin) und Prof. Dr. Rosemarie Mielke (Sozialpsychologin).

ERSTER TEIL: Analyse und Deskription

1 Mutterschaft in ethnologisch-anthropologischer Perspektive - Konstitutive Merkmale von Mutterschaft in einfachen Gesellschaften

Im folgenden werden die Ergebnisse jener anthropologischen und ethnologischen Forschung herangezogen, die in der Untersuchung von einfachen Gesellschaften ihre Perspektive auf die Situation der Frau bzw. auf das Geschlechterverhältnis gerichtet hat. Dabei wird auf die in den 20er Jahren dieses Jahrhunderts entstandenen "klassischen" Studien von Margaret Mead ebenso Bezug genommen wie auf die neueren Studien von Maya Nadig, Nancy Tanner und Ilse Lenz.

Die Notwendigkeit der Betrachtung solcher Studien in der vorliegenden Arbeit ergibt sich zum einen daraus, daß in ihr die Verortung von Mutterschaft in Gesellschaften analysiert wird und daß an einfachen Gesellschaften *elementare* Strukturen herausgearbeitet werden können, auf deren Grundlage sich Kategorien für eine - vergleichende - Untersuchung entwickeln lassen. Darüber hinaus weisen die untersuchten Gesellschaftsformen - die Herkunftsgesellschaften der Einwanderinnen/Migrantinnen: die Türkei und die ehemalige Sowjetunion - tendenziell Charakteristika von einfachen, ruralen und nichtindustrialisierten Gesellschaften auf.

1.1 Mutterschaft als sozial konstruierte Kategorie

Mit der Klassikerin der Anthropologie, Margaret Mead, und ihren Studien auf Samoa, Neuguinea und Bali läßt sich festhalten, daß sowohl Mutterschaft als auch Vaterschaft *erlernte* Eigenschaften sind. Das zentrale Schema für Elternschaft ist, daß der Mann die Ernährerrolle, die Versorgung von Frau und Kindern übernimmt, aber seine Modifikationen zeigen, daß das Schema erlernte und nicht biologisch begründete Aufgaben erfaßt (vgl. Mead 1992, S. 173). Mutterschaft steht in Zusammenhang mit dem weiblichen Lebenslauf und der Definition von Weiblichkeit selbst. Frauen sind, so Mead, in ihrer Existenzweise eng mit den körperlichen Funktionen von Fortpflanzung konfrontiert, wohingegen Männer an die Stelle der Erfahrungen körperlicher Ereignisse im Lebenslauf und Lebensrhythmus kulturelle und gesellschaftliche Produktionen setzen müssen (S. 158). Grundannahme Meads ist, daß sich die kulturelle Praxis letztlich auf der biologischen Basis aufbaut und Geschlechterdifferenzen bestimmt.

Während die Gesellschaft dem Mann erst den Wunsch nach Kindern einpflanzen muß und zwar innerhalb festgeprägter gesellschaftlicher Beziehungen, die seine ursprünglichen Impulse beherrschen und ausgestalten, ist bei der Frau der gesamte Zyklus von Schwangerschaft, Geburt und Stillen unmittelbarer Teil ihrer Geschlechtlichkeit und ihres sexuellen Erlebens. Die weibliche Sexualität ist umfassender und die Fähigkeit zur Fortpflanzung demnach Teilstück weiblicher Identität - was aber nicht heißt, daß der Wunsch zur Fortpflanzung in jedem Fall ursprünglich bzw. biologisch gegeben ist - auch der Wunsch nach einem Kind ist erlernbar (S. 214).

Gesellschaften belegen die Verweigerung von Elternschaft mit zahlreichen Sanktionen, da diese eine zentrale Einrichtung zur Erhaltung der Menschheit ist. Die Figur der "Hexe", einer Frau, die Lebendiges töte, symbolisiert, so Meads Interpretation, als negatives Zerrbild den existentiellen Wunsch von Gesellschaften nach Mütterlichkeit, Mutterschaft und Fortpflanzung (S. 212 f.).

1.2   Kultureller Raum, Status und Prestige

Die Kulturanthropologin und Ethnopsychoanalytikerin Maya Nadig (1986, 1987 und 1989a, 1989b) kommt in ihren zahlreichen Studien über bäuerliche Gesellschaften im Vergleich zu Industriegesellschaften in den letzten beiden Jahrzehnten zu der Einschätzung, daß sich in letzteren kein kultureller Raum mehr für die Frau bzw. die Mutter befindet. Es gibt, so Nadig, in industrialisierten Gesellschaften einen strukturellen Antagonismus zwischen Mutterschaft und öffentlicher Kultur. Die "primäre Mütterlichkeit" z. B. (nach Winnicott 1976) - eine Phase, die von Nadig als günstiger Ausgangspunkt für die Verdeutlichung von Unterschieden zwischen den beiden Gesellschaftsformen gewählt wird - ist in bäuerlichen Gesellschaften kein individuelles, sondern ein soziales Ereignis, von dem der Vater nicht ausgegrenzt ist. In Industriegesellschaften gibt es hingegen keinerlei Übergangsrituale, die sozial zu erbringende Leistung für Mutterschaft wird hier zu einer von der einzelnen Frau zu erbringenden, individuellen psychischen Leistung. Der zerstörte Zusammenhang zwischen Frau und Arbeit, die Trennung von Erwerbs- und Familienarbeit, Öffentlichkeit und Privatheit hat tiefgreifende Konsequenzen für die weibliche Kultur und die weibliche Arbeit - sie wird zunehmend unsichtbar, verdrängt, aus der öffentlichen Kultur ausgegrenzt. Die Frau der urbanen Gesellschaft hat nicht nur eine Beschränkung ihres Bewegungsraumes durch Mutterschaft hinzunehmen, sondern verliert in der Regel noch an Status, da sie in Abhängigkeit vom Ehemann bzw. Vater (des Kindes) gerät und isoliert wird. Weibliche Kultur ist in der Industriegesellschaft zwar zu einer privat-individualistischen Sphäre erklärt, aber in der Realität in eine durch Massenmedien und Konsumzwang verwaltete, entfremdete Produktionsstätte verwandelt - welcher nur der Anschein der Selbstbestimmung anhaftet (vgl. 1989b, S. 268).

In der untersuchten (mexikanischen) Bauernkultur gibt es hingegen für die Frau eine Identität festigende weibliche Sphäre, einen weiblichen Raum, der libidinös besetzt ist. Für die Frau dieser Kultur (Otomi-Indianer) kann eine relativ sichere, über Arbeit und Symbole mit der sozialen Realität verwobene weibliche Identität und Solidarität festgestellt werden (1989b, S. 267). Die Mutter-Kind-Beziehung ist strukturell in die Gruppe integriert, was sich auf die Psychodynamik dieses Verhältnisses auswirkt: Aggressive und ambivalente Gefühle der Mutter, insbesondere in der Phase der "primären Mütterlichkeit" können in der Bauerngesellschaft veräußerlicht werden, wohingegen sie in der urbanen Gesellschaft an der Frau haften und von ihr verdrängt oder nach innen gerichtet werden müssen (1989a, S. 147).

In der Bauerngesellschaft kann das Kind nicht zum Selbstobjekt der Mutter werden, da die Mutter-Kind-Beziehung und die Integration dieser Beziehung in die Gruppe so angelegt ist, daß das Kind zu einem Teil der Ethnie werden kann; zur unausgesprochenen Aufgabe der Mutter gehört, das Kind in diese Gruppe einzupassen. Nicht das Wohlbefinden des Kindes ist letztlich ausschlaggebend, sondern das der Gruppe mit dem Kind (S. 149).

In der urbanen Industriegesellschaft bleibt der Mutter, so Nadig, oft nichts anderes übrig, als sich eine illusionäre Kompensation zu schaffen, d. h. sie errichtet eine emotionale Überbesetzung ihrer Kinder, die zu ihrem Selbstobjekt werden. Es gibt wenig kulturelle Kanäle und Handlungsanweisungen, die die Beziehung bindend regulieren. Der Vater wird aufgrund seiner gesellschaftlichen Rolle, seiner Arbeit und auf der Basis der Geschlechterbilder ausgegrenzt (1989a, S. 154). In Ermangelung Dritter entwickeln sich zwischen Mutter und Kind oft Bindungen und Abhängigkeiten, die nur schwer lösbar sind und im Widerspruch zur gesellschaftlichen Struktur stehen.

Polare Mutterbilder (z. B. "Madonna" versus "Hexe") und Muttermythen sind die Folge von Leugnung der realen Emotionalität und Sexualität der Frau in der urbanen Industriegesellschaft. Das nicht durch einen strukturellen Antagonismus zwischen Mutterschaft und öffentlicher Kultur geprägte Mutterbild der Bauerngesellschaft ist hingegen ein "organisches Mutterbild". Mutterschaft ist hier ethnisch und sozial vorstrukturiert und mit entsprechenden Handlungsanweisungen für die Mutter und die Umgebung verbunden. Der Vater ist in die Aufgaben der "primären Mütterlichkeit" eingebunden, er nimmt an Geburt, Kinderpflege und an häuslichen Angelegenheiten teil (ebd.).

Nadig entwickelt verschiedene theoretische Kategorien, die ihren Vergleich leiten. Nicht nur mit dem Kriterium des Raumes und der Typik der Mutter-Kind-Beziehung lassen sich Unterschiede verdeutlichen, sondern auch mit dem Kriterium des 'Status' der Frau und der Funktion des Kindes (vgl. 1987, S. 143 f.): Die Frau in der Bauerngesellschaft gewinnt an Prestige, wenn sie Mutter wird, gleichzeitig wird ihr Bewegungsraum ausgedehnt. Das Kind ist Voraussetzung für die Erhöhung des Status'; es verschafft der Frau das Recht auf einen eigenen Hof, führt zu eigener Macht und Freiheit. Der materielle Raum, den die Frau als Mutter besetzen und gestalten kann, ist wesentlich größer als der Bereich einer kinderlosen Frau. Sie kann mit anderen Frauen

Bündnisse und Solidargemeinschaften eingehen und ein Geschenk- und Austauschsystem unter den Frauen aufbauen. Die Frau der Industriegesellschaft hat nicht nur eine Einschränkung ihres Bewegungsraumes (stärkere Bindung an die Wohnung und Isolierung, Verlust sozialer Kontakte) hinzunehmen, sondern ihr Status wird durch Mutterschaft nicht verbessert. Sie wird durch das Kind in der Regel ökonomisch und sozial vom Ehemann bzw. Vater abhängig, Mutterschaft bedeutet einen Verlust an Autonomie und Erwachsenheit (1987, S. 89 f.).

Der Widerspruch in der urbanen Gesellschaft zwischen Familie und Kultur ist äquivalent zu dem ideologischen Widerspruch zwischen den Geschlechtern: Die Frau lebt in bezug auf das Haus/die Familie, der Mann in bezug auf die Kultur/öffentliche Arbeit - was der hierarchischen Bewertung zwischen Arbeit im Haus als Nichtarbeit und Ohnmacht und Arbeit in der Öffentlichkeit als wertschaffende Arbeit und Macht entspricht.

1.3 Matrifokalität und Geschlechtersymmetrie

Die ältere Arbeit von Nancy Tanner (1974) und die jüngeren Arbeiten von Ilse Lenz (1990), die sich (u. a) auf die strukturellen Bedingungen der Position von Frauen in einfachen Gesellschaften richten, zeigen übereinstimmend auf, daß es Gesellschaften gibt bzw. gegeben hat, die Matrifokalität verwirklichen und in denen kulturell zentrale Positionen von Frauen möglich sind.[3] Sie gehen mit einer (anderen) Definition von Weiblichkeit einher, die nicht an dichotomisierte Geschlechtscharaktere gebunden ist. Nancy Tanner, die drei indonesische Gruppen, Javanesen, Atjehnesen und Minangkabau und eine afrikanische Gruppe, die Igbo, untersuchte und ihre Perspektive zusätzlich in die Analyse der Familienstruktur schwarzer US-Amerikaner einbringt (S. 134), arbeitet mit dem Begriff der "matrifocality" (vgl. S. 131); ihr Begriff charakterisiert Verwandtschaftssysteme sowie ganze Gesellschaften: Verwandtschaftssysteme, in welchen a) die Rolle der Mutter strukturell, kulturell und affektiv zentral und diese multidimensionale Zentralität legitim ist und b) Gesellschaften, in welchen beide Geschlechter bedeutende Akteure in ökonomischen und rituellen Bereichen sind. Die relativ gleiche Partizipation von Männern und Frauen in allgemeinen gesellschaftlichen Bereichen ist entscheidend für das Funktionieren von Matrifokalität (S. 156). Matrifokalität kann in einer großen Variationsbreite von sozialen und ökonomischen Kontexten auftreten.

Matrifokalität basiert, so Tanner, auf einer minimalen Differenzierung der Geschlechter; es gibt nur geringe Differenzen zwischen Frauen und Männern im Hinblick auf Initiative, Autonomie, Entscheidungsfreudigkeit und Selbstbestimmung (S. 155). In den von ihr untersuchten Gesellschaften werden Frauen nicht sozialisiert, ihre Identität in intimer Abhängigkeit vom Mann zu

---

[3] Bis auf wenige Ausnahmefälle sind diese Gesellschaften ausgestorben.

finden, sondern als relativ unabhängige, aktive Frauen und Mütter. Leben Männer und Frauen in separaten Sphären (wie ebenfalls in diesen Gesellschaften festzustellen), dann ist diese Separation nicht zu verwechseln mit Dichotomisierung - Separation kann eine Quelle der Stärke bzw. Macht für Frauen sein. Die negativen Folgen von Dichotomisierung sind, daß Frauen mit obskuren femininen Qualitäten nachweisen müssen, weiblich zu sein - Frauen, die mit nicht-dichotomisierten Geschlechtscharakteren aufwachsen (wie z. B. schwarze Frauen, so Tanner), sind sehr selbstbestimmt und haben starke Selbstkonzepte. Bei ihnen ist Mutterschaft wesentliches Unterscheidungsmerkmal zu den Männern und nicht ihre "femininen" Qualitäten. Mutterschaft unterscheidet das weibliche Kind von der Frau und die Frau vom Mann. Matrifokalität ist nicht in negativen Begriffen zu bestimmen; sie ist nicht definiert über die Abwesenheit des Ehemannes/Vaters. Auch bei matrifokaler Verwandtschaftseinheit kann er anwesend sein bzw. eine wohldefinierte und kulturell signifikante Rolle haben.

Die Kontrolle über ökonomische Ressourcen ist, so Tanner, möglicherweise eine strukturelle Voraussetzung für Matrifokalität. In den von ihr untersuchten Gesellschaften jedenfalls verfügten Frauen über bedeutende Ressourcen wie Häuser, Geld oder Waren. Ebenso bedeutend sind aber die kulturellen Dimensionen der Matrifokalität. In vielen Gesellschaften okkupiert die Mutter eine *emotional* zentrale Position, während ihre kulturelle und strukturelle Rolle unbedeutend ist: Die Erscheinung des US-amerikanischen "momism", so Tanner, steht in völligem Gegensatz zur tatsächlichen Macht von Frauen in matrifokalen Gesellschaftssystemen. Westliche Frauen können affektiv besetzte und zentrale Rollen innerhalb der Familie einnehmen, auch Macht über ihre Kinder gewinnen - was aber im Kontext ihrer realen Machtlosigkeit und ökonomischen und emotionalen Abhängigkeit vom Ehemann zu bewerten ist.

Lenz (1990) führt in ihrer theoretischen Analyse der Geschlechtersymmetrie in nicht-patriarchalischen Gesellschaften vier Bereiche an, die sich regelmäßig als herausragend für diese Gesellschaften dargestellt haben (wobei, so betont Lenz, nicht-patriarchalische Gesellschaften nicht gleichzusetzen sind mit Matriarchaten oder geschlechtsegalitären Gesellschaften):

1. Kennzeichnend ist die Verfügung über materielle Ressourcen, wie über den Boden oder das Produkt der Arbeit seitens der Frau; umfassende Eigentums- und Erbrechte existieren darüber hinaus in Gesellschaften mit matrilinearem Abstammungssystem.
2. Vorzufinden sind flexible, leicht zu schließende und zu lösende Paarbeziehungen mit autarken Entscheidungsrechten auf seiten der Frau und im historisch möglichen Rahmen die freie Entscheidung über die Fortpflanzung (S. 40). Möglich ist auch, daß die Matrilineage eine stabile soziale Absicherung und persönliche Identität vermittelt, während die Paarbeziehung dagegen relativ unwichtig erscheint. Die Gebärfähigkeit der Frau wird nicht kontrolliert, so daß sie selbst über die Zahl der Kinder, den zeitlichen Abstand zwischen ihnen und die (einfachen) Verhütungsmittel entscheidet (S. 41).

3. Den Freiräumen und der Flexibilität der vorgefundenen Paarbeziehungen entspricht eine hohe Autonomie in bezug auf Sexualität und Körperlichkeit bei Frauen und Männern.
4. In den symbolischen Ordnungen der untersuchten Gesellschaften kommt dem "Weiblichen" eine zentrale Bedeutung zu (S. 42). Diese Bedeutung zeigt sich etwa bei den Gottheiten, in den Bildern von Himmel und Erde, Leben und Tod sowie darin, daß Frauen wichtige Positionen und eigenständige Kreativität in Riten und Versammlungen einnehmen.

Eine wichtige Differenz zu patriarchalischen Gesellschaften ist, so Lenz, darin zu sehen, daß unter dem Begriff "Macht" der gegenseitige Einfluß in sozialen Beziehungen zu verstehen ist, den verschiedene Beteiligte ausüben (S. 55). Die Bedeutung von Macht verschiebt sich von einem eindimensionalen Vorgang des Sichdurchsetzens zu Prozessen des Aushandelns zwischen den Beteiligten. Während Herrschaft sich regelmäßig auf den doppelten Stützen von Gewalt und Legitimität begründet, ist Macht nicht per se von Gewalt bestimmt.

1.4   Diskussion

Die hier vorgestellten Untersuchungen führen übereinstimmend zu der Einschätzung, daß Mutterschaft eine sozial konstruierte und definierte Kategorie in Gesellschaften ist (Mead, Tanner, Lenz). Die Wissenschaftlerinnen entwerfen in bezug auf Mutterschaft mit der analytischen Kategorie Matrifokalität (Tanner) bzw. Geschlechtersymmetrie (Lenz) ein "Gegenbild" zu den Beschreibungen und Analysen von Mutterschaft und weiblichem Selbstkonzept in der westlichen Welt bzw. in hochindustrialisierten, urbanen Gesellschaften, die im folgenden Kapitel diskutiert werden.

Mead lenkt das Augenmerk auf Mutterschaft und Vaterschaft als erlernte Eigenschaften, auf andere Definitionen von Weiblichkeit und Männlichkeit, auf deren Variabilität, sowie auf die Fortpflanzung als anthropologischem Grundbedürfnis der Menschheit, welche aber als individuelle Motivation gesellschaftlich gestützt oder geformt werden muß.

Tanner beschreibt, ähnlich wie Deniz Kandiyoti (1987), die Differenz zwischen westlichen und nicht-westlichen Frauen in der Definition ihrer weiblichen Identität: Weiblichkeit erscheint der nicht-westlichen Frau eher zugeschrieben und muß nicht - als zusätzliches Merkmal ihrer Menschlichkeit - ständig erworben und "bewiesen" werden.

Nadig entwickelt darüber hinaus das analytische Vokabular des "kulturellen Raumes" der Frau, das sie im Vergleich einer bäuerlichen Kultur mit den industrialisierten, urbanen Kulturen gewann und ausführte. Ihre Arbeit ist für die Analyse von Mutterschaft im interkulturellen Vergleich deswegen zentral, weil sie, vom Verhältnis Privatheit - Öffentlichkeit ausgehend, die gesellschaftlichen Strukturen untersucht, in die Mutterschaft jeweils eingebettet ist.

In der industriellen Gesellschaft hat die Mutter nicht die Chance - so die Hauptthese Nadigs - ihr Muttersein sozial abgestützt zu erleben, was in der Phase der "primären Mütterlichkeit" überaus deutlich wird. Diese ursprünglich soziale Phase wird hier individualisiert und psychologisiert, und die Mutter muß, alleingelassen, all ihre auch negativen und ambivalenten Gefühlszustände individuell verarbeiten.

Die Aspekte von Statusgewinn bzw. -verlust durch Mutterschaft vervollständigen die Untersuchung Nadigs: Sie bilden in Kombination mit dem Begriff des "kulturellen Raumes" eine wichtige Kategorie für den im folgenden vorgenommenen Vergleich, der sich zwischen der Mutterschaft von Frauen einer hochindustrialisierten, urbanen westlichen Gesellschaft und der von Frauen aus zum Teil von bäuerlichen Lebensformen und Traditionen bzw. durch andere (als die westlichen) Formen von Modernisierung bestimmten Gesellschaften ansiedelt.

2 Mutterschaft in westlich-feministischer Perspektive - Konstitutive Merkmale von Mutterschaft in westlichen Gesellschaften

Als Erweiterung der Ausgangsbasis für den interkulturellen Vergleich wird nach der Analyse von Mutterschaft in einfachen Gesellschaften nun deren Bedeutung in westlichen Gesellschaften betrachtet. Dabei wird auf feministisch orientierte Studien - klassische sowie neuere - Bezug genommen, welche die Einbettung von Mutterschaft in das Geschlechterverhältnis der westlichen Gesellschaften dezidiert zum Untersuchungsgegenstand erheben. In der Auswertung dieser Studien wird versucht, Strukturmerkmale für die Analyse der beiden anderen im vorliegenden Forschungskontext interessierenden Gesellschaften, die der Türkei und der ehemaligen Sowjetunion, abzuleiten.

Die Ausrichtung auf die Strukturprinzipien von Mutterschaft im Geschlechterverhältnis erscheint deswegen sinnvoll, weil die Beziehung zwischen Frau und Mann als Lebensform die Basis für Mutterschaft ist. Die Analyse von nicht-westlichen Gesellschaften, die ein grundsätzlich anderes Geschlechterverhältnis aufweisen, verlangt, die dortigen Lebensformen zwischen Mann und Frau zu verstehen - eine Notwendigkeit, die es nahelegt, strukturelle Kriterien zu entwickeln (die Analyse von Mutterschaft in einfachen Gesellschaften erfolgte bereits in dieser Richtung). Ein zusätzlicher Vorteil von Kriterien solcher Art liegt darin, daß die alltägliche "Basis" von Mutterschaft mit in den Blick gerät.

Der zentrale Untersuchungsbereich der vorliegenden Arbeit ist Mutterschaft unter der Bedingung von Einwanderung/Migration, womit Veränderungen durch die Einflüsse sozialen Wandels, die sich bereits im Herkunftskontext der analysierten Gruppen ausmachen lassen, in den Vordergrund rücken. Veränderungsprozesse zeigen sich vornehmlich in der Beziehung zwischen Mann und Frau und in Prozessen des Neu-Aushandelns von Entscheidungsbefugnissen, Machtbereichen und der Verteilung von Ressourcen. Die feministischen Analysen erheben explizit das Geschlechterverhältnis bzw. die Machtverhältnisse zwischen Mann und Frau zum Thema und verorten ihre Auffassung von Mutterschaft darin. Sie verdeutlichen die Gefährdung der Frau, die in der vereinseitigenden Zuordnung elterlicher Verantwortung an sie, in der historischen Entwicklung hin zu ihrer Alleinzuständigkeit für die Versorgung und Erziehung des Kindes liegt.

Mutterschaft umfaßt verschiedene Aspekte und hat vielfältige Bezüge und Bedeutungen im Leben einer Frau, die an dieser Stelle nicht mitverhandelt werden. "Positive" Mütterlichkeit und alle Bezüge von Mutterschaft, die Lebenserfüllung und Sinnstiftung enthalten, die ein Reifungspotential und die Entwicklungsmöglichkeiten bieten, werden somit zunächst ausgeklammert, aber im weiteren Fortgang der Arbeit durchaus aufgegriffen. Diese Aspekte von Mutterschaft werden als empirische Frage behandelt und gehen in die empirische Untersuchung (in Teil II und III der Arbeit) ein.

2.1 Geschlechterverhältnis und Machtbeziehung zwischen Frau und Mann

Feministisch-theoretische Analysen dieses Jahrhunderts, in denen die Situation der Frau in westlich-patriarchalischen Gesellschaften (Europa und USA) untersucht wird, sind auf das Machtverhältnis zwischen Frau und Mann fokussiert, in das Mutterschaft eingebettet ist (vgl. die "klassischen" Analysen von Charlotte Perkins Gilman 1913 und Simone de Beauvoir 1951 sowie die neuere Studie von Miriam M. Johnson 1988). Ideale Vorstellungen von Mutterschaft, mütterlichem Verhalten und Mutterliebe werden fundamental auf das Geschlechterverhältnis in Gesellschaften zurückgeführt. Herausragendes Merkmal westlicher Mutterschaft ist, so der übereinstimmende Tenor aller drei Analysen, ihre Basis in der Ehe, einer hierarchischen, patriarchalischen Verbindung zwischen Mann und Frau. Auf der Seite der Frau ist hohe Abhängigkeit gegeben, auf der Seite des Mannes hohe Verfügungsgewalt. Die strukturellen Bedingungen von Mutterschaft sind demnach in erster Linie durch die Abhängigkeit der Frau charakterisiert, was sich wiederum auf die Mutter-Kind-Beziehung sowie auf die Kinder selbst auswirkt.

Nach de Beauvoir (1951), die das Verhältnis zwischen Mann und Frau mit den analytischen Kategorien von Transzendenz und Immanenz erfaßt, kann die Frau auch durch ihre Mutterschaft nicht dem Zustand von Immanenz entfliehen, sondern bleibt diesem weiterhin verschrieben. Sie erlebt lediglich die Euphorie, ihrem Objektstatus entflohen zu sein (vgl. S. 483). Transzendieren kann das von ihr aufgezogene Kind nur sich selbst. Sie handelt nur stellvertretend bzw. auftragsweise, womit sie ihre Abhängigkeit wieder verstärkt (S. 507). Der Mann als der wirtschaftliche Führer der Familie ist derjenige, von dem die Kinder letztlich abhängig sind, obgleich sich die Mutter viel mehr mit ihnen beschäftigt. Die ehelichen Beziehungen, der Haushalt, die Mutterschaft als Ganzes sind Momente, die sich gegenseitig beeinflussen, und so ist auch die Beziehung der Mutter zu den Kindern viel stärker von jener bedingt, die sie zu ihrem Mann unterhält (S. 508). Es ist der Mutter auch nicht gestattet, mit dem Kind so umzugehen, wie sie es möchte - und eine unterdrückte Mutter wird, so de Beauvoir, auch ihre Kinder unterdrücken. Eine Frau, die ihr Kind schlägt, räche sich an einem Mann, an der Welt, an sich selbst (S. 497).

Die Verherrlichung der Mutter entsteht allein im Zusammenhang mit der Ehe - nur insofern also, als die Frau dem Mann unterworfen bleibt (S. 508). Der Mythos der idealen Mutter und der Mutterliebe, die sich durch Selbstaufgabe und Aufopferung auszeichnet, ist, nach de Beauvoir, letztlich eine Erfindung des Mannes und nicht ohne seine Funktion im Gewaltverhältnis zwischen Mann und Frau zu verstehen.

Gilman (1913) untersucht in ihrem klassischen Werk die geschlechtlichen Beziehungen als ökonomische Beziehungen (vgl. S. 7). Die wirtschaftliche Abhängigkeit der Frau vom Mann in der Ehe wird durch Mutterschaft legitimiert, aber nicht hergestellt: Ihre Lebenshaltung steht in keinem Verhältnis zu ihrer

wirtschaftlichen Arbeit, zu ihren häuslichen Verrichtungen oder zu ihrer Mutterschaft (S. 22), sondern ist abhängig von der Stellung ihres Mannes. Die Leistungsfähigkeit der Mütter ist einer der wichtigsten Faktoren in der Kulturentwicklung (S. 21), beeinflußt aber nicht ihre wirtschaftliche Stellung. Mutterschaft wird vielmehr, so ist ihre Position zusammenzufassen, als Vorwand zur Fesselung der Frau benutzt, sie wird "in die Pflicht genommen" - man versagt ihr die Unabhängigkeit mit dem Hinweis darauf, daß ihre Mutterschaft einen selbständigen Erwerb verbiete (ebd.).
Weibliche Abhängigkeit und Unterordnung in ihren diversen Erscheinungsformen sind, so die Auffassung von Johnson (1988), auch in der gegenwärtigen (US-amerikanischen) Gesellschaft nicht in der Mutterschaft der Frau verankert, sondern in der Ehe als asymmetrische und männlich dominierte Beziehung. Mutterschaft und Ehe sind strukturelle Universalien dieser Gesellschaft, die als konstituierende separate Systeme nebeneinander existieren (in ethnisch- und schichtbezogenen Variationen und gewissen Veränderungen durch sozialen Wandel bzw. die höhere Bildungsbeteiligung der Frau und ihre zentraler werdende Position in der Familie unterworfen). Die beiden Systeme stehen zueinander wie auch zum weiteren sozialen und gesellschaftlichen System in Beziehung. Die Position der Frau in der Kernfamilie differenziert sich in zwei - analytisch - zu unterscheidende Positionen: Ehefrau und Mutter. Die Rolle der Ehefrau und nicht die Rolle der Mutter bestimmt den sekundären Status der Frau in der Gesellschaft (vgl. S. 6). Die Ehefrau-Ehemann-Beziehung ist ein männlich dominiertes System, das unabhängig von Mutterschaft existiert. Der männlich beherrschte weitere gesellschaftliche Kontext bildet die Basis der Ungleichheit - Frauen sind stark als Mütter, werden aber als Ehefrauen schwach gemacht (S. 269).
Das Konzept der Weiblichkeit weist eine männlich-dominierte heterosexuelle Komponente und eine mütterliche, positiv-menschliche auf. Die Differenz zwischen Männern und Frauen wird üblicherweise von Männern im Hinblick auf die Frau als Ehefrau erklärt (S. 43), von Frauen im Hinblick auf ihre Mütterlichkeit bzw. ihr mütterliches Denken. Die Erzeugung männlicher Dominanz und die Gleichsetzung von Heterosexualität mit Dominanz des Mannes und sekundärem Status der Frau ist auf die männliche "peer-group" und nicht auf die Mütterlichkeit der Frau zurückzuführen. Die Ungleichheit zwischen Mutterschaft und Vaterschaft besteht vor allem darin, daß der Vater als Mitglied der männlichen "peer-group" seine männliche Dominanz in die Beziehung zu den Kindern einbringt. Männer haben die Tendenz, Geschlechterdifferenzen zu verstärken (S. 129), während die Mutter-Kind-Beziehung wesentlich undifferenzierter und generöser ist bzw. die gemeinsame Menschlichkeit von Männern und Frauen symbolisiert (S. 155).
Die Geschlechterbeziehung in den modernen Industriegesellschaften charakterisiert Johnson mit der Norm der Heterosexualität, die in den gegenwärtigen individualistischen Gesellschaften für Frauen "normal", aber extrem problematisch ist (S. 156). Es gibt hauptsächlich zwei Möglichkeiten, mit denen Männer Frauen beherrschen können: (1) die Segregation von Frauen; (2)

häusliche Autorität und sexuelle Dominanz über Frauen. Für die US-amerikanische Gesellschaft beschreibt Johnson, daß die Rollen und Aufgaben der Geschlechter heutzutage weniger segregiert sind und daß es täglichen Kontakt im gleichen Kontext gibt - woraus folgt, daß die Geschlechterbeziehungen notwendigerweise sexualisiert und hierarchisiert werden müssen (S. 123). Heterosexualität wird zur Metapher für männliche Dominanz bzw. zum Symbol für Männlichkeit schlechthin (S. 124). In Beziehungen zwischen Männern und Frauen wird männliche Dominanz "erwartet" und vermutet.

2.2 Mutterschaft und Mutterliebe in "Mutterbildern"

Die in bezug auf Mutterschaft vorherrschenden Ideologien und Stereotypen unterstützen das durch männliche Dominanz gekennzeichnete Verhältnis zwischen den Geschlechtern, halten die Frau in Abhängigkeit, domestizieren sie - so die Autorinnen des letzten Jahrzehnts im deutschsprachigen Raum. Den Vorstellungen zur Mutterliebe unterliegt ein Muster, das historisch variabel und sozial definiert ist. Es hat sich im Laufe des 19. Jahrhunderts zur Pflichterfüllung der Frau gewandelt, analog der Pflichterfüllung, welcher der Mann im Beruf unterliegt (vgl. Yvonne Schütze 1991): Das Bild der ans Haus gebundenen, versorgenden und für familiäre Belange immer zuständigen Mutter hat seinen Ursprung in den modernen Produktionsverhältnissen und den sie begleitenden Polarisierungen der Funktionen von Frau und Mann, der Trennung von öffentlichem und privatem Bereich (S. 72).

Daß Mütter eine unersetzliche Rolle im Leben ihrer Kinder spielen, ist, so Ursula Müller (1989), eine moderne und relativ neue Ansicht sowie ein Ausdruck der Individualisierung von Kindheit (vgl. S. 59). Neben der zugeschriebenen Alleinverantwortlichkeit hat eine Psychologisierung der Mutter-Kind-Beziehung durch die beteiligten Wissenschaften stattgefunden. Ob jedoch das Erziehungsideal mehr disziplinierend und normierend oder mehr progressiv und kindbezogen ist, in jedem Fall hat die Mutter mit persönlichen Bedürfnissen zurückzustehen, erscheint als eine Person bar jeder Interessen (S. 66). In allen Mutterbildern, die sich in der Pädagogisierung, Medikalisierung und Psychologisierung der Mutter-Kind-Beziehung zeigen, ist eine Interessenlage der Frau, die verschieden von der des Kindes ist, nicht existent. Mutterbilder disziplinieren die Frau, die Macht der Mutterbilder ist faktisch ungebrochen und erfaßt sowohl berufstätige Frauen wie Hausfrauen: Die berufstätige Frau leidet systematisch unter ihrem schlechten Gewissen, während es Müttern, die mit ihren Kindern zu Hause sind, nicht gestattet ist, ambivalente Gefühle oder Unzufriedenheit zu äußern (S. 71). Die im Idealtypus der "Mutter" sich verdichtenden Vorstellungen über die Frau enthalten normative Ansprüche an ihre Weiblichkeit, stehen mit der Definition ihres Geschlechtscharakters und ihrer Weiblichkeit in Beziehung und sind insofern totalisierend. Sie behalten ihre faktische Macht auch dann bei, wenn die Realität der Mutter ihnen entgegensteht (S. 78).

Auf der ideologischen Ebene sind, so Christine Feldmann-Neubert (1991)[4], die totalisierenden Mutterbilder massiv wirksam. Es zeigen sich verschiedene Muster und schillernde Variationen, die dennoch keineswegs weniger rigide als die alten Mutterideale sind: Mutterschaft erfährt, so ihr Ergebnis, in den ideologischen Manifestationen ab den 80er Jahren eine neue Aktzentuierung: Gefragt ist nicht mehr die aufopferungsvolle Mutter, sondern die Bezugsperson für die Kinder, die gemäß den psychologischen Maximen Beziehungsarbeit höherer Qualität leistet (vgl. S. 273). Diese Aufgabe verlangt geradezu die Selbstverwirklichung der Mutter (meist im Beruf), denn nur so ist sie zufriedener, selbstbewußter, weniger auf den Haushalt fixiert, die bessere Mutter für die Kinder. Hausarbeit verlagert sich von der materiellen hin zur psychischen Seite (ebd.), die kompetente Reproduktion erfordert nun die eigene Entwicklung und Persönlichkeitsintegration der Frau zwingend (S. 275); Mutterschaft wird quasi abgewertet (ebenso Hausarbeit), stellt keine spezifische Leistung der Frau mehr dar. Ab den 60er Jahren zeigt sich eine massive Abwertung des gesamten Reproduktionsbereiches (S. 296) und eine Aufwertung der Doppelorientierung der Frau, verbunden mit der Postulierung von Partnerschaft als dem Zentrum der Ehe. Die Paarbeziehung wird zur normativen Orientierung im Gegensatz zum "Hausmütterchendasein".

Der psychologisierenden modernen Anforderung an die Mutter entspricht nach Elisabeth Beck-Gernsheim (1989) auf der anderen Seite eine Aufwertung des Kindes als Träger von Emotionen, Nähe, Glück und Unbedingtheit von Beziehung in der rationalen Welt der Moderne: Das Kind kann zur inneren Stütze der Mutter werden, in ihm wird Glück und Sinn gesucht - was die Erwartungen an das Kind und die emotionalen Erfahrungen mit ihm äußerst überhöht (und belastet) (vgl. S. 29 ff.). Die Frau wünscht sich, mit dem Kind die Zuneigung zu leben, die sie in der hochindustrialisierten Gesellschaft vermißt; das Kind wird zum Anachronismus, der die "Sozialkategorien" der modernen Gesellschaft sprengt (S. 36).

2.3   Mutterschaft und weibliches Selbstkonzept

Das Prinzip Mütterlichkeit ist nach Herrad Schenk (1988) kulturell hochbewertet, zeitigt aber für alle Beteiligten negative Folgen und ist demzufolge im wesentlichen kritisch zu diskutieren. Das Gefühl, vom Kind gebraucht zu werden, ist oft die einzige Möglichkeit der Selbstbestätigung für die Frau (vgl. S. 199). Die Selbstaufgabe der Mutter, der Verzicht auf ein eigenes Leben, der vor allem in den ersten Lebensjahren von der Mutter gefordert ist, wird moralisch überhöht. Die Mutter wird, nachdem sie *für* das Kind leben mußte, *durch* das Kind leben wollen. Das Kind wird überbemuttert und in Abhängigkeit

---

[4] Die Untersuchung von Feldmann-Neubert basiert auf einer Analyse der Frauenzeitschrift "Brigitte", die als einzige deutsche Frauenzeitschrift von 1886 an fast ohne Unterbrechung - bis auf die Jahre 1944-1948 - erschien.

gehalten. Die altruistische Du-Bezogenheit der Mütterlichkeit ist der (verlogene) Gegenpart zu einem sich auslebenden Egoismus auf der Seite von Mann und Kindern. Gleichzeitig verbirgt sich in ihrer Selbstlosigkeit ein Dominanzanspruch, der oft Hilflosigkeit und Mangel an Alternativen verdeckt (S. 200).

Mutterschaft beinhaltet - so in ähnlicher Weise die Argumentation von Sigrun Anselm (1985) - den Versuch, das Kind einzig zur Erfüllung des Lebens zu machen und den Mangel an eigenem Leben, der als Ohnmacht erfahren wird, durch die Schaffung eines eigenen Mutter-Kind-Universums zu beheben (S. 84). Mutterschaft als erfüllte Weiblichkeit und die Mutter-Kind-Dyade für das Ganze zu nehmen, stellt diese als eine Konstellation hin, die von gesellschaftlichen Spannungen frei zu sein scheint (S. 85). Das Mutter-Kind-Verhältnis wird idyllisiert, erscheint als konfliktfreie Sphäre, ein von der Gesellschaft abgespaltener Ort, als verlorenes Paradies und Sehnsuchtsort. In diesem ideologischen Raum siedelt sich die vermeintliche Omnipotenz der Mutter an.

Fürsorge, wie sie von Müttern gefordert ist, trägt nach der Definition von Birgit Rommelspacher (1992) das Doppelgesicht einer aus der Not geborenen Anpassungsstrategie und einem genuinen Interesse am anderen. Sie ist als weibliche Haltung verortet im Arrangement der Arbeitsteilung zwischen den Geschlechtern (vgl. S. 72), vertieft jedoch die systemimmanente Asymmetrie zwischen den Geschlechtern und transponiert die Zerrissenheit im Subjekt in eine Spannung zwischen den Geschlechtern. Die darin liegende Flucht vor der Widersprüchlichkeit der Lebensbereiche und den gesellschaftlichen Anforderungen führt in immer neue Widersprüche (ebd.), die auf die Beziehung zum anderen Geschlecht projiziert werden.

Weibliche Hingabe und Fürsorge und auch die Mutterliebe sind im Zusammenhang mit einer Entmachtung der Frau bis hin zur Selbstaufgabe zu sehen und haben eine zunehmende Funktionalisierung des anderen für die eigene Selbsterhaltung zur Folge.

Weibliche Fürsorge ermöglicht wesentliche Beziehungen, ist aber in ihrer Borniertheit und in den negativen Auswirkungen nicht ohne das Arrangement der Geschlechter bzw. die Machtverhältnisse zwischen den Geschlechtern zu verstehen und zu analysieren. Muttersein ist in diesem Arrangement nicht mehr "offen", so Rommelspacher, die Frau wird zur Mutterliebe verdammt, es ist ein Muttersein ohne reale Befugnis. Die strukturelle Gewalt im Mutterkonzept wird durch das Kind ausagiert (S. 88): Am Beispiel der "overprotective mother" ist die Destruktivität gegenseitiger Verwiesenheit in der Struktur der Mutter-Kind-Beziehung am deutlichsten zu sehen (S. 85).

Die Beschreibung der realen Machtlosigkeit der Frau als Mutter wird von Carol Hagemann-White (1987) auf den Punkt gebracht; ihre Argumentation läuft auf die analytischen Fragen hinaus, ob Mütter das nötige Wissen haben, das freie Ermessen bzw. die Entscheidungsbefugnis und die konkreten Mittel, ihren Kindern das zu geben, was sie brauchen. Die Frau ist real machtlos, und sie ist auf ihre reale Machtlosigkeit zurückverwiesen, auch wenn sie ständig versucht, über ihre Versorgungsleistungen Macht zu gewinnen. Nur wenn

Mütter die Ressourcen von Wissen, von Autonomie/Entscheidungsfreiheit und von konkreten Mitteln haben, gibt ihnen die Bedürftigkeit der Kinder reale Macht (vgl. S. 22). Mütterliche Macht ist als Phantasie in der Psychodynamik der Mutter-Kind-Beziehung verhaftet und mit der Erwartung an die Alleinzuständigkeit der Mutter verknüpft. Solange die gesellschaftliche Erwartung an Fürsorglichkeit ausschließlich an die Figur der Mutter gebunden ist, erzeugt die Ohnmacht des (neugeborenen) Kindes eine rückwirkende Phantasie, daß diese Mutter, wenn sie gewollt oder gekonnt hätte, das Kind beschützt, beglückt, umsorgt hätte - es entsteht die Phantasie der mütterlichen Macht. Sie ist die Grundlage für alle politischen Strategien, die die Macht der fürsorglichen Mütter beschwören (S. 23).

2.4 Mutter-Kind-Beziehung und Erziehungstätigkeit der Frau

Während vor dem 19. Jahrhundert die Aufzucht und Erziehung der Kinder stets als *eine* neben anderen Aufgaben der Frau gegolten hat (sowohl für Bürger wie für Bauern), ist die Sorge für das leibliche und seelische Wohl der Kinder nach Irene Hardach-Pinke/Gerd Hardach (1992) zur ersten, vordringlichsten und oft auch einzigen Aufgabe der Frau im Besitz- und Bildungsbürgertum geworden (vgl. S. 33). Der Vater hat seine noch im 18. Jahrhundert innegehabte Rolle als wichtige Bezugsperson der Kinder verloren, die Mutter hat die Aufgaben der Kinderbetreuung übernommen, die sie früher mit Rücksicht auf ihre Tätigkeiten in Haus und Garten delegieren oder vernachlässigen mußte.

Nach Brigitte H. E. Niestroj (1985) ist der Entwicklung hin zu einer isolierten Mutter-Kind-Beziehung und zu der alleinverantwortlichen Versorgung und Erziehung ein komplexer gesellschaftlicher Transformationsprozeß vorausgegangen, in dem die historische Erscheinung der Mutterliebe verbunden ist mit der Aussperrung der Frau aus Arbeit und Öffentlichkeit, der Zuschlagung der Frau zum Besitz des Mannes und ihrer allgemeinen Deklassierung (vgl. S. 24 ff.). Die Mutterliebe als Erfindung der Moderne hat, so Niestroj, in der zweiten Hälfte des 19. Jahrhunderts ihre Realisierung in den breiten Volksschichten gefunden (S. 23). Niestroj weist darauf hin, daß das in der gegenwärtigen historischen Forschung als normatives Kriterium vorausgesagte Konzept der emotionalen Bindung und der konstanten Präsenz der Mutter als die Kehrseite einer geschichtlich gewordenen Medaille zu sehen ist, nämlich als Umkehrung der noch im 18. und auch 19. Jahrhundert betonten Vernunft in der Mutter-Kind-Beziehung (S. 24): Bedürfnisaufschub und Maßnahmen zur Abhärtung des Kindes waren die notwendige Grundlage für die Ausbildung bürgerlicher Individualität. Die kontrollierte Vergabe der "Liebe" der Mutter zum Kind galt als Instrument der Disziplinierung, die notwendig war für die Ausbildung eines starken Über-Ichs.

Nach Yvonne Schütze (1988a) war das innere Machtgefüge des Eltern-Kind-Verhältnisses im späten 18. und frühen 19. Jahrhundert noch eindeutig durch die Position des Vaters bestimmt. Dem Rousseauschen Erziehungsideal zufolge waren den Müttern verantwortungsvolle Aufgaben wie die Förderung der kindlichen Fähigkeiten gar nicht zuzutrauen - Rousseau habe in erster Linie den Vater als Adressat im Auge gehabt und nicht die Mutter, sie habe als Wärterin und Amme gedient (vgl. S. 119).

Im späteren 19. Jahrhundert war zunehmend die Mutter für die Pflege und Erziehung der kleinen Kinder und der älteren Töchter zuständig geworden, und die Vaterpflichten traten demgegenüber in den Hintergrund. Die an die Mutter delegierte Verantwortlichkeit hat, so Schütze, ein doppeltes Gesicht, denn die Frau wurde einerseits aus dem öffentlichen Leben ausgeschlossen, andererseits hat ihre zunehmende Verantwortung innerhalb der Familie auch einen Schritt zur Emanzipation von der Bevormundung durch den Mann und zur Demokratisierung der Ehe hin bedeutet. Nach Schütze ist der entscheidende, wenn auch ambivalente Gewinn, der den Frauen durch die neue Verantwortlichkeit für das Kind zugefallen ist, die emotionale Bindung des Kindes an die Mutter (S. 125). Die Ausgrenzung des Vaters aus der Mutter-Kind-Dyade erwies sich als noch langlebigeres Element der Konstruktion polarer Geschlechtscharaktere als die Ausgrenzung der Frau aus öffentlichen Bereichen und Karrieren (S. 126).

In bezug auf die Veränderung der Eltern-Kind-Beziehungen in der Nachkriegszeit der Bundesrepublik und bezüglich des Bedeutungsgehalts von Kindern stellt Schütze (1988b) fest, daß sich eine Umverteilung der Funktionen in den Familien ergeben hat: Als "Kandidat" für die Übernahme von emotionalen Funktionen, wie die Absicherung von Gefühlsverbundenheit und Intimität, die für die Familie durch die außerhäusliche Erwerbsarbeit, den Eintritt der Frau in das öffentliche Leben "verloren" gegangen sind, hat sich das Kind empfohlen (vgl. S. 103). Seit den frühen 70er Jahren ist die "kindzentrierte" Familie entstanden (S. 109). Kindern wird heutzutage ein Wert zugeschrieben, der primär mit Lebenserfüllung, Sinnstiftung, mit persönlichen Glückserwartungen verbunden ist, auch wenn sie gleichzeitig eine starke Belastung für die Eltern darstellen (S. 104): Durch moderne Umwelt- und Wohnbedingungen ist die Anforderung an die Beschäftigung mit den Kindern gestiegen, was zu einer Einschränkung der Paarbeziehung führt (S. 106ff.). Die Hauptbetreuungsperson ist nach wie vor die Mutter - was für erwerbstätige wie familientätige Frauen gilt.

2.5 Die Vereinbarkeit von Familie und Beruf als Basisvariable des mütterlichen Alltags[5]

Gegenwärtig ist die Quote der berufstätigen Mütter in der Bundesrepublik hoch wie nie zuvor: Nach den Daten von April 1990 (Statistisches Bundesamt 1992,

---

[5] Vgl. zu diesem Thema: Sedef Gümen/Leonie Herwartz-Emden/Manuela Westphal 1994

Tab. 6.6, S. 117) hatten 11.654000 erwerbstätige Frauen Kinder, davon 29,6 % Kinder unter 18 Jahren, 10,6 % Kinder unter sechs Jahren. Nach Sigrid Metz-Göckel/Elke Nyssen (1990, S. 158) ist jede zweite Mutter mit schulpflichtigen Kindern auf dem Arbeitsmarkt beschäftigt.[6] Bisherige bundesdeutsche Forschungsergebnisse bestätigen, daß die Erwerbsarbeit der Frau immer mehr ein Bestandteil des weiblichen Lebenskonzeptes wird (vgl. Elke Nyssen 1990). Die zunehmende Erwerbstätigkeit und Erwerbsorientierung der Frau wurde seit dem 2. Weltkrieg durch die sozialdemographische Entwicklung (in der Bundesrepublik) ergänzt, so daß die Phase der Mutterschaft auf einen relativ kurzen Zeitraum im weiblichen Lebenslauf schrumpfte und sich das Heiratsverhalten sowie das generative Verhalten veränderten. Zugleich blieb Familie ein zentraler und wichtiger Faktor der Identitätsfindung der Frau. Ein gültiges Lebenslaufmuster, das von der Erwerbsarbeit strukturiert wird, existiert nach Birgit Geißler (1989) für Frauen (noch) nicht; nur ein kleiner Teil der jungen Frauen strebt ein männliches Erwerbsmodell ohne Familie an.

Ein Autonomierungsprozeß, welcher darauf abzielt, persönliche *und* materielle Autonomie zu gewinnen und aufrecht zu erhalten, ist demnach für deutsche Frauen zutiefst widersprüchlich - sowohl auf der Seite der objektiven Entwicklung als auch auf der Ebene der subjektiven Realität. Auch wenn "Frausein" für die deutsche Frau nicht mehr mit Hausfrau- und Muttersein gleichgesetzt wird, die familienzentrierte Orientierung der Frau keinen Ausschließlichkeitscharakter mehr hat, wird sie in ihrem Alltag "zurückgebunden" (vgl. auch Ulrich Beck 1986) an ihre traditionelle Aufgabe und Verpflichtung, lebt in der ständigen Ambivalenz der beiden Lebensbereiche des Erwerbs und der Familie und deren Bewältigung.

Die strukturelle Gegensätzlichkeit von Erwerbs- und Familienarbeit findet ihren Niederschlag in polar gebildeten Konstruktionen (die für westliche Gesellschaften generell gültig sind) von Mutterschaft und weiblicher Erwerbstätigkeit: Die ideale Mutter ist, sozial gesehen, eine, die nicht außerhalb des Hauses arbeitet bzw. deren bezahlte Arbeit eingegrenzt ist, während die Werte und Normen der Arbeitswelt traditionell männliche Werte darstellen und die Verantwortung für Kindererziehung und Versorgung ausschließen (vgl. Susan Lewis 1991, S. 195; Myra Marx Ferree 1984, S. 59). Für jede erwerbstätige Mutter entsteht ein Dilemma, das in täglichen Konflikten, emotionalen Zer-

---

[6] Unbestritten ist, daß Berufstätigkeit der Frau zur gesellschaftlichen Norm geworden und ein höherer Anteil von Müttern mit kleinen Kindern erwerbstätig ist als noch in den beiden Jahrzehnten zuvor. Ein geringer Anteil erwerbstätiger Mütter in der Bundesrepublik geht jedoch einer Vollzeitbeschäftigung nach. Viele Frauen wechseln nach der Geburt des ersten Kindes in eine Teilzeitbeschäftigung, unterbrechen ihre Berufstätigkeit, oder steigen ganz aus dem Berufsleben aus. Andere Frauen wiederum verschieben die Geburt des ersten Kindes auf die Phase nach den ersten beruflichen Karrierejahren, verringern die Anzahl der Kinder oder entscheiden sich für Kinderlosigkeit; einige streben nach dem Modell der "Doppelkarrierefamilie" (Elke Nyssen 1990; Hans Bertram/Renate Borrmann-Müller 1988; Gerhard Engelbrech 1991).

reißproben und Schuldgefühlen endet. Die Ambivalenz erwerbstätiger Mütter ist ein Hauptthema in der Literatur. Frauen werden als "Gratwanderinnen zwischen zwei Welten" bezeichnet (vgl. Nyssen 1990, S. 191; Metz-Göckel 1990, S. 153). Auch das Selbstwertgefühl von erwerbstätigen Müttern wird bedroht, wenn sie sich mit dem Mythos der "Nur-Mutter" (die kulturell die bessere Mutter ist), dem neuen Ideal der "super-mom", welche die beiden Bereiche gleichzeitig zu bewältigen scheint, und mit dem USA-zentrierten und elitären Vorbild der "single-and-child-free-carreer-woman" (die als ideale Erwerbstätige konstruiert ist) vergleichen (vgl. Lewis 1991; Ferree 1984, 1987).

Die gesellschaftlichen Bedingungen der Bundesrepublik legen der Frau ein privates Modell der Gestaltung von Vereinbarkeit nahe, das sich auf individuelle Lösungen (vgl. Angelika Diezinger 1991; Metz-Göckel 1990, S. 155) stützt, die auf der Basis der Verpflichtung beider Elternteile in der Familie gegründet sind. Konsequenzen für einen innerfamilialen Wandel und familiales Zusammenleben aufgrund von sozialstrukturellen und ideologischen Veränderungen bezüglich des weiblichen Aufgabenbereichs haben sich in den deutschen Familien jedoch *nicht* ergeben: Sowohl die Realität der innerfamilialen geschlechtsspezifischen Arbeitsteilung als auch die eheliche Machtverteilung blieben von der Berufstätigkeit der Frau (und Mutter) relativ unberührt (vgl. z. B. Hans Bertram/ Renate Borrmann-Müller 1988), was, so Gisela Erler u. a., auch für junge Familien gilt (vgl. die Brigitte-Untersuchung von 1988, Erler u. a.).

Angesichts der geringen Beteiligung von Männern an der Hausarbeit sowie an der Kindererziehung wird deren tägliche Organisation, auch die Absprache über die "Hilfe" des Mannes, eine Angelegenheit der Frau.

2.6 Diskussion

Die Analysen westlicher Mutterschaft liefern Merkmale, die sowohl die strukturelle und ideologische Basis von Mutterschaft umfasssen als auch ihre emotionale Verankerung, die Beziehung zum Kind und den Alltag der Frau.

De Beauvoirs Analyse in "Das andere Geschlecht" (1951), die auf die Subjekthaftigkeit der Frau abzielt, sie als die "Andere" definiert und damit auch die Strategien der Frau anspricht, an gegebenen Machtverhältnissen zu partizipieren und diese aufrechtzuerhalten, prägte theoriebildend die gesamte westliche Frauenbewegung. Gilman war eine der ersten Theoretikerinnen der US-amerikanischen Frauenbewegung (1860-1935); sie publizierte ihre Arbeit "Women and Economics" in erster Auflage im Jahre 1898 in den USA, 1913 in deutscher Sprache (vgl. Ann J. Lane 1988). Ihre Analyse ist weitreichend und durchaus mit der Perspektive von de Beauvoir zu vergleichen. Beide Autorinnen gehen davon aus, daß die Frau vom Mann in Abhängigkeit gehalten und letztendlich in ihrer Menschlichkeit auf ihr Geschlecht reduziert wird. De Beauvoir analysiert über die ökonomische Abhängigkeit hinaus die emotionalen Erfahrungen und Prozesse der Frau und auch der Mutter (vgl. oben). Einigkeit besteht ebenfalls bei beiden Autorinnen darin, daß Mutterschaft im Verhältnis zwischen Mann und Frau angesiedelt ist und daß die über Mutterschaft herrschenden Ideologien für die Erhaltung dieses Abhängigkeitsverhältnisses äußerst dienliche Funktionen erfüllen. Der Beitrag von Gilman geht nicht auf die Erziehungsleistung der Frau bzw. das Mutter-Kind-Verhältnis ein, so daß ihre theoretische Bestimmung von Mutterschaft vor allem in der Erklärung der realen ökonomischen Basis der Situation der Frau sowie in der Bestimmung der Funktion ideologischer Annahmen über die Frau als Mutter liegt.

Der theoretische Ansatz von de Beauvoir findet sich wieder in den theoretischen Überlegungen und empirischen Arbeiten von Deniz Kandiyoti (1988), die mit ihrem Begriff des "patriarchal bargain" die Strategien von Frauen (und Männern) beschreibt, sich in patriarchalischen Gesellschaften zu bewegen bzw. sich zu arrangieren; damit nimmt sie, ebenso wie de Beauvoir, die Subjekthaftigkeit der Frau in Augenschein (vgl. die Ausführungen zum "gender"-Konzept in der vorliegenden Arbeit).

Johnsons Analyse (1988) ist von großer Tragweite, da sie die analytische Trennung zwischen dem "System" Mutterschaft und der Institution Ehe einführt. Sie besteht auf einer "positiven" Definition von Mütterlichkeit im Hinblick auf die Struktur, in welche diese Mütterlichkeit eingebettet ist, definiert diese allerdings weitgehend über Abgrenzungsversuche gegen die Einflüsse der männlich dominierten Gesellschaft, die unmittelbar in die Familie eingreift und das Leben der Frau in vielfältiger Weise beschränkt.[7]

Die neueren Arbeiten aus dem deutschsprachigen Raum, die sich auf Mutterschaft beziehen, untersuchen konkretes mütterliches Handeln und Erleben, das Selbstkonzept der Frau als Mutter sowie moderne ideologische Strömungen und die (auch historische) Verankerung von Mutterschaft in der Zuschreibung von Geschlechtscharakteren bzw. in Formen der Arbeitsteilung in modernen westlichen, industrialisierten Gesellschaften. Herausgearbeitet wird die Reduktion der Frau als Mutter auf den häuslichen Bereich, aber auch ihre Versuche, in diesem Bereich Macht zu erlangen. Eine kritische Sicht der westlichen Mutter-Kind-Beziehung und die negativen Auswirkungen dieses Beziehungstyps sind ein weiteres Thema. Die Analysen widmen sich ebenfalls weniger der Bestimmung "positiver" Mütterlichkeit, sondern wiederum eher strukturellen Aspekten - wenn auch in anderen Bereichen, wie vor allem dem weiblichen Selbstkonzept - und liefern weitere Merkmale für die Analyse von Mutterschaft im interkulturellen Vergleich.

Für die modernen westlichen Gesellschaften gilt nicht mehr - und hier bedarf es einer Anmerkung zu den Analysen de Beauvoirs und Gilmans -, daß Frauen schon allein ökonomisch vom Mann abhängig sind. Aufgrund ihrer Erwerbstätigkeit, aber auch aufgrund der Entwicklung und Lebbarkeit anderer Le-

---

[7] Eine Ausarbeitung der Qualitäten positiver Mütterlichkeit findet sich demgegenüber bei Sara Ruddick (1993) mit ihrem Ansatz des mütterlichen Denkens, den sie bis hin zu seinen politischen Implikationen sowie als erkenntnistheoretische Perspektive verfolgt.

bensformen außerhalb von Ehe, die Mutterschaft auch unabhängig von der Beziehung zu einem einzelnen Mann ermöglichen, haben Frauen in den westlichen Gesellschaften heutzutage größere Spielräume in der Gestaltung ihrer Mutterschaft. Dies heißt jedoch nicht - und insofern sind die Thesen de Beauvoirs weiterhin fundamental gültig -, daß die Frau sich als Mutter außerhalb der Zwänge und Hierarchien patriarchalischer Machtverhältnisse bewegen kann. Auch in einer eher partnerschaftlich orientierten Beziehung gelten die Regeln dieser Machtverhältnisse und die Erfordernisse der - geschlechtsspezifischen - Arbeitsteilung sowie die ideologischen Anforderungen an das mütterliche Verhalten. Die Ehe bleibt die Hauptform der Lebensgemeinschaften zwischen Frau und Mann und ein Fixpunkt, der auch in der Negation bzw. in der Ablehnung für das persönliche Lebenskonzept wirksam ist. Es ergeben sich Variationen und Machtspielräume für die Frau außerhalb der Ehe; Frauen in nicht-ehelichen Lebensgemeinschaften scheinen größere Entscheidungsfreiheiten und mehr Möglichkeiten zu haben, männliches und väterliches Verhalten zu beeinflussen (vgl. Sybille Meyer/Eva Schulze 1989, Karin Klees 1992). Einer der wichtigsten Gründe, warum Paare nach anderen Lebensformen streben, ist, so Meyer/Schulze, der Wunsch nach einer egalitären Beziehung.

Bis dato liegen wenige und teilweise widersprüchliche Forschungsergebnisse zu nicht-ehelichen Gemeinschaften vor, aber einige Ergebnisse deuten darauf hin (vgl. z. B. Erler u. a. 1988), daß es zu einer Angleichung zunächst partnerschaftlicher Verhältnisse zwischen Mann und Frau an die Aufgabenteilung der traditionellen Ehe kommt, wenn ein Kind geboren wird (siehe auch die Einschätzung von Ingrid Helbrecht-Jordan/Ute Gonser 1993). Formen geschlechtsspezifischer Arbeitsteilung bleiben vor allem in der Versorgung und Betreuung der Kinder erhalten (vgl. Meyer/Schulze 1989, S. 70). Daß es in der Gesamtlebenslage der Frau zu Einschränkungen kommt, wenn sie Mutter wird, scheint demnach auch für Lebensgemeinschaften außerhalb der Ehe nicht aufgehoben zu sein. Die ideologischen Vorstellungen einer "guten" Mutter veränderten sich seit den 50er Jahren dieses Jahrhunderts, aber die Auswirkungen auf die Frau und die Funktion von Mutterbildern und daraus resultierenden Anforderungen sind identisch geblieben.

Insofern treffen die Analysen der strukturellen Machtbeziehung auch heute noch die Lebenslage von Frauen in der westlichen Welt; die aufgrund der "klassischen" Analysen entwickelten thematischen Bereiche und Merkmale erscheinen - in Kombination mit anderen Merkmalen - als Vergleichsbasis für einen interkulturellen Vergleich von Mutterschaft sinnvoll und tragfähig.

Für die Analyse des Zusammenhangs von weiblichem Selbstkonzept und Mutterschaft ergeben sich ebenfalls einige wertvolle Hinweise: Daß die Frau als Mutter bar jeder Interessen erscheint (vgl. Müller 1989 und Rommelspacher 1992) und quasi als "neutrales" und eigenschaftsloses Wesen ihre Mutterschaft lebt, wird als historische und soziale Konstruktion herausgearbeitet. Wie die Erfahrungen der Mutter mit ihrer Selbstdefinition als Frau einhergehen, erscheint als eine Frage, die in den bisherigen Forschungen verschiedenster

Disziplinen zum Thema "Mutterschaft" kaum angegangen wurde - die aber einer empirischen Klärung bedarf. Von daher wird diese Frage leitend für die empirische Untersuchung bzw. die Auswertung der Ergebnisse in Teil II und III der vorliegenden Arbeit.

Methodisches Fazit

Die Auswertung der Analyse westlicher Mutterschaftskonzeptionen gliederte sich in verschiedene Bereiche, die auf die Untersuchung der beiden anderen im folgenden thematisierten Gesellschaftsformen in ihrer inhaltlichen Ausrichtung (nicht als Gliederung) übertragen werden:
1) Geschlechterverhältnis und Machtbeziehung zwischen Mann und Frau
2) Mutterschaft und Mutterliebe
3) Mutterschaft und weibliches Selbstkonzept
4) Mutter-Kind-Beziehung und Charakterisierung der Erziehungstätigkeit der Frau
5) Vereinbarkeit von Familie und Beruf als Basisvariable des mütterlichen Alltags

Die Untersuchungsperspektive, die sich mit der Kategorie "kultureller Raum" als wesentlichem Unterscheidungsmerkmal in der vergleichenden Untersuchung einfacher Gesellschaften versus westliche Gesellschaften ergab, geht in den Bereich 1) ein.

Die thematischen Bereiche erfüllen die Funktion, Suchhilfe und analytisches Grundmuster für die Untersuchung von Mutterschaft in der türkischen und ehemaligen sowjetischen Gesellschaft zu sein sowie für die Erarbeitung der jeweiligen konstitutiven Merkmale, die eine Subsumtion sind und die Darstellung vergleichend abschließen.[8]

---

[8] Eine (weitere) Komprimierung der konstitutiven Merkmale findet sich in dem so bezeichneten "emic"-Kategorien-Set. Diese Sets sowie ihre Weiterentwicklung hin zu den "etic"-Sets werden im Teil II der Arbeit dargelegt und in ihrem Zusammenhang erläutert, d. h. an dieser Stelle wird wieder angeknüpft an die konstitutiven Merkmale (vgl. das "emic-etic"-Strukturgitter im Teil II der Arbeit).

3 Mutterschaft in den Herkunftsgesellschaften von türkischen und sowjetdeutschen Frauen

3.1 Mutterschaft und Geschlechterverhältnis in der Türkei

3.1.1 Forschungsstand

Um zu beschreiben, wie Mutterschaft in das Geschlechterverhältnis der türkischen Gesellschaft eingebettet ist, bedarf es der Auseinandersetzung mit den heterogenen Arbeits- und Existenzformen in der heutigen Türkei. Während für die westlichen Gesellschaften die Lebenssituation der bürgerlichen Ehefrau, wie sie von Simone de Beauvoir, Charlotte Perkins Gilman, aber auch von Miriam M. Johnson dargestellt wird, als ideologisches Leitbild auch für andere Schichten der Gesellschaft durchaus repräsentativ sein mag, wäre eine solche Verallgemeinerung für die türkische Gesellschaft nur schwerlich herzustellen. Die Lebens- und Arbeitssituationen von Frauen, insbesondere auf dem Land, sind weitaus heterogener (vgl. z. B. die Arbeit von Sedef Gümen 1987); für die vorliegende Fragestellung erscheint eine Typisierung nach folgenden Kategorien als angemessen: Traditionelles Dorf, Nomadentum, Dorf im Wandel, Kleinstadt, Großstadt/Binnenmigration und Migration. Anhand der Themen und Fragestellungen wird, je nach Vorhandensein und Reichweite der Literatur, auf die jeweiligen Kategorien Bezug genommen.

Eine detaillierte Analyse von Mutterschaft in der türkischen Gesellschaft liegt bis dato nicht vor, weder in türkischer, englischer noch deutscher Sprache. Der Aufgabenbereich der Mutter und ihre, auch veränderte, Funktion in der Familie werden in nur wenigen Arbeiten, oft älteren Datums (vgl. den von Jean G. Peristiany herausgegebenen Sammelband, 1976), angesprochen. Arbeiten der 80er Jahre, die das Thema Mutterschaft streifen, aber nicht direkt aufgreifen, finden sich in den Sammelbänden von Cigdem Kagitcibasi (1982) (in englischer Sprache) und in dem Sammelband von Nermin Abadan-Unat (Englisch 1981; Deutsch 1985).

Von feministisch orientierten Wissenschaftlerinnen aus der Türkei wird in jüngster Zeit vermehrt die Situation und Lebenslage der Frau in verschiedensten Bereichen und mit vielfältigen Fragestellungen analysiert (vgl. die zahlreichen Arbeiten von Deniz Kandiyoti in englischer Sprache, z. B. 1982, 1987 und 1990 und die in deutscher Sprache vorliegenden Arbeiten des Sammelbandes "Frauenforschung aus der Türkei, Aufstand im Haus der Frauen", hg. v. Ayla Neusel/Sirin Tekeli/Meral Akkent 1991).

3.1.2 Familienformen in der modernen Türkei

Die Türkei der Gegenwart ist nach den Urbanisierungsprozessen dieses Jahrhunderts nicht mehr allein durch das Leben im Dorf zu charakterisieren; nach der massiven Land-Stadt-Migration, die aus Zentralanatolien und den östlichen Regionen sowie aus dem Gebiet der Schwarzmeerküste in die Großstadtzentren

stattfand, lebt annähernd die Hälfte der Bevölkerung der Türkei in städtischen Gebieten (nach einer Untersuchung von Alan Duben von 1982).
So spiegeln auch die bäuerlichen Verhältnisse, die oft als die typischen und traditionellen türkischen Haushaltsstrukturen beschrieben werden, nicht die tatsächlichen Lebensverhältnisse der Bevölkerung wider.
Damit einhergehend ist festzustellen, daß auch die ebenfalls als typisch für die Türkei geltende patriarchalische Großfamilie, die aus Mann und Frau und deren verheirateten Söhnen mit Ehefrauen sowie deren Kindern besteht, keineswegs die vorherrschende Familienform ist. Wie aus einer Untersuchung von 1968 (Serim Timur 1985, S. 63) hervorgeht, hat in der Gesamttürkei die patriarchalische Großfamilie lediglich einen Anteil von 19 % an allen Familientypen. Selbst in ländlichen Gebieten ist sie deutlich in der Minderheit (25,5 % im Dorf). Hingegen ist die Kernfamilie, die aus Ehepartnern und unverheirateten Kindern besteht, die allgemein vorherrschende Familienform, 1968 lebten über 60 % aller Familien in Kernhaushalten.
Nach der Auffassung von Duben (1982) gibt es keinen kausalen Zusammenhang zwischen den Urbanisierungsprozessen und den Familienformen. Er hält die Überlegung, daß die Großhaushalte (die patriarchalische Großfamilie) in der Vergangenheit die Lebensformen repräsentiert hätten, für schwer belegbar und ist der Ansicht, daß sehr häufig ein Ideal der Vergangenheit mit der Praxis der Gegenwart gemessen wird (S. 77). Die meisten der Migranten seien als nukleare Familien in die städtischen Zentren gekommen bzw. gemeinsam mit solchen Familien migriert und hätten in der Stadt Haushalte errichtet, die dem Herkunftsgebiet entsprachen. Es sei demnach eher ein Mythos, anzunehmen, daß der Prozeß der Urbanisierung von einem Wechsel des patrilinealen Großhaushaltes zum urbanen Kernhaushalt begleitet gewesen sei (S. 93). Lediglich in der Stadt, und zwar innerhalb der älteren Bevölkerungsgruppen mittleren und höheren Einkommens, habe eine Veränderung von Großhaushalten hin zu Kernfamilien stattgefunden, die in den 20er Jahren dieses Jahrhunderts begonnen habe.
Die Definitionen von Kern- und Großfamilie sind, und dies ist wichtig für die Einschätzung der Lebensformen in der Türkei, zu unterscheiden von ihrem westlichen Bedeutungsgehalt (vgl. etwa Sedef Gümen 1987); auch Mübeccel B. Kiray/Nermin Abadan-Unat (1985) weisen darauf hin, daß die vorherrschende Existenz von Kernfamilien nichts über das Ausmaß und die Bedeutung von Familien und Generationenbeziehungen aussagt. Selbst wenn z.B. unter dem Druck der ökonomischen Verhältnisse der Großfamilienverband sich auf dem Dorf in nukleare Haushalte aufsplittert, wird weiterhin das Bareinkommen aufgeteilt, Land und Maschinen gemeinsam genutzt sowie einander in allen möglichen Angelegenheiten Unterstützung erteilt. Geschenke und Hilfeleistungen werden ohne formelle Verpflichtungen in der weiteren Familie ausgetauscht, sowohl in der Stadt wie auf dem Land:

> "In urban centers it is quite common for parents and their married children, uncles, their nephews and nieces to live with their nuclear families in separate flats in the same or adjacent appartment buildings

and provide various services such as taking care of children or tending the old and sick. For parents to give cash to a mother living alone or bring extensive gifts to a young couple is also usual." (vgl. S. 508)

Ebenso werden Ausbildungs- und Studienunterstützungen innerhalb der Familie geleistet, Karrieren unterstützt, Positionen und Arbeitsstellen mit Hilfe familiärer Beziehungen gefunden, Familienbetriebe geführt, Geschäfte gegründet.

3.1.3 Familie und Wertsystem

Die wichtigste Schlußfolgerung Dubens (wie zuvor schon Paul Stirling 1965 und Emre Konga 1976 und ähnlich Kiray/Abadan-Unat 1985 aufzeigen) ist die, daß unabhängig von der Residenzform, die Familien wählen, die weiteren Familienbande und Verwandtschaftsbeziehungen sehr wichtig in allen sozialen Schichten der türkischen Gesellschaft sind, was sowohl für städtische als auch für ländliche Gebiete gilt (1982, S. 93). Trotz des hohen Prozentsatzes von Kernfamilien in beiden Fällen verlieren diese "kinship-relations" mit der Urbanisierung oder Industrialisierung nicht an Bedeutung. Die "kinship-morality" läßt sich auch in der alltäglichen Sprache und in Redewendungen wiederfinden, die verwandtschaftlich bezogen sind (S. 94). Die Wirkungsweise dieses privaten Denkens, eines informellen Systems von Gerechtigkeit, sozialer Sicherheit, interpersonellen Erwartungen und intimen Austauschbeziehungen sieht Duben historisch darin begründet, daß sich der ältere patrimoniale personalistische Code als weiterhin effektiv in der Öffentlichkeit erwiesen hat - trotz eines importierten westlichen öffentlichen Codes (S. 86). Westliche zivile und juristische Normsysteme, ein großer staatsbürokratischer Apparat, moderne mechanisierte Arbeitsplätze sind zu Anfang dieses Jahrhunderts in die neugegründete türkische Republik importiert worden, aber aufgepfropft auf den Korpus einer patrimonialen Tradition, die schon Jahrhunderte gewirkt hat. So ist die private "kinship-morality" weiterhin im Alltag wirksam geblieben, ein öffentlicher Moralcode als Gegenstück dazu hat sich, so Duden, nie etabliert (S. 87).

Ehe und Familie sind in der gegenwärtigen türkischen Gesellschaft von großer Bedeutung und die existentielle Basis der Individuen. Nach Sirin Tekeli (1991) betrug der Anteil der Verheirateten 1989 91,8 % (vgl. S. 35); Familie und Ehe sind sehr starke Institutionen für alle Gruppen der Gesellschaft, und der Einfluß traditioneller Werte wirkt stark auf die Beziehungen von Frau und Mann ein. Diese traditionellen Werte sind nicht nur lediglich geringen Veränderungen unterworfen gewesen, im Gegenteil sind sie parallel zur Veränderung des Landes hin zu einer modernen Gesellschaft intensiviert worden:

"In Turkey, the family has remained such a widespread and alternativeless institution that it continues to be the only valid form of love, reproduction and security even when it loses its economic function.

> Therefore, in Turkish society it has become impossible for people, and especially for women, to have an identity independent from that of the family. Outside its protective cocoon, the woman becomes a marginal, an a-social person. And yet the family is a most conservative institution, in which role definitions change very slowly." (vgl. Tekeli 1986, S. 191)

In bezug auf die ideologischen Anforderungen an die Rolle der Frau sind, so Tekeli (1987/1988), ebenfalls keinerlei Fortschritte zu verzeichnen, denn ihrer Einschätzung nach halten selbst intellektuelle und linke Kreise an der Einstellung fest, daß die eigentliche Bestimmung der Frau die Mutterschaft sei und sie zu Hause dem Mann dienen solle (vgl. S. 82).

> "Von 'gleichberechtigter Partnerschaft' ganz zu schweigen, gab es kaum Männer, die es sich überhaupt vorstellen konnten, ihren Frauen im Haushalt oder bei der Kinderbetreuung zu helfen." (ebd.)

Der Auffassung von Tekeli steht das Ergebnis Kandiyotis entgegen, die aufgrund der Analyse eines Dorfes im Südwesten von Ankara im Jahre 1974 zu der Einschätzung kam, daß die sich verändernden wirtschaftlichen Bedingungen im Dorfleben auf die Familie in Form erhöhter Liberalität, insbesondere den Frauen gegenüber, wirken. Sie bringt dies in Zusammenhang mit dem Gefühl von Sicherheit versus Unsicherheit und Optimismus versus Hoffnungslosigkeit gegenüber der Zukunft :

> "It is inasmuch as villagers see little hope on future in the village for themselves and particularly their offspring, that they will tend to exercise less control over them and let them make their own decisions. This even seems to carry over into more liberal dealings with women."
> (Kandiyoti 1974, S. 60)

Ähnlich argumentieren Mübeccel B. Kiray (1968) und Jan Hinderink/Mübeccel B. Kiray (1970), die vier Dörfer in der Cukurova untersuchten. Sie kamen zu dem Ergebnis, daß soziale Differenzierungen, hervorgerufen etwa durch Mechanisierung in den Dörfern, zu Veränderungen von Familienstrukturen, Heiratsalter, Kinderzahl und Eheverhältnissen zwischen Männern und Frauen führen. Tradierte Werte, wenn sie beibehalten werden, deuten ihnen zufolge auf fehlende Alternativen.

Die neuere Arbeit von Gümen (1987) über die Lebenssituation der Frauen in ländlichen Regionen der Türkei kam ebenfalls zu der Feststellung, daß Fruchtbarkeitsraten/Kinderzahl, Familienstrukturen, Heiratsalter ebenso wie Hausarbeitsbelastung der Frau eindeutig nach geographischer Region, Mechanisierungsgrad, Landgröße eines Haushaltes, Einkommen des Haushaltes und den Lohnarbeitsmöglichkeiten der Frauen variieren (vgl. S. 191ff.); die Beibehaltung oder Schwächung traditioneller Wertstrukturen verlaufe aber nicht analog zu Veränderungen der Lebenssituation der Familie, sondern ist in

vielschichtigen Formen und in vielfältigen Kombinationen mit strukturellen Faktoren anzutreffen.[9]
Wie genau gesellschaftliche Veränderungen, auch in nicht-ländlichen Lebensverhältnissen, in die Familie hineinwirken, zu einem Wertewandel und zu anderen Verhaltensweisen beitragen sowie zu anderen Lebensmöglichkeiten der Frau führen, wird im folgenden detaillierter erläutert. Der verallgemeinernden Einschätzung Tekelis (1991) bezüglich der Aufrechterhaltung bzw. Verstärkung traditioneller Werte in der Familie trotz gesellschaftlicher Veränderungen kann zunächst nicht gefolgt werden - wenn auch angenommen werden muß, daß Veränderungen nicht linear wirken, sondern in komplexeren Prozessen vonstatten gehen. Die im folgenden eingenommene vielschichtige Perspektive versucht, diesen Prozessen gerecht zu werden.

3.1.4 Die Frau auf dem Arbeitsmarkt - Charakter der Frauenarbeit[10]

Etwa 30-35 % der weiblichen Bevölkerung der Türkei - ungefähr sieben Millionen Frauen - sind erwerbstätig; annähernd 7 % davon sind Mütter. Infolge der wirtschaftlichen Unterentwicklung ist gegenwärtig die Mehrheit der Frauen in der "Überlebensproduktion" tätig, in ländlichen und städtischen Gebieten produzieren Frauen notwendige Güter für die Haushaltskonsumtion und für die breitere Wirtschaft und versorgen alle Haushaltsmitglieder, die (noch) nicht arbeiten können. Die Hauptlast der Unterentwicklung des Landes wird, so Gümen (1987), von den Frauen getragen.
1985 waren nach der Untersuchung von Ferhunde Özbay (1991, S. 122f.) 79 % der berufstätigen Frauen in der ländlichen Wirtschaftsproduktion tätig, wobei wiederum ca. 75 % davon als unbezahlte mithelfende Familienangehörige arbeiteten. Frauenarbeit war und ist wesentlicher und bewußter Bestandteil der bäuerlichen Wirtschaft.
Die ländlich-traditionelle geschlechtsspezifische Arbeitsteilung repräsentiert nicht mehr die Arbeitsformen von Männern und Frauen der Gegenwart, wenn auch die dazugehörigen geschlechtsspezifischen Wertvorstellungen über Arbeit noch durchaus wirksam sein mögen. Wesentlich für die Gesamtstruktur war bzw. ist, daß es zwar in der symbolischen Ordnung eine Unterscheidung von innen und außen gibt, daß aber die tatsächliche Arbeitsteilung von diesen Kate-

---

[9] Ulrich Planck (1991) stellte aufgrund der Daten der Volkszählung in der Türkei 1985 fest, daß sich die Kinderzahl der Landfrauen in der Türkei in absehbarer Zeit der niedrigeren Kinderzahl der Frauen in der Stadt angleichen wird.

[10] Die wenigen vorliegenden statistischen Angaben über weibliche Berufstätigkeit in der Türkei beziehen sich jeweils auf nur einen Teilbereich und betreffen darüber hinaus unterschiedliche Zeiträume, so daß ihre Auswertung keine Verbindlichkeit bezüglich der erhobenen Zahlen behaupten kann; sie erlaubt jedoch durchaus verallgemeinerbare Aussagen zur Berufssituation türkischer Frauen und zeigt vorhandene Entwicklungstendenzen auf.

gorien nicht unbedingt getroffen wird. Zudem unterscheidet sich diese Ordnung von der westlichen Auffassung des öffentlichen und privaten Bereiches und der dazugehörigen geschlechtsspezifischen Arbeitsteilung (die das Ideal der bürgerlichen "Hausfrau" impliziert).

Özbay (1991) kritisiert grundsätzlich die Differenzierung in produktive und reproduktive Tätigkeiten, die analog zu außerhäuslichen und innerhäuslichen Bereichen definiert und zusätzlich zu erwerbstätiger und nicht erwerbstätiger Bevölkerung in Beziehung gesetzt werden (vgl. S. 120). Sie stellt fest, daß für Länder der sogenannten Dritten Welt (wozu sie die Türkei zählt) eine andere Kategorisierung notwendig wird, insbesondere, wenn es darum geht, die Arbeit der Frau zu beschreiben. Mit einem hohen Anteil von Frauen in der landwirtschaftlichen Produktion lassen sich die Produktions- und Reproduktionstätigkeiten nicht sehr deutlich in inner- und außerhäusliche differenzieren (S. 121). Dies gilt ebenso für Frauen in den Städten; hier beteiligen sie sich in Form von Heimarbeit zunehmend an der Produktion (ein erheblicher Teil arbeitet in der sogenannten "Schattenwirtschaft" im informellen Sektor, z. B. in der industriellen Heimarbeit, als Putzfrauen in privaten Haushalten, im Kleinhandel, als Mithelfende in kleinen Familienbetrieben <vgl. Sedef Gümen/Leonie Herwartz-Emden/Manuela Westphal 1994>), während sie andererseits einige ihrer neuen Reproduktionsaufgaben außerhalb des Hauses erledigen.

Diese Frauen definieren sich in erster Linie als Hausfrauen, auch wenn sie erheblich zum Familieneinkommen beitragen. Das Ideal der Hausfrau ist ein tradiertes Ideal, hat aber nach Hale Bolak (1991, S. 234) nicht mehr die frühere Bedeutung. Die statistische Kategorie der Hausfrau in den Städten verdoppelte sich nach den Angaben von Gümen (1987, S. 228) seit den 50er Jahren bis Anfang 1980 von 26 % auf 46 %, aber dahinter verbirgt sich vermutlich in den meisten Fällen eine berufstätige Frau. Die Vorstellung eines Hausfrauenlebens scheint mit besonderen Annehmlichkeiten verbunden zu sein: Insbesondere für die Frau in der Kleinstadt ist das Hausfrauendasein als Lebensvorstellung lebendig, mit hohem Status verbunden und ein erstrebenswertes Privileg. Die Gruppe der Hausfrauen in der Kleinstadt, insbesondere die Frauen von kleinen Selbständigen und Beschäftigten im öffentlichen Dienst in unteren Rängen sind aber auch, so Kiray/Abadan-Unat (1985), die am wenigsten sichtbaren, abgeschlossensten Frauen, mit den restriktivsten Lebensbedingungen (vgl. S. 514).

Für die bäuerliche Frau war dieses Ideal offensichtlich von jeher brüchig, da ihr ökonomischer Beitrag zum Überleben der Familie unübersehbar und im Rahmen der traditionellen Ordnung anerkannt war und nicht im Gegensatz zum Ansehen eines Haushaltes stand. Die Bäuerin sieht sich nach Ingrid Pfluger-Schindlbeck (1989, S. 171) eher äquivalent mit der berufstätigen Frau in der Stadt als mit der vom Dorf in die Stadt gezogenen Frau, die nun Hausfrau ist. Diese werde eher bespöttelt und mit negativer Konnotation belegt. So betrachte die Bäuerin auch die Berufstätigkeit ihrer Tochter positiv.

Inhaltlich läßt sich die Existenz der Hausfrau keineswegs vergleichen mit der europäischen Hausfrau. Wie erläutert, bezeichnen sich Frauen häufig als Hausfrauen, wenn sie im marginalen Sektor, in der landwirtschaftlichen Produktion, in der industriellen Heimarbeit wie in privaten Haushalten beschäftigt sind.

Zusätzlich werden durch traditionelle Werte und Normen die produktiven Tätigkeiten der Frau (auf dem Lande, in der Heimproduktion oder in Nebenerwerbsbetrieben) lediglich als eine Erweiterung und Ergänzung ihrer innerhäuslichen Aufgaben gesehen. Die Verfügbarkeit von sozialen Netzwerken unter den Frauen bedeutet, daß die Kinderbetreuung von anderen Frauen in der Familie, Verwandtschaft, Nachbarschaft mitgetragen wird. Das Netzwerk löst einerseits das Problem der Vereinbarkeit von Erwerbstätigkeit und Familienarbeit für die Frauen, führt aber zusätzlich dazu, die Arbeit im Haushalt und mit den Kindern als weiblich definiert beizubehalten (vgl. Kandiyoti 1987, S. 333).

Frauen tragen offensichtlich die Hauptkosten der Modernisierung: Nach Behrooz Morvaridi (1992) hat sich die Modernisierung und Technisierung der Landwirtschaft so ausgewirkt, daß die geschlechtsspezifische Arbeitsteilung immer unausgeglichener, die Arbeitsbelastung der Frau immer größer wird. Eine Einkommenssteigerung der bäuerlichen Haushalte, wie z. B. durch verstärkten Anbau von Baumwolle und Zuckerrüben, sei nur bei höherem Arbeitseinsatz der Frauen möglich.

Wie Kandiyoti (1990) aufzeigt, hat die Entwicklung von der Subsistenzlandwirtschaft hin zu marktorientierter landwirtschaftlicher Produktion in Anatolien auch die innere Struktur der Bauernfamilien entscheidend verändert. Der durchgängige Autoritätsverlust des bäuerlichen Patriarchats, bedingt durch den Verlust von Grund und Boden in weiten Teilen der Landbevölkerung, wirkt sich ihrer Analyse zufolge negativ auf die Lage der Frau und auf die Hierarchie zwischen Jungen und Alten aus: Wenn auch in gewissem Sinne eine erhöhte Liberalität gegenüber den Frauen festzustellen ist (vgl. 4.1.3 dieser Arbeit), so verschlechtert sich ihre Situation insofern, als sie in den großen mechanisierten und spezialisierten Landwirtschaftsbetrieben die einfachen Arbeiten zugewiesen bekommen, auf den kleinen Höfen wird ihnen aufgrund ihrer Unentbehrlichkeit (die Männer gehen in die Lohnarbeit) jede Ausbildung versperrt.

Im formellen Sektor ist der Frauenanteil gering. Im Jahre 1985 lag er F. Yildiz Ecevit zufolge (1991, S. 110) bei 14 % in der Industrie und bei 11 % im Dienstleistungssektor. Die Verteilung der Frauen in den jeweiligen Berufen und Beschäftigungsbereichen ist stark von ihrer sozialen Herkunft und dem Ausbildungsstand geprägt. Auch für die industrielle Produktion läßt sich nachweisen, daß häufig unbezahlte Frauen-, Kinder- und Familienarbeit das Überleben von Betrieben und Manufakturen sichern (vgl. E. Mine Cinar/Günar Evcimen/Mehmet Kaytaz 1988). Nach Kiray/Abadan-Unat waren 1980 nur 9 % der weiblichen Industriearbeiterinnen durch Sozialversicherung abgesichert, nur 7 % waren gewerkschaftlich organisiert (vgl. 1985, S. 513).

Modernisierung, auch in Richtung einer kapitalistischen Produktionsweise, ist offensichtlich für die Stellung der Frau in den verschiedensten Lebenssituationen zweischneidig zu bewerten.

3.1.5 Veränderungen der Tätigkeit der Frau

Özbay (1991) diskutiert die Veränderungen in der Tätigkeit der Frau in der Türkei im Zeitraum der letzten 50 - 60 Jahre. Für die Zeit nach 1980 behandelt sie die Veränderungen im Leben der Frau detailliert: Sie zeigt auf, daß ab 1982 festzustellen ist, daß der tägliche Einkauf überwiegend zur Frauenarbeit wird - eine Aufgabe, die zu den Pflichten der älteren Familienmitglieder gehörte und nun auf das Ehepaar bzw. den weiblichen Teil des Ehepaares übertragen wurde (vgl. S. 142). Nach 1980 verbringen Frauen insgesamt mehr Zeit außerhalb des Haushaltes (auch wenn sie keiner Erwerbstätigkeit nachgehen). Die zunehmenden Anstrengungen, Geld zu verdienen, haben generell dazu geführt, daß die Männer sich fast aller familiären Pflichten entledigen und Frauen in diesen Bereichen mehr Verantwortung übernehmen müssen. So erstreckt sich die Tätigkeit der Frau zusätzlich auf die Sorge um die Schulausbildung der Kinder - was mit einem Wandel im Bildungssystem zusammenhängt.[11]

Auch in den Reproduktionstätigkeiten innerhalb des Haushaltes haben sich, so Özbay, wichtige Veränderungen ergeben, da der technische Fortschritt bei den Haushaltsgeräten Erleichterungen brachte - eine Entwicklung, die auch die Arbeitsteilung unter den Frauen beeinflußt hat. Solche Erleichterungen in der Hausarbeit führen jedoch generell nicht dazu, daß die Arbeitsbelastung der Frau geringer wird, zumal sie verstärkt Aufgaben bei der Kindererziehung wahrzunehmen hat.

Die verwandtschaftlichen Beziehungen, deren Pflege den Frauen obliegt, sind für diese v.a. wegen der hier möglichen gegenseitigen Unterstützung wichtig.[12] Die häuslichen Tätigkeiten der Frau richten sich nach Özbay aufgrund

---

[11] Der private Sektor wurde ab 1980 motiviert, qualitativ bessere Bildungsmöglichkeiten anzubieten, da die Investitionen im öffentlichen Bildungssystem aufgrund der damaligen Regierungspolitik nur sehr niedrig waren. Dies hat nach Özbay dazu geführt, daß Schülerinnen und Schüler, die in der Primar- und Sekundarstufe nicht in einer Privatschule untergekommen sind, geringere Chancen hatten, in Universitätsprüfungen erfolgreich zu sein. Zusätzlich zur Privatschule wurden demnach Privatunterricht und spezielle Kurse notwendig, um die SchülerInnen auf die verschiedenen Etappen der Aufnahmeprüfung für die Universität vorzubereiten (1991, S. 143). Insbesondere für Mittelschichtfamilien hat die Bildung bzw. Ausbildung der jungen Generation große Bedeutung, was dazu geführt hat, daß Mütter aus der Mittelschicht die Vorbereitung der Kinder auf die Prüfungen und die Kontaktaufnahme mit der Schule als vorrangige Aufgabe übernommen haben.

[12] Männer richten nach Özbay an diese Beziehungen andere Erwartungen. Verwandtschaftsbeziehungen sind bei der Arbeit wichtig, so daß häufig "Arbeitsbezie-

der gesellschaftlichen Veränderungen heutzutage vermehrt auf eine Erhöhung des gesellschaftlichen Status' der Familie. Die Veränderungen in den Aufgaben der Frau haben derselben zu höheren Entscheidungsbefugnissen sowie zu der Berechtigung verholfen, die Familie in weiteren Bereichen der Gesellschaft zu repräsentieren - was sich aber nicht auf den Status der Frau direkt auswirkt, der vielmehr weiterhin mit dem der Familie identifiziert wird. Insofern ist die Frau daran interessiert, durch ihre Tätigkeiten auf eine Statuserhöhung der Familie hinzuwirken (S. 145).

3.1.6 Die Vereinbarkeit von Familie und Beruf als Basisvariable des mütterlichen Alltags

Gegenwärtig läßt sich die Frauenarbeit in Haushalt und Beruf als heterogen, flexibel und schichtspezifisch beschreiben; sie ist unmittelbar mit der krassen sozialen und regionalen Differenzierung dieser Gesellschaft verknüpft. Für den großen Teil der ländlichen und städtischen Haushalte kann daher nicht von einer deutlichen Dichotomie zwischen Beruf und Familie ausgegangen werden. Die produktiven und reproduktiven Tätigkeiten der Frauen im informellen Sektor erscheinen häufig als vereinbar mit der Kinder- und Haushaltsarbeit. Tradierte Werte und Normen definieren darüber hinaus die produktiven Tätigkeiten (z. B. auf dem Lande, in der Heimproduktion oder in Nebenerwerbsbetrieben) als eine Erweiterung und Ergänzung der häuslichen Arbeiten und somit als "weibliche" Aufgaben (vgl. Fatma Mansur Cosar 1978, S. 129, Gülten Kazgan 1981, S. 143, Gümen 1987, S. 182-183, 215, 231).[13]
Bei den städtischen Frauen im marginalen Sektor bzw. den Frauen, die aus dem ländlichen Sektor stammen und sich am Prozeß der Binnen- und Außenmigration beteiligt haben (vgl. Kiray/Abadan-Unat 1985, S. 515), sind zwei Tendenzen zu beobachten: Einerseits herrscht das Ideal des Hausfrauadaseins vor (s. oben), andererseits ist die Erwerbsmotivation dieser Frauen besonders hoch - was weniger mit einer selbstverständlichen Auffassung des Berufs zu tun hat (wie im Fall der ehemaligen Sowjetunion), sondern aus den unsicheren städtischen Lebensbedingungen resultiert und mit der Zukunftssicherung der Kinder und Familie eng verknüpft ist. Die Familie gibt somit

---

hungen" die Kontakte der Männer zu Verwandten bestimmen; zusätzlich spielen Erbschaftsfragen eine Rolle.

[13] Wie bereits erläutert, bedeutet die Verfügbarkeit von sozialen Netzwerken unter den Frauen, daß die Kinderbetreuung von anderen Frauen in der Familie, Verwandtschaft und Nachbarschaft mitgetragen wird. Diese Lebensform, die einerseits dazu beiträgt, die Vereinbarkeit von Familie und Beruf für die Frau zu gewährleisten, führt auf der anderen Seite dazu, die Arbeit im Haushalt als "weiblich" definiert beizubehalten (Kandiyoti 1987, S. 333). Jedoch gibt es auch hier regionale und soziale Unterschiede in der Vielfältigkeit des Zusammenspiels von Hausarbeit und Erwerbsarbeit, deren Wandel (vgl. Gümen 1987, Kap. 4 und 5) sowie der männlichen Vormachtstellung in der Familie (vgl. Bolak 1991).

Anlaß für die Erwerbstätigkeit, und die beiden Bereiche werden als miteinander vereinbar angesehen. Hervorzuheben ist, daß die Arbeitsmigrantinnen in der BRD zum großen Teil dieser Gruppe entstammen (vgl. Kiray/Abadan-Unat 1985, S. 515, Franz J. A. Wagenhäuser 1981, S. 25f.).
Für städtische Industriearbeiterinnen mit einem geringeren Ausbildungsstand und für Frauen mit mittlerem Schulabschluß im niedrigeren öffentlichen Dienst spielt die finanzielle Notwendigkeit ebenfalls eine Hauptrolle bei der Erwerbstätigkeit. Angesichts der drastisch unzulänglichen öffentlichen Kinderbetreuungsmöglichkeiten, Gesundheitseinrichtungen und des schwierigen Zugangs zu den auf dem Markt vorhandenen Konsumgütern und Dienstleistungen ist ihr Einkommen überlebensnotwendig (vgl. Gümen 1987, S. 210f., 218, Tekeli 1986).
Die gesellschaftliche Lage der berufstätigen Frauen mit Universitätsabschluß, die eine Minderheit darstellen, ist wiederum anders. Der Beschäftigungsanteil von Frauen in gehobenen Berufen ist hoch - auch im Vergleich zu westlichen Industrieländern. Diese berufstätigen Frauen aus der Oberschicht sind von ihren haushaltlichen Tätigkeiten weitgehend befreit. Sie bilden praktisch die einzige Gruppe, die ihre Familienrolle mit ihrer Teilnahme am Arbeitsmarkt in Einklang bringen kann (vgl. Ayse Öncü 1981, S. 190).
Mutterschaft und Familienorientierung sind ein fester Bestandteil des weiblichen Lebenskonzeptes für Frauen in der Türkei (vgl. Cosar 1978, S. 125-128, Tahire Kocturk 1992, S. 80f. Die Vereinbarkeit von Familie und Beruf wird jedoch je nach sozialer Schicht und Region extrem unterschiedlich erlebt und gestaltet. Somit entsteht ein sehr heterogenes Bild von Arbeitsformen, Alltagsstrukturen und Bewältigungsstrategien von Frauen.

3.1.7   Geschlechterverhältnis im familiären Beziehungsnetz

Die Machtbeziehungen der Geschlechter haben ihre Basis nicht (mehr) allein im traditionellen Typus der dörflichen Gemeinschaft, aber die Beziehungen und die Bewegungsräume der Geschlechter sowie die jeweilige psychische Konstitution nehmen ihren Ausgangspunkt noch immer in einer Welt, in der Mann und Frau einerseits relativ unabhängig voneinander, gleichzeitig aber nicht unabhängig vom weiteren sozialen Gefüge ihren Alltag bestreiten. Mann und Frau sind innerhalb einer (weiteren) Gemeinschaft einander zugeordnet, wenn sich auch diese Gemeinschaft durch gesellschaftliche Veränderungen im Umbruch befindet und sich in einer Vielfalt von Lebensweisen ausmachen läßt. "Das Paar", wie es der Westen kennt, existiert in diesem gesellschaftlichen System nicht in vergleichbarer Weise, die Individualität der einzelnen ist viel weitreichender eingebettet und aufgehoben im Sozialen, als dies für das moderne westliche Leben gilt.

Traditionelles Dorf

Werner Schiffauer (1987) analysiert die traditionelle bäuerliche Gemeinschaft als Handlungsfeld am Beispiel des Dorfes Subay. Er beschränkt sich zwar im wesentlichen auf die Darstellung der Männerwelt, der ethnographische Blick auf das Gemeinschaftssystem des Dorfes in seinen Funktionen und existentiellen Einheiten (wenn es auch zahlreiche Abweichungen gab, wie z. B. in nomadischen Lebensformen) verdeutlicht jedoch sehr plastisch die Lebenswelt beider Geschlechter, die Machtbeziehungen zwischen Mann und Frau und auch die jeweiligen Bewegungsräume.

Die Haushalte des Dorfes sind nach Schiffauer als soziale Körper zu verstehen: "Sie - und nicht die Individuen - sind die Rechtssubjekte in dieser Gesellschaft. Der einzelne ist nur als Mitglied eines Haushaltes Rechtsperson, als Träger von Rechten und Pflichten. Mit den anderen Angehörigen seines Haushaltes bildet er eine Rechtseinheit ..." (S. 23) Haushaltsvorstand ist der Vater bzw. in seiner Abwesenheit der älteste Sohn. Er repräsentiert den Haushalt als Ganzes und steht für seine Einheit und Geschlossenheit. Nur er ist wirtschaftlich und politisch rechtsfähig und vertritt alle anderen Haushaltsangehörigen im Gemeinwesen. Ebenso "haftet" ein Haushaltsvorstand für die Handlungen der Angehörigen (S. 24).

In den Frauen der Familie verdichtet sich die Idee der Integrität eines Haushaltes: Sie verkörpern schließlich die Ehre (namus) im engsten und eigentlichen Sinn: "Nichts zerstört die Ehre eines Hauses so vollkommen wie ein Angriff auf die sexuelle Unversehrtheit der Frauen." (S. 25)

Die Analysen der Ethnologinnen Krisztina Kehl/Ingrid Pfluger (1988) erklären die moralische Basis und das Wertgefüge der dörflichen Gemeinschaft: Mit dem Wert der Ehre aufs engste verknüpft sind die Werte von Würde/Ansehen/Prestige (seref) und Achtung (saygi). Alle drei Werte regulieren soziales Handeln und sind entscheidende Maßstäbe, nach denen erwachsene Personen bzw. deren Handlungen beurteilt werden (vgl. S. 8).[14]

Erst das Zusammenspiel der drei Werte, d. h. die Erfüllung der von ihnen geforderten Verhaltensweisen durch die Handlungsträger unter Berücksichtigung ihrer jeweiligen Position (Geschlecht und Alter) macht eine angesehene türkische Familie aus (S. 17).

Die traditionelle türkische Gesellschaft ist grundsätzlich in zwei voneinander scharf abgegrenzte Bereiche getrennt, nämlich in einen privaten, "inneren" Bereich und in einen öffentlichen, "äußeren" Bereich. Der innere Bereich wird

---

[14] "Im Kontext des Dorfes steht der Wert von seref zunächst für die persönliche Würde des einzelnen Individuums; darüber hinaus gestaltet er die Beziehungen eines Haushaltes zu anderen Haushalten. Der Wert von namus legt dagegen die geschlechtsspezifische Rolle von Mann und Frau fest. Der Wert von saygi regelt die Beziehungen zwischen Älteren und Jüngeren, im engeren Sinn zwischen Eltern und Kindern." (Kehl/Pfluger 1988, S. 8) Das Konzept der Ehre hat, so Kehl (1988), im gesamten Mittelmeerraum seine Gültigkeit, ist also nicht auf die bäuerlich-islamische Gesellschaft der Türkei alleine zu beschränken.

durch die eigene Kernfamilie bzw. den Haushalt verkörpert. Diese Trennung in verschiedene Räume spiegelt sich im Konzept der Ehre wider, das wiederum die Verhaltensnormen für beide Geschlechter beinhaltet, denn sie sind jeweils einem Bereich zugeordnet. Die Ehre eines Haushaltes wird als gemeinsamer Besitz angesehen; ihre Verletzung fordert eine Verteidigung durch die zugehörenden Männer heraus. Für die Einhaltung der Ehre sind alle Mitglieder eines Haushaltes zuständig, aber die Frauen sind "Trägerinnen" der Ehre (vgl. oben).

Bedingungslose Solidarität ist die Basis, d. h. die bäuerliche Familie kann sich nur als Solidargemeinschaft erhalten (S. 8ff.). Die Angehörigen eines Haushaltes sind tatsächlich ähnlich aufeinander angewiesen wie ein Körperglied auf ein anderes, der Status des Individuums ist untrennbar mit dem seiner Angehörigen verwoben.

So stellt sich auch das Ehegattenverhältnis als eine Beziehung dar, die in weitere Beziehungen verflochten ist: Durch die Heirat wird in den Haushalt ein neues Mitglied inkorporiert - nämlich die junge Frau. Mit ihrer Ankunft wird ein ganzer Komplex neuer Beziehungen gegründet, von denen die wichtigsten die des Ehemannes zur Ehefrau und jeweils die des Schwiegervaters und der Schwiegermutter zur Schwiegertochter sind (vgl. Schiffauer 1991, S. 189). Die Haushaltsvorstände zeigen sich hauptsächlich über den untadeligen Ruf der jungen Frau besorgt; die Schwiegermutter ihrerseits hat vor allem Interesse an einer Schwiegertochter, welche sich auf die anfallenden dörflichen Arbeiten versteht und ihr gut zur Hand gehen kann. Darüber hinaus erwartet sie, daß sie ihr Achtung und Gehorsam entgegenbringt. Die Schwiegermutter-Schwiegertochter-Beziehung gilt als eine der schwierigsten im Dorf, d. h. mit der Inkorporation der jungen Frau ist deren Unterordnung unter die Autorität der Schwiegermutter verbunden, was offensichtlich nicht so ohne weiteres gelingt.

Deutlich wird mit Schiffauers Analyse, daß die Ehemann-Ehefrau-Beziehung schließlich vor allem eine soziale Beziehung ist: Die Beziehung eines jungen Ehemannes zu seiner Frau hängt ganz entscheidend von dem Verhältnis seiner Eltern zu ihr ab. Die traditionelle Norm verlangt von ihm, sich bei einem Konflikt zwischen Schwiegermutter und Schwiegertochter auf die Seite seiner Mutter zu schlagen, was noch mehr gilt bei Auseinandersetzungen des Vaters mit der Schwiegertochter (S. 191).

Nomadentum

Nach Kandiyoti (1977) ist für die nomadische Gesellschaft die Nichtabgeschlossenheit der Lebensbereiche von Mann und Frau im Vergleich zur seßhaften Gemeinschaft kennzeichnend. Obwohl in der nomadischen Gesellschaft eine klare Hierarchie zwischen den Geschlechtern existiert, ist die ansonsten im Islam vorherrschende physische Segregation der Geschlechter in verschiedene Lebensräume dort nicht anzutreffen (vgl. S. 60). Wenn auch der Status

der Frau ein hoher und sie eine wichtige Teilnehmerin an den Familienangelegenheiten ist (Kandiyoti bezieht sich auf den Stamm der Alikan, S. 59)[15], sind Rolle und Status der Frau dennoch eng an ihre Gebärfähigkeit gebunden.
Beim Übergang der nomadischen Gesellschaft in die Marktgesellschaft (ein Prozeß, dem die meisten nomadischen Gemeinschaften unterlagen), kann es dazu kommen, daß wohlhabende und landbesitzende Frauen (meist Witwen) in gewisser Hinsicht öffentlich tätig sein können, dennoch sind ihre Machtbefugnisse begrenzt. Sie sind überwiegend von öffentlichen Funktionen ausgeschlossen, effektiv bleibt ihre Macht beschränkt auf Entscheidungen über Heiratsverbindungen und Allianzen innerhalb des Dorfes.

Dorf im Wandel

Im Vergleich zum nomadischen Leben ist Kandiyoti (1977) zufolge das Leben der niedergelassenen Bauern weit segregierter in bezug auf das Verhältnis der Geschlechter zueinander. Einige der Grenzen sind physikalisch, wie z. B. die Mauer, die jeden Haushalt umgibt. Der Mann verbringt soviel Zeit wie möglich außerhalb des Hauses, entweder auf dem Feld arbeitend oder im Müßiggang mit anderen Männern, entweder auf der Straße oder in Gastzimmern (unterhalten von reicheren Haushalten). Der patrilokale, erweiterte Haushalt, der auf Landbesitz beruht, der in der männlichen Verwandtschaft übergeben wird, überläßt Frauen nur eine sehr begrenzte Rolle (vgl. S. 62). Nach Kandiyoti ist dies ein Muster, das durchgängig ist für alle möglichen anderen Typen von bäuerlichen Gesellschaften und die Grenzen des Islam bzw. der Religionen überschreitet.
Ein herausragendes Merkmal für Veränderung und die Auswirkungen sozialen Wandels auf die Dorfgemeinschaft ist darin zu sehen, daß die Söhne in wesentlich früherem Alter die Entscheidung treffen, den väterlichen Haushalt zu verlassen und eine eigene Familie mit eigenem Haushalt zu gründen.[16] Den bedeutsamsten Effekt sozialen Wandels auf die Position und Rolle der Frau hat genau diese Veränderung: Die junge Frau trennt sich früher vom väterlichen Haushalt, sie wird in jüngerem Alter Vorstand ihres eigenen Haushaltes. Dies

---

[15] Die Stereotypen über die Frau sind in dieser spezifischen Nomadengesellschaft interessanterweise ähnlich den ansonsten Männern zugeordneten Charaktereigenschaften: Frauen werden als stärker angesehen als Männer, und es wird angenommen, daß sie besser in der Lage sind, den Widrigkeiten der Natur standzuhalten. Das Leben des Mannes ist vergleichsweise leicht, gemessen am Leben der Frau.

[16] Seit den 50er Jahren hat nach Kandiyoti eine massive Absorption der Dörfer in die nationale Marktwirtschaft stattgefunden, was die Funktion der traditionellen Haushaltsökonomie sprunghaft verändert hat. Ein wohlbekanntes Ergebnis dieses ökonomischen Zwanges ist die massive Migration in städtische Zentren. In diesem Zusammenhang ist es dazu gekommen, daß die jüngeren Männer den väterlichen Haushalt verließen.

ändert nichts daran, so Kandiyoti, daß es weiterhin ein Monopol von spezialisierten Aufgaben der Männer gibt und eine systematische Unterbewertung weiblicher Arbeit in den einfachsten Typen von Gemeinschaften (wie auch der Nomandengemeinschaft). Der ländliche Veränderungsprozeß hat weder Einfluß auf die existierende Asymmetrie zwischen den Geschlechtern, noch auf die soziale Stratifikation unter den Männern: Jene Männer, die die neue landwirtschaftliche Technologie beherrschen und über Landressourcen verfügen, konsolidieren ihre ökonomische Position; der Rest wird in eine marginale Position gestoßen. Die Veränderungen für Frauen komplementieren die sich verändernden Relationen in der männlichen Welt (S. 64). Wenn auch das junge Paar in größerem Umfang die Unabhängigkeit von der älteren Generation sucht, ist nach Kandiyoti die Veränderung im Status der Frau minimal im Kontrast zu den sich rapide verändernden Autoritätsbeziehungen in der männlichen Welt. Der weibliche Status ist weiterhin definiert entlang den traditionellen Kriterien von Alter und Gebärfähigkeit.

Zu der signifikanten Veränderung, die durch die frühere Trennung vom patriarchalischen Haushalt hervorgerufen wird, kommt, so Kandiyoti, der Effekt des "emergence of leisure". Weiblicher Müßiggang war bis dato ein unbekanntes Phänomen; die Mechanisierung der Landwirtschaft reduziert jedoch den Bedarf an Arbeit ganz generell und setzt die Frau frei für Aktivitäten außerhalb der landwirtschaftlichen Produktion. Zusätzlich ergibt sich eine rapide Abnahme der häuslichen Produktion durch die Möglichkeit, Waren zu kaufen, wie z. B. Kleider, Brot, Konserven und Haushaltsgegenstände. Die verbleibende Zeit wird in der Regel für Besuche benutzt, vor allem unter Nachbarn (eine Sitte, in der Kandiyoti eine Nachahmung des Kleinstadtlebensstils sieht).

Wie Evelin Lubig (1988) für die dörfliche Gemeinschaft beschreibt, setzen in dem von ihr untersuchten Dorf massive Veränderungen im häuslichen und außerhäuslichen Leben durch die Ausrichtung der Arbeit auf den Gelderwerb, die quantitative Beurteilung nach ihrer Produktivität ein, die sich insbesondere auf die geschlechtsspezifische Arbeitsteilung auswirken. Im Haus entsteht ein privater Raum, der individuelle Gestaltungsmöglichkeiten erlaubt und die traditionellen Lebens- und Kommunikationsformen zunehmend außer Kraft setzt. (Der Wert der Ehre könne somit mehr in das Innere des einzelnen hineingenommen und Ausdruck seines individuellen Bewußtseins werden; Ehre sei nicht mehr öffentliche, sondern vielmehr Privatangelegenheit). Außerhalb des Hauses verändert sich durch ökonomische Zwänge die Bewegungsfreiheit der Frau und ihre geschlechtsspezifische Aufgabenzuteilung.

"Es entstehen Arbeitsbereiche, in denen Mann und Frau zusammen arbeiten (unter der Autorität des Mannes) und dem Primat des Ökonomischen folgend, wird die durch den Ehrbegriff begründete Einschränkung der Bewegungsfreiheit der Frauen partiell aufgehoben." (S. 34)

Kleinstadt

65 % der weiblichen Bevölkerung leben gegenwärtig in kleineren und größeren Städten. Nach Kiray/Abandan-Unat (1985) werden bis zum Jahre 2000 26,7 Mill. Frauen in Städten leben, wobei die Gesamtzahl der weiblichen Bevölkerung bei ca. 35,6 Mill. liegen wird (vgl. S. 512).
Im Vergleich zu der relativen Homogenität des weiblichen Status' in nomadischen und dörflichen Lebensgemeinschaften (auch des Dorfes in Veränderung) muß, so die Autorinnen, für die Frau im urbanen Kontext sorgfältig nach Stratifikationsmustern unterschieden werden.
Die Frauen der Kleinstadt führen nach der Einschätzung von Kandiyoti (1977) ein weit abgeschlosseneres Leben als die Landfrauen, aber hinter diesem Ausschluß findet offensichtlich ein reiches soziales Leben statt: Die speziellen Besuchsmuster, die Frauen in der Kleinstadt institutionalisieren, sind ein Nebenprodukt der weiblichen Freizeit bzw. des weiblichen Müßiggangs als Folge sozialer Veränderungen. Sie kreieren ein weibliches Netzwerk, das deutlich unterschieden ist in Funktion und Zusammensetzung von den ländlichen Netzwerken. Die Besuchsmuster dienen in erster Linie dazu, die Kohäsion der Gruppe zu erhalten (vgl. S. 68ff.). Mann und Frau leben jedoch weiterhin in separierten Welten; die Frau in einer weiblichen Welt mit weiblichen Netzwerken von Verwandten und Nachbarn, segregiert vom männlichen Netzwerk (S. 67).[17]
Für die Lebensverhältnisse in der Kleinstadt folgert Kiray (1976, S. 270) in ihrer Analyse der Stadt Eregli (aus dem Jahre 1964), daß sich massive Veränderungen im Verhältnis zwischen Mann und Frau und im gesamten familiären Beziehungsnetz abzeichnen. Sie stellt fest, daß es wesentlich mehr Kommunikation zwischen den Paaren gibt, als in der traditionellen Beziehungsform üblich war. Durch die Tatsache, daß Frauen außer Haus arbeiten, aber auch durch die Veränderungen der Lebensgewohnheiten insgesamt, wie z. B. durch Erziehungseinflüsse, Medien, Reisen, verändert sich ihrer Einschätzung nach die rigide Segregation in den Mann-Frau-Beziehungen. Die absolute Autorität des Ehemannes ist, so Kiray, im Schwinden, das Ehepaar befindet sich vielmehr in einer Kooperationsbeziehung; die Frau wird zur Partnerin und häufig zur besten Beraterin ihres Mannes. Gefragt ist Kirays Einschätzung zufolge hierbei die Pufferfunktion der Mutter in der Familie. Diese Funktion hat sie bereits in der traditionellen Familie innegehabt, die Mutter ist aber nunmehr erhöhten Anforderungen ausgesetzt. Erst ihre Ausgleichsarbeit macht eine Anpassung der Familie an moderne Lebensbedingungen möglich. Veränderungen in den Anforderungen an die Mutter sind z. B. darin zu sehen, daß Konflikte in der Vater-Sohn-Beziehung auf die Frau abgewälzt werden, sie

---

[17] Welche Folgen dies für die weibliche Selbstdefinition und ihre emotionale Dynamik hat, wird von Kandiyoti anhand der Hypothese von Lloyd A. Fallers/Margaret C. Fallers aufgezeigt, die bereits im Jahre 1976 darauf hinwiesen, daß die Frau aus einer segregierten Geschlechterwelt eine größere Unabhängigkeit vom Mann gewinne.

diese zu lösen hat. Die Unterordnung des Sohnes unter den Vater ist abnehmend, will der Sohn z. B. einen eigenen separaten Haushalt gründen, schreitet die Frau ein und wirkt entsprechend auf den Vater ein. Sie agiert dabei im Hintergrund, löst die Konflikte durch intensive "Bearbeitung" der einzelnen Familienmitglieder im Verborgenen (vgl. S. 264). Ähnliches gilt für die Tochter-Eltern-Beziehung, auch in dieser spielt die Mutter eine vermittelnde und ausgleichende Rolle zwischen den Ansprüchen der Tochter und den Vorstellungen des Vaters.
Oft ist sie die Verbündete ihrer Kinder gegenüber den (traditionelleren) Vorstellungen des Mannes. Neue Verhaltensweisen und neue Werte werden, durch sie erzwungen, in die Familie eingeführt. Unauffällig wird die Autorität des Vaters abgebaut, neue Statuskonfigurationen entstehen in der Familie (S. 267). Kandiyoti (1977), die sich in ihren Ausführungen ebenfalls auf die Studie von Kiray bezieht, sieht als herausragendes Merkmal sozialen Wandels die Veränderungen im Verhalten der Frau gegenüber den weiblichen Kindern. Insofern als das männliche Kind traditionellerweise als Sicherheit für das Alter und die Aufrechterhaltung des Wohlstandes angesehen wird, ergibt sich im Rahmen der Veränderungen in der Kleinstadt eine größere Loyalität gegenüber der Tochter, was vor allem daran abzulesen ist, wieviel Zeitaufwand die Herkunftsfamilie z. B. der verheirateten eigenen Tochter widmet.
In bezug auf die Arbeitssituation der Frau in der Kleinstadt hält Kandiyoti fest, daß die weibliche Arbeit dort deutlich weniger in spezifischer Weise ausgerichtet ist als in der ländlichen Gemeinschaft: Frauen arbeiten in vielfältigen Bereichen, wobei Schneidern, Stickarbeit (gegen Geld) ebenso verbreitete Tätigkeiten sind wie die Arbeit in nahrungsverarbeitenden Industrien, Reinigungsarbeiten in Gebäuden, in Büroberufen und in Institutionen (als Lehrerin z. B.). Geschlechtsrollen und Haushaltsformationen sind, so Kandiyoti, in ländlichen Gebieten und Gemeinschaften ausgiebig untersucht worden, aber es gibt eine Forschungslücke bezüglich kleiner, nicht ländlicher Niederlassungen (kasaba).

Großstadt, Binnenmigration und Migration

Die städtischen Verhältnisse bewirken für die Lebensbedingungen der Frau einige Vorteile, hinsichtlich ihrer Bildungsbeteiligung werden diese sehr auffällig: Im Jahre 1980 waren 54,7 % der Frauen im Vergleich zu 79,9 % der Männer alphabetisiert; 1984 lagen die Anteile bei 65,2 % der Frauen und 86,5 % der Männer. Die Beziehung zwischen der Beschäftigungsrate von Frauen und ihrer Bildungsbeteiligung ist nur positiv in urbanen Umgebungen; nach Einschätzung von Kiray/Abadan-Unat (1985, S. 516, die sich auf Özbay 1982 beziehen) ist dieses Verhältnis für ländliche Umgebungen negativ. D. h. in der Stadt erhöht sich die Chance der Frau, sich zu qualifizieren, während dies auf dem Land schwieriger zu sein scheint.

Ausgebildete Frauen der Mittel- und Oberschicht sind in den Städten überwiegend in den verschiedensten Bereichen des öffentlichen Dienstes bzw. Staatsdienstes anzutreffen, darüber hinaus im Bankenbereich (vgl. Kiray/Abadan-Unat 1985, S. 514).
Die gesellschaftliche Lage von Frauen mit Universitätsabschluß, die im Verhältnis zur weiblichen Gesamtbevölkerung eine Minderheit darstellen, ist in den Städten durch hohe Privilegien ausgezeichnet (vgl. Gümen/Herwartz-Emden/Westphal 1993). Ihr Anteil und ihre Beschäftigungsquote sind im Vergleich zu westlichen Industrieländern hoch; sie sind in Wissenschaft und Politik ebenso wie in juristischen Berufen relativ stark vertreten. Ihre soziale Lage erlaubt es ihnen, sich durch Personal weitgehend von haushaltlichen Tätigkeiten zu befreien.
Das dynamischste weibliche Bevölkerungssegment sind nach Auffassung von Kiray/Abadan-Unat (1985) die Frauen, die in Gecekondus (engl.: "sqatter settlements") in Großstädten leben. Ihre Lebensverhältnisse sind Ergebnis des umfangreichen Binnenwanderungs- und Verstädterungsprozesses, der seit den 50er Jahren das Land bewegt hat. Zunächst haben die Binnenmigrantinnen überwiegend als Dienstmädchen für Mittelklassefrauen gearbeitet, später im städtischen Dienstleistungsbereich (vgl. S. 513). Heutzutage stellen diese Frauen einen großen Teil der Industriearbeiterinnen; überwiegend sind sie nicht ausgebildet, häufig Analphabetinnen.
Wie sich Familienstrukturen und familiäre Rollen bei den Binnenmigranten verändern, ist eine Frage, die selten systematisch untersucht wurde. In der Studie von Engin Inel Holmstrom aus dem Jahre 1973, in der Binnenmigranten in verschiedenen Lebenslagen mit städtischen Familien aus der Mittelschicht verglichen wurden, erschienen die Frauen ländlicher Herkunft autonomer als städtische Frauen (vgl. S. 546ff.). Die Strukturen, Rollen und Lebensvorstellungen der Binnenmigrantenfamilien zeigen sich, so die Autorin, deutlicher an städtischen Lebensmustern orientiert als an ländlichen (im Gegensatz zu der Einschätzung, die Stirling 1965 noch traf). Die Frauen in allen drei untersuchten Gruppen haben häufiger die Kontrolle über die Familienfinanzen gehabt, die Eheleute haben sich selbst als Partner beurteilt, gemeinsame Entscheidungen getroffen, teilweise Haushaltspflichten gemeinsam verrichtet und außerdem einen großen Teil ihrer freien Zeit miteinander verbracht (S. 550).
Die Auswirkungen der Verstädterung auf Frauen werden Kandiyoti (1977) zufolge üblicherweise darin gesehen, daß die eheliche Familie durch die Prozesse von Industrialisierung gestützt wird - ein System, das angeblich Frauen bevorteilt. Im Fall der traditionellen patriarchalischen Gesellschaft der Türkei hat sich die Theoriebildung auf die sich ändernden Autoritätsbeziehungen innerhalb der männlichen Welt fokussiert, überwiegend unter der Rubrik Modernisierung diskutiert - was zu einer konzeptionellen Unterentwicklung in der Analyse weiblicher Rollen geführt hat (vgl. S. 70). Die vielfältigen Lebensmöglichkeiten von Frauen werden deutlich, wenn sie aus ländlichen Ge-

bieten in große städtische Zentren migrieren, sie sind jedoch, so Kandiyoti, unzureichend erforscht:
In der Stadt wird das Leben der Frau mehr und mehr durch die unmittelbare Nachbarschaft bestimmt, ihr Lebensraum und die dort stattfindenden Ereignisse werden offensichtlich mehr "privat". Wenn auch die großen städtischen Zentren höhere Möglichkeiten für weibliche Erwerbstätigkeit bieten und der Zugang zu Erziehung und Bildung erleichtert und einer größeren Gruppe von Frauen ermöglicht wird, sich also die Mobilität von Frauen erhöht, so kann nicht übersehen werden, daß die in der Industrie beschäftigten Frauen überwiegend alleinstehend und in schlechtbezahlten Bereichen tätig sind. Diese Bereiche verlangen größtenteils ungelernte Arbeitskräfte, wie z. B. die Textilindustrie und die nahrungsmittelerzeugende Industrie. Zusätzlich gibt es einen Markt für weibliche Erwerbstätigkeit im Haushalt und bei Büroreinigungstätigkeiten (ebd.).
Die weiblichen Netzwerke jedoch bieten bei den allgemein schlechten Arbeitsbedingungen Unterstützung und Hilfe. Kandiyoti stellt die Hypothese auf, daß Urbanisierung in der Türkei eine Bewegung hin auf größere Solidarität unter weiblichen Verwandten hervorbringt, die im Gegensatz steht zur patrilinearen Verwandtschaft (S. 71). Die Bedingung, unter der es ebenfalls zu einer sozialen Veränderung komme - und zu einer matrilokalen Definition des Haushaltes -, sei die Migration von Gastarbeitern nach Westeuropa, vor allem nach Deutschland. Die Effekte, welche die Migration des Mannes für die Frau mit sich bringt, liegen, so Kandiyoti, vor allem darin, daß die Definition des Haushaltes im Gegensatz zur patrilokalen Definition getroffen werden muß: Zu Hause ist dort, wo die Frau lebt. Auch, wenn die Frau im Dorf bleibt und der Mann migriert, ergibt sich ein eigenständiger Haushalt mit der Frau als Haushaltsvorstand und ihren eigenen Kindern. Sie wird zur Koordinatorin und Entscheidungsträgerin in allen Angelegenheiten, die ihre Kinder betreffen; darüber hinaus ist sie gezwungen, in allen Geldangelegenheiten und in allen öffentlichen Geschäften der Familie tätig zu werden - was zu ihrer Unabhängigkeit beiträgt.
In bezug auf die Frau, die selbst migrierte, stellt Kandiyoti fest, daß sie sich deutlich besser an die Migrationsbedingungen angepaßt hat, als die Männer es konnten. Die Gesamtsituation demonstriere das weibliche Potential für Flexibilität und hohe Anpassungsfähigkeit an Veränderungen.[18]
In vergleichender Perspektive ergibt sich nach Kandiyotis Analyse, daß sich die Komponenten des Geschlechtsrollenverhaltens in differierenden und variierenden Mustern, aber jenseits von solchen Interpretationen wie Verbesserung oder Verschlechterung des Status' der Frau bewegen (S. 72). Die Veränderungen, in den großen städtischen Zentren durch den Zugang zu Erziehung und Bildung und durch eine größere Chance, erwerbstätig zu werden, in

---

[18] Kandiyoti vermutet hier als Ursache die Sozialisation des Mädchens daraufhin, die Herkunftsfamilie als Braut zu verlassen und sich in einer potentiell feindlichen Umgebung niederzulassen.

Gang gebracht, sind jedoch in ihren sozialen und psychologischen Implikationen nicht untersucht (S. 73).

Macht der Frau - Diskussion

Wie aus der Beschreibung der wesentlichen Strukturmerkmale der familiären Einheit und der Ehebeziehung offenkundig wird, ist die Ehegattenbeziehung keine singuläre Beziehung, und demnach ist das Machtverhältnis zwischen Mann und Frau nicht ausschließlich in dieser Beziehung selbst zu lokalisieren (wie es z. B. für die Ehegattenbeziehung in westlichen Gesellschaften gilt und von Simone de Beauvoir <1951> entsprechend beschrieben wird). Die Frau steht in einer Austauschbeziehung zum weiblichen Netzwerk und zur Gemeinschaft, die sie selbständig gestaltet und in der es auf ihr Verhalten ankommt. Sie selbst spielt bei der Bildung ihres Status' eine Schlüsselrolle (vgl. Nükhet Sirman 1991, S. 262f.).
Über das Dorf hinaus läßt sich für die verschiedensten gesellschaftlichen Existenzformen nachweisen, daß es etablierte Strategien und Verhaltensweisen von Frauen gibt, die auf die Sicherung ihrer Autonomie abzielen und außerhalb der engeren Machtbeziehungen der Ehegatten abgesichert sind. Lale Yalcin-Heckmann (1991) zeigt für nomadische und seminomadische Gesellschaften z. B. das institutionalisierte Verlassen des Hauses ("ziz bu") auf, das Frauen in verschiedenen Abstufungen nutzen, um innerhalb des bestehenden Arrangements ihre Lage positiv zu beeinflussen. Die gesamte Gemeinschaft ist jeweils davon betroffen bzw. darin verwickelt, die dadurch aufgedeckten Konflikte zu lösen.
Für städtische Arbeiterfamilien weist Hale Bolak (1991) nach, daß Frauen bei Konflikten um die Machtverhältnisse in der Ehe, die durch die Erwerbstätigkeit der Ehefrau ausgelöst werden, die meiste Unterstützung von ihrer Herkunftsfamilie bekamen. Die stärksten Positionen hatten jene Frauen inne, deren Mütter sie zur Berufstätigkeit motiviert und dabei unterstützt hatten (vgl. S. 237).
Die gesellschaftliche Position der Frau und damit auch ihre Mutterschaft, so läßt sich festhalten, differenzieren sich in verschiedene, hierarchisch einander zugeordnete und sich im Lebenslauf der Frau entwickelnde, z. T. machtlose, z. T. machtvolle Positionen und damit verbundene soziale Funktionen. Ihre Reichweite geht über die engere Beziehung der Ehegatten weit hinaus.
Die Machtverhältnisse zwischen Mann und Frau sind unmittelbar durch die gesellschaftlichen Umbrüche dieses Jahrhunderts betroffen; so hat sich durch die außerhäusliche Erwerbstätigkeit der Frau und die Land-Stadt-Migration innerhalb der Türkei die strukturelle Basis von Ehe und Familie verändert. Wie weit gesellschaftliche Veränderungen in die Familie hineinreichen, wurde bereits in den obigen Ausführungen für die verschiedensten Lebensbedingungen verdeutlicht; wie konkret sie sich auf die Arbeit und die Aufgaben der Frau als Mutter in der Familie auswirken, und wie weit sich ein Be-

deutungswandel im Bereich von Erziehung und letztlich Mutterschaft (sowie Elternschaft) ausmachen läßt, wird im folgenden erläutert.

3.1.8 Mutterschaft, Erziehung und sozialer Wandel
Der Forschungsstand

Die Frage, wie sich im Alltag Rolle und Funktion der Mutter in der türkischen Familie ausgestalten, wurde von den Autorinnen Ursula Mihciyazgan (1986) und Pfluger-Schindlbeck (1989) bearbeitet. Ihre Analysen beziehen sich vornehmlich auf die Lebens- und Erziehungssituation in der dörflichen Gemeinschaft vergleichend zur Migrationssituation (insbesondere die Arbeit von Pfluger-Schindlbeck 1989). In der Analyse von Schiffauer (1991) wird die Frage des Bedeutungswandels von Erziehung durch Migration thematisiert. Diese für den deutschsprachigen Raum herausragenden Arbeiten zur Problematik des Vergleichs von Sozialisationsbedingungen und der Frage nach der Veränderung von Erziehung im Migrationskontext bilden die Basis für die folgenden Ausführungen.

Familienstruktur

Zunächst soll auf Mihciyazgans wichtige Analyse des Bedeutungsgehaltes von Familie hingewiesen werden (1986, S. 283): Der Begriff Familie ist im Türkischen nicht gleichbedeutend mit dem in der deutschen Sprache assoziierten Gehalt, daß Familie gleich Kernfamilie ist. Hier läßt er sich vielmehr mit dem Begriff Elternhaus gleichsetzen - mitgedacht wird Familie immer als die eigene Herkunftsfamilie, nicht eingeschlossen sind dabei meist sogar die eigenen unmündigen Kinder, sie zählen erst vom Zeitpunkt ihrer Heiratsfähigkeit an als Erwachsene und damit als vollwertige Mitglieder der Familie. Die Familie ist als ein Modul der türkischen Sozialwelt anzusehen, da dieses Interaktionsmodell jegliche Interaktion mit Älteren bestimmt, es bildet das Grundmuster. Die Interaktionen der anderen, nicht zur Familie zählenden Gesellschaftsmitglieder sind nach diesem internen Modell strukturiert, Frauen werden als Verwandte bzw. Schwestern der Mütter, die Männer als Verwandte bzw. Brüder der Väter angesehen und durch entsprechende alltagssprachliche Bezeichnungen angesprochen (ebd.).
Die Interaktion *in* der Familie kann als eine dreistufige, vertikale Interaktionsstruktur definiert werden (ebd.). Der Vater ist der "Repräsentant nach außen" mit dem höchsten Rang, die Mutter als "Vermittlerin" nimmt den mittleren Rang ein, das Kind, als noch nicht vollwertiges Mitglied der Gemeinschaft, den untersten Rang. Eltern und Kinder stehen sich demnach keineswegs in der Weise gegenüber, wie es in der westlichen Familie der Fall ist. Zum einen gibt es eine Hierarchie nach Geschlecht und Alter, die sich von der Mutter auf die Tochter und vom Vater auf den Sohn bezieht. Zum anderen gibt es über diese

vertikal hierarchische Interaktionsstruktur hinaus die ebenso wichtige Interaktion mit Gleichen, was, so Mihciyazgan, einen sehr wichtigen Charakterzug des türkischen Familiensystems bzw. der türkischen Sozialwelt darstellt, die von westlichen ForscherInnen meist übersehen wird: Die Familienmitglieder sind nicht nur vertikal positioniert, sondern nehmen immer auch eine Position in einem Kollektiv von Gleichwertigen ein: Der Vater ist im Männer-, die Frau im Frauen- und das Kind im Kinderkollektiv eingebunden; die türkische Familie ist durchlässig.

Die mütterlichen Erziehungsaufgaben

Die Aufgaben der Mutter werden von Mihciyazgan (1986) darin gesehen, daß sie als Übersetzerin und Vermittlerin zwischen Vater und Kind fungiert:
"So lange die Interaktion zwischen Vater und Kind restringiert ist, so lange der Vater 'streng' ist, ist die Mutter 'weich'. D. h. sie 'vermittelt' die Strenge des Vaters an die Kinder, wobei sie nicht nur seine Signale deutet, sondern zugleich einen Ausgleich schafft, für die allzu strenge Kontrolle des Vaters." (S. 273)
Die Bedeutung des oft mütterliches Handeln bezeichnenden türkischen Verbs "idare" wird von Mihciyazgan damit beschrieben, daß "idare" den Gehalt von "managen einer Situation" hat - aber so, daß es nach außen nicht sichtbar wird. Das Funktionieren im Sinne des Aufrechterhaltens und Inganghaltens ist dabei primär, das Wie, die Methoden, sind sekundär und werden je nach Situation angemessen ausgewählt (S. 274). Die Vermittlung der Mütter ist ein wichtiger Aspekt der Interaktionsstruktur der Familie, die Mutter ist im Alltag ständig darum bemüht, auszugleichen und angemessen in der Situation zu reagieren, um dem Ehemann/Vater sowie den Kindern gerecht zu werden. Sie muß über eine ausgeprägte Kompetenz in der Deutung und im Management sozialer Beziehungen verfügen. Für die Migration bedeutet dies, daß die Assimilationsprozesse der Mütter entscheidend sind, da sie für die tägliche Erziehung zuständig sind (vgl. dazu Pfluger-Schindlbeck 1989, S. 288).

Multiple Mutterschaft

Nach Mihciyazgan impliziert das Vorhandensein weiblicher Netzwerke für die mütterlichen Aufgaben das soziale Phänomen der *multiplen Mutterschaft*. Ersatzmütter sind konstitutives Merkmal von Mutterschaft in der Türkei. Jedes Kind wird mehr oder weniger intensiv von anderen Frauen betreut, die gemeinsam mit der leiblichen Mutter oder anstelle der leiblichen Mutter die Sorge für das Kind übernehmen (1986, S. 279). Der erste Typ der Ersatzmütter sind die Freundinnen der Mutter, die sich aus der Solidargemeinschaft der Frauen rekrutieren. Innerhalb einer Ortsgesellschaft besteht in der Nachbarschaft eine solche Solidargemeinschaft, die auf gegenseitiger Hilfeleistung beruht. Gerade wenn die Mutter jung ist, fällt den Frauen der Nachbarschaft die Aufgabe zu, sie zu unterstützen und damit die Aufsicht der Kinder zu übernehmen. Die Beziehung zu den Nachbarinnen wird dabei durch die Mutter selbst hergestellt. Die Mutter ist immer Mitglied des Frauenkollektivs, mit der eigenen Mutter kommen für das Kind immer die Frauen der Nachbarschaft in den Blick (S. 281).

Der zweite Typ der Ersatzmütter sind nach Mihciyazgan die verwandtschaftlichen Ersatzmütter: Frauen in der - vornehmlich väterlichen[19] - Verwandtschaft übernehmen für einen begrenzten Zeitraum anstelle der leiblichen Mutter die Sorge für das Kind. Deswegen können, auch wenn die Familien nicht als Großfamilien leben, die Machtbeziehungen unter Frauen z. T. weitergeführt werden. Die Hilfe der älteren Frau bei der Kinderversorgung bedeutet nämlich nicht, daß sie dadurch in eine untergeordnete Position gerät, sondern häufig erweist sich die Kinderversorgung als eine Vorbedingung, um eine Rangordnung zwischen Älteren und Jüngeren herzustellen.

Die Übergabe der Kinder erfolgt nicht nur in Notsituationen, sondern auch z. B. zur Optimierung der Schulsituation der Kinder. Da die Väter der Kinder meist abwesend sind, ist dabei ein Vaterersatz von sekundärer Relevanz:

"Die Hauptlast der alltäglichen Sorge für das Kind trägt die Mutter bzw. die Ersatzmutter." (S. 282).

Ein weiterer Typ von zusätzlichen Müttern ist in jenen Frauen zu sehen, die eine direkte emotionale Beziehung und Zuneigung zu dem Kind entwickeln, seien sie verwandt oder nicht verwandt. Sie übernehmen die Sorge für das Kind in absoluter Freiwilligkeit und vermitteln ihm das Gefühl des Auserwähltseins. Diese zusätzlichen Mütter sind nicht im obigen Sinne als Ersatzmütter zu bezeichnen, weil sie nicht anstelle der leiblichen Mutter auftreten.

"Wichtiger als diese terminologische Unterscheidung scheint es mir festzuhalten, daß es in dieser Sozialwelt eine Vielzahl von 'Müttern' gibt, die sowohl die leibliche Mutter entlasten, als auch den Kindern das Gefühl vermitteln, daß sie in der Gemeinschaft aufgehoben sind und daß auch andere, als die leibliche Mutter sie umsorgen." (ebd.)

Veränderungen in der Erziehung

Türkische Kinder verbringen Mihciyazgan (1986) zufolge ihre Kindheit in erster Linie außerhalb des Hauses und in relativer Distanz zu den Eltern[20] bzw. der familiären Gruppe. Mit zunehmenden Alter wird der Spielraum der Jungen ständig weiter nach außen, der der Mädchen weiter nach innen verlagert. Die Mutter übt eine lediglich visuelle Kontrolle zur Einhaltung der Grenzen der Spielwelt aus.

---

[19] Man kann auch von einem patrilinearen Sicherungssystem sprechen.
[20] Wichtig ist dabei - worauf Mihciyazgan (1986) hinweist -, daß in der türkischen Sprache der Begriff "Eltern" nicht benutzt wird, sondern "Mutter" und "Vater" immer getrennt genannt werden.

Pfluger-Schindlbeck (1989) beschreibt die Veränderungen im Erziehungsverhalten, die sich für die türkische Familie durch Migration ergeben, anhand eines Vergleiches zwischen den Erziehungsprinzipien des Dorfes und den Bedingungen von Migrantenfamilien. Die Veränderung in der Migrantenfamilie (die jetzt vornehmlich der Reproduktion und Konsumtion dient und nicht mehr der Produktion, wie noch die dörfliche Familie) und die weitaus losere Einbindung der Familie in ihr jeweiliges Umfeld hat in erster Linie ein Zusammenrücken aller Familienmitglieder zur Folge. Das eheliche Paar steht nun den Kindern gegenüber: Es bildet sich eine Hierachie nicht mehr nach Alter und Geschlecht, sondern nach Generationszugehörigkeit (vgl. S. 288). Diese neue Konstellation hat eine Monopolisierung des Erziehungsanspruchs der Eltern zur Folge, wie sie in der dörflichen Gemeinschaft unbekannt gewesen ist (vgl. hierzu auch Werner Schiffauer 1991, S. 240).
Erziehung im Dorf findet nach Schiffauer (vgl. S. 239) vornehmlich durch Partizipation statt, durch das Stellvertreterprinzip und durch die Beteiligung der Kinder an Aufgaben und Arbeiten der Erwachsenen. Das Stellvertreterprinzip bedeutet, daß die Kinder (hierarchisch nach der Position innerhalb der Geschwisterreihe) je den gleichgeschlechtlichen Elternteil vertreten. Erziehung bedeute kopieren, sich einpassen, anpassen, sich einfügen, gewöhnen. Ihr unterliege die Idee von Reifung. Erstmals in der Migration wird die Erziehung als gerichtetes Handeln und als Vorbereitung auf die Gesellschaft erlebt und ist nicht mehr nur Partizipation (vgl. dazu Pfluger-Schindlbeck 1989, S. 77ff.). Die Erziehung im Dorf ist darauf ausgerichtet, die geschlechtsspezifisch definierten *Räume* zu kontrollieren, in denen sich die Kinder bewegen und weniger ihr Handeln. In der Migration gilt es demgegenüber, Schutz vor den Räumen der Außenwelt (in außerfamiliaren Institutionen) zu bieten, denn die Räume der Migrationswelt werden durch eine andere Kultur bestimmt. Nach Schiffauer (vgl. 1991, S. 243) tritt ein Zielkonflikt für die Migrantenfamilie auf, der eine pädagogische Einstellung quasi erzwingt und das naturwüchsige Heranwachsen im Dorf verdrängt. Im Dorf sind die Kinder weitgehend noch sich selbst überlassen, Kindheit ist keine eigenständige Phase. Jetzt wird Erziehung zur bewußten und geplanten Vermittlung von Normen und Werten, sie wird systematisch ausgerichtet auf die Formung des inneren Menschen (S. 244). Dazu werden verbale Strategien notwendig, die Eltern setzen auf die Einsicht der Kinder. Kindheit findet nicht mehr in Distanz zu den Eltern statt, sondern in Interaktion mit ihnen.

Mutterschaft und Geschlechterverhältnis im familiären Beziehungsnetz

In Graphik 1 (S. 67) werden die Analysen des vorangehenden Kapitels zur Position von Mann und Frau in der ehelichen Beziehung und in der Beziehung zum Kind in den verschiedenen Kontexten und vergleichend zwischen der türkischen Gesellschaft, den westlichen Gesellschaften und dem Migrationskontext[21], dargestellt.

3.1.9 Diskussion

Gesellschaftliche Veränderungen scheinen sich sowohl in Widerspruch als auch in Übereinstimmung mit der Tradition zu ergeben und sich auf vielen verschiedenen Ebenen und in vielfältigen Formen auf das Verhältnis der Geschlechter zueinander auszuwirken. Verschlechterungen sowie Verbesserungen der Position der Frau sind auszumachen.
Kandiyoti (1977) beschreibt das Geschlechterverhältnis in der gegenwärtigen türkischen Gesellschaft als segregiert: Die spezifischen Räume und Machtbefugnisse der Geschlechter sind weiterhin deutlich unterschieden bzw. in einem patriarchalischen Gefüge verhaftet und hierarchisch einander zugeordnet (auch unter städtischen Lebensbedingungen). Spezifische Bereiche und öffentliche Geschäfte verbleiben der männlichen Sphäre - und unabhängig davon, welchen Status die Frau in der Produktion einnimmt, bleibt ihre Arbeitsproduktivität ohne Einfluß auf den Status. Sie hat keine Kontrolle über die Vermarktung ihrer eigenen Arbeit; diese bleibt unsichtbar und wird nicht wahrgenommen (vgl. S. 72). Geschlechtsspezifische Asymmetrie wird, so Kandiyoti (auch noch 1991), in der Türkei durch eine Vielzahl kultureller Praktiken erzeugt, repräsentiert und reproduziert, die über die Grenzen der Haushalte, Klassen und Arbeitsmärkte hinausreichen (vgl. 1991, S. 316).
Die Aussage Timurs (1981), nach der das universale Charakteristikum aller Typen von Familien in der Türkei das der Unterordnung der Frau ist (vgl. S. 2), kann in dieser Allgemeinheit nach den oben angeführten Erkenntnissen nicht unterstützt werden, denn partiell lassen sich Veränderungen hin zu partnerschaftlichen Tendenzen in Ehe und Familie erkennen.
Aber: Männliche Dominanz, so machen die obigen Ausführungen deutlich, bleibt in verschiedenen Lebensbereichen und Zusammenhängen unter dem Einfluß sozialen Wandels in komplexen und oft widersprüchlichen Erscheinungsformen weitgehend erhalten; es ergeben sich Modifikationen - die zum Teil "entschärfend", zum Teil "verstärkend" wirken (Kandiyoti 1991, S. 318).

---

[21] Die Ausführungen hierzu finden sich erst in: "Die Arbeitsmigrantin aus der Türkei in der Bundesrepublik Deutschland". Die graphische Darstellung nimmt also die dortigen Untersuchsergebnisse vorweg; da die Forschungen bezüglich Geschlechterverhältnis und elterlicher Beziehungen zum Kind in Aussiedlerfamilien noch zu große Lücken aufweisen, um auch hierzu eine wissenschaftlich abgesicherte Graphik erstellen zu können - eine die drei Gesellschaften umfassende vergleichende Darstellung also (noch) nicht möglich ist -, ist es sinnvoll, die immerhin einen Teilbereich abdeckende Graphik vor der Diskussion zur Lage der Aussiedlerinnen aus der ehemaligen Sowjetunion vorzustellen.

Graphik 1: Mutterschaft und Geschlechterverhältnis im
familiären Beziehungsnetz

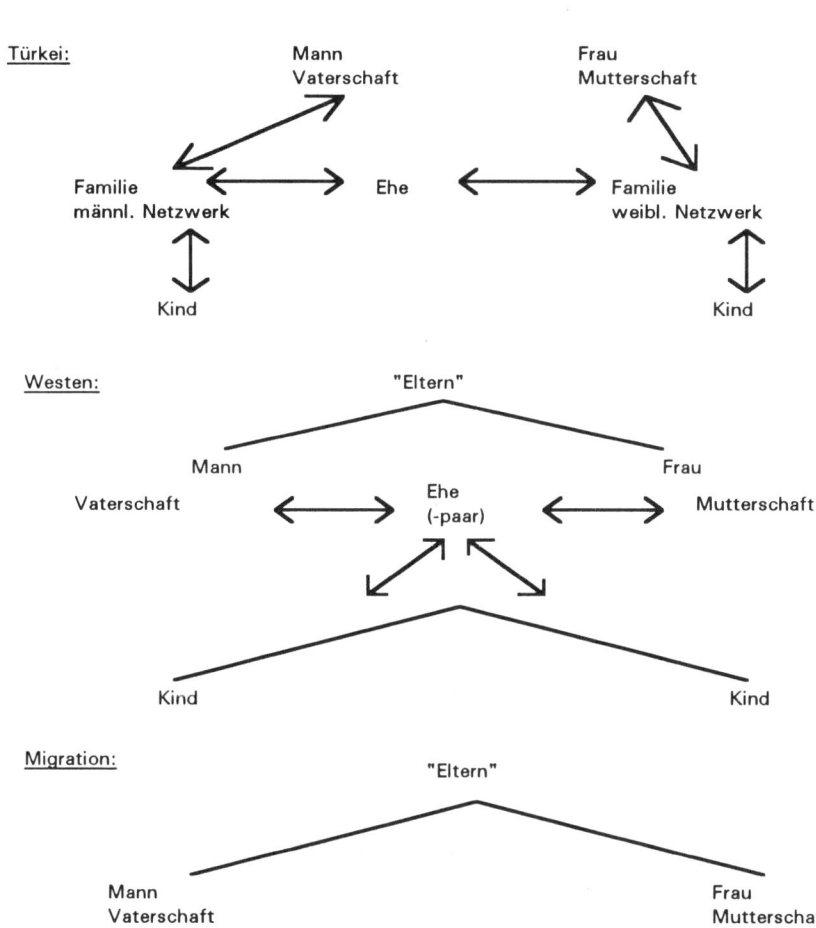

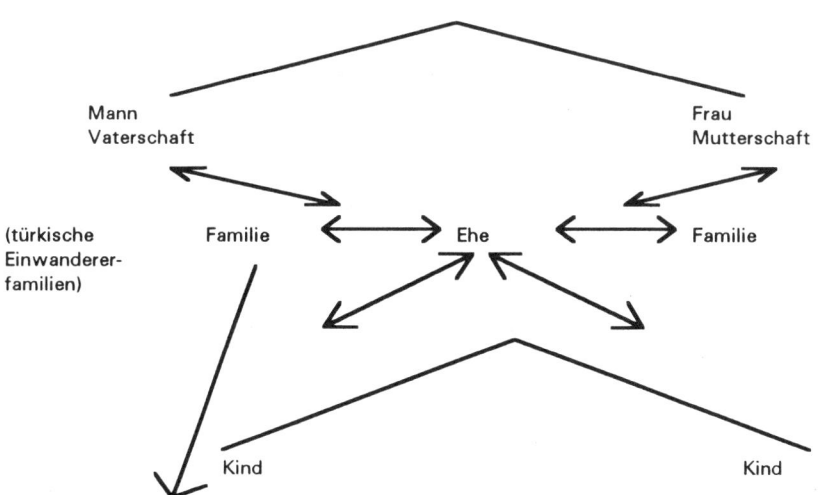

Die dörfliche Familie als Produktions- und Konsumtionseinheit entwickelt ihre Beziehungen auf der Basis der Prinzipien Ehre, Achtung, Würde (namus, saygi, seref). Diese Prinzipien regeln nicht nur die Beziehungen innerhalb, sondern auch außerhalb der Familie. In der bäuerlichen Gemeinschaft und in einer Gesellschaft in Abwesenheit von Staat (Pfluger-Schindlbeck 1989, S. 138) bestimmen sie die soziale Ordnung, garantieren das Überleben der Gruppe und stabilisieren die Familie als ökonomische und politische Einheit. Die Positionen und Funktionen der einzelnen Familienmitglieder definieren sich entlang dieser Prinzipien, ihre Aufgaben gestalten sich entsprechend. Die Räume der Geschlechter, ihre Bewegungs- und Verhaltensmöglichkeiten verändern sich unter dem Einfluß sozialen Wandels. Veränderungen ergeben sich auch in den Erziehungsprozessen, unabwendbar werden Veränderungen in diesem Bereich im Falle der Migration nach Europa.

Das grundlegende Wertgefüge und die moralischen Imperative, die das Erziehungsverhalten in der Türkei bestimmen und sich in den Prinzipien Ehre, Achtung und Würde ausdrücken, werden unter dem Einfluß sozialen Wandels ähnlich vielschichtige Veränderungen durchlaufen, aber auch in vielseitigen Wirkungszusammenhängen weiterbestehen. Ihre Basis verändert sich bereits durch die Binnenmigration, mit Sicherheit unterliegen sie einer Prüfung in Konfrontation mit den industrialisierten, individualistischen Gesellschaftsformationen der Aufnahmeländer Europas (Schiffauer 1991). Die verhaltensregulierende Funktion dieser Prinzipien wird z. B. für die geschlechtsspezifischen Erziehungsprozesse und damit für die diesbezüglichen Aufgaben der Mutter in Frage gestellt werden.

Die geschlechtsspezifische Differenzierung in der Erziehung, wie sie von Pfluger-Schindlbeck (1989) für die dörfliche Gemeinschaft aufgezeigt wird, beinhaltet in erster Linie die unterschiedlichen Aufgaben der Erziehungspersonen - Mutter, Vater und beteiligte Geschwister - im Zusammenhang mit der prozeßhaften Vermittlung von Rollenverhalten an Jungen und Mädchen.

Im Jahre 1982 stellt Kandiyoti in einer Befragung städtischer Frauen fest, daß sie für ihre Töchter den Erfolg als gute Mutter und Ehefrau (und entsprechende Qualitäten) als wichtigstes Ziel ansehen, auch in der Vereinbarkeit von Familie und Beruf. Die Stärke der Familienorientierung, die damit zum Ausdruck kommt, kann demnach durchaus mit zusätzlichen, die Berufstätigkeit betreffenden Erwartungen an die weibliche Rolle verbunden werden. Ein Leben außerhalb der Familie, mit der Möglichkeit der Selbstverwirklichung als alleinstehende Frau, ist nur für einen geringen Teil der befragten Mütter als Ziel für ihre Töchter erstrebenswert.

Traditionelle Orientierungen scheinen sehr variabel zu sein und, flexibel an Veränderungsprozesse sich anpassend, in verschiedensten Lebensverhältnissen in unterschiedlichen Erscheinungsformen einen neuen Rahmen zu finden. Wie sich die Anforderungen an Mutterschaft, die Funktion von Mutterschaft und die Aufgaben der Mutter im Migrationsprozeß für türkische Familien verändern, wird im weiteren differenzierter analysiert.

3.1.10 Konstitutive Merkmale von Mutterschaft in der Türkei

Die folgenden *Merkmale* stellen eine Subsumtion der vorangehenden Ausführungen dar; sie dienen dazu, die wesentlichen und typischen Charakteristika, die auf der Basis der inhaltlichen Ausrichtung der Merkmale von Mutterschaft in einfachen und in westlichen Gesellschaften erarbeitet wurden, noch einmal aufzugreifen und *vergleichend* darzustellen.[22]

1. Die *Machtbeziehung Frau-Mann* ist anders strukturiert als in westlichen, industrialisierten Gesellschaften; die *Ehegattenbeziehung* ist in der traditionellen patriarchalischen Familie eingelagert in gegen- und gleichgeschlechtlich einander zugeordnete, hierarchische Machtbeziehungen zur Elterngeneration.

   Industrialisierung und das Vordringen der Lohnarbeit (auch für die Frau), Binnenmigration bzw. Verstädterung und der Einfluß von modernen, urbanen Lebensformen haben zu zahlreichen Veränderungen in den Ehe- und Familienbeziehungen geführt, die (dennoch) weiterhin diese konstitutive Machtstruktur inkorporieren und auf ihr aufbauen.

   Der personalistische, an Abstammung bzw. Herkunft orientierte Code, der über Jahrhunderte die Beziehungen der bäuerlichen und feudalen Türkei bestimmte, wirkt als eine Art "kinship morality" (Duben 1982) auch in der modernen Türkei und bildet eine Basis unterhalb der importierten westlichen Moral der "civil society".

2. Separierte Lebenswelten von Frau und Mann haben je eigene, *identitätsstiftende Netzwerke*. Die Frau findet ihr Netzwerk in der weiblichen Verwandtschaft und im (außerverwandtschaftlichen) Nachbarinnen- und Freundinnenkreis, was ihr Kontakte, Kommunikation, Unterstützung, Hilfe und Kinderversorgung bietet.

   Soziale Netzwerke sind ein institutionalisierter Bestandteil gesellschaftlicher Verhältnisse; sie sind nicht gebunden an regionale Gebiete, soziale Schichten und Familienformen und beruhen auf gegenseitiger Hilfeleistung und Unterstützung zwischen Familien und Nachbarn, die sich auf alltagspraktischen wie lebensgeschichtlich bedeutsamen Beistand, aber u. a. auch auf die Arbeitsplatzbeschaffung ausdehnen.

3. Aufgrund fehlender oder mangelhafter staatlicher Fürsorgemaßnahmen bleibt die *Zuständigkeit der Frau* auch unter dem Einfluß der Moderne und urbaner Lebensformen nicht nur für die Versorgung der Kinder, sondern auch für Alte und Kranke erhalten (Kandiyoti 1991, S. 317). Die insgesamt als *"familienwirtschaftlich" zu bezeichnende Organisation des Lebens*,

---

[22] In einem sich anschließenden Schritt (vgl. Teil II der Arbeit) werden die Zusammenhänge zwischen den verschiedenen thematischen Bereichen hergestellt und in einem sogenannten "emic-etic"-Strukturgitter präzisiert. Das so bezeichnete "emic"-Kategorienset für Mutterschaft in der Türkei, das sich auf der Basis der konstitutiven Merkmale als eine weitere Komprimierung ergibt, hat seinen Stellenwert im Rahmen des methodischen Vorhabens, den "emic-etic-approach" für die vorliegende Arbeit fruchtbar zu machen.

verbunden mit dem häufig notwendigen finanziellen Beitrag der Frau für das Überleben der Haushalte, stellt eine dauerhafte Belastungsprobe im weiblichen Alltag dar.

4. *Mutterschaft* basiert infolge der Existenz und Funktion von Netzwerken in ländlichen wie in städtischen Gebieten nicht auf einer singulären Beziehung zwischen Mutter und Kind; Mutterschaft ist als "multiple Mutterschaft" zu kennzeichnen. *Kinderbetreuung ist eine soziale Verantwortung*, die vom engeren Familienkreis, der weiblichen Verwandtschaft und dem Nachbarinnen-/Freundinnennetzwerk mitgetragen wird. Die Formen, in denen diese Hilfeleistungen stattfinden, sind regional- und klassenspezifisch variiert.

5. *Mutterschaft und der Lebenslauf der Frau* sind in der traditionellen patriarchalischen Ordnung der türkischen Gesellschaft insofern in Beziehung gesetzt, als die Frau a) mit der Geburt des ersten Kindes an sozialem Status und b) im weiteren Verlauf ihres Daseins als Mutter zunehmend an Macht gewinnt. Ihre verschiedenen Positionen analog zu ihrem Alter unterscheiden sich grundlegend von denen der westlichen Frau, die mit ihrem Eintritt in die Phase der aktiven Mutterschaft in der Regel (zunächst) an Status verliert. Mutterschaft als Option im weiblichen Lebenslauf steht für die Frau der türkischen Gesellschaft außer Frage (anders als für die westliche Frau); die Familienorientierung scheint ungebrochen und befindet sich nicht in Ambivalenz zu außerhäuslichen Tätigkeiten und/oder Beruf. Die Frau als Mutter wird darüber hinaus weniger "privatisiert" als Person und weniger von der Öffentlichkeit ausgeschlossen. *Öffentlicher und privater Raum* greifen in bezug auf Mutterschaft in der türkischen Gesellschaft mehr ineinander als in westlichen Gesellschaften bzw. diese Bereiche überschneiden sich stärker.

6. In folgenden Aspekten zeigen sich (in vergleichender Perspektive zur westlichen Frau) *Konsequenzen für das weibliche Selbstkonzept*:

    a) Die Frau hat sich weniger auf eine Person auszurichten - sowohl im Machtgefälle wie im Alltag. Der Mann ist nicht in gleicher Weise übermächtig wie in der westlichen (traditionellen) Ehe und nicht die alleinige Identifikationsfigur für die Frau. Respekt wird der Frau als Person durch das weibliche Netzwerk sowie durch das weitere soziale Feld vermittelt, wo u. a. darüber geurteilt wird, wie sie für ihre Familie sorgt und einsteht.

    b) Die Frau ist abgesichert durch ein weiteres soziales Feld; einerseits durch ihre eigene Herkunftsfamilie, andererseits durch männliche und weibliche Netzwerke; die Machtbefugnisse des einzelnen Mannes werden (idealtypisch) kontrolliert bzw. eingeschränkt.

    c) Die Frau ist in ihrer Selbstdefinition unabhängiger vom Mann; die invarianten Determinanten des weiblichen Status, ihre Gebärfähigkeit und ihr Alter, die einerseits Basiselemente der strukturellen Kontrolle ihrer Sexualität und Körperlichkeit sind, bieten ihr andererseits - quasi über ihre Biographie - die Definition "Frau"; ihre Weiblichkeit steht nicht zur Beurteilung durch den einzelnen (Ehe-)Mann an. Sie wird in der Beurteilung ihrer mütterlichen Eigenschaften und Qualitäten ebenfalls unabhängiger sein und ihre Selbsteinschätzung und Selbststärkung bevorzugt in ihrem Netzwerk suchen und finden.

7. Die Frau entwickelt in Kooperation mit anderen Frauen vielfältige *Machtstrategien beim Aushandeln ihres Status* und ihrer Bewegungsfreiheit (Bolak 1991; Sirman 1991; Yalcin-Heckmann 1991), die keine Tricks von Ohnmächtigen sind, sondern anerkannte Strategien (Auflehnung gegen die Männerherrschaft, Kritik, Druckmittel, weibliche Allianzen, z. B. zwischen Schwiegermutter und Schwiegertochter).

Als Mutter hat die Frau in der Familie die Funktion eines "Puffers"; in verschiedenen Stadien ihres Lebenslaufes (als junge Mutter, Schwiegermutter, Großmutter) stellt sie Beziehungen, Harmonie und Funktion der Familie sicher (Kiray 1976). Die Mutter gewährleistet und stützt die familiäre *Anpassung an die Moderne*.

8. Gesellschaftliche *Veränderungen* führen zu mannigfaltigen Veränderungen im Tätigkeitsbereich und in den Aufgabengebieten der Frau, die *potentielle Befreiungsmomente* enthalten und in deren faktischer Macht und Entscheidungsgewalt wiederzufinden sind - dennoch bleibt die Arbeit der Frau nicht anerkannt, ist gesellschaftlich nicht sichtbar, und die Frau hat keine Verfügungsgewalt über die Produkte ihrer Arbeit. Ihr sozialer Status ist nicht unabhängig von Ehe und Familie; invariante Determinanten ihres Status bleiben Gebärfähigkeit und Alter. Eine deutliche Folge sozialen Wandels für das Leben der Frau als Mutter ist darin zu sehen, daß sie in früherem Alter Haushaltsvorstand der nuklearen Familie wird (auch durch Migration bedingt) und mit höherer Eigenverantwortlichkeit konfrontiert wird. Tendenziell ergibt sich durch Urbanisierung (ebenfalls Migration) verstärkt eine matrilokale Ausrichtung der Familienstruktur und eine Ausweitung der Solidarbeziehungen von weiblichen Verwandten (Kandioty 1977).

Auch in getrennten Haushalten können die hierarchischen Machtbeziehungen unter Frauen der jüngeren und älteren Generation aufrechterhalten werden; sie werden über die Notwendigkeit der gemeinschaftlichen Kinderversorgung, die intensive Kooperation verlangt, stabilisiert.

9. Die *Familienorientierung* von Frauen und Männern ist in der Türkei sehr stark ausgeprägt und findet sich jenseits von sozialer Schicht, regionalem Gebiet und Familienform. Die Familie, ihre Hilfe und ihr Einfluß, auch in Form institutionalisierter Netzwerke, sind Bestandteil des täglichen Lebens und persönlicher Erwartungen. Offensichtlich können aber *zusätzliche Erwartungen an die weibliche Rolle* unter Beibehaltung traditioneller familiärer Orientierungen entwickelt werden. Die Analyse der Lebenspraxis verschiedenster Familien in unterschiedlichen Gebieten und Lebensumständen zeigt, daß die Beziehungen in Familien und zwischen den Ehegatten entsprechend der Lebensumstände gestaltet werden und diverse Formen annehmen können.

10. Die *Tätigkeit der Mutter* ist in der Gemeinschaft des Dorfes darauf ausgerichtet, die Kinder in die geschlechtsspezifischen Lebenswelten einzuführen und sie entsprechendes Verhalten zu lehren. Moralische Imperative werden durch das Dreigestirn der Prinzipien Ehre, Achtung und Würde gesetzt; das Verhalten in der Gemeinschaft muß sich in Übereinstimmung mit diesen befinden (Pfluger-Schindlbeck 1989; Schiffauer 1991). Die Mutter agiert selbständig, weitgehend unter Abwesenheit bzw. Nichteinmischung des Vaters. Aktive Teilhaber des Erziehungsprozesses in der engeren Familie sind ältere Geschwister, der ältere Sohn mit besonderen Rechten und Weisungsbefugnissen, ebenso die ältere Tochter.

Eine Basisvariable des Verhaltens ist die hierarchisch organisierte Segregation der Geschlechter geblieben, verbunden mit einem patriarchalischen Wertgefüge, das insbesondere die Vorstellungen von *Erziehung* formt und mitbestimmt. Die Segregation der Geschlechter ist stringentes, konstitutives Merkmal der Gesamtgesellschaft und auf der ideologischen Ebene jenseits von schicht- und regionalspezifischen Variationen wirksam. Veränderungen durch sozialen Wandel liegen vor, sie sind vielschichtig und heterogen und ergeben sich nicht linear.

Die gestaltende und identitätsstiftende Kraft dieses spezifischen Geschlechterverhältnisses wirkt sich im Bereich des erzieherischen Handelns für die moderne Mutter (in Stadt, Land und Migration) in der Regel als erhöhte Anforderung an die Strategien und Flexibilität ihres Erziehungsverhaltens aus. Die Innovationskraft der Frau erhält die moderne Familie.

11. Das *Erziehungsverhalten der Frau gegenüber weiblichen Kindern ändert sich* in der modernen Türkei, Töchter werden wichtiger. Als erwachsene Frau mit eigener Familie lebt die Tochter häufiger mit den eigenen Eltern zusammen - und nicht mehr nur mit den Schwiegereltern (Kiray 1976). Eltern verbringen generell mehr Zeit mit der Tochter, auch nach deren Verheiratung. Die Mutter-Sohn-Beziehung verändert sich ebenfalls, sie wird für die Frau weniger existentiell wichtig, da der Sohn nicht mehr die alleinige Altersversorgung gewährleistet.

12. Eine Folge sozialen Wandels für den Aufgabenbereich der Frau als Mutter ist darin zu sehen, daß sie (vornehmlich die Mittelschicht-Mutter) für die Schulbildung und Ausbildung der Kinder zuständig wird. Die Statussicherung der Familie und die Zukunft der Kinder sind das Ziel ihrer Aktivitäten (Özbay 1991). In diesem Zusammenhang übernimmt sie die *Außenrepräsentanz der Familie*.

13. Sozialer Wandel verändert die Statuskonfiguration in der Familie; durch Binnenmigration und Migration nach Europa werden Vater und Mutter zu Eltern, die Kinder stehen ihnen erstmals als Gemeinschaft gegenüber. Dies ist eine Veränderung, die revolutionär ist gegenüber der Verortung der einzelnen Mitglieder in der (egalitären) gleichgeschlechtlichen und segregierten Gemeinschaft des Dorfes und gegenüber ihren Kompetenzen und Befugnissen als Einzelpersonen. Es kommt zu einer *Monopolisierung*

des Erziehungsanspruchs durch die Eltern (Schiffauer 1991). Für die Tätigkeit der Frau als Mutter und Erziehende hat dies die Konsequenz, daß sie eine *Erweiterung ihres Aufgabenbereiches* erfährt und in eine Kooperationsbeziehung zu ihrem Ehemann bzw. Partner eintritt, die nicht konfliktfrei verlaufen kann. Die gleichzeitige Veränderung des Charakters des erzieherischen Handelns im Vergleich zu den Bedingungen des Dorfes, in welchem Erziehung eher als naturwüchsige Adaption an die Sozialität verlief, erfordert von der Frau einen Zuwachs an gerichtetem Erziehungshandeln, an verbalen Fähigkeiten und Überzeugungsstrategien. Die Migration nach Deutschland führt zu einer zusätzlichen Verschärfung dieser Veränderung, denn Partizipation als Lern- und Erziehungsmöglichkeit, wie sie im Dorf noch gegeben ist, wird im Aufnahmeland durch eine (als partiell feindlich erlebte) Umwelt, die von einer anderen Kultur gestaltet wird, in Frage gestellt.

Die Frau als umsorgende und beschützende Erzieherin wird in ihrem Schutzverhalten zur *Bewahrerin von Tradition und Ethnizität* - eine weitere Dimension des Erziehungshandelns, die für sie neu ist. Ihre traditionelle Funktion als beziehungsstiftender, ausgleichender, erhaltender und stabilisierender (heimlicher) Mittelpunkt der Familie wird um so mehr gefordert.

3.2 Mutterschaft und Geschlechterverhältnis in der ehemaligen Sowjetunion
3.2.1 Die Situation der Deutschen in der ehemaligen Sowjetunion
Forschungsstand

Über das Leben der Deutschen in der Sowjetunion gibt es relativ wenige sozialwissenschaftliche Untersuchungen. Als Informationsquellen dienen die Publikationen der Organisationen der Rußlanddeutschen selbst, veröffentlichte Berichte von Aussiedlern sowie einige Studien älteren Datums (welche allerdings auf Teilgruppen begrenzt sind). Neue und umfangreiche Ergebnisse bieten in jüngster Zeit die Befragungsstudien des Osteuropa-Instituts in München, in denen zu verschiedenen Zeitpunkten in die Bundesrepublik einreisende Aussiedler und Deutsche in der ehemaligen Sowjetunion befragt wurden (Barbara Dietz 1986, 1988a, 1988b, Peter Hilkes 1989, Barbara Dietz/Peter Hilkes 1992a).

Die politische und soziale Lage

Die politische Lage der Deutschen in der ehemaligen Sowjetunion stellte sich nach dem 2. Weltkrieg folgendermaßen dar: Das Dekret des obersten Sowjets im Jahre 1955 "Über die Aufhebung der Beschränkungen in der Rechtsstellung der Deutschen und ihrer Familienangehörigen, die sich in der Sondersiedlung befinden" hob die rechtliche und politische Diskriminierung der Rußlanddeutschen auf und beendete deren Verbannung und Zwangsumsiedlung nach Sibirien und Mittelasien. Es war ihnen allerdings nicht gestattet, in ihre früheren Heimatgebiete zurückzukehren. Auch mußten sie auf ihr zurückgelassenes Vermögen ausdrücklich verzichten. 1965 kam es zu einer Teilrehabilitierung der Deutschen, die Anschuldigung der Kollaboration mit den Deutschen im 2. Weltkrieg wurde offiziell zurückgenommen. Gleichwohl wurde ihnen die Rückkehr in ihre alten Wohngebiete aber nicht gestattet. Der Wunsch nach völliger Rehabilitierung durch Wiederherstellung der autonomen Republik der Wolga-Deutschen hat bis heute nicht an Aktualität eingebüßt; die anhaltenden Ausreise- und Autonomiebestrebungen machen dies deutlich.

Mit der Aufhebung der Rechtsbeschränkungen verbesserte sich in den folgenden Jahren die soziale und wirtschaftliche Lage der Deutschen. Sie wurden in Schulen und Ausbildungsstätten wieder integriert; deutschsprachige Zeitungen, Rundfunksendungen sowie der "muttersprachliche Deutschunterricht" waren erneut erlaubt. In der Praxis konnte dies indessen nur ungenügend durchgesetzt werden (Dietz/Hilkes 1988, S. 5).

Regionale Bedingungen und Ausreisebestrebungen

Die Deutschen waren vor dem 2. Weltkrieg überwiegend in ländlichen Gebieten und im europäischen Teil der Sowjetunion ansässig. Aufgrund der von Stalin befohlenen Deportationen lebt heute der größte Teil in Kasachstan, Mittelasien und dem sibirischen Teil der ehemaligen Sowjetunion. Nach 1955 fand eine Nord-Süd-Wanderungsbewegung innerhalb der Sowjetunion statt. Zum Teil wanderten viele Deutsche in klimatisch günstigere Regionen (Kasachstan, Kirgisien) oder zogen zu Familienangehörigen, ehemaligen Nachbarn und Freunden, von denen sie aufgrund der Deportationen getrennt worden waren. In diesem Jahrhundert fand eine fortschreitende Verstädterung der Deutschen statt: Lebten 1926 noch 84,6 % auf dem Land, so gehörten 1959 bereits 39,3 % der städtischen und nur noch 60,7 % der ländlichen Bevölkerung an (Alfred Bohmann 1970, S. 83). Zehn Jahre später lebte knapp die Hälfte (45,4 %) in Städten (Kulturrat der Deutschen aus Rußland 1986, S. 10); nach der Volkszählung von 1989 sogar 53 % (Dietz 1991). Der Stellenwert der deutschen Sprache wurde immer geringer. Während 1926 noch 94,9 % Deutsch als Muttersprache angaben, waren es 1979 nur noch 57,0 % (ebd.). Heute beherrscht nur noch ein geringer Teil der Aussiedler aus der ehemaligen Sowjetunion die deutsche Sprache. Diese Entwicklung, die eine Bedrohung der ethnischen Identität darstellt und häufig mit weiteren Verlusten der deutschen Kultur einhergeht - auch als "Russifizierung" der Rußlanddeutschen bezeichnet - begründet vielfach ihre Ausreise und Autonomiebestrebungen. Im Jahre 1991 reisten 147.320 Aussiedler aus der ehemaligen Sowjetunion in die Bundesrepublik ein, eine Zahl, die mehr als die Hälfte aller zugewanderten Aussiedler in der Bundesrepublik ausmacht (gesamt: 221.995) (Info-Dienst Deutsche Aussiedler 1992, S. 7). Nach Angaben des Bundesinnenministeriums vom Juli 1993 läßt sich für das erste Halbjahr 1993 feststellen, daß die Gesamtzahl der einreisenden Deutschstämmigen auf 90.008 zurückging (NOZ, 1.7.1993).

Bildungsniveau und Berufsstruktur der Deutschen[23]

Eine im Jahre 1967 durchgeführte soziologische Studie der sibirischen Abteilung der Akademie der Wissenschaften zu den Lebens- und Wohnverhältnissen der ländlichen Bevölkerung im Gebiet von Nowosibirsk/Sibirien vermittelt einen ersten Einblick in die Bildungs- und Berufsstruktur der deutschen Bevölkerung: Die Deutschen verfügten über einen relativ niedrigen Bildungsstand; nur wenige besaßen zu diesem Zeitpunkt einen höheren Schulabschluß. Die Studie kam zu der Einschätzung, daß die deutsche Bevölkerung die ländlichen Berufe bevorzugte und auch mit ihnen zufrieden war. Die Befragten strebten allerdings für ihre Kinder andere Berufe an: 79 % gaben an, für ihre Kinder Berufe mit Fach- und Hochschulstudium als Voraussetzung, insbesondere den Lehrerberuf zu wünschen. (Zitiert nach Alfred Bohmann 1970, S. 87-91, der sich auf die Quelle: Neues Leben, Moskau, Nr. 27-30, 1969, beruft.) Die zunehmende Verstädterung der Deutschen sowie eine stärkere Bildungsmotivation der Eltern für ihre Kinder können als Ursachen für eine fortschreitende Veränderung der Ausbildungs- und Berufsstruktur dieser Gruppe in der ehemaligen Sowjetunion angeführt werden. Nach den neueren Daten der Befragungsstudie des Osteuropa-Instituts im Jahre 1989/90 liegt das Ausbildungsniveau der Deutschen etwas über dem sowjetischen Durchschnitt im Jahre 1989 (Dietz 1992, S. 152). Die Autorin bemerkt einschränkend, daß die Ausbildungssituation jedoch von der Generationszugehörigkeit abhängig sei. Die befragten Deutschen der jüngeren Generation (unter 35 Jahren) weisen den besten Bildungsstand auf. Die mittlere Generation scheint aufgrund der Kriegsbedingungen und der schärferen Repressionen am meisten in ihrer Bildungskarriere betroffen gewesen zu sein. Die Generation der bis 1930 Geborenen hatte z. T. noch deutsche Schulen besuchen und erfolgreich abschließen können. Die besonders Benachteiligten waren die zwischen 1931 und ca. 1940 Geborenen. Die später Geborenen konnten wieder Schulen besuchen, wobei der Besuch von Hochschulen oder Universitäten auch für sie eher die Ausnahme war. Die jüngste Generation hatte im allgemeinen ungehinderten Zugang zu Bildungseinrichtungen und war von den Schwierigkeiten der deutschen Bevölkerung am wenigsten betroffen. Infolgedessen ist sie die am besten ausgebildete Generation (Dietz/Hilkes 1992a, S. 39f.).
Die Ergebnisse einer früheren Osteuropa-Studie von Barbara Dietz (1988a) (die Befragung wurde in den Jahren 1983 bis 1986 durchgeführt) wiesen be-

---

[23] Vgl. zu den Ausführungen im folgenden Abschnitt Leonie Herwartz-Emden/Manuela Westphal 1993.

reits darauf hin, daß sich die Deutschen in ihrer Berufsstruktur nicht von der sowjetischen Gesamtbevölkerung unterscheiden. Aussiedler städtischer sowie ländlicher Herkunft verfügen über einen hohen Anteil an Mittelschulbildung. Die Verteilung nach sozialer Schichtzugehörigkeit wies ebenfalls keine wesentlichen Unterschiede auf. In beiden Gruppen lag der Anteil der Angestellten bei ca. 20 % und der Anteil der Arbeiter bei ca. 60 % der Beschäftigten. Aussiedler waren in allen Berufsbranchen vertreten; die geläufige Annahme eines traditionell bäuerlichen Hintergrundes läßt sich somit nicht halten. (Beide Studien zeigen jedoch übereinstimmend, daß eine nicht unerhebliche Anzahl von Personen in der Landwirtschaft beschäftigt war, jeweils 23 %; aber nur etwa zu einem Drittel als einfache landwirtschaftliche Arbeiter. Die anderen waren in landwirtschaftlichen Betrieben häufig als Fahrer und Vorarbeiter tätig, einige übten leitende ingenieurtechnische oder buchhalterische Tätigkeiten aus; vgl. S. 4). Beide Studien von Dietz (1988a und 1992) machen deutlich, daß die Aussiedler in der ehemaligen Sowjetunion sich in ihrer Ausbildungs- und Berufsstruktur sowie in ihrer Verteilung nach sozialer Schicht nicht wesentlich von der sowjetischen Gesamtbevölkerung unterscheiden. Ebenso zeigen die Ergebnisse, daß die materielle Lebenslage der Deutschen, objektiv und subjektiv betrachtet, der des sowjetischen Durchschnittsbürgers entspricht und sogar etwas darüber liegt (vgl. 1988a, S. 43). Damit scheinen die Deutschen auch in ihren sozioökonomischen Merkmalen mit der sowjetischen Gesamtbevölkerung vergleichbar zu sein. Angenommen werden kann ferner, daß die Deutschen im sozialen und wirtschaftlichen Bereich durchaus Verhaltensweisen und Einschätzungen der sowjetischen Bevölkerung repräsentieren, auch wenn sie in nationalen und kulturellen Fragen die besonderen Erfahrungen der Erlebnisse der Deutschen in der Sowjetunion thematisieren (S. 60).

Sprachkenntnisse und Integration in die sowjetische Gesellschaft

Die Deutschen sind als Gruppe in der ehemaligen Sowjetunion nicht einheitlich zu kennzeichnen. So gibt es, wie die beiden Befragungsstudien zeigten, nicht nur beträchtliche Unterschiede im Bildungsniveau (zwischen verschiedenen Altersgruppen), sondern darüber hinaus lassen sich Unterschiede in der Herkunft (Land - Stadt) und in der Tradition des Elternhauses feststellen, aber auch darin, ob sie in relativ geschlossenen deutschen Siedlungen lebten oder nicht. Nach Einschätzung von Dietz 1992 (vgl. S. 153) kann angenommen werden, daß insbesondere jüngere, gut ausgebildete und urbane Aussiedler der sprachlichen Förderung in der Bundesrepublik bedürfen, was darauf hinweist, daß sie in ihrer Familie die geringste Förderung der deutschen Sprache erfuhren. Ein wesentlicher Unterschied in der Auffassung des Deutschseins kann somit ebenfalls zwischen den Generationen vermutet werden. Von der älteren Generation, die die deutsche Sprache beherrscht, kann angenommen werden, daß sie eine deutlichere Vorstellung von dem hat, was Deutschsein ist, als die jüngere Generation. Der Integrationsgrad in die russische Gesellschaft wird für die jüngere Generation ein höherer gewesen sein, da sie zum einen besser ausgebildet war und zum anderen im beruflichen Bereich kaum noch Barrieren aus nationalen Gründen erleben mußte. Wenn von Deutschen in der ehemaligen SU Deutsch als Muttersprache angegeben wird, so ist diese Angabe nicht übereinstimmend mit den tatsächlichen Sprachkenntnissen der Befragten: Jeweils die Mehrheit der von Dietz Interviewten (88 % der befragten Aussiedler und 66 % der interviewten Deutschen in der Sowjetunion) gaben die deutsche Sprache als Muttersprache an; nicht einmal 5 % der Interviewten beherrschte indessen (nach eigenen Angaben) perfekt Deutsch und nur 20 % konnten sich in Deutsch gut unterhalten und alles verstehen. (Dialekte haben einen hohen Stellenwert; das erlernte Deutsch ist nicht immer identisch mit dem gesprochenen Deutsch in der Bundesrepublik.)

3.2.2 Zur Lage und Rolle der Frauen in der ehemaligen Sowjetunion

In den meisten Untersuchungen über Aussiedler wird nicht nach Geschlecht differenziert, so daß z. B. über die Ausbildungs- und Berufssituation der deutschen Frauen in der ehemaligen Sowjetunion keine differenzierten Ergebnisse vorliegen. Ausgehend von dem Ergebnis, daß die Deutschen in der ehemaligen Sowjetunion keine soziale Randgruppe (mehr) darstellen und sie mit der sowjetischen Gesamtbevölkerung tendenziell vergleichbar sind, kann angenommen werden, daß die deutschen Frauen in der Sowjetunion von den Charakteristika und den Strukturmerkmalen dieser Gesellschaft ebenso betroffen waren (bzw. sind) wie die weibliche sowjetische Gesamtbevölkerung. Aus diesem Grunde wird die Gesamtsituation der sowjetischen Frau im folgenden in wesentlichen Merkmalen erfaßt; die Implikationen für die deutsche Frau werden in den abschließenden konstitutiven Merkmalen dargestellt.

Forschungsstand

Die Forschungslage zur Situation der Frau in der ehemaligen Sowjetunion bzw. in der jetzigen GUS erweist sich als sehr eingeschränkt: Forschungen hierzu finden sich vor allem in Großbritannien und den USA (vgl. die Arbeiten von Gail Warshofsky Lapidus, insbesondere den Sammelband von 1982, sowie die Veröffentlichungen von Barbara Holland <1985> und Mary Buckley <1989>, die ebenfalls in großen Sammelbänden einen guten Überblick zur Lage der Frau aus verschiedenen Perspektiven bieten); im deutschsprachigen Raum gab es über Jahrzehnte keinerlei wissenschaftliche Studien, nur eher als populärwissenschaftlich bzw. journalistisch zu bezeichnende Veröffentlichungen (wobei die auf Einzelporträts basierende Arbeit von Gabriele Krone-Schmalz <1990> einen hervorragenden Einblick in den

Alltag der sowjetischen Frau bietet). Vereinzelte Informationen und Einschätzungen finden sich in den Publikationen des Ost-Europa-Instituts der Freien Universität Berlin und in der Zeitschrift "Ost-Europa" mit "Ost-Europa-Archiv". Erst in jüngster Zeit ändert sich die Lage, nicht zuletzt wegen der gesellschaftlichen Zusammenbrüche in Osteuropa und der damit zusammenhängenden Öffnung zum Westen hin. Ähnlich schätzt Gudrun Peltz (1991) in ihrem Überblick den Stand der Forschung ein. Die fehlende gesellschaftliche Auseinandersetzung mit der Situation der Frau in der Sowjetunion selbst ist für sie, in Anlehnung an die Einschätzung Buckleys (1989), eine der wichtigsten Ursachen für die Defizite in dieser Forschungsrichtung.
Bei der im Jahre 1991 an der Universität Münster entstandenen Arbeit von Monika Rosenbaum handelte es sich um die erste systematische Auseinandersetzung mit der Situation der Frau in der Sowjetunion; sodann stellten die in der Zeitschrift "Feministische Studien" (2/1992) erschienenen Artikel sowjetischer Wissenschaftlerinnen, die vorwiegend der Umbruchsituation gewidmet waren, eine Novität auf dem deutschen Markt dar, die auf eine positivere zukünftige Entwicklung in der Forschung hoffen läßt.
Berichtet wird im folgenden Teil, wenn es um den Alltag und die Situation der Frau sowie die Merkmale ihrer Mutterschaft geht, weitgehend über die ehemalige Sowjetunion; über die nachfolgenden gesellschaftlichen Verhältnisse, ihre Entwicklungstendenzen und ihre Auswirkungen auf die Situation der Frau sind vorerst nur erste Einschätzungen publiziert (vgl. z. B. Tatjana Afanassjewa 1992). Festzustellen ist allerdings, daß die Situation der Frau in der Phase der Umgestaltung schwieriger wird; für die Kinderbetreuung in den Großstädten muß zur Zeit fast 60 % des Gehaltes der Frau aufgebracht werden - was für die meisten Familien unerschwinglich sein dürfte (mündliche Information Rosenbaum 1993). Die ökonomische Krise und die Mangelwirtschaft führen darüber hinaus zu großen Problemen in der alltäglichen Versorgung der Familien und damit zu einer weiteren Erschwernis im Leben der Frau.

Die Frauenfrage in der politischen Debatte der Kommunisten

Die Geschichte der ehemaligen Sowjetunion zeigt, daß die Frauenfrage in den 20er Jahren ein politisches und gesellschaftspolitisches Thema war. Die Abschaffung der Familie bzw. die Ersetzung der familiären Arbeit durch eine vergesellschaftete Form wurde diskutiert.
Eine sehr weitreichende Position vertrat in diesen Debatten Alexandra Kollontai (1975), sie verlangte nicht nur den Einbezug der Frauen in die Produktion als Voraussetzung für deren Gleichberechtigung, sondern ebenso persönliche Autonomie für die Frau, auch in ihrem Liebesleben und ihren Lebensentwürfen (vgl. die Vorlesungen, insbes. Nr. 14, von Kollontai vor Arbeiterinnen und Bäuerinnen an der Sverdlov-Universität im Jahre 1921). Ihre Position macht aber auch einen Widerspruch deutlich, der die Frauenpolitik durch-

gängig kennzeichnete: Sie forderte weder die Beteiligung der Männer an der Kindererziehung, noch setzte sie der Vorstellung etwas entgegen, daß die zu vergesellschaftende Hausarbeit wiederum von Frauen geleistet werden sollte (Rosenbaum 1991, S. 19).

In der gesamten politischen Diskussion ging es in erster Linie immer um die Erreichung volkswirtschaftlicher Ziele und weniger um die Interessen der Frauen: Volksküchen und Kinderkrippen wurden auch nur solange diskutiert, bis die Versorgung der Bevölkerung mit Nahrung und die Versorgung des Arbeitsmarktes mit weiblichen Arbeitskräften gewährleistet war (ebd., S. 21). Die tatsächliche Befreiung der Frau hatte keinen hohen Stellenwert in den Debatten (Buckley 1985, S. 37). Die revolutionären Ideen zur Vergesellschaftung von Hausarbeit, zur Abschaffung der Kleinfamilie und zur umfassenden Verbesserung der Position der Frau in Familie und Gesellschaft wurden auch nur innerhalb eines relativ kurzen Zeitraumes öffentlich diskutiert. Während der gesellschaftlichen Umgestaltung hin zu einer sozialistischen Gesellschaft geriet die Frauenfrage immer mehr aus dem Blick. Ab 1930 galt die Frauenfrage offiziell als "gelöst" (vgl. die Darstellung zur Schließung der Frauenorganisation der Partei, "zenotdel", bei Rosenbaum 1991, S. 22). Für das darauffolgende Jahrzehnt ist festzustellen, daß die Debatten um die Frauenfrage völlig eingestellt worden waren; die Frauenerwerbsquote näherte sich zu diesem Zeitpunkt der 50 %-Marke.

Die Restauration der Stalin-Zeit, die den Frauen ein neues Familiengesetz, das Verbot der Abtreibung, eine Erschwernis der Scheidung, eine ideologische Aufwertung der Mutterrolle (sowie ihre ideologische Uminterpretation als "Recht der sowjetischen Frau auf Mutterschaft", ebd., S. 26) und insgesamt eine restaurative Familienpolitik einbrachte, ist ein wichtiger Wendepunkt in der gesellschaftlichen Entwicklung. Die bis heute bestehende geschlechtsspezifische Arbeitsteilung, die extreme Doppelbelastung der Frau und die ideologischen Annahmen und Verlautbarungen zur Rolle der Frau in der Familie haben insbesondere in dieser Zeit ihre Basis.

Die Einbindung der Frauen in die Arbeitswelt, die als unabdingbar für die Emanzipation und den gesellschaftlichen Fortschritt gesehen wurde, gelang im Laufe dieses Jahrhunderts. Es gelang jedoch nicht, ein gleichberechtigtes Verhältnis zwischen den Geschlechtern im alltäglichen Leben zu verankern.

Die Position der Frau auf dem Arbeitsmarkt[24]

Im Jahre 1982 stellt Lapidus in ihrer Einleitung zu dem Sammelband von Arbeiten sowjetischer Soziologinnen und Soziologen zum Thema "Women, Work and Family in the Soviet-Union" fest, daß die horizontale und vertikale Segregation des Arbeitsmarktes durch die Geschlechtszugehörigkeit nicht zu übersehen ist (vgl. ebd. 1982, S. XI). 1980 waren 71 % aller Frauen im Alter

---

[24] Vgl. hierzu Herwartz-Emden/Westphal 1993.

zwischen 15 und 64 Jahren erwerbstätig, ca. weitere 20 % in einer Ausbildung (Lapidus 1982 und Margaret E. Leahy 1986); der Frauenanteil an der Gesamtzahl aller Erwerbstätigen lag bei 51 %[25]. Trotz des zunehmenden Niveaus der Ausbildung von Frauen und ihrer hohen Partizipation am Arbeitsmarkt verdienten die Frauen weniger als Männer, waren in weniger qualifizierten Positionen und in solchen Bereichen tätig, die geringeres gesellschaftliches Ansehen hatten und/oder wenig attraktive, z. T. sehr gesundheitsgefährdende Arbeitsplätze boten.
Wie Lapidus aufzeigt, waren Frauen in technische Bereiche und Spezialistenpositionen aufgestiegen, jedoch keineswegs in dem Umfang, wie es ihre Ausbildung und ihre Arbeitserfahrung erwarten ließ. Dies galt auch für Berufe, in denen Frauen dominierten, z. B. als Lehrerinnen oder Medizinerinnen. In der Wissenschaft waren die Frauen zu dem Zeitpunkt unter den Professorenpositionen mit 10,7 % vertreten; im Bereich von Erziehung und Ausbildung auf der Ebene der Direktoren von weiterbildenden Schulen mit 32 % (Beteiligung der Frauen am unterrichtenden Personal 80 %); Frauen im Management von Unternehmungen auf der Ebene der Direktoren 13 %; Frauen als Medizinerinnen in leitender Position 53 % (als Ärztinnen 74 %); Frauen im Politbüro in leitender Funktion 0 % (Frauen als Parteimitglieder 25 %) (Lapidus 1982, Tafel 3, S. XXII-XXIII). Das durchschnittliche weibliche Einkommen umfaßte zu dem damaligen Zeitpunkt 75-70 % des Einkommens von männlichen Arbeitnehmern - eine Zahl, die nur wenig höher lag als jene für die BRD und die USA.
Nach "glasnost" und "perestroika" im Jahre 1989 wurden wesentlich mehr Daten für sowjetische wie für westliche Forscherinnen und Forscher zugänglich, dennoch änderte sich wenig an der Einschätzung eines nach Geschlecht segregierten horizontalen und vertikalen Arbeitsmarktes. Die Daten seien, so Lapidus im Jahre 1992, beeindruckend konsistent und die schärfste Linie der Differenzierung zwischen sowjetischen Arbeitern sei (immer noch) die Differenzierung nach Geschlecht.

> "In the occupational structure as in the family, sex remains a significant basis for the allocation of social roles, with the result that male and female workers differ in the distribution of income, skill, status, power and even time" (ebd., S. 32).

Im Ausbildungsbereich sieht Leahy (1986, S. 80f.) die Gleichberechtigung von Frauen in zwei Bereichen gefährdet: einmal im Bereich der Ausbildung in technischen Schulen und Berufsschulen, in denen Jungen in den Zweigen

---

[25] Vergleichsweise war im gleichen Jahr der Frauenanteil an der gesamten erwerbstätigen Bevölkerung im früheren Bundesgebiet 37,9 %; der Anteil der weiblichen Erwerbspersonen an der gesamten weiblichen Wohnbevölkerung im Alter von über 15 Jahren betrug 32,6 % (Statistisches Jahrbuch 1981, Tabelle 6.1, S. 94). Der Anteil von Frauen an der erwerbstätigen Bevölkerung in der ehemaligen DDR betrug - ähnlich hoch wie in der ehemaligen Sowjetunion - 50 % im Jahre 1980 (Statistisches Jahrbuch 1982, Tabelle 3.1, S. 581).

dominieren, die mehr spezialisierte Fertigkeiten heranbilden; zum anderen im Bereich der Weiterbildung. Männliche Arbeitnehmer würden in viel größerem Umfang die Gelegenheit zur Weiterbildung und zu beruflichen Zusatzqualifikationen wahrnehmen.
Wie Rosenbaum (1991) bestätigt, gibt es trotz der mittlerweile langen Tradition weiblicher Erwerbsarbeit im sowjetischen Bildungs- und Ausbildungssystem deutliche Merkmale geschlechtsspezifisch unterschiedlicher Orientierungen bei jungen Frauen und Männern. Ihre Bildungswege zeigen klare Unterschiede im Verlauf und in der Ausrichtung: Im allgemeinbildenden Schulwesen und an den Hochschulen gibt es überwiegend Schülerinnen und Studentinnen im Alter von 20-24 Jahren. Ihr Bildungsniveau ist höher als das der gleichaltrigen jungen Männer - dennoch erhalten viele Mädchen und junge Frauen eine nur unzureichende berufliche Ausbildung. Unter den Facharbeiterinnen herrscht, so Rosenbaum, die Zahl derer vor, die in kurzen Kursen im Betrieb angelernt worden sind (vgl. S. 46f.).
Die Situation der erwerbstätigen Frauen läßt sich nach Rosenbaum für den stärker industrialisierten Teil der Sowjetunion[26] so charakterisieren, daß Frauen trotz ihrer den Männern vergleichbaren Bildung überwiegend in bestimmten "feminisierten" Branchen arbeiten. Der höchste Prozentsatz (87 %) lag 1988 im Kreditwesen und in der staatlichen Versicherung; es folgten Handel und Gastronomie mit 82 % Frauenanteil; Gesundheit, Sport und Soziales mit 81 %; Informationswesen mit 81 %; Bildung mit 75 %; Kultur mit 73 %. In der Industrie waren die Bereiche Textil- und Bekleidungsindustrie mit 70 %igem bzw. 89 %igem Frauenanteil führend, im Gegensatz zu 42 % Frauenanteil im Bereich Maschinenbau und Metallverarbeitung (Rosenbaum 1991, S. 49). Diejenigen Sektoren, die sich durch einen hohen Frauenanteil auszeichnen, so Rosenbaum, sind gleichzeitig durch einen relativ geringen Durchschnittslohn gekennzeichnet.
Die berufliche Biographie, so läßt sich festhalten, inklusive der Ausbildungswege und Karrieremöglichkeiten, stellt sich somit in der ehemaligen Sowjetunion für Frauen als qualitativ verschieden von denen der Männer dar. Die Berufstätigkeit der Frau war eine lebensbegleitende; aber ein entscheidender, meist qualitativer Einschnitt ergab sich offensichtlich nach der Heirat und der Geburt des ersten Kindes, wie auch Langzeitstudien gezeigt haben (S. 63-65).

---

[26] Die asiatischen Republiken sind in der Erwerbsbeteiligung der Frauen sehr viel schwieriger zu beurteilen, da hier die Landwirtschaft vorherrscht bzw. der Frauenanteil am offiziellen Arbeitsmarkt häufig deutlich niedriger liegt. Zusätzlich ergibt sich hier das Problem der Aufteilung des Arbeitsmarktes zwischen einheimischer und russischer Bevölkerung.

Die Vereinbarkeit von Familie und Beruf für die sowjetische Frau[27]

Erklärungen für die geschlechtsspezifische Segregation des Arbeitsmarktes sowie des gesamten Ausbildungsbereiches in der ehemaligen Sowjetunion und in der jetzigen GUS sind vor allem darin zu suchen, daß sich an der Zuständigkeit der Frau für Kindererziehung, Familienarbeit und den Haushalt in der sowjetischen und nachsowjetischen Gesellschaft nichts geändert hat. Entgegen den Verlautbarungen der ideologischen Propaganda war die Frau diejenige, die in einer traditionellen geschlechtsspezifischen Arbeitsteilung gefangen war und die Kosten dafür zu tragen hatte. Das zentrale Charakteristikum des Industrialisierungsprozesses seit der Revolution im Jahre 1917 ist der im Vergleich mit westlichen Industrieländern hohe Anteil von weiblichen Erwerbstätigen - die Industrialisierung der ehemaligen Sowjetunion wäre nicht möglich gewesen ohne diese starke Beteiligung der Frau. Der hohe Anteil von Frauen auf dem Arbeitsmarkt wurde einerseits durch die planwirtschaftliche Politik forciert, andererseits ist er auf die damit zusammenhängenden staatlichen Förderungen für erwerbstätige Mütter zurückzuführen.

Der sowjetische Staat brachte einige Maßnahmen zur Erleichterung des Problems der Vereinbarkeit von Beruf und Familie für die Frau in Gang: infrastrukturelle Unterstützungssysteme für erwerbstätige Mütter in Form von öffentlichen Kinderhorten, Kindergärten, verlängertem bezahltem Mutterschaftsurlaub, zusätzlicher Ferienzeit für Mütter (vgl. z. B. Alena Heitlinger 1979, S. 108ff.) waren selbstverständliche gesellschaftliche Serviceleistungen. Dennoch blieb die Vereinbarkeit von Beruf und Familie für die sowjetische Frau ein schwer zu bewältigendes Problem.

Das staatliche Diktum der Gleichheit der Geschlechter stand nicht nur im Gegensatz zu den Realitäten des geschlechtsspezifisch segregierten Arbeitsmarktes, sondern ebenso in hartem Kontrast zum Alltag der erwerbstätigen Frau und Mutter.

In empirischen Umfragen zum Thema, die in der ehemaligen Sowjetunion durchgeführt worden sind, betonten die befragten Frauen dennoch stets die Wichtigkeit des Berufs für ihre wirtschaftliche Unabhängigkeit, ihren sozialen Status und ihre persönliche Zufriedenheit. Die finanzielle Absicherung der Familie sei eine wichtige Motivation für weibliche Erwerbstätigkeit, so V.G. Kostakov (1982), werde aber immer in Verbindung mit den anderen Vorteilen des Berufs genannt (vgl. S. 45ff.).

Trotz hoher Berufsmotivation und großen Engagements setzten sowjetische Frauen nach der Geburt eines Kindes die Berufstätigkeit für einige Zeit aus, was aber nicht heißt, daß sie sich an einem längerfristigen Nur-Hausfrauen-Dasein orientiert hätten bzw. daran orientieren konnten - sie hatten in der

---

[27] vgl. zu diesem Thema Gümen/Herwartz-Emden/Westphal 1994.

Regel keine Wahlmöglichkeit.[28] Ihr Einkommen war für die Familie überwiegend eine existentielle Notwendigkeit.
Die Chancen eines beruflichen Aufstieges und eines höheren Einkommens wurden für Mütter schlechter, da für sie die Weiterbildung im Beruf ausgesprochen schwierig war. Dennoch hielt dies sie nicht davon ab, ihre Erwerbsorientierung aufrechtzuerhalten. Erwerbstätigkeit und Familie bzw. Mutterschaft bildeten einen quasi selbstverständlichen Bestandteil des weiblichen Lebenszusammenhangs.

Gesellschaftlicher Anspruch und alltägliche Realität in Ehe und Familie

Die formal-juristischen Voraussetzungen für die optimale Vereinbarung von Berufsarbeit mit der Arbeit zu Hause und der Erziehung der Kinder waren für die sowjetische Frau erfüllt. Unter den Bedingungen einer Gesellschaft, die aufgrund großer ökonomischer Probleme die alltägliche Versorgung der Bevölkerung nicht gewährleisten konnte, wurde jedoch die überwiegende Mehrheit der sowjetischen Frauen daran gehindert, sich beruflich, gesellschaftlich und privat so zu entfalten, wie es ihr die Leitartikel der Medien gerne vermittelten.
Aufgrund ihrer Arbeit im Beruf einerseits (mit überwiegender Vollzeitbeschäftigung und oft schwerer körperlicher Tätigkeit) und im Haushalt andererseits hatte die Frau einen ca. 16-18stündigen Arbeitstag. Es gab sehr hohe Belastungen durch Nacht- und Schichtarbeit; Frauen waren häufiger als Männer im Drei-Schicht-System tätig und stellten bei Nachtschichten den größeren Anteil (Natalja Sacharowa/Anastasija Possadskaja/Natalja Rimaschewskaja 1989, S. 418). Gänzlich fehlende, mangelhafte oder kostspielige Waren, geringe Technisierung der Hausarbeit und die daraus resultierende notwendige Eigenproduktion von Waren und Nahrungsmitteln in "handwerklicher" Hausarbeit waren Kennzeichen ihres Alltags.
In diesem mühseligen Alltag hatte die Frau unter großem Aufwand weitgehend alleine für die Versorgung ihrer Familie geradezustehen. Die Gleichberechtigung ende, so die sowjetischen Autoren Maja Ganina/Viktor Perevedencev (1975), vor der Haustür (zitiert nach Marianna Butenschön 1977, S. 193).

"Der Mann und die Frau arbeiten in der gleichen Abteilung, auf dem gleichen Posten, aber zu Hause angekommen, bereitet die Frau aus den Lebensmitteln, die sie in der Mittagspause eingekauft hat, das Essen, dann wäscht sie und beschäftigt sich mit den Kindern usw. Was der Mann in dieser Zeit tut, ist schwer herauszufinden. Am Ende aber hat

---

[28] Die Debatten über z. B. Teilzeitarbeit für Frauen zur Erleichterung der Vereinbarkeit von Familie und Beruf, in den 70er Jahren geführt, wurden erst in jüngster Zeit wieder aufgegriffen.

die Frau dieses Leben satt und von daher kommen die Scheidungen."
(ebd., S. 193)
Nach Meinung der gleichen Autoren führte dieser Zustand der physischen und psychischen Überbelastung der Frau und der Mangel an Freizeit zu einer Belastung der familiären Beziehungen im allgemeinen und insbesondere der Beziehungen zwischen Mann und Frau. Erhöhte Erregbarkeit, nervöse Spannungen, Hysterie und Streitigkeiten seien die natürlichen Folgen dieser Lebenslage.
Die UdSSR war neben den USA im internationalen Vergleich das Land mit der höchsten Scheidungsrate. Im Jahre 1986 kamen auf je 1.000 geschlossene Ehen 374 Scheidungen (Osteuropa-Archiv, Bd. 38, 1988, S. 574). Sechs von zehn Scheidungen wurden von Frauen eingereicht.
Über die Hälfte der Geschiedenen sei, so die Autoren Ganina/Perevedencev (1975), so ehemüde, daß sie, anders als noch wenige Jahre zuvor, nicht wieder heirateten. Dabei ist der Prozentsatz von Frauen, die auf eine Wiederheirat verzichten, größer als der der Männer. Die Männer trauerten der ersten Ehe öfter nach als die Frauen selbst. Die Furcht vor der Instabilität der Ehe gilt auch als einer der Gründe für eine geringe Kinderzahl.
Die Orientierung an Ehe und Familie scheint dennoch im Lebenslauf der Frau eine der wichtigsten Orientierungen geblieben zu sein, wenn sie auch zahlreiche Modifikationen im Lebensstil außerhalb der traditionellen Ehe erfuhr. Heutzutage leben großstädtische Frauen häufig als alleinerziehende Mütter und zwar mit dem Argument, daß sie dann der Belastung, den Mann auch noch versorgen zu müssen, entgehen könnten (mündliche Auskunft von Rosenbaum 1993).

Die Mutterschaft im Spannungsfeld zwischen "Schuften, Einkaufen, Gebären"

Krone-Schmalz gab einem ihrer Artikel über die Situation der Frau in der modernen sowjetischen bzw. nachsowjetischen Gesellschaft den Titel "Schuften, einkaufen, gebären" (1990a). Die Mutterschaft der sowjetischen Frau, wenn auch als staatliche Aufgabe benannt und mit entsprechender Anerkennung versehen sowie mit einer ausgeprägten Mutterideologie verbunden, läßt sich auf der Ebene des Alltags in eben diesem Dreieck ansiedeln. Für das "Zustandekommen" von Mutterschaft bedarf es der notwendigen gesellschaftlichen und ökonomischen Bedingungen. Offensichtlich reagierten viele sowjetische Frauen auf ihre extrem harten Lebensbedingungen mit der Reduzierung der Kinderzahl bzw. der Erhöhung der Abtreibungsraten. Unter den Bedingungen ihres Alltags entschieden sie sich gegen ein Kind oder weitere Kinder. Die Sowjetunion nahm, gemessen an der Häufigkeit der Abtreibungen, einen der ersten Plätze im internationalen Vergleich ein; 1985 kamen auf 1.000 Schwangerschaften 123,2 Abtreibungen (was ca. 25mal mehr Abtreibungen waren als in der Bundesrepublik Deutschland, Osteuropa-Archiv, Bd. 38, 1988, S. 570). Die hohe Rate der Abtreibungen ist auch im

Zusammenhang zu sehen mit fehlenden oder unzureichenden Verhütungsmitteln und mit einer ungenügenden Aufklärung über körperliche Vorgänge und sexuelle Funktionen (vgl. auch Adrian Geiges/Tatjana Suworowa 1989). Das Fehlen von Verhütungsmitteln führt, so die Angabe des Osteuropa-Archivs, häufig zu vorschnellen Eheschließungen - wobei diese Ehen besonders scheidungsanfällig sind. Viele aus diesen Ehen stammende Kinder müssen ohne Vater aufwachsen - was zu Mängeln in der Kindererziehung führt, die angesichts der hohen Feminisierung der Lehrerschaft in der ehemaligen Sowjetunion durch die Schule nicht ausgeglichen werden können (Osteuropa-Archiv, Bd. 38, 1988, S. 569).

Mutterschaft im Lebenslauf der Frau

Die Funktionen, die mit Mutterschaft einhergehen, verteilten sich in der ehemaligen Sowjetunion über den Lebenslauf der Frau. Nicht nur die Phase ihrer aktiven Mutterschaft, in der sie ihre eigenen Kinder großzieht, mußte von ihr bewältigt werden, sondern sie war ebenso gefragt als Großmutter der Kinder bzw. als Schwiegermutter oder Mutter in der jüngeren Generation der Familie. Renate Baum (1976) berichtet über die personelle Hilfe in den Familien, daß in vielen Arbeiterfamilien die berufstätige Mutter von der eigenen Mutter (ca. 20 % der Fälle) und von der Schwiegermutter (ca. 11 % der Fälle) bei der Versorgung der Kinder Hilfe erhielt (Baum bezieht sich auf die Untersuchung von Chartschew/Golod aus dem Jahre 1965-68, vgl. S. 17). Der Ehemann der Frau unternahm im Haushalt kleine Reparaturen, die Bezahlung von Rechnungen, selten den Abwasch und noch seltener den Hausputz. Berichtet wurde, daß Geschirrspülen und Großreinemachen von 39 % der befragten Ehepaare (Befragte insgesamt 1.230 in Leningrad, 480 in Kostroma) gemeinsam erledigt wurde. Andere Familienmitglieder boten beim Abwaschen ihre Hilfe an; der Frau alleine überlassen blieben der Einkauf, das Kochen, das Waschen und Bügeln. Der gesamte Haushalt wurde in ca. 7 % der Fälle durch die Mutter der Frau erledigt und in 3 % der Fälle durch die Mutter des Mannes.

Die ideologische Basis der Geschlechterdifferenz

Die fundamentale Aufgabe der sowjetischen Frauen wurde nach Maggie McAndrews Analyse (1985) darin gesehen, Kinder zu gebären und deren Erziehung zu leisten (vgl. S. 79ff.). In den sowjetischen Frauenzeitschriften wurde die Frau stets als perfekte Arbeiterin, Hausfrau und Mutter dargestellt. Die medizinische und staatliche Versorgung der angehenden Mutter, auch in Form des Mutterschutzes, ist ihrer Mutterschaft jedoch nicht förderlich gewesen, so die Autorin.

Triebfeder für die ideologischen und praktischen Bemühungen des Staates, der Frau die Erwerbstätigkeit in Verbindung mit ihrer Mutterrolle zu ermöglichen, war u. a. die sinkende Geburtenrate[29]. In der öffentlichen Debatte dieser Problematik, die als gesellschaftliche Krise bezeichnet wurde, sind Argumente genannt worden, die auf die biologische Bestimmung der Frau und ihre natürliche Begabung zum Muttersein sowie ihre naturgegebene Rolle in der Familie abhoben.

In den letzten beiden Jahrzehnten ging es, so Buckley (1985), um die Stabilisierung der Kleinfamilie, mit der Absicht, der sinkenden Geburtenrate entgegenzuwirken. Die Hauptfunktionen der sozialistischen Familie sind in der Reproduktion, gefolgt von Kinderversorgung und Hausarbeit, gesehen worden (S. 45). Weiblichkeit wird als gesellschaftliche Konstruktion deutlich:

> "In the Soviet Union a practical ideology has been developed which constructs femininity as nurturing and tied to motherhood and childrearing. Women are thereby selectively represented as caring and gentle, falsely implying that men lack this potential. The stereotypes or popular images of femininity and masculinity that result suggest that a traditional division of labour with regard to childrearing and homemaking is natural, universal and unchanging. Femininity is thus politically constructed." (ebd., S. 50)

Die in öffentlichen Debatten und in wissenschaftlichen Veröffentlichungen geäußerten Annahmen über die Naturhaftigkeit von Geschlechtsunterschieden stehen der Analyse Lynn Attwoods (1985 und 1990) zufolge in Zusammenhang mit einer über Jahrzehnte praktizierten unkritischen Haltung in der Frage des Geschlechterverhältnisses. Sie dokumentiert eindrucksvoll, daß nicht nur die Gesamtgesellschaft, sondern auch die sowjetische Erziehungstheorie und die pädagogische Praxis explizit eine geschlechtsspezifische Sozialisation in allen Aspekten der Kindererziehung verfolgten. Nach Auffassung von Attwood sind die pädagogischen Äußerungen zu Geschlechterdifferenzen seit den 60er Jahren unwissenschaftlich und untheoretisch, sowie ein Versuch, die öffentlichen ideologischen Verlautbarungen zu unterstützen. Biologische Geschlechtsunterschiede sind im Rahmen der Auffassung über eine "gesunde Persönlichkeit" diskutiert und anerkannt worden (Attwood 1985, S. 66f.).

> "Soviet view on male and female personality differences cling to a traditional notion of femininity with stands in sharp contrast to the reality of women's lives." (Attwood 1990, S. 55)

Zwischen politischen Zielen, gesellschaftlichen Leitbildern und tatsächlichen Zuständen bestand und besteht insbesondere in bezug auf die Mutterschaft der sowjetischen Frau eine nicht zu überbrückende Kluft - was an der Problematik

---

[29] Schon während und nach dem 2. Weltkrieg erhielten Mütter angesichts der damals bereits vorhandenen demographischen Probleme bei großer Kinderzahl eine Anerkennung in Form von Mutterschaftsmedaillen (nach dem Familiengesetz von 1944, vgl. Rosenbaum 1991, S. 6).

des Bevölkerungswachstums bzw. den Debatten und den politischen Zielen zu diesem Thema deutlich wird.
Buckley formuliert dies folgendermaßen:
"So although the existence of inequalities between the sexes in the USSR is officially admitted, reproduction is also emphasised as woman's key role. In the 1930s and 1940s reproduction was encouraged too, but the prevalence of inequalitiy was then ignored. What is ignored today is the fact that policies aimed specifically at reducing the female double burden in order to stimulate population growth may serve to perpetuate inequalities." (ebd. 1985, S. 46)

Die neuere Debatte um die Frauenfrage

Die in westlichen Gesellschaften in Frage gestellte männliche Dominanz und die problematisierte bzw. angezweifelte Naturhaftigkeit von Geschlechtsunterschieden ist in der sowjetischen Gesellschaft nie in vergleichbarer Weise diskutiert worden. Erst in jüngster Zeit wird diese Frage durch die Frauenbewegung der nachsowjetischen Gesellschaft aufgerollt[30]. Sie stellt die bisherige Arbeitsteilung mit einer Radikalität in Frage, wie sie in den Diskussionen seit den 20er Jahren unbekannt war. Die gesellschaftliche Politik ist, so Olga Woronina, als widersprüchlich zu bezeichnen; die gesamte Vorstellung von Gleichberechtigung ist auf das soziale Ideal Mann ausgerichtet gewesen. Die Diskussion der Frauenfrage, Ende der 70er Jahre erneut entstanden im Zusammenhang mit dem Wiederaufleben der Soziologie, hat sich zu Anfang ebenfalls darum gedreht, wie man den Frauen die Doppelbelastung, ihre Arbeits- und Mutterpflichten, erträglicher machen könne. Ihre Arbeitspflicht wird, so Christiane Sewerin (1989, S. 34) als "Recht auf Arbeit" deklariert, während im familiären Bereich offen von "Pflichten" und weiblicher Prädestination die Rede sei. (Woronina bezeichnet dies als neopatriarchalisches Modell.) Die Doppelbelastung der Frau hat sich als schreckliche Zwangsautomatik erwiesen, die den Frauen jegliche Wahlmöglichkeiten genommen hat. Eine Frau braucht, so die Forderung Woroninas, freie Wahl und soziale und materielle Voraussetzungen für ihre Lebensgestaltung. Das Bewußtsein der Männer, aber auch der Frauen (die oft selbst patriarchalischen Denkmustern folgen) muß verändert werden. Allzuoft leiden die Kinder unter "echter" Vaterlosigkeit (in ca. ein Drittel aller Familien) oder unter traditionsbedingter Vaterlosigkeit (nämlich der Befreiung der Männer von Familienpflichten). Eine Veränderung kann sich nicht allein auf eine gerechtere Verteilung der häuslichen Pflichten beschränken, so Woronina (ebd.).

---

[30] Wobei festzuhalten ist, daß die alltägliche Lebenssituation der Mütter sich in der nachsowjetischen Gesellschaft verschlechtert hat, da das öffentliche Kindertagesstättensystem bedroht ist bzw. zum Teil unerschwinglich wird.

Geschlechterverhältnisse in der ehemaligen Sowjetunion

Die Autorin Krisztina Mänicke-Gyöngyösi analysiert in ihren Arbeiten der letzten Jahre den Lebensstil in der ehemaligen Sowjetunion bzw. in Osteuropa und zielt darauf ab, das Geschlechterverhältnis im gesamtgesellschaftlichen Zusammenhang zu erklären.

Modernisierungsprozesse

Mänicke-Gyöngyösi (1991) stellt fest, daß sozialistische Gesellschaften von ihrem Selbstverständnis her zur Moderne gehören und die Gleichberechtigung der Geschlechter auf ihre Fahne geschrieben haben (vgl. S. 118). Demgegenüber haben sich aber am Ende des 20. Jahrhunderts in Osteuropa Prozesse nachholender Modernisierung ergeben, die durch das Scheitern des Sozialismus offensichtlich und unvermeidlich geworden sind. Im Rahmen dieser gesellschaftlichen Veränderungen wird, so Mänicke-Gyöngyösi, die ambivalente Haltung osteuropäischer Frauen zwischen der Akzeptanz oder gar Revitalisierung traditioneller Rollen und dem aktiven Engagement für individuelle und gesellschaftliche Veränderung deutlich. Um diese Haltung einschätzen zu können, ist es notwendig, so die Autorin, die kulturell und historisch geprägte Eigenart der Geschlechterverhältnisse zu Beginn der demokratischen Umbruchprozesse zu berücksichtigen (S. 119). Die sozialistische Industrialisierung und "Abweichung" vom westlichen Weg der Modernisierung läßt sich vor allem dahingehend charakterisieren, daß Geschlechtsrollen in Ost- und Mitteleuropa rigider voneinander abgehoben sind (S. 120). Sie stehen partnerschaftlichen Beziehungen insofern entgegen, als der Stellenwert freundschaftlicher Netzwerke gegenüber familiären Kontakten deutlich geringer und z. B. die Toleranzschwelle gegenüber sexuellen und psychischen Abweichungen in der Sowjetunion sehr niedrig ist (S. 121).

Wertorientierungen und Industrialisierung

Die Befunde bezüglich der Wertorientierungen der osteuropäischen Bevölkerung werden in der Regel, so Mänicke-Gyöngyösi, mit dem geringeren ökonomischen Entwicklungsgrad, der zurückgebliebenen Urbanisierung und den agrarischen Traditionen Ost- und Mitteleuropas erklärt. Frauen werden als traditioneller, Männer als moderner angesehen - was zumindest im städtischen Milieu auf das Vorhandensein von Polarisierungstendenzen verweist und nicht ausschließt, daß (insbesondere ältere) Frauen ihre der bäuerlichen Kultur geschuldete Zuständigkeit für den physischen, psychischen und moralischen Erhalt der Familie beibehalten. Städtische und bäuerliche Traditionen können sich aber auch überschneiden. Der Stand der kulturellen Modernisierung der Geschlechtscharaktere in Osteuropa kann nicht bloß statistisch erfaßt werden.

Die Tradierung und Mischung kultureller Muster und Geschlechterstereotype - auch die Unstimmigkeiten im Vergleich mit Westeuropa - könnten als kollektive Antwort auf historische Katastrophen und Umbrüche, als Überlebensstrategien unter Bedingungen einer individuell unverschuldeten Herausforderung verstanden werden (Mänicke-Gyöngyösi 1991, S. 122). Es ist jedoch zunächst von Interesse, wodurch die Dominanz traditioneller Einstellungen unter Frauen begründet werden kann - da doch in allen sozialistischen Ländern die Partizipation von Frauen an der Berufswelt bekannt ist. Die meisten dieser Länder haben eine extensive Phase staatlich initiierter Industrialisierung hinter sich, die expansiver und verschwenderischer mit natürlichen und menschlichen Ressourcen umgegangen ist, als dies aus westlich-kapitalistischen Gesellschaften bekannt ist. Weibliche Erwerbstätigkeit ist, so Mänicke-Gyöngyösi, in der Sowjetunion in den 30er Jahren zwangsweise durchgesetzt worden.

Diese Entwicklung ist einhergegangen mit sinkendem Lebensstandard in den Städten und unter den Bedingungen des 2. Weltkrieges. Zugleich hat der Zustrom ländlicher Bevölkerung in die Städte zugenommen, was nicht nur zu deren "Verbäuerlichung" geführt hat, sondern vorhandene Tendenzen zu einer rigiden Rollendifferenzierung und Arbeitsteilung der Geschlechter gestärkt haben dürfte (Mänicke-Gyöngyösi 1990, S. 174). Diese Umwälzungen haben zu einem Zeitpunkt stattgefunden, an dem, als Folge von Zwangskollektivierung und Industrialisierung, Familien auseinandergerissen waren; der Anteil der Menschen, die in der Stadt getrennt von der Familie lebten, hat sich, gemessen an der Gesamtbevölkerung, von 0,7 % auf 12,2 % erhöht (S. 174). Die politische Atmosphäre zu diesem Zeitpunkt war von Autoritätsstärkung sowie von Kriminalisierung abweichenden Verhaltens geprägt; d. h. die Sanktionierung der Familie als Erziehungsinstanz und die Dekretierung von Mutterpflichten innerhalb der Ehe 1936 erfolgte in einem Klima, das einerseits durch Verunsicherung, andererseits durch hohe Rigidität gekennzeichnet war.

Insofern dürfte die Durchsetzung der Berufstätigkeit der Frau kaum Perspektiven für die Herausbildung von Individualitäten geboten haben (S. 173). Die Frauen mußten arbeiten, da die Einkünfte des Mannes für die Ernährung der Familie nicht ausreichten. Zugleich hat der Staat die Kosten für die Aufrechterhaltung individueller Reproduktion minimieren wollen; der Ausbau von Dienstleistungen und städtischer Infrastruktur wurde vernachlässigt. Die Annahme, daß Industrialisierung selbstverständlich zum Wohlstand führe, hat auch den Effekt gehabt, daß der öffentliche Diskurs über "Sozialpolitik" als überflüssig gebrandmarkt worden ist (Mänicke-Gyöngyösi 1991, S. 123). In der Koinzidenz von ökonomischer Vergesellschaftung und unausgesprochener Indienstnahme privater Leistung im Zuge sozialistischer Industrialisierung ist, so Mänicke-Gyöngyösi, die Basis für die osteuropäische Abweichung vom Weg der Modernisierung zu sehen - und nicht in erster Linie in den vormodernen Werten und Integrationsformen der sozialistischen Gesellschaften. Vormoderne Werte haben sich allerdings in Osteuropa bei Frauen und Männern insgesamt als resistenter herausgestellt als im Westen.

Frauen haben aufgrund ihrer zentralen Rolle bei der Organisierung des Alltags die auf sie zukommenden Belastungen angenommen, ohne danach zu fragen, ob z. B. ihr Einsatz nach dem Zusammenbruch etatistischer Ordnungen und im Zuge zu erwartender ökonomischer Reformen nicht sinnlos sei (S. 125). Frauen werden in ihrer "Opferbereitschaft" von kulturellen und politischen Traditionen unterstützt, die seit jeher ihre "Stärke" betont haben. Am deutlichsten scheint laut Mänicke-Gyöngyösi eine solche Tradition in Rußland zu sein.

Geschlechtscharaktere

Die Geschlechterverhältnisse in den Gesellschaften Osteuropas sind gegenüber der Entwicklung im Westen möglicherweise damit zu erklären, daß in den Veränderungen seit dem 19. Jahrhundert (der ehemals adelig-intellektuellen Traditionen) Mischverhältnisse mit patriarchalischen Werten eingegangen worden sind, die in den ehemals agrarischen Gesellschaften Osteuropas dazu beigetragen haben, die Geschlechtertrennung aufrecht zu erhalten.

"Die Trennungslinien verlaufen dabei nicht entlang den wenig ausgebildeten Sphären von Privatheit und Öffentlichkeit, sondern ergeben sich aus der Dienstbarmachung weiblicher Sexualität für die Menschenproduktion, für den bäuerlichen Reichtum. Mutterschaft und Fürsorglichkeit sind zumindest auch in diesen Traditionen als weibliche Attribute festgeschrieben. Ihr 'natürlicher' Status stützt die Ausklammerung der Geschlechterfrage aus dem öffentlichen Diskurs, wenn es darum geht, das 'sozialistische Projekt' durchzusetzen, das nur scheinbar auf Momente persönlicher Reproduktion nicht angewiesen ist, in Wirklichkeit sie jedoch ausbeutet." (Mänicke-Gyöngyösi 1991, S. 126)

Die Polarisierung der Geschlechtscharaktere, welche die Frau seit Ende des 18. Jahrhunderts "qua Natur" für Fürsorglichkeit, Passivität und gefühlsbetonte Werte ebenso prädestiniert sah wie für ihre Unterordnung unter den Mann, hat die private Versorgung des Mannes garantiert (durch die unbezahlte Haus- und Beziehungsarbeit der Frau) und damit seine industrielle Berufstätigkeit. Die Entwicklung dieses Typs von Familie, von Mänicke-Gyöngyösi als "vorindustrielle" Integrationsform bezeichnet (S. 119), könne in sozialistischen Gesellschaften nicht festgestellt werden. Die Trennungslinien zwischen Privatheit und Öffentlichkeit und die Parallelen dieser Trennung in den Geschlechtscharakteren haben sich hier nicht in dieser klaren Form ergeben. In den osteuropäischen Gesellschaften kann die auch heute noch gültige familienwirtschaftliche Organisation des Alltags festgestellt werden, welche die fehlenden institutionellen Leistungen und Entlastungen notwendig kompensieren muß (S. 127).

"Eine solche Lebenssituation bietet nicht hinreichend Chancen für die Polarisierung der Geschlechtscharaktere oder gar Individualisierung im

westlichen Sinne, also für die Übernahme der westlichen Moderne."
(S. 127)

Die Frau in der Übergangsgesellschaft

Die in der Zeitschrift "Feministische Studien" (H. 2, 1992) veröffentlichten Artikel von russischen Wissenschaftlerinnen und Journalistinnen bieten einen Einblick in die momentane Situation der Frau in der nachsowjetischen Gesellschaft.

Situation der Frau. Lebenskonzepte und gesellschaftliche Ideologien

Die Wissenschaftlerinnen Elvira Novikowa/Tatjana Schipulo berichten über die Ergebnisse einer empirischen Studie über die Frau in Rußland während der wirtschaftlichen Umstrukturierung. Sie gehen von den (bekannten) geschlechtsspezifischen Diskriminierungen auf dem Arbeitsmarkt aus: Frauen werden schlechter entlohnt, sie haben Arbeitsplätze inne, die sich überwiegend am Ende der Hierarchie befinden und in sehr eingeschränkten Bereichen verortet sind. Nach dem Ende der Planwirtschaft erlebten die Domänen, in denen Frauen arbeiteten, einen starken Einbruch - was sich als Arbeitslosigkeit für Frauen ausgewirkt hat. In Moskau befinden sich auf der Liste der Arbeitslosen 80 % Frauen (insbesondere ältere Frauen, für die es um so schwieriger ist, eine Arbeitsstelle zu finden).
Für die Situation der Mütter hat der wirtschaftliche Einbruch gravierende Konsequenzen: Angesichts drohender Arbeitslosigkeit und als Folge gekürzter Mittel für Arbeitsschutz und Verbesserungen der Arbeitsbedingungen wächst die Gefahr, daß Frauen in Zukunft vermehrt Schwerarbeit in Industrie und Landwirtschaft zugewiesen bekommen - bereits heute leistet die Hälfte der arbeitenden Frauen vorwiegend körperliche Arbeit. Die Folgen für die Gesundheit der Frau und die ihrer Kinder sind gravierend. Schon jetzt ist, so die Autorinnen, die Zahl der Geburten in Rußland gesunken, die Schwergeburten und Schwangerschaftskomplikationen sind häufiger geworden (Novikowa/Schipulo 1992, S. 105). Als Folge werden viele Kinder mit Anomalien geboren; die ehemalige UdSSR steht in punkto Sterblichkeit ohnehin (erst) an 52. Stelle der Weltrangliste (S. 105).
In der Planwirtschaft ist die Arbeitsstelle der Frau mit verschiedenen sozialen Vorteilen und Mutterschaftszahlungen verbunden gewesen. Es hat ein Netz aus verschiedenen Einrichtungen wie Kindergärten, Kulturhäusern, Sanatorien, Erholungsheimen und Ferienlagern für Kinder gegeben. Nach Novikowa/Schipulo scheuen die Betriebe in der gegenwärtigen Übergangsperiode die Unterhaltskosten oder können sie nicht mehr tragen. Viele sozial-kulturelle Einrichtungen müssen schließen oder sich selbst tragen - wodurch ihre Leistungen für viele Arbeiterfamilien nicht mehr erschwinglich sind (S. 106).

Im Verlaufe der Umstrukturierung ist klar geworden, daß die Kluft zwischen der verfassungsmäßigen Gleichheit der Geschlechter und der Wirklichkeit unerträglich ist und überwunden werden muß. Die große Arbeitsbelastung der Frau im Haushalt und am Arbeitsplatz sowie ihr Mangel an freier Zeit haben die persönliche Entwicklung der Frau sowie ihre Beteiligung am politischen und gesellschaftlichen Leben verhindert. "Glasnost" hat ermöglicht, die akuten Widersprüche und Probleme offenzulegen und zu diskutieren. Frauen erkennen, daß es notwendig ist, sich persönlich für die Lösung der unmittelbaren Existenzprobleme einzusetzen (S. 107). Allerdings hat der Bruch mit der totalitären Gesellschaftsordnung nicht die alten patriarchalen Strukturen zerstört. Männliche Dominanz, so Novikowa/Schipulo, hat ihren Ausdruck nicht nur darin gefunden, daß Männer fast alle leitenden Funktionen besetzten, sondern noch viel mehr in ihren Prioritäten (Vorherrschaft des Militärischen), Zielen (Schaffung des militärisch-industriellen Komplexes), Mitteln und Methoden (Diktat der Gewalt, administrativ-autoritärer Führungsstil).

"Deshalb gleicht die von uns geschaffene Gesellschaft in ihren meisten Zügen einer Kaserne, in der die zwischenmenschlichen Interaktionen auf Gewaltbeziehungen beruhen, die sozialpsychologische Atmosphäre von Angst und Mißtrauen geprägt ist und alle gesellschaftlichen Aktivitäten auf die Suche nach 'Feinden' und ihre Entlarvung gerichtet sind. Die Politik in so einer Gesellschaft hat nichts mit Ethik zu tun." (S. 107)

Die Frauen dienten als Alibiobjekte des Staates, z. B. wenn Orden für Mütter mit vielen Kindern verliehen worden sind. Das patriarchale Verständnis den Frauen gegenüber hat so stark alle Poren des gesellschaftlichen Lebens durchdrungen, daß das gesellschaftliche Bewußtsein von ihnen geprägt war - ohne daß man es merkte, so Novikowa/Schipulo. Nach 1985 haben sich durch die schnelle Auflösung der Institutionen, Verhaltenssterotypen, Gewohnheiten und Traditionen die patriarchalischen Vorstellungen über Frauen, ihre Rolle und Stellung in der Gesellschaft, neu belebt. Frauen sind unter den Druck der neuen Mythologie von der "Rückgewinnung weiblicher Lebensweise" (S. 108) geraten. In den Medien werden die Ideale der "unsterblichen Weiblichkeit", der Frau als Beschützerin des heimischen Herdes und der sexuell betonten Frau dargestellt. Angesichts der wirtschaftlichen Situation, wachsender weiblicher Arbeitslosigkeit, leerer Läden, langer Schlangen bei Lebensmitteln und des schlecht organisierten Alltags können die sich häufenden Aufrufe an die Frauen zur Rückkehr zu Familie und Heim nur als Versuche des Staates gewertet werden, die Probleme der Übergangsperiode auf dem Rücken der Frauen auszutragen (S. 108). In der Tat ist klar geworden, so die Autorinnen, daß diese Übergangszeit keine kurzfristig vorübergehende Periode ist (sieben Jahre seit 1985), sondern daß die Krisen zunehmen werden und die Inflation ständig steigt. Dies alles führt zu Unsicherheiten, was die Zukunft anbelangt, zu psychischem Unbehagen und zu Depressionen. Alte gesellschaftliche Bindungen sind zerstört, neue existieren noch nicht - die Menschen sind müde. Bei einem Teil der Frauen hat sich der Wunsch ergeben, sich in die Familie zu

flüchten; manche sehen einen Ausweg aus der heutigen Situation in der Arbeitszeitverkürzung für die Frau, um mehr Zeit Haus und Familie widmen zu können. Nur vereinzelt hört man die Forderung nach gleicher Aufteilung der Hausarbeit zwischen Mann und Frau sowie nach Mitverantwortung der Väter bei der Kindererziehung (S. 108).
Nach den Befragungen bzw. soziologischen Untersuchungen von Elvira Novikowa und Zoja Chotkina, die sich mit der sozialen Orientierung der Frauen und ihrer Lebensvorstellungen im Bereich "Familie und Arbeit" befaßten, lassen sich drei Gruppen von Frauen identifizieren[31]. Die erste Gruppe von Frauen ist im Beruf karriereorientiert. In der Regel handelt es sich um hochqualifizierte Frauen, die sich in Wissenschaft, Kunst oder politischen Tätigkeiten engagieren. Erfolge im Berufsleben sind für sie die Hauptmotive sozialer Aktivität. Sie sorgen dafür, daß Familienprobleme und Alltagssorgen ihre berufliche Karriere nicht negativ beeinflussen, manchmal verzichten sie bewußt auf Ehe und Kinder (der Anteil der Frauen mit dieser Lebensorientierung beträgt 10-15 %). Für die zweite Gruppe von Frauen ist die Gleichbewertung von Familie und Beruf typisch. Sie haben ein großes Bedürfnis nach Selbstverwirklichung im Beruf, aber Ehe, Mutterschaft und Haus sind ihnen ebenso wichtig. Ihre Situation ist besonders schwer, da ihre Doppelbelastung und zahllose Alltagssorgen zu Überlastung und ständiger Müdigkeit führen. Zwei Drittel der befragten Frauen sind dieser Gruppe zuzurechnen (ca. 66 %). In der dritten Gruppe der befragten Frauen nimmt in der Hierarchie der Werte die Familie den höchsten Stellenwert ein. Die Arbeit außer Haus, die Erwerbstätigkeit der Frau dient ausschließlich dem Lebensunterhalt und basiert sehr oft auf wirtschaftlicher Notwendigkeit. Könnten diese Frauen frei wählen, so würden sie ihre Tätigkeit auf die Führung des Haushaltes und die Erziehung der Kinder begrenzen - wobei sie nicht bereit sind, sich ganz in Familie und Haus zurückzuziehen und völlig vom Mann abhängig zu sein. Sie würden in den Beruf zurückkehren wollen, wenn die Kinder groß sind (der Anteil dieser Frauen liegt bei ca. 20-30 %).
Als Schlußfolgerung aus ihrer Untersuchung halten die beiden Wissenschaftlerinnen fest, daß es heute sehr unterschiedliche Wertorientierungen und Lebensumstände von Frauen in Rußland gibt. Deshalb halten sie es für unmöglich, ein einheitliches Modell zu entwickeln und vorzuschlagen. Es geht darum, gute Schulbildung, qualifizierte Berufsausbildung, Kinderhorte und flexible Arbeitszeiten zu schaffen, die jeder Frau die Möglichkeit geben, ihr Leben frei nach persönlichen Umständen und Erfordernissen aufzubauen. Es ist wichtig, daß diese Wahl von der Frau bewußt und freiwillig getroffen werden kann und nicht von rein wirtschaftlichen und gesellschaftlichen

---

[31] Es handelt sich um Untersuchungen, die von Elvira Novikowa/Zoja Chotkina zwischen 1985 und 1990 in Moskau und Talium mit Arbeiterinnen im Textil- und Maschinenbau sowie technisch-wissenschaftlichen Angestellten durchgeführt wurden; die Befragten waren im Alter zwischen 20 und 55 Jahren (zit. nach Novikowa/Schipulo 1992, S. 108).

Zwängen bestimmt wird (S. 109). Das Erreichen dieser Ziele ist unter den heutigen Gegebenheiten jedoch außerordentlich schwer - es genügt zu erwähnen, daß im ersten Entwurf der Verfassung der russischen Förderation ein Artikel über die gleichen Rechte von Frau und Mann völlig fehlt (S. 110); im System der Legislative und Exekutive fehlen jedwede Strukturen, die sich auf die Verbesserung der Situation der Frau beziehen. Die Frau muß selbständig die Initiative ergreifen, ihr Leben aufzubauen und zu gestalten - das wird von den Frauen in der jetzigen Situation erwartet. Erforderlich ist dafür eine sehr große innere Anstrengung der Frau. Sie steht, so die Autorinnen, am Anfang einer neuen Entwicklung, der sie nicht ausweichen darf (ebd.).

Wünsche nach Entlastung

Auch die Journalistin Elena Brusskowa stellt fest, daß die Situation der Frau lange Zeit offiziell als Thema nicht existiert hat; statistische Angaben über typische Frauenkrankheiten und Kindersterblichkeit sind als geheim deklariert worden. Viele Frauen haben geglaubt, so Brusskowa (1992), daß das Fehlen der Privilegien des schwachen Geschlechts Gleichberechtigung bedeute.[32] In dieser Gleichberechtigung hat auf den Schultern der Frau eine doppelte Last gelegen: Arbeit und Haushalt (vgl. S. 115). So sei auch die zunehmende Tendenz von Frauen zu verstehen, zu Hause bleiben zu wollen und sich den Kindern zu widmen. Die Frau hat nicht nur arbeiten dürfen, sondern sei dazu gezwungen worden. Es wurde den Frauen nicht zugestanden, ausschließlich Hausfrau, Oberhaupt der Familie zu sein. In den vielen Jahren andauernder und unzivilisierter Praxis der Männerherrschaft (S. 116) ist nicht nur in den oberen Machtschichten keine Frau zu sehen gewesen, sondern sogar zu den halboffiziellen Veranstaltungen sind Ehegattinnen nicht zugelassen worden - was das Rollenbild der Ehefrau und Mutter sehr negativ beeinflußt hat. Jetzt sei die Zeit gekommen, wo die Frau sich nicht zu schämen brauche, nur Hausfrau zu sein. Aber - sie kann sich das tatsächlich nicht erlauben. Nur in sehr seltenen Ausnahmefällen kann der Mann die Familie allein ernähren. Frauen praktizieren insofern in der Familie Gleichberechtigung, als sie das Familienbudget im Prinzip verwalten. Dies heißt aber, daß nur mit ihrer Langmut und mit ihrer Fähigkeit, Reserven noch dort zu finden, wo es sie nicht zu geben scheint, mit dem Geld zur Not auszukommen ist (S. 117). Die Geduld der Frauen habe den Regierungen den Zeitaufschub gegeben, ohne den sie längst hätten abtreten müssen.

---

[32] Nach Maßstäben der westlichen Welt verrichtete die Frau in der ehemaligen Sowjetunion (bis heute) Männerarbeit, d. h. schwere Arbeit auf dem Feld, im Straßenbau, im Baugewerbe allgemein, in diversen Bereichen industrieller Produktion.

Mutterschaftsmythen, Moral und Realität

Tamara Afanassjewa (1992) geht auf die ideologische Basis der Umgestaltung in der ehemaligen Sowjetunion bzw. in Rußland ein. Sie geht davon aus, daß die russische Moral durch die "Idee der ewigen Weiblichkeit" geprägt ist, durch Mutterschaftanbetung, Verehrung der Muttergottes, aber auch durch die Vorstellung, daß Rußland eine "weibliche Seele" habe (S. 83). Dazu kommt die Vorstellung, daß der tiefste Unterschied zwischen Mann und Frau im "Wunder der Mutterschaft" bestehe (S. 76). Die starke ideologische Mutterschaftsverehrung steht im krassen Gegensatz zur Realität: Die Mütterlichkeit der Frau, so Afanassjewa, diese unnachahmliche Eigenschaft der Frau, die größtenteils ihre Berufung in dieser Welt bestimmt, geht allmählich verloren, die katastrophale Reduzierung der Geburtenzahlen, so auch in Rußland, sei eine Quittung für die Mißachtung von Mütterlichkeit. Leider würde diese Tatsache weder von den für Emanzipation kämpfenden Frauen noch von der Regierung wahrgenommen. Rußland sei heutzutage in der Hölle des allgemeinen Verfalls und allgemeiner Auseinandersetzung erwacht (S. 83). Es ist im Zuge der Unruhen im Lande in den letzten Jahren in mehreren Städten zu Protesten wegen des Fehlens von Alkohol und Tabak gekommen, wobei Männer die Regierung gezwungen haben, Geldmittel (sogar Valuta) für diese Waren ausfindig zu machen. Es ist aber kein einziges Mal zu Unruhen wegen des Fehlens von Milch gekommen, obwohl in großen Städten die Kinder wochenlang dieses lebenswichtige Nahrungsmittel entbehrt haben.

"Die Erhöhung der Preise, die Grundnahrungsmittel und Kinderkleidung in Luxusartikel verwandelte, wurde nur von dumpfem Gebrumm in den Schlangen begleitet. Auf die zehnfache Erhöhung des Kinderkrippen- und Kindergartengeldes reagierten die Mitarbeiterinnen der Kinderanstalten mit Streiks, nicht aber die Mütter und Großmütter. Die Frauen drückten ihren Protest vielmehr dadurch aus, daß sie weniger Kinder zur Welt brachten. Allein 1991 sank die Geburtenzahl auf weniger als die Hälfte." (S. 82)

In den Familien sind die Frauen überwiegend alleinverpflichtet, sie überlassen die Sorgen für die Kinder sowie für weitere Familienangehörige nicht dem Mann. Aus diesem Grunde willigen Frauen öfter in niedrigbezahlte Arbeiten ein. Die Frau steckt aufgrund der Familienarbeit, wie Geburt oder Krankheit eines Kindes, auch aufgrund der Pflege alter und kranker Menschen, für die sie als zuständig gilt, im Arbeitsbereich zurück. Innerhalb der Familien ist es aufgrund dessen zum Kräfteausgleich, aber auch zur Vorherrschaft der Frau gekommen (S. 78). (Eine Tatsache, so Afanassjewa, auf die Soziologen bereits vor vielen Jahren hingewiesen haben.) Frauen sind in ihrer materiellen Lage nicht von ihren Männern abhängig gewesen. Der Mann, dessen Lohn sich nicht mehr auf die materielle Lage der Familie auswirkt, verliert damit seinen Hauptstatus, nämlich den Status des Ernährers. Der Mann verdient in den Familien zwar oft mehr als die Frau, aber die Ausgaben für Fleisch, Alkohol,

Tabakwaren und verschiedene kostspielige Hobbys des Mannes führen dazu, daß für Kinder und Frauen nur ein geringer Teil übrigbleibt (S. 79).

Trotz aller verbreiteten Erklärungen über volle professionelle Gleichberechtigung macht diese Situation deutlich, daß die Frauen faktisch benachteiligt sind (auch im Ausbildungsbereich). Auch das Fehlen der Vertreterinnen des "schwachen Geschlechts" an der Spitze der Macht hat sich auf die Lage der Frauen und auf die Atmosphäre in der Gesellschaft insgesamt ausgewirkt. Nicht nur die Männer zögern bei der Übergabe der Macht in weibliche Hände, sondern auch die Frauen selbst vertrauen ihren Freundinnen nicht sehr.

Die Journalistin Olga Lipovskaja erläutert das Frauenbild bzw. den Mythos der Frau in der heutigen sowjetischen Kultur und die Mutterideologie dieser Gesellschaft:[33] Die Gestalt des weiblichen, selbständigen, schöpferischen Ichs in der russischen Kultur, so die Autorin, hat von jeher nur einen sehr kleinen Platz eingenommen - nur in der Mutterschaft, einer hochgepriesenen Funktion, genießt die Frau unteilbare Macht. Diese Macht trägt allerdings unter gegenwärtigen Bedingungen nicht zur Erhöhung des sozialen Status' der Frau bei. Die Mutterschaft der Madonna ist ein Mythos, der die Realität kaum berührt. Die Realität der "sowjetischen" Mutter ist mit materieller Not und übermenschlichen Einsätzen verbunden.

Die Gesellschaft ist auf einem so niedrigen ökonomischen und kulturellen Niveau, daß sie weder die Gleichberechtigung der Frau anerkennen kann, noch in der Lage ist, die Voraussetzungen für eine würdige Mutterschaft zu schaffen. So kann sie der Frau auch keinen hohen Status gewähren. Trotzdem wählen die russischen Frauen mehrheitlich keinen anderen Weg ihrer Selbstverwirklichung als den der Mutterschaft (vgl. 1992, S. 71). Auf der anderen Seite hat der drastische Fall des Lebensstandards zu einem starken Rückgang der Geburtenziffern geführt; ein demographischer Einbruch ist offensichtlich geworden, nicht nur für Rußland, sondern auch in den kleineren abgespalteten Republiken (S. 70). Die traditionelle Verehrung der Mutterschaft ist in der russischen Kultur immer sehr stark gewesen. Eine Frau, die kein Kind zur Welt gebracht hat, wird von der Gesellschaft wesentlich geringer geschätzt als eine, die Mutter geworden ist, ohne einen Mann gefunden zu haben. Eine kinderlose Frau trägt ihr ganzes Leben lang das Stigma der Unvollständigkeit - und es ist kein Zufall, so Lipovskaja, daß es so viele alleinerziehende Mütter gibt (S. 70). Mutterschaft und Mutterrolle werden in Filmen, im Fernsehen, in den Medien glorifiziert, und in der

---

[33] Die Autorin stellt fest, daß sie mit "sowjetisch" einen besonderen Mentalitätstypus umschreibe, ein bestimmtes Verhalten, soziale und psychologische Reaktionsweisen. Obwohl die Sowjetunion nicht mehr existiere, sei doch diese Kultur, die sich in Literatur, Kino und Massenmedien, aber auch im Alltagsleben repräsentiere, nicht mit einem Schlage verschwunden. Es werde lange dauern, die Gesellschaft zu verändern und eine neue Mentalität, Liberalität im Denken und demokratisches Handeln herauszubilden. Insofern würden sich auch Litauer und Georgier nicht von Russen und Usbeken unterscheiden.

gegenwärtigen Interpretation erscheint Mutterschaft als eine Aufgabe von hoher nationaler und staatsbürgerlicher Verantwortung. Auf der anderen Seite wird die Frau in Positionen politischer Macht, bezüglich materieller Besitztümer und im sozialen Status immer mehr zurückgedrängt. Frauen fällt nur ein äußerst geringer Anteil zu, in der Wissenschaft und in den Künsten treten sie in den Hintergrund (S. 71). Diese ideologische Verengung des Lebensraumes der Frau, ihre allmähliche und beharrliche Verdrängung aus dem sozialen Leben, aus der Politik, Wirtschaft und Kultur, bringt die selbständige weibliche Persönlichkeit völlig zum Verschwinden (S. 70).

3.2.3 Konstitutive Merkmale von Mutterschaft deutscher Frauen in der ehemaligen Sowjetunion

Es kann davon ausgegangen werden, daß die deutschen Frauen von den Charakteristika und Strukturmerkmalen dieser Gesellschaft ebenso betroffen waren bzw. sind wie die sowjetischen Frauen. Insofern werden im folgenden die Auswirkungen der gesellschaftlichen Verhältnisse in der ehemaligen Sowjetunion, die sich für die durch Mutterschaft betroffenen Lebensbezüge der sowjetischen Frau zeigten, gleichfalls für die deutsche Frau unterstellt. Weitere, nur für sie gültige konstitutive Merkmale, vor allem aufgrund ihrer Minoritäten-Lebenslage, werden zusätzlich entwickelt.

Die folgenden *Merkmale* stellen, wie bereits für die konstitutiven Merkmale zu "Mutterschaft in der Türkei" einführend erläutert wurde, eine Subsumtion der vorangehenden Ausführungen dar; sie dienen dazu, die wesentlichen und typischen Charakteristika, die auf der Basis der inhaltlichen Ausrichtung der Merkmale von Mutterschaft in einfachen und in westlichen Gesellschaften erarbeitet wurden, noch einmal aufzugreifen und *vergleichend* darzustellen.[34]

1. Die *Vereinbarkeit von Familie und Beruf* als zentraler Bestandteil des weiblichen Selbstkonzeptes war in der ehemaligen sowjetischen Gesellschaft in Ideologien, aber auch in gesellschaftliche Strukturen eingebettet: Die Verantwortung der Frau in Beruf und Familie war mit einer hohen gesellschaftlichen Wertschätzung und sozialen Anerkennung verknüpft. Beide Bereiche wurden auch von der Frau selbst als miteinander vereinbar angesehen und Berufstätigkeit als absolute Selbstverständlichkeit angenommen, die das Wohl der Kinder nicht ausschloß. Ein längerfristiges Hausfrauendasein war kein Bestandteil der Orientierungen der sowjetischen

---

[34] In einem späteren Schritt (vgl. Teil II der Arbeit) werden die Zusammenhänge zwischen den verschiedenen thematischen Bereichen hergestellt und in einem sogenannten "emic-etic"-Strukturgitter präzisiert. Das so bezeichnete "emic"-Kategorienset für die "Mutterschaft von Aussiedlerinnen", das sich auf der Basis der konstitutiven Merkmale als eine weitere Komprimierung ergibt, hat seinen Stellenwert im Rahmen des methodischen Vorhabens, den "emic-etic-approach" für die vorliegende Arbeit fruchtbar zu machen.

Frau. Beide Bereiche in Anspruch zu nehmen und zu leben stand im weiblichen Lebenskonzept außer Frage.

2. Zwischen politischen Zielen, gesellschaftlichen Leitbildern mit dem *Anspruch auf Gleichberechtigung und den tatsächlichen Zuständen* bestand allerdings in bezug auf die Mutterschaft der Frau eine nicht zu überbrückende *Kluft*: Die formal-juristischen und ideologischen Voraussetzungen für eine optimale Vereinbarkeit von Berufstätigkeit und Familientätigkeit der Frau waren erfüllt, ebenfalls waren - zumindest teilweise - infrastrukturelle Unterstützungsmaßnahmen vorhanden (insbesondere in den Städten). Dennoch hatte die Frau ausschließlich die Arbeit in der Familie zu leisten, sie sollte nicht nur erwerbstätig und Mutter, sondern auch Ehefrau und korrekte Hausfrau sein (Olga Lipovskaja 1992, S. 66). Aufgrund ihrer Arbeitsbedingungen im Beruf einerseits und der extrem hohen Belastung durch Haushalt und Kinderversorgung andererseits ergab sich für sie ein 16-18stündiger Arbeitstag, der mit hohen gesundheitlichen und psychischen Kosten verbunden war.

3. Die überwiegend *privat- und familienwirtschaftliche Organisation des Alltags* brachte - aufgrund von fehlenden öffentlichen infrastrukturellen Dienstleistungen, aber auch aufgrund eines mangelhaften sozialen Absicherungssystems - weitere Einschränkungen für das Familienleben, und insbesondere weitere Belastungen für die Frau mit sich. Die ältere Generation stand einerseits für die Kinderbetreuung zur Verfügung, andererseits mußten Alte und Kranke im privaten Haushalt versorgt werden (Tamara Afanassjewa 1992, S. 78). Frauen und Mütter hatten in diesem System der Selbstversorgung eine dominierende Stellung und eine zentrale Funktion, sie erfüllten die Aufgabe der Versorgung der Familie auf vielen verschiedenen Ebenen.

4. Die Belastung der Frau führte zu Störungen des Familienklimas und damit zu einer *Überlastung der familiären Beziehungen*. Die ehemalige Sowjetunion zeichnet sich durch eine hohe Scheidungsrate aus, wobei die Frauen häufiger die Scheidung einreichten und ihre Wiederverheiratungsquoten deutlich niedriger waren als die der Männer (Ost-Europa-Archiv, Bd. 38, 1988, S. A574).

5. Staatlich forcierte Gleichberechtigung einerseits und die extrem hohe Belastung der Frau andererseits verbanden sich in bezug auf *Mutterschaft* mit Vorstellungen über *natürliche Weiblichkeit* und *vorgegebene Aufgaben der Geschlechter* - eine Mischung, die zu übermenschlichen Einsätzen (Lipovskaja 1992, S. 71) führte, zu einer Dauerbelastungsprobe für jede Frau wurde und ihre Lebenschancen bzw. -qualität deutlich beeinträchtigte. Eine Reaktion der sowjetischen Frauen darauf war die radikale Reduktion der Geburtenrate. Würdige gesellschaftliche Voraussetzungen für Mutterschaft waren nicht gegeben (vgl. S. 71), dennoch erhielt sich Mutterschaft als ideologisches, glorifiziertes Produkt, als wichtige und unhinterfragte Möglichkeit der Frau, sich selbst zu verwirklichen.

6. *Mutterschaft* erscheint demnach als ein selbstverständlicher Bestandteil des weiblichen Selbstkonzeptes und stellt sich, ebenso wie die Familienorientierung der Frau bzw. ihr Wunsch, Kinder und Familie zu haben, als eine *unverrückbare Basis ihrer Identität* dar. Der gesellschaftliche Wunsch nach Nachkommenschaft, der ideologische Druck auf die Frau und die daraus resultierende Verpflichtung, Kinder zu bekommen, waren dabei nicht ohne Einfluß: Eine Frau, die kein Kind zur Welt gebracht hat, wurde (und wird) gesellschaftlich wenig geschätzt (S. 68). Die Mutterrolle wurde als eine Aufgabe von hoher nationaler und staatsbürgerlicher Verantwortung propagiert (S. 70).
7. *Prozesse der Modernisierung*, so Krisztina Mänicke-Gyöngyösi (1991), scheinen in den sozialistischen Gesellschaften unvergleichbar zu denjenigen in westlichen Gesellschaften verlaufen zu sein; die sozialistische Modernisierung habe traditionelle, vormoderne Einstellungen verstärkt (im Gegensatz zur bürgerlichen Revolution des Westens). Bäuerliche Lebensformen (auch im städtischen Milieu), traditionelle Normen und Werte sowie autoritäre Einstellungen vermischen sich mit modernen individualistischen Wertorientierungen und bestehen unvermittelt nebeneinander (Mänicke-Gyöngyösi 1990). Die Existenz *familiärer Netzwerke* und die Stärke und Lebendigkeit von familiären Lebensformen, aber auch ihre Notwendigkeit zum Überleben (vgl. oben), macht darüber hinaus deutlich, daß individualistische Orientierungen überwiegend unrealistisch bzw. nicht funktional im Alltag waren. Frauen entwickelten und praktizierten "Überlebenseinstellungen".
8. Der *Wunsch nach Entlastung* zeigt sich unterdessen in dem Bedürfnis eines Teils der sowjetischen Frauen nach einem Hausfrauenleben (20-30 % der Frauen, vgl. Elvira Novikowa/ Tatjana Schipulo 1992, S. 109). Der Zwang für die Frau, aus ökonomischen und ideologischen Gründen (ein reines Hausfrauendasein war eine kaum zu rechtfertigende Existenzform) arbeiten zu müssen - und dies unter härtesten Bedingungen und in Bereichen, die oft körperliche Schwerstarbeit verlangten -, ist eine Form der Gleichberechtigung, die die persönliche Entwicklung und die Beteiligung der Frauen am öffentlichen, politischen und gesellschaftlichen Leben unmöglich macht (S. 106). Die Frau der postsowjetischen Gesellschaft zeigt heutzutage große Ermüdungserscheinungen mit diesem gesellschaftlichen Zustand, der ihre Opferrolle überstrapaziert (S. 108). Wie weit die Frau es sich erlauben könne, Hausfrau zu sein, steht nach Elena Brusskowa (1992) in Frage, da der Mann nur in Ausnahmefällen die Familie ernähren kann (vgl. S. 116).
9. Im *familiären System der Deutschen* hatte die Frau bereits aufgrund ihrer Versorgungsaufgaben eine zentrale Position:
Ihre Erwerbstätigkeit war auch für die deutschen Familien eine finanzielle Notwendigkeit (Dietz 1991, S. 12). Zugleich versorgte die deutsche Frau, ebenso wie die übrige gesamte sowjetische weibliche Bevölkerung, ihre Familie. Die Lebenssituation der Deutschen war z. T. privilegiert, da sie bis

zu 40 % (vgl. die Untersuchung über die Deutschen in der Ukraine von Wladimir Jewtuch/Sergej Suglobin/Janina Samborskaja 1993) Hausbesitzer waren - was ihnen nicht nur günstigere Wohnbedingungen, sondern auch in vielen Fällen die Möglichkeit, einen Garten zu bebauen, verschafft hat. Für Garten und Haus waren die Frauen überwiegend alleine zuständig. Da ein Großteil der Lebensmittel - und insbesondere Gemüse und Obst - in ländlichen, aber auch in städtischen Gebieten über Eigenproduktion "besorgt" werden mußte, waren die Frauen in diesen Arbeiten ebenfalls überwiegend engagiert. Bereits aufgrund der Familiengröße war die *Belastung der Frau* erheblich (Vergleich Familienmitglieder Einreisende: Bundesdeutsche = 4,7:2,2 im Jahre 1989 <Dietz 1991>).

10. Der größte Teil der familiären Arbeit wurde von den Frauen geleistet (Boll 1991); Frauen verwalteten traditionellerweise die Finanzen der Familie. Männer seien aber, so Afanassjewa (1992, S. 79), bevorteilt gewesen bei der Aufteilung des familiären Einkommens - ihnen hätten die kostspieligeren Aufwendungen zugestanden (für Fleisch, Alkohol, Tabak, Hobbies). Die Verwaltung der Finanzen kann aufgrund der schlechten ökonomischen Ausgangslage als eine - überlebensnotwendige - *Verwaltung des Mangels* gesehen werden, wobei die Fähigkeit gefragt war, mit Wenigem überleben zu können (Brusskowa 1992, S. 117) und mit den o. g. ungleichen Ansprüchen zurechtzukommen. Da die Frau die Ernährung der Familie durch ihre Erwerbstätigkeit und die Versorgung im Alltag gewährleistete und die Kinder erzog, ergab sich eine zunehmende *Vorherrschaft der Frau* (Afanassjewa 1992, S. 78) im ehelichen und familiären Machtverhältnis. Dies war in gewisser Weise ein Kräfteausgleich (ebd.) für die Machtlosigkeit der Frau in weiteren Bereichen der Gesellschaft, führte aber im Alltag zu einer Feminisierung von Lebensbereichen bis hin zu einer tendenziellen "Entfunktionalisierung" des Männlichen im Alltag des Familienlebens.

11. Die deutsche Familie läßt sich durch starke *Familienorientierung*, durch einen hohen *Familienzusammenhalt* und durch eine ausgeprägte *ethnische Identifikation* (zur ethnischen Identität von Deutschen, vgl. Karin Kusterer 1991) charakterisieren. Ihre gesamte Lebenslage in der Sowjetunion ist durch die Belange ihrer Ethnie gekennzeichnet bzw. durch die Lebenslage einer Minorität, die starken Verfolgungen ausgesetzt war und viele Benachteiligungen hinnehmen mußte (besonders betroffen war die mittlere Generation, welche die Deportationen und das damit verbundene Verbot der deutschen Sprache erlebte).

Entschließt sich die Familie zur Ausreise, ist dies fast ausschließlich eine *Familienausreise* (98 %, vgl. Dietz 1991, S. 4), wobei damit nicht gesagt ist, daß die Ehepartner übereinstimmend oder gleichberechtigt über die Ausreise entschieden haben (vgl. hierzu die Ergebnisse einer Moskauer Befragung aus dem Jahre 1991, zit. nach Sigrid Quack, 1994, S. 254f.). Für die Deutschen bedeutet die Ausreise vielfach (die ausreisenden Deutschen werden vermutlich in höherem Maße ihre ethnische Identität gepflegt haben als die nicht-ausreisenden, vgl. Kusterer 1991), daß ein "Fehler" der

Vorväter (Boll 1991) "wiedergutgemacht" werden soll. In bezug auf die Kinder heißt dies, daß sie ungehindert als Deutsche leben und etwas von dem erreichen sollen, was die ältere Generation - meist aufgrund von Repressionen und Ausgrenzungen - nicht erreichen konnte. Für die Mütter hat dieser Anspruch zur Folge, mit ihrer Mutterschaft zu einem wesentlichen Ziel ihrer Ethnie sowie zu deren Überleben beizutragen und insbesondere in ihrer Erziehungstätigkeit darauf verpflichtet zu sein. Mutterschaft hat den Charakter einer Kontinuität sichernden Strategie.

12. Für die *religiöse Erziehung* in der Familie war in erster Linie die Mutter zuständig, die religöse Bindung wurde von den Müttern tradiert (Dietz/Hilkes 1992, S. 137), aber auch die Großeltern leisteten einen Teil der religiösen Erziehung. Die Praktizierung eines Glaubens war nicht verboten, aber gesellschaftlich diskriminiert - eine Diskriminierung, die insbesondere die Deutschen erlebten, da ihre Religiosität wiederum eng mit ihrem Deutschtum verknüpft war und sie insofern identifizierbar waren.

13. Der *Erziehungsstil* der Deutschen kann durch *Strenge* seitens der Mutter, allgemein durch *Kontrolle* und eine *Respekt* gegenüber der älteren Generation fordernde Ausrichtung, gekennzeichnet werden. Die von der Mutter praktizierte Strenge steht in Zusammenhang mit einem Bild der guten Mutter, die streng gegenüber den Kindern sein muß - eine Strenge, die zugleich mit liebevoller Zuwendung verbunden und nicht mit einem autoritären Erziehungsstil gleichzusetzen ist. *Ethnische Identitätsarbeit* steht allerdings im Zentrum der Erziehungstätigkeit der Mutter. Im Kontext der Antagonismen zwischen Staat und Familie war die Frau diejenige, die Widerstand leistete und die Interessen der Familie, insbesondere die der Kinder, wahrte. Aufgrund ihrer häufig nach außen geringer exponierten Position (auf dem Arbeitsmarkt, etc.) war sie diejenige, die sich auch mit geringerem Risiko äußern oder widersetzen konnte, z. B. gegenüber Lehrern etc. Insofern mußte von ihrer Seite aus die Interessenlage der Kinder berücksichtigt werden, bzw. die mütterliche Strategie lief darauf hinaus, die Bedürfnisse der Kinder wahrzunehmen und entsprechend zu vertreten und in einem Akt der Vermittlung eine *Strategie des "Zurechtkommens"* auszuarbeiten.

Am Kind orientiert zu sein, war somit eine Basisorientierung der ethnischen Identitätsarbeit und der Erziehungstätigkeit in einer Minoritätenlebenslage. Die Fähigkeit der Frau, in ihrer mütterlichen Position in der Familie eine *Vermittlerin* zwischen verschiedenen Bedürfnislagen zu sein, wurde in dieser Ausrichtung spezifisch gefordert. Auch im Erziehungsbereich entwickelten Frauen *"Überlebenseinstellungen"*.

4 Mutterschaft und Migration/Einwanderung
4.1 Die Arbeitsmigrantin aus der Türkei in der Bundesrepublik Deutschland
4.1.1 Die Migrantin/Einwanderin und ihre Familie im Spiegel sozial- und erziehungswissenschaftlicher Forschung[35]

So wie die Forschung über die Migrantenfamilie lange Zeit getragen war von klischeehaften Darstellungen des Familientypus' (der in generalisierender Weise als patriarchalisch-autoritär strukturiert beschrieben wurde), so waren auch die Standardannahmen über die Rolle der Frau in der Migranten- bzw. Einwandererfamilie: Der Vater wurde zum Repräsentanten der Familie nach außen erklärt, als Entscheidungs- und Machtträger, die Mutter als in untergeordneter und vor allem abhängiger Funktion gesehen (vgl. z. B. Erich Renner <1975> in einer Studie über Erziehungs- und Sozialisationsbedingungen türkischer Kinder). Ein Ergebnis solcher Annahmen war, auch in späteren empirischen Studien über Erziehung und Sozialisation, daß von vornherein nur die Väter befragt wurden (vgl. z. B. die Untersuchung von Ursula Neumann über die Erziehung ausländischer Kinder aus dem Jahre 1981). Das Verständnis von Sozialisation, das vielen Untersuchungen zugrunde lag bzw. in ihnen als Ergebnis produziert wurde, war das der notwendigen Anpassung an die deutsche Kultur. Diese zu leisten wurde die Migrantenfamilie als nicht kompetent bezeichnet (vgl. Ümal Akpinar/Helmut Essinger 1983), und das Migrantenkind wurde in seiner (vermeintlichen) Mangelhaftigkeit beschrieben (vgl. Achim Schrader/Bruno W. Nikles/Hartmut M. Griese 1976): Durch die Divergenz zwischen der Erziehung im Elternhaus (traditionell/autoritär) und der in der deutschen Gesellschaft und Schule (demokratisch/egalitär) wurden die Kinder als orientierungslos, zu Außenseitern in zwei Kulturen erklärt (vgl. ebenfalls Renner 1975, S. 153).

Die angebliche Dysfunktionalität der Familie für die Kinder und Jugendlichen[36] wurde auch mit einer Entfremdung zwischen Müttern und Kindern in Zusammenhang gebracht.

---

[35] Vgl. hierzu auch: Leonie Herwartz-Emden 1991. An dieser Stelle muß darauf hingewiesen werden, daß die Migrantenfamilie bzw. die Arbeitsmigrantin aus der Türkei in der vorliegenden Arbeit in doppelter Perspektive vertreten sind: Zum einen bilden die türkischen ArbeitsmigrantInnen die in der Forschung am häufigsten diskutierte Gruppe - über sie liegen die meisten und auch differenziertesten Untersuchungen vor -, zum anderen handelt es sich um die Zielgruppe der vorliegenden empirischen Untersuchung. Insofern gewinnt die Präsentation dieser Gruppe ein erhebliches Ausmaß - wenn auch versucht wird, die Forschungsergebnisse über andere Migrantengruppen - je thematisch bedingt - miteinzubeziehen.
[36] Auernheimer (1988) rezipiert empirische Forschungsergebnisse in der Weise, daß er eine Entgegensetzung von "traditionellem Familialismus versus Autonomie" vornimmt (vgl. S. 153ff.). "Traditioneller Familialismus" sei wenig funktional für die Jugendlichen aus Migrantenfamilien, da er ihrem Anspruch nach Selbständigkeit im Wege stehe, meint der Autor feststellen zu müssen (S. 154).

"Im allgemeinen hat die ausländische Mutter Schwierigkeiten, ihre Kinder in einer Gesellschaft zu erziehen, die sie in ihrer Fremdartigkeit und Komplexität kaum versteht. Die widersprüchliche Beeinflussung, die ihre Kinder durch das Aufwachsen in zwei Kulturen erfahren, kann sie so gut wie gar nicht auffangen, da sie selbst in einer Randposition steht. Zur Bewältigung ihrer eigenen Identitätskrise neigt sie dazu, die Probleme der Kinder zu verdrängen. Da die Sozialisation der Kinder den konkurrierenden Einflüssen zweier Kulturen unterliegt, entwickelt sich oft eine Entfremdung zwischen Mutter und Kindern, die durch sprachliche Überlegenheit noch verstärkt wird." (Angelika Schmidt-Koddenberg 1984, S. 16f.)

Vergleichbar argumentiert das Zentrum für Türkeistudien (ohne Autor 1991), daß die Schwierigkeiten, die Kinder in den Familien haben, nicht nur auf die Familie im allgemeinen und ihre Schwierigkeiten, die kulturelle Identität zu erhalten, zurückzuführen sind, sondern auf die Frau als Verursacherin. Eine Art "Schuldzuweisung" zielt insbesondere auf die Hausfrau bzw. auf die nachgezogene Ehefrau, die überwiegend, wenn sie keiner Erwerbstätigkeit nachgehen kann, auf den Innenbereich der Wohnung verwiesen bleibt (vgl. S. 147).

"Aufgrund mangelnder Kenntnisse der deutschen Sprache, die zu erlernen diese Frauen wegen ihrer Anbindung an den häuslichen Bereich keine Gelegenheit haben, befinden sie sich in einem besonderen Abhängigkeitsverhältnis gegenüber ihren Männern, aber auch gegenüber ihren Kindern. Meist bleibt ihnen nichts anderes, als die Zeit mit Hausarbeit zu verbringen und sich bei Außenkontakten im engen Kreis der türkischen Lebensmittelgeschäfte zu bewegen, unterbrochen von gelegentlichen Besuchen von Verwandten und Nachbarn. Die Isolation dieser Gruppe von Frauen bezieht sich zunehmend auch auf den innerfamilialen Bereich. Häufig verstehen sie ihre eigenen Kinder nicht mehr, weil diese eine andere Sprache sprechen und fühlen sich überfordert, ihre Kinder in einer ihnen unvertrauten Umwelt zu erziehen." (ebd.).

Im Laufe des Auskundschaftens traditioneller Strukturen in den ausländischen, vorzugsweise türkischen Familien wurde die strenge Trennung der Geschlechter und der Machtstrukturen in diesem Familientyp zu einem Topos, der, nur wenig variiert, in zahlreichen Untersuchungen zur Lage der Auswanderin/Migrantin bis in die 80er Jahre Eingang fand und in der oft blumigen Beschreibung ihrer Opferrolle durch deutsche Forscherinnen gipfelte.[37] Relativierungen wurden nur ansatzweise vorgenommen; die eigenen kul-

---

Boos-Nünning (1988) sieht z. B. in der geschlechterrollenorientierten und vaterdominanten türkischen Familie die Erklärung dafür, daß türkische Jugendliche ihr berufsbezogenes Wissen nicht in die Familienkommunikation einbringen können.

[37] Ein großer Teil dieser Untersuchungen ist jedoch weniger als wissenschaftliche, sondern vielmehr als auf der Grundlage sozialpädagogischer Praxis entstandene

turellen Sichtweisen, Denkmuster und Ethnozentrismen gerieten erst in einer späteren Phase der Forschung, ab den 80er Jahren, in den Blick. Differenziertere Studien über die Migrantenfamilie, vor allem nationalitätenspezifische, sind bis heute rar.

Eine der ersten empirischen Arbeiten über die Migrantenfamilie legte Ayse Kudat 1975 vor: Sie machte bereits damals auf wichtige Veränderungen in der (türkischen) Migrantenfamilie als "System" aufmerksam und verwies auf die Pionierrolle der Frau bei der Arbeitswanderung, auf Veränderungen in der Arbeitsteilung, auf neue Solidaritätsmuster, aber auch auf die Fragmentierung der Familie als Folge von Migration und auf z. B. eine Erhöhung der Scheidungsrate. Für das Wertesystem der Familie, ihre Einstellungs- und Verhaltensmuster, bemängelte sie die fehlende Akkulturation, erkannte dafür aber einen türkischen "way of life" in Deutschland (vgl. S. 98f.).

Czarina Wilpert/Morokvasic, Mirjana machten 1983 in ihren empirischen Untersuchungen Differenzen innerhalb einer Nation deutlich. Als wesentliche Kriterien für eine Familientypologie (der türkischen Familie) benannten sie die regionale Herkunft, den Bildungsstand, die Art der Wanderung und das Ausmaß der Familientrennung (vgl. Wilpert/Morokvasic 1983, S. 22). Wilpert (1980) war auch eine der wenigen, die auf der Grundlage ihrer empirischen Untersuchungen die *positive* Funktion der Familie für die Mobilitätsorientierung bzw. den sozialen Aufstieg der Jugendlichen bestätigte.

Im Zusammenhang mit einem Paradigmenwechsel in der bundesdeutschen Migrantenforschung, der sich Anfang der 80er Jahre ankündigte und die bis dahin gängigen Standardannahmen, Stereotypen und theorielosen, vom Assimilationsgedanken getragenen Forschungsansätze kritisch resümierte[38], aber auch im zeitlichen Gleichklang mit dem zunehmenden Interesse an frauenspezifischen Fragestellungen entstand eine Diskussion des Lebenszusammenhangs der in Deutschland lebenden Migrantin.

Die Arbeit von Franz Brandt (1977) über die nichterwerbstätige Ehefrau ausländischer Arbeitnehmer, die empirische Untersuchung von Katharina Ley (1979) über die italienische Arbeitsmigrantin in der Schweiz und ihre Lebenslage, sowie die Studie von Pia Weische-Alexa über die spezifischen Probleme türkischer Mädchen (1977) können als Pionierarbeiten auf dem Gebiet gelten. Die Studie von Elke Esser (1982) macht, ebenso wie die von Ley, die Situation der Migrantin systematisch und mit Hilfe theoretischer Kategorien zum Gegenstand der Untersuchung.

"Praxis"-Literatur" zu bezeichnen (oft als Situationsbeschreibung betitelt, vgl. z. B. Sigrid Meske 1983).

[38] Vgl. z. B. Dorothea Bender-Szymanski/Hermann-Günther Hesse in ihren methodologisch-resümierenden Arbeiten über Migrantenforschung (1987a, 1987b, 1988) sowie Friedrich Heckmann (1981), der mit seinem marginalitätstheoretischen Konzept auf das Mehrheit-Minderheit-Verhältnis und auf die stabilisierende Funktion der Einwandererkolonie hinwies. Er stellte für die Minoritäten- und Gastarbeiterforschung allgemein ein theoretisches und empirisches Defizit an gesamtgesellschaftlicher und sozialstruktureller Ausrichtung fest.

Dennoch entwickelte sich die Forschung über die *Migrantin* oft nicht auf dem Hintergrund bereits vorliegender kritischer Arbeiten, so daß viele Stereotypen aus der Forschung über die Migrantenfamilie wieder aufgegriffen wurden: Die "Kulturkonfliktthese", welche die Familienforschung durchzog, unterstellte nicht nur die interne Homogenität der Migrantenfamilie, sondern gleichzeitig die externe Heterogenität der in Kulturkontakt tretenden Gruppen. Differenzierungen zwischen Herkunft und Schicht gerieten nicht mehr in den Blick. So wurden auch Gemeinsamkeiten zwischen z. B. deutschen und ausländischen Jugendlichen ebenso wie die zwischen deutschen und ausländischen Frauen als Forschungsfrage ausgeklammert. (Erst Meral Akkent/Gaby Franger zeigten in einer Untersuchung von 1987 demgegenüber, daß türkische und deutsche Mädchen auf familiärer und gesellschaftlicher Ebene viele Gemeinsamkeiten aufweisen.) Die Annahme eines Kulturkonfliktes wurde in die Migrantin verlegt und oft als Identitätskonflikt oder Krise beschrieben (insbesondere für türkische Mädchen). Darüber hinaus wurde völlig ungebrochen eine Art "Modernisierungsthese" auf die Lebenslage der Migrantin appliziert. Es wurde davon ausgegangen, daß die mit der Migration einhergehende selbständige Erwerbstätigkeit zur Emanzipation der Frau führe bzw. zur zwangsläufigen Veränderung der Machtverhältnisse in der Migrantenfamilie (vgl. z. B. Hans-Joachim Hoffmann-Nowotny 1977).[39] Unterstützt wurde diese These in bezug auf die türkische Frau auch von türkischen Wissenschaftlerinnen, vor allem von Abadan-Unat (1985).

Die Entwicklung einer kritischen Sichtweise

Die Rezeption internationaler Ergebnisse und der Forschungen in den Herkunftsländern führt zu weitreichenderen Perspektiven - deutlich ist, daß die deutschsprachige Forschung über Migration und Niederlassung sowie über Migrantinnen insbesondere in den ersten Phasen den Fehler machte, diese Literatur und Ergebnisse zu vernachlässigen. Für die Forschung über die Migrantenfamilie, deren Wandel und die Rolle der Frau bzw. der Geschlechter hatte dies, wie bereits aufgezeigt, u. a. die Konsequenz, daß nach der anfänglichen klischeehaften Vorstellung von der ungebrochen traditionell-patriarchalischen Rollenverteilung in der Familie (in den 70er Jahren)[40] sich ebenso ungebrochen und undifferenziert die Vorstellung von einem Wandel ausbreitete, der weitgehend auf die Erwerbstätigkeit der Frau zurückgeführt wurde

---

[39] Bereits in einer der frühesten Befragungen ausländischer Arbeitnehmer interpretiert Maria Borris (1973) die durch die Migrantin vorgenommene positive Bewertung der eigenen Lebenslage in der BRD als mit einem Emanzipationsprozeß zusammenhängend (vgl. S. 167f.).
[40] Wie hartnäckig allerdings solche Klischees sind, zeigen die Ausführungen (über die türkische Familie) der Autoren einer Untersuchung, die in der Zeitschrift für Pädagogik veröffentlicht wurde (vgl. Ulrich Kreidt/Wolf Rainer Leenen/Harald Grosch 1989, S. 345f.).

und sich angeblich unmittelbar in der Veränderung geschlechtsspezifischer Rollenvorgaben sowie der ehelichen Machtverteilung niederschlug.
In der Regel wurde - ein weiteres Klischee - daraus die Zerstörung der Ehe bzw. des Familienzusammenhaltes, eine große Verunsicherung der Männer, im schlimmsten Fall Zerfall der Familie bzw. Scheidung/Trennung abgeleitet (vgl. z. B. Ünal Akpinar/Helmut Essinger in der Enzyklopädie für Pädagogik 1983 und Sahlia Scheinhardt 1985).
Drei grundlegende Annahmen der "Traditions-Modernitätsperspektive", wie Mirjana Morokvasic (1987) sie nennt, werden von ihr wie folgt zusammengefaßt:
1. Migration hat einen "Befreiungseffekt", weil sie Arbeitsmöglichkeiten bietet und zu ökonomischer Unabhängigkeit führt; traditionelle gesellschaftliche Kontrollmechanismen entfallen; die Stellung der Frau ist in der neuen Umgebung besser, die Beziehungen zwischen Männern und Frauen sind weniger repressiv.
2. Migrantinnen treten den Migrationsprozeß fest verwurzelt an, mit unhinterfragten Werten; alle Veränderungen werden auf den Migrationsprozeß zurückgeführt, was "gleich" bleibt, auf die "bewahrten" Traditionen.
3. Die Untersuchungen konzentrieren sich meist auf das Merkmal der Geschlechtszugehörigkeit, auf Veränderungen der Beziehungen zwischen den Geschlechtern - isoliert von anderen Beziehungen innerhalb der sozialen Struktur. Migrantinnen haben, wie alle anderen Frauen, Widersprüche zwischen beruflichen und familiären Rollen auszutragen - aber das Produktionssystem erscheint als homogen, als böte es allen arbeitenden Frauen dieselben Chancen. Dem Merkmal Geschlecht wird somit im Status von Migrantinnen gegenüber anderen Komponenten das größte Gewicht zugesprochen (vgl. S. 21f.).
Morokvasic verwendet in ihren Arbeiten über die jugoslawische Migrantin internationale Forschungsergebnisse über z. B. jugoslawische und türkische Frauen in Schweden, Dänemark und über Binnenmigrantinnen in Jugoslawien selbst und zitiert Ergebnisse, welche klarmachen, daß mit der Migration nicht notwendigerweise ein Trend zu gleichberechtigteren Beziehungen zwischen Frau und Mann einhergeht. Demgegenüber wird eine Verstärkung des traditionellen Rollenverhaltens und männlicher Kontrolle über die weibliche Bewegungsfreiheit sowie für den Wechsel zu städtischen Lebensbedingungen generell eine Vergrößerung der Kluft zwischen häuslichem und öffentlichem Bereich (S. 22f.) festgestellt.
Auch Helma Lutz rezipiert in ihrer kritischen Bilanz über die Forschungslage zur türkischen Migrantin (1986) internationale und vor allem türkische Forschungsergebnisse, die ähnlich aufzeigen, daß Veränderungen zum einen nicht zwangsläufig zugunsten der Frau vonstatten gehen und zum anderen, daß diese nicht alleine auf den Migrationsprozeß zurückzuführen sind, sondern häufig auf bereits vorliegende Veränderungen im Herkunftsland. Die Autorin kritisiert auch die in der Forschung über die Migrantenfamilie häufig angenommene

Vorstellung, daß sich mit der Migration die Kernfamilie entwickele und etabliere, als völlig einseitig und zu kurz gegriffen (vgl. S. 14f.).

Einheitliches Forschungsergebnis und nicht zu bestreiten ist die Tatsache, daß sich Familienstrukturen in Folge von Migration ändern und daß davon ebenso die Geschlechtsrollenvorgaben betroffen sind - dies stellt auch Marianne Krüger-Potratz (1988) in ihren Überlegungen zum Wandel der türkischen Familie in der Türkei und in der Migration fest. Doch - in welche Richtung sich Veränderungen ergeben, worauf sie zurückzuführen sind und welche Dimensionen des Lebens der Frau davon betroffen sind, erscheint insgesamt als zu wenig erforscht; im bundesdeutschen Raum wurde mit entsprechender Forschung nur für die türkische Familie begonnen.

Krüger-Potratz vermerkt als Mängel bisheriger Forschung u. a., daß oft Ergebnisse von Veränderungen und nicht die Prozesse selbst erfaßt werden und daß je nur bestimmte Momente und Aspekte in den Blick geraten (vgl. S. 217). Wichtig sei, zu fragen, ob aus der Sicht der Migranten selbst oder aus der der Aufnahmegesellschaft geforscht wird und inwieweit soziale und politische Gegebenheiten in die Analysen mit einbezogen werden.

Für die Migrantinnenforschung erscheint eine Perspektive notwendig, wie sie Bender-Szymanski/Hesse (1987b) allgemein für die Migrantenforschung verlangen, nämlich die Modellannahmen auf das handelnde und aktive Subjekt zu richten.

Die Migrantin wurde allzuoft in ihrer Opferrolle und in ihrer Dreifachunterdrückung auf der Ebene von Klasse, Geschlecht und Migrantenstatus gesehen - wobei sich die Untersuchungen meist auf die Variable Geschlecht beschränkten (vgl. die zitierte Kritik an der "Modernisierungsthese" durch Morokvasic).

Bender-Szymanski/Hesse forderten vor allem, von einer Sichtweise abzugehen, die die Migranten im wesentlichen als durch externe Faktoren determiniert betrachtet - denn damit wird jene entscheidende Klasse von Bedingungen vernachlässigt, die sich auf die individuellen, persönlichen Voraussetzungen bezieht, sich im Verlauf von Kulturkontakten mit neuen kulturellen Gegebenheiten auseinandersetzen zu können und auseinandersetzen zu wollen (vgl. S. 211).

Migranten müßten demnach mehr als Personen vorgestellt werden, welche den Kulturkontakt aktiv und selbststeuernd gestalten und welche fähig und willens sind, eigene Voraussetzungen, Interessen und Ziele selbständig anzupassen und zu steuern. Der Prozeß des Kulturkontaktes führt demnach keineswegs zu einer Zerstörung einer der beiden Kulturen, und die mit dem Migrantendasein einhergehenden akkulturativen Veränderungen sind nicht nur linear, additiv, subtraktiv und konflikthaft, betreffen nicht immer die ganze Persönlichkeit und gehen nicht zwangsläufig mit persönlichen und familiären Zusammenbrüchen einher.

Konsequenzen

Wie weitreichend ein Untersuchungsmodell ist, das auf die Prozeßhaftigkeit von Migration auf seiten des Individuums und damit auf ein Bild der Migrantin abhebt, das sie in ihrer Subjektivität als Handelnde und selbstverantwortliche Persönlichkeit vorstellt, zeigt beispielhaft eine Untersuchung über türkische Mädchen.

Die Untersuchung von Lena Schaumann u. a. (1988) operiert mit einem ähnlichen Subjektbegriff, wie ihn auch Lutz (1988) zeitgleich forderte, indem sie die Migrantin in der Ambivalenz von Widerstand gegen und Instandhaltung von gesellschaftlichen Machtverhältnissen ansiedelt (vgl. S. 18f.). Ein solcher Subjekt- bzw. Autonomiebegriff erlaube ein Modell, welches Unterschieden zwischen Frauen Rechnung tragen würde - sowohl den Unterschieden in der erlebten Unterdrückung, den verschiedenen Identitätsformen (welche nicht selbstverständlich immer dasselbe Modell von Weiblichkeit zur Grundlage haben) und schließlich auch den verschiedenen Formen von Machtausübung.

Für die jugoslawische Migrantin ging Morokvasic in der bereits zitierten Untersuchung (1987) von einem ähnlichen Ansatz aus und machte ihn fruchtbar für ihre empirische Studie. Sie verfolgte die Migrantin in der Gesamtheit ihrer Lebenslage, auch in der Bruchhaftigkeit und Ambivalenz ihrer Identität:

"Frauen sind nicht nur unterdrückt und diskriminiert, weil sie Frauen sind, sie werden nicht nur als Arbeiterinnen ausgebeutet, und als Angehörige der Migrantenminderheitengruppe unterdrückt, sondern sie sind auch deshalb unterdrückt, weil sie das als unausweichlich, als natürlich, als normal akzeptieren." (S. 226).

Die oben aufgezeigte notwendige Neudefinition des Subjektbegriffs für die Migrantinnenforschung wurde in den Arbeiten von Ursula Mihciyazgan (1986 und 1988) aufgegriffen. In der Arbeit von 1988 über Lebensplanung von Migrantinnen (aus der Türkei) verfolgt sie einen Subjektbegriff, der weit über bisher benutzte Modellannahmen hinausgeht. Ihr Begriff ist ebenfalls von Ambivalenzen gekennzeichnet, d. h. sie stellt eine Migrantin vor, welche sich in einem Prozeß des Problematisch-Werdens von Identität befindet, der aber nicht notwendigerweise als linear zu definieren ist. Im Gegensatz zu Modernisierungstheorien, welche den Fortschritt paradigmatisch setzen und Individualisierung als notwendiges Korrelat der industriellen Produktionsweisen ansehen, hält Mihciyazgan diese evolutionistische Grundhaltung für eurozentrisch. Sie weist am Beispiel der offenen und geschlossenen Zukunftsplanung, welche die traditionalistische bzw. die moderne Gesellschaft auszeichnen, nach, wie ein eurozentrischer Gedankengang mit diesen Alternativen umgeht (vgl. S. 33). Der "Modernisierungsthese" zufolge stehen Migrantinnen in einer Phase des Übergangs; Mihciyazgan geht im Gegensatz dazu davon aus, daß dieser Wandel ein komplexer Prozeß mit Hin-und-her-Bewegungen ist, u. U. ein Pendeln zwischen zwei Systemen beinhaltet, wobei je nach Kontext und Phase im Lebens- bzw. Familienzyklus das eine oder andere präferiert wird, bis sich spätestens im Alter eine Entscheidung abzeichnet.

4.1.2 Strukturelle Komponenten der Lebenswelt von Arbeitsmigrantinnen aus der Türkei

Die Untersuchung der Lebenswelt der Einwanderin/Migrantin in der Bundesrepublik Deutschland und den von männlichen Einwanderern/Migranten zu unterscheidenden Bedingungen und Alltagsstrukturen wird in nur wenigen deutschsprachigen Arbeiten angegangen. Als Pionierarbeit zu diesem Thema kann die Studie von Ley (1979) gelten, welche insbesondere geeignet erscheint, weitere empirische Arbeiten darauf aufzubauen. Ansatzpunkt und Stärke der Arbeit von Ley liegen in der Entfaltung und theoretischen Erklärung des Begriffs der "strukturellen Zweideutigkeit oder Ambivalenz" (vgl. S. 44). Die strukturelle Zweideutigkeit ist für Ley das konstituierende und bewußtseinsprägende Merkmal für die Situation der Frau generell. Die Zweideutigkeit macht sie in folgenden Bereichen fest: der Funktion der Familie für die Frau, ihrer Mutterrolle, ihrer Situation auf dem Arbeitsmarkt. Die weibliche Arbeitsstruktur der berufstätigen Frau, so Ley, ist der strukturellen Spannung zwischen zwei unterschiedlichen Arbeitsformen ausgesetzt. Für die Einwanderin/Migrantin trifft diese strukturelle Zweideutigkeit oder Ambivalenz (die nach Ley für alle Frauen gilt) in erhöhtem Maße zu: Sie ist einer stärkeren Belastung ausgesetzt, da die erlernte Alltagsstruktur sich im Aufnahmeland im verschärften Widerspruch zum gelebten Alltag der arbeitenden Frau befindet (Migration *ist* für die Migrantin ein Arbeitsaufenthalt) und zusätzlich die Belastungen eines hochfunktionalisierten Alltags hinzutreten (S. 62). Wie die Migrantin/Einwanderin die Umstellung von Haus- auf Lohnarbeit erfährt, ist, nach Ley, (bisher) nicht systematisch untersucht worden (S. 60).

Ley kam in ihrer Studie zu dem Schluß, daß der Berufstätigkeit der Migrantin eine Sprengkraft innewohnt, welche auf andere Lebensbereiche übergreift: auf die Familie und auf die Öffentlichkeit. Leider hatte Ley selbst keinen Maßstab dafür, wie die Verarbeitungsmöglichkeiten dieser Veränderungen auf der subjektiven Ebene gelagert sind. Sie erwähnt lediglich ein Spektrum von Rückzug, Resignation bis hin zu positiver solidarischer Aktion (S. 145).

Aber: Ihre Überlegungen halten davon ab, von einer vorschnellen Emanzipationsvorstellung auszugehen, welche durch die Berufstätigkeit der Migrantin/Einwanderin entstehen soll. Nach Ley ist unbestritten, daß eine gewisse ökonomische Unabhängigkeit der Migrantin/Einwanderin erstmals Bedingungen schafft, ihre familiäre Hierarchie zu verändern. Allerdings müßten, so Ley, Tendenzen zur Verringerung dieser Hierarchie sehr sorgfältig unter steter Berücksichtigung der Herkunftskultur analysiert werden[41].

---

[41] Ley zitiert das Beispiel, daß die Verwaltung des familiären Einkommens durch die Frau nicht nur und eindeutig als Machtfaktor zu Gunsten der Frau interpretiert werden darf, sondern daß auch ein Anteil der Ehre des Mannes sich darin spiegele, die Frau rechnen und verwalten zu lassen - unter der sorgfältigen Kontrolle des Mannes ... (ebd., S. 60).

Herkunftsmerkmale der türkischen Arbeitsmigrantin

Das Zentrum für Türkeistudien kommt in seinen Ausführungen von 1991 aufgrund der vorangegangenen Analysen zu dem Ergebnis, daß ein großer Teil der in der Bundesrepublik lebenden türkischen Arbeitsmigranten Binnenmigranten waren, bevor sie in die Bundesrepublik ausreisten (vgl. S. 146). Selbst bei den Familien, die von einer städtischen Region der Türkei aus in die Bundesrepublik kamen, handele es sich zu einem großen Teil ursprünglich um Landfamilien. Bedeutsam ist dies im Zusammenhang mit dem Familiennachzug, denn man kann davon ausgehen, daß ein großer Teil dieser Familienmitglieder vor der Einreise in die Bundesrepublik in einer eher traditionell geprägten Umwelt gelebt hat, d. h. direkt und ohne vorherige Binnenmigration aus der ländlichen Türkei eingereist ist.

Nach der Analyse von Mübeccel B. Kiray/Nermin Abadan-Unat (1985, vgl. S. 515) ist der Anteil türkischer Arbeitsmigrantinnen in der ersten Dekade der Migration (1956-1966) sehr gering gewesen, er hat z. B. für die Bundesrepublik Deutschland bei 173 Frauen im Jahre 1960 gelegen. Nach der Rezession 1966/67 reisten im Jahre 1967 25.456 türkische Arbeitsmigrantinnen ein. In dieser zweiten Phase gab es limitierte Einreisebeschränkungen für Männer, während Frauen, aufgrund ihrer geringeren Löhne, außerhalb der Wartelisten rekrutiert worden sind. Die Arbeitsmigrantinnen dieser zweiten Dekade sind, so die Autorinnen, meistens aus ländlichen Gebieten gekommen. Sie seien von ihren Ehemännern oder Vätern gedrängt worden, eine Arbeit in einem fremden Land anzunehmen, weil ihre Arbeitserlaubnis aufgrund der Familiennachzugsbestimmungen den verbleibenden Familienmitgliedern erhöhte Arbeitsmarktchancen in der Bundesrepublik verschaffen konnte. Diese ökonomisch bedingte Entwicklung hat erheblichen Einfluß auf die traditionellen Geschlechtsrollen gehabt (ebd.).

Das Zentrum für Türkeistudien beschreibt die Konsequenzen für die Familie folgendermaßen (1991, S. 146):

Die Frau hat in der Bundesrepublik alleine ihr Leben einrichten müssen, verfügt bei Ankunft des Mannes bereits über soziale Kontakte und konnte sich Kenntnisse über das Leben in der veränderten Umwelt, auch über den Umgang mit deutschen Institutionen aneignen. Sie hat einen Arbeitsplatz und Kenntnisse der deutschen Sprache. Dem traditionellen Muster in der Familie, nämlich der uneingeschränkten Autorität des männlichen Familienoberhauptes sowie seiner Berechtigung zur Repräsentierung der Familie wurde damit der Boden entzogen. Die dadurch ausgelöste Verunsicherung des nachgereisten Ehemanns führte nicht selten zu einer Verschärfung des rigiden patriarchalischen Rollenverhaltens. Besondere Anforderungen an den Ehemann stellten sich in den Fällen, in denen nur die Frau über eine Arbeitserlaubnis verfügte und der nachreisende Ehemann vom Verdienst der Frau leben mußte. Das traditionelle Rollenverhalten wurde in den Familien am ehesten beibehalten, in denen der Mann die Pionierwanderung unternommen hatte.

Nauck (1993) kommt in seinen soziologischen Forschungen zur Migrantenfamilie zu dem Schluß, daß familiäre Überlegungen bei Wanderungsentscheidungen zunehmend bedeutend wurden und sich offenbar unbeeinflußt von gesamtgesellschaftlichen Steuerungsmaßnahmen durchsetzten. Bei den Türkinnen hat es einen starken Zustrom unmittelbar vor und längere Zeit nach dem Anwerbestop gegeben.[42]

Nach den Erkenntnissen Naucks ist die Population der ausländischen Frauen in der Bundesrepublik Deutschland keine bestandsstabile Bevölkerungsgruppe, die einmal nach Deutschland zuwanderte und kontinuierlich dort verbleibt, es findet vielmehr nach wie vor ein erheblicher Bevölkerungsaustausch in den ausländischen Minoritäten statt.

> "Zwischen 1961 und 1985 sind insgesamt 4.837.700 ausländische Frauen zugewandert und 2.825.000 abgewandert; bei einem Bestand von 1,8 Millionen Ausländerinnen bedeutet das einen mehr als zweieinhalbfachen Austausch innerhalb von 25 Jahren." (S. 372)

Veränderungen innerhalb der Gruppe der ausländischen Frauen sind, so Nauck, möglicherweise auf Selektionsprozesse zurückzuführen und indizieren nicht unbedingt Assimilation, Akkulturation oder Rückzug in eine Minoritätensubkultur.

Darüber hinaus zeigt auch die Analyse der Todesfälle in der Bevölkerungsgruppe der Zuwanderer in der Bundesrepublik, daß ein Aufenthalt in Deutschland bis zum Tode sehr selten ist und in der Regel nicht mit in die Lebensplanung von Arbeitsmigranten und ihren Familienangehörigen einbezogen wird (S. 379). Todesfälle ausländischer Frauen in der BRD stiegen nach Naucks Berechnungen von 1.300 im Jahre 1960 auf 3.300 im Jahre 1973 und fielen dann auf jährlich 2.600 im Jahre 1987, was einem Anteil von weniger als 0,1 % aller Todesfälle in Deutschland entspricht. Nauck schließt daraus, daß insbesondere für Ausländerinnen gilt, daß sie im Alter (spätestens nach dem Tode ihres Ehemannes) in ihre Herkunftsgesellschaft zurückkehren. Die Todesfälle von männlichen Ausländern sind jeweils doppelt so hoch wie die von ausländischen Frauen.

---

[42] Die Tendenz, die Familie nachziehen zu lassen, ist ab 1973 durch das Anwerbeverbot für Arbeitsmigranten aus Nicht-EG-Ländern, das die Bundesrepublik verhängte, zunehmend deutlich geworden. In dieser Situation, welche eine zeitweilige Rückkehr in die Herkunftsgesellschaft unmöglich machte, entschlossen sich viele Arbeitsmigranten für einen dauerhaften Verbleib ihrer Familien in der Aufnahmegesellschaft bzw. sie entschlossen sich dazu, ihre Familienangehörigen nachziehen zu lassen (vgl. Nauck 1993, S. 370). Die Ausländerinnen wurden von der Bundesrepublik bereits in den 60er Jahren in größerer Anzahl angeworben (unter ihnen eine beträchtliche Anzahl von Türkinnen), doch erhielten sie quantitativ erst ab den 70er Jahren eine größere Bedeutung. Eine der nicht beabsichtigten Folgen des Anwerbestops war es also, so Nauck, daß die ausländische Bevölkerung aus Nicht-EG-Ländern beträchtlich zugenommen und die Beschäftigtenquote bei ihnen deutlich abgenommen hat.

Die Ausgangssituation

Die Aufnahme einer Erwerbstätigkeit ist für Arbeitnehmer aus dem Nicht-EG-Staat Türkei unmittelbar mit einer Arbeits- und Aufenthaltserlaubnis verbunden, welche seit 1973 nicht mehr erteilt wird. Das Ausländergesetz ist seitdem nochmals verschärft worden, so daß selbst minderjährige Kinder bis zu 15 Jahren und Ehepartner nur noch unter bestimmten Bedingungen von ihrer in der Bundesrepublik lebenden Familie nachgeholt werden können (vgl. Klaus J. Bade 1992). Auch die Aufnahme einer Erwerbstätigkeit für Frauen mit einer gesicherten Arbeitserlaubnis ist eng im Zusammenhang mit der Ausländerpolitik zu sehen (z. B. der gesetzlich festgelegte Vorrang der deutschen und der ausländischen Arbeitnehmer aus EG-Staaten; die restriktiven Bedingungen bei der Wahl des Berufs, des Arbeitsplatzes und des Wohnsitzes für ausländische Arbeitnehmer). Diese Bestimmungen gehen mit den Alltagsunsicherheiten erwerbswilliger ausländischer Frauen einher, sind Teil ihres Arbeits- und Lebenszusammenhanges. Sie sind auf dem Arbeitsmarkt häufiger in un- oder teilqualifizierten Tätigkeiten in arbeitsintensiven Industrien oder Sektoren beschäftigt und dabei den diese Sektoren kennzeichnenden hohen Marktfluktuationen ausgesetzt (vgl. Wilpert 1988).

Für die ausländische Frau läßt sich festhalten, daß Erwerbstätigkeit für sie immer schon zur "normalen" Biographie gehörte - ihre Migration verband sich mit der Absicht, in der Bundesrepublik Deutschland Geld zu verdienen[43]: Die Repräsentativbefragung von Ausländerinnen im Land NRW aus dem Jahre 1985 kam zu dem Ergebnis, daß 80 % aller im Lande lebenden Ausländerinnen (ohne die Gruppen der Schülerinnen, Studentinnen und Teilnehmerinnen an berufsvorbereitenden Maßnahmen) zur Zeit erwerbstätig sind bzw. früher in der Bundesrepublik erwerbstätig waren (vgl. Günther Schultze 1987, S. 232f.). Arbeitsmigrantinnen sind zu einem hohen Anteil Schichtarbeiterinnen (vgl. Nauck 1993).

In den Jahren der Arbeitsmigration hätten sich, so Kiray/Abadan-Unat (1985), außerhalb der Türkei große strukturelle Veränderungen ergeben; die Gruppe der Arbeitsmigrantinnen habe innerhalb von 20 Jahren einen größeren Anteil an Industriearbeiterinnen gestellt, als in der Türkei selbst erreicht wurde (vgl. S. 515). Im Jahre 1980 waren 185.750 türkische Frauen Arbeiterinnen in den Ländern Österreich, Schweiz, Niederlande und Bundesrepublik Deutschland (nach OECD-Daten 1981). Türkische Arbeiterinnen außerhalb der Türkei arbeiten vornehmlich in den Bereichen von leichter Manufaktur, Textilindustrie, elektronischer Industrie, Nahrungsmittelindustrie und im Dienstleistungsgewerbe. Nach Kiray/Abadan-Unat arbeitet der größte Teil von ihnen in Zentraleuropa mit einem Vollzeitvertrag, während in Skandinavien der größte Teil auf Teilzeitbasis beschäftigt ist.

---

[43] Ihre Erwerbsquote lag *immer* höher als die der deutschen Frau.

Lebensvorstellungen

Der Lebensentwurf der Arbeitsmigrantin ist, wie erwähnt, mit Erwerbstätigkeit verbunden, ihre Niederlassung in der Bundesrepublik wird als Arbeitsaufenthalt erlebt. Ihre Erwerbs- und Berufsmotivation, ihre Bildungs- und Aufstiegsmotivation ist hoch.
Ein Lebensmodell, das ausschließlich um die Hausfrauen- und Mutterrolle kreist, scheint nach oben genannter Befragung in NRW nur für eine Minderheit der ausländischen Frauen denkbar zu sein. Auch die Nichterwerbstätigkeit von Frauen beruht selten auf einer freien Entscheidung. Sie ist entweder durch die Lage auf dem Arbeitsmarkt verursacht oder dadurch bedingt, daß Hausarbeit und Kinderbetreuung als soziale Pflichten der Frau betrachtet werden bzw. es keine Möglichkeit gibt, die Kinder unterzubringen (Günther Schultze 1987, S. 233).
Dennoch ist die Erwerbsbereitschaft der Migrantin nicht alleine an materielle Motive gebunden. Ebenso wichtig sind für sie soziale Motive, wie z. B. der Wunsch nach mehr Abwechslung und Kontakten und die Freude an der Arbeit (ebd.).
Offensichtlich erfährt auch der Heiratswunsch der jungen Ausländerinnen eine Relativierung: Bei unverheirateten jungen Türkinnen z. B. ist der Wunsch, nicht heiraten zu wollen (ca. 20 %), besonders stark ausgeprägt im Vergleich zu anderen befragten Nationalitäten (S. 230f.). Schultze führt dies auf den Wunsch der jungen Frauen nach weiterer schulischer und beruflicher Ausbildung und auf das Nichtaufgebenwollen von eigenen Wünschen, Interessen und mühsam erkämpften Freiheiten zurück. Die Folgerung von Ursula Mihciyazgan (1988), nach der sich Pläne und Zukunftsvorstellungen von Migrantinnen essentiell von denen deutscher Frauen unterscheiden (Vgl. S. 36), ist nach diesen Ausführungen nicht einsichtig und bedarf einer weiteren Überprüfung.

Heirat und Heiratsbedingungen

Veränderungen zeigen sich ebenfalls in bezug auf Familienstand und Heiratszeitpunkt in der ausländischen Bevölkerung (vgl. Nauck 1993, S. 374). In der Pioniersituation der 60er Jahre sind die meisten Arbeitsmigranten bereits zum Ankunftszeitpunkt verheiratet gewesen; 1961 waren 91 % der 35jährigen Arbeitsmigranten und 88 % der Arbeitsmigrantinnen verheiratet. Dieser Anteil ist bis 1970 nur unwesentlich auf 88 % bei den Männern und auf 84 % bei den Frauen gesunken. Die Heiratsbedingungen veränderten sich nach Naucks Einschätzung in den 70er Jahren für die ausländische Bevölkerung zunehmend, da sich die Altersgruppe im heiratsfähigen Alter immer mehr aus Angehörigen der zweiten Generation von Arbeitsmigranten zusammensetzte. Dies habt für die ausländischen Männer zu einem Engpass auf dem Heiratsmarkt geführt und damit zu einer massiven Verzögerung der Heirat sowie zu einer hohen

Unverheiratetenquote unter den männlichen Ausländern (noch 1980). Dieser Engpass hat bis 1987 an Bedeutung verloren. Die weiblichen Nachkommen sind in weit geringerem Ausmaß davon betroffen; sie befinden sich, so Nauck, in doppelter Hinsicht in einer günstigen Lage auf dem Heiratsmarkt. Vornehmlich weibliche Ausländer wurden bis 1990 in Deutschland auf dem Heiratsmarkt dadurch begünstigt, daß sie ihre Arbeitserlaubnis an ihren zukünftigen Ehemann "verleihen" konnten - was ihre Attraktivität auf dem Heiratsmarkt in der Herkunftsgesellschaft (außerhalb der EG) erheblich steigerte und nicht selten eine Aufwärtsmobilität ermöglichte. Zudem profitierten die jungen Ausländerinnen von der unausgeglichenen Geschlechtsproportion auf dem ethnisch segmentierten Heiratsmarkt in Deutschland, so daß der Anteil von verheirateten Ausländerinnen in allen Altersgruppen auf einem anhaltend hohen Niveau ist (Tab. 2, S. 375). So sei es nicht erstaunlich, daß der Anteil der verheirateten Türkinnen in allen Altersgruppen höher ist, als der aller Ausländerinnen insgesamt. 1987 waren 84 % der 25jährigen Türkinnen in Deutschland verheiratet, 92 % der 35jährigen, 91 % der 45jährigen und 84 % der 55jährigen. Auch die Italienerinnen, so Nauck, hatten eine höhere Verheiratungsquote als der Durchschnitt der Ausländerinnen, sie lag aber deutlich unter der der Türkinnen.

4.1.3 Mutterschaft und Arbeitsmigration in soziologischer und demographischer Perspektive

Veränderungen in den Anforderungen an Mütterlichkeit

Ley (1979) stellte in ihrer bereits erwähnten Untersuchung fest, daß Familie als zentraler Bezug und als Ziel für die Frau erhalten bleibt, wenn auch die Befragten die Ansicht vertraten (die berufstätigen Einwanderinnen in weit höheren Ausmaß als die Hausfrauen), sich in der Migration entscheidend verändert zu haben (S. 115). Nach Ley ändern sich die Mutter-Kind-Beziehungen, sie erhalten eine neue Qualität. Auch die Beziehung der Ehegatten erlangt durch die Nähe und Ausschließlichkeit der Kernfamilie ein anderes, größeres Gewicht.
"Vorher unbekannte Probleme werden relevant: das neue Gewicht der Beziehung zwischen den Ehegatten, den Kindern, die Außenverlagerung der Berufstätigkeiten. Damit nimmt die Konfliktivität der Beziehungen zu. Sowohl vom Mann als auch von der Frau werden Beziehungsarbeit verlangt, werden Fähigkeiten gefordert, die bisher nie gefragt und nicht bekannt waren." (S. 116)
Wie auch Veronika Bennholdt-Thomsen u.a. (1987) im Rahmen ihres Theorieansatzes andeuten, erfährt die Mutterliebe (ebenso wie die Gattenliebe) einen

Zuwachs an Bedeutung durch Migration bzw. den Niederlassungsprozeß[44]. Mihciyazgan (1988) definiert Mutterschaft für die türkische Migrantin auf dem Hintergrund der Zukunftsvorstellungen als eine Kontinuität garantierende Strategie. Ziel dabei sei, ihre Identität als Frau zu sichern - gegen die Verunsicherung durch Migration. Muttersein sei ein kontinuierlicher, aber fraglos gegebener Bestandteil der weiblichen Identität; Muttersein bestimme die Bedeutung von Zukunft und überlagere, so Mihciyazgan, die Rückkehrabsichten (vgl. S. 36). Faktisch ergibt sich für die Mutterschaft der (türkischen) Migrantin ein mindestens dreifacher Verlust an Ressourcen: In ihrer Herkunftsgesellschaft tragen zu ihrer Entlastung "zusätzliche Mütter" zur Erziehung und Versorgung der Kinder bei, nämlich die eigene Mutter, Freundinnen-Mütter und Ersatzmütter in der väterlichen Verwandtschaft (S. 282).

Schmidt-Koddenberg (1989) vermutet z. B. familiäre Ressourcenverschiebungen (aufgrund des intensiveren Zuganges der Kinder zur Kultur der Residenzgesellschaft), welche sich in der Unterminierung der väterlichen, aber insbesondere der mütterlichen Autorität niederschlagen (vgl. S. 130). Die hier vermutete Vermittlerfunktion der Mütter zwischen den Wünschen der Kinder nach mehr Freiräumen und den Dominanzansprüchen des Vaters wird bestätigt durch Elcin Kürsat-Ahlers (1986), die von einem dauernden Balanceakt der Mütter zwischen den Freiheitsansprüchen ihrer Töchter und den normativen Ansprüchen ihrer Männer spricht (vgl. S. 84).

Faßt man diese wenigen Ergebnisse und Vermutungen zusammen, so ergibt sich für die Einwanderin/Migrantin als Mutter eine Konstellation, die sich durch erhöhten Druck auf ihre Leistung und Qualität auszuzeichnen scheint; durch vermehrte Beziehungsarbeit aufgrund erhöhter Konfliktivität der Beziehungen; durch vermehrte Zuständigkeit als individuelle Person (Wegfall der anderen Mütter); durch einen hochfunktionalisierten, in Kombination mit Erwerbstätigkeit zu bewältigenden Alltag mit Kindern; durch erhöhte Widersprüche für sie persönlich. Der Druck, der auf der Migrantin in ideologischer Form lastet, scheint dabei nicht gering zu sein: Mit der Einwanderung/Migration geht eine innere Verpflichtung einher, für eine bessere Zukunft der Kinder zu sorgen. Oft werden die Ziele, die mit Migration nicht erreicht werden konnten ("Wir werden doch nicht mehr reich ..."), als Ziele für die Kinder neu definiert bzw. umgewidmet (vgl. z. B. die Untersuchung von Hatice Özerturgut-Yurtdas 1990).

Zuständig für die Persönlichkeitsentwicklung sowie für die Zukunftsgestaltung der Kinder ist nach westlichen Vorstellungen weitgehend die Mutter. Dies wird der Einwanderin durch das westliche Ideal von Mutterschaft (das im Rahmen herkömmlicher Sozialisationstheorien der Mutter die Verantwortung für ein sozial gelungenes Kind zuweist) als Anspruch nahegelegt und ihr über Schule

---

[44] Übersehen werden sollte allerdings nicht, daß Migration für unzählige Mütter und Kinder eine emotionale Zerreißprobe in Form oft jahrelanger Trennungen mit sich brachte bzw. bringt.

und LehrerInnen vermittelt. Darüber hinaus erfährt sie die faktische Zuständigkeit der Mütter im Alltag.
Mutterschaft erfährt somit eine Aufwertung im doppelten Sinne: Die Einwanderin/Migrantin ist persönlich mehr auf diese Beziehungen, die sich aus Gatten- und Mutterliebe ergeben, angewiesen (vgl. Ley 1979); zudem ist sie vermehrt zuständig, vermehrt verantwortlich - bei gleichzeitiger Statusänderung.
Mutterschaft heißt demnach für die Einwanderin/Migrantin, daß diese nicht nur einem Wechsel der Alltagsstrukturen ausgesetzt ist, sondern vielfältigen anderen Anforderungen, welche sich an die geschlechtsbezogenen Dimensionen ihrer Subjektivität richten. Sie muß sich z. B. mit dem Symbolsystem Mutterschaft, wie es ihr die deutsche Gesellschaft bzw. die deutsche Frau nahebringt, auseinandersetzen und für sich persönlich eine Übereinkunft zwischen den verschiedenen Systemen (evtl. im Sinne einer "Zwischenwelt" nach Andrea Hettlage-Varjas/Robert Hettlage <1989>) treffen. Sie muß nicht nur mit ihrer eigenen Erwerbstätigkeit, sondern mit der ihren Alltag dominierenden "strukturellen Zweideutigkeit" zurechtkommen, welche in bezug auf Mutterschaft nicht nur faktische und alltagspraktische, sondern ideologische Widersprüche zwischen Erwerbs- und Hausarbeit beinhaltet bzw. nach sich zieht.
Im Gegensatz zur oben zitierten NRW-Befragung aus dem Jahre 1985 kam Nauck 1987 zu dem Ergebnis, daß die türkische Migrantin stärker an der Eingliederung und weniger stark an der Rückwanderung interessiert sei als ihr Ehemann. Sie unterstütze ihre Kinder erheblich in deren Eingliederungsprozeß, habe wesentlich weniger traditionale Erziehungseinstellungen als der Vater, insistiere weniger auf rigide Geschlechtsrollentrennung und trete stärker für eine größere Autonomie der nachfolgenden Generation ein (vgl. S. 91).
Wenn auch der von Nauck benutzte Begriff des "heimlichen Matriarchats", den er für die türkische Familie postulierte, äußerst klischeehaft ist und die Umkehrung von Machtverhältnissen suggeriert, so machen seine Ergebnisse dennoch deutlich, daß die Migrantin, sehr viel mehr als gemeinhin angenommen, im Familiensystem eine aktive und bedeutsame Rolle für den Niederlassungsprozeß und die Auseinandersetzung mit der deutschen Gesellschaft spielt.[45]
In neueren Studien (vgl. Nauck 1990, 1991b, 1992, 1993) wertet Nauck die demographische Entwicklung ausländischer Frauen in der Bundesrepublik Deutschland aus und kommt für die Frage nach der Mutterschaft der Migrantin/Einwanderin zu fundamentalen Ergebnissen, auf die im folgenden näher eingegangen werden soll.

---

[45] Empirische Untersuchungen über die Berufsfindung von Mädchen aus Migrantenfamilien bestätigen die starke Beeinflussung der Mädchen durch die Mutter, ihre bewegende Kraft in der Familie (vgl. z. B. Czarina Wilpert 1989).

Die (mütterliche) Biographie der Arbeitsmigrantin

Das generative Verhalten einer türkischen Migrantin, deren Eheschließung unter den Vertragsbedingungen der Aufnahmegesellschaft stattgefunden hat, unterscheidet sich den Ausführungen Naucks (1993) zufolge deutlich von dem jener Frauen, deren Ehe zum Wanderungszeitpunkt bereits bestanden hat:

> "So beträgt die Wahrscheinlichkeit, daß eine türkische Frau vier Kinder haben wird, bei Migrantinnen, die vor der Heirat oder vor der Geburt des ersten Kindes gewandert sind, nur noch 15 % bzw. 18 %, während sie für alle türkischen Migrantenfamilien bei 50 % liegt. D. h. vier Kinder werden auch von Migrantenfamilien in Deutschland nur noch sehr selten geboren; die hohen Kinderzahlen, die lange Zeit die öffentliche Diskussion beherrscht haben, sind vornehmlich darauf zurückzuführen, daß die Ehefrauen in der Türkei verblieben waren, und die Kinder im Zuge der Familienzusammenführung 'importiert' wurden." (S. 263f.)

Migration führt nach Nauck zu einer drastischen Umstrukturierung der Lebensläufe türkischer Frauen. Dies zeigt sich bei der Kombination des Verheiratungsalters mit generativer Phase und Kinderzahl sehr deutlich. Von lange im Herkunftsland verbliebenen Frauen mit weniger als der Pflichtschulausbildung (= weniger als fünf Schuljahre) waren 75 % im Alter von 19,7 Jahren verheiratet und schlossen ihre generative Phase im Alter von 37,8 Jahren mit dem vierten Kind ab. Von frühgewanderten türkischen Frauen mit (mindestens) Pflichtschulausbildung waren 75 % im Alter von 24,5 Jahren verheiratet und schlossen ihre generative Phase im Alter von 30,1 Jahren mit dem zweiten Kind ab. D. h. daß bei Frauen, die zu einem früheren Zeitpunkt ihrer Biographie den Einflüssen der Aufnahmegesellschaft ausgesetzt sind, sich eine deutliche Tendenz hin zu geringerer Kinderzahl und zu einem späteren Verheiratungsalter abzeichnet. Nach Naucks Analysen kommt es innerhalb einer Generation zu einer deutlichen und raschen Standardisierung des Lebenslaufs türkischer Frauen, und zwar in einer für Unterschichtangehörige in Industriegesellschaften typischen Form des Familienzyklus (S. 382). Die schulische Bildung der Frau sei für die Reorganisation des weiblichen Lebenslaufs unter Migrationsbedingungen die stärkste Determinante (ebd.). Geringe bzw. fehlende schulische Bildung wirke sich in doppelter Hinsicht auf die Strukturierung des Lebenslaufs der Arbeitsmigrantin aus, denn sie begünstige hohe Fertilität und einen längeren Verbleib in der Herkunftsgesellschaft. Die Anzahl der zu versorgenden Kinder vermindere zugleich aber die Gelegenheiten für assimilatives Handeln, wobei individuelle Voraussetzungen durch die ohnehin fehlende Ausbildung stark eingeschränkt seien. Umgekehrt verstärkten sich bei gut ausgebildeten Frauen diese Effekte multiplikativ zu einer rascheren Reorganisation des Lebenslaufs (ebd.). Dies gelte nicht nur für türkische Frauen, sondern allgemein für ausländische Frauen. Zu allen Beobachtungszeitpunkten seien die Fruchtbarkeitsraten der Migrantinnen bedeutend geringer gewesen als die der Frauen in ihren jeweiligen Herkunftsländern und die Tendenz zur Geburtenreduktion bei weitem stärker ausgeprägt (S. 378, Tab. 3). Dies gelte für Türkinnen, Italienerinnen, Griechinnen, Jugoslawinnen, Portugiesinnen, Spanierinnen. Innerhalb von zehn Jahren seien die Fruchtbarkeitsraten der Ausländerinnen aus allen wichtigen Anwerbestaaten um ein Drittel bis zu mehr als 50 % gesunken. Lediglich die Türkinnen wiesen noch eine Geburtenrate oberhalb des Reproduktionsniveaus auf (bis 1985). Die Fruchtbarkeitsziffern der griechischen und spanischen Zuwanderinnen hätten 1985 sogar geringfügig unter denen der deutschen Frauen gelegen (ebd., S. 378). Nach Naucks Interpretation sind solche raschen Wandlungstendenzen beispiellos in der gesamten Sozialforschung.

Mütterliche Erwerbstätigkeit

In den Auswertungen von Nauck, die sich auf seine empirische Untersuchungen beziehen, wurde die mütterliche Erwerbstätigkeit in türkischen Familien, die Situation von türkischen Müttern (je eine Stichprobe aus Berlin und Baden-Württemberg, mit der Stichprobengröße N=200) mit der Lage deutscher Mütter (auf der Basis einer Repräsentativstichprobe mit N=748) verglichen. Für türkische Familien ist demnach hervorzuheben, daß in 7 % der Familien ausschließlich die Frau arbeitet (in deutschen Familien: 2 %), was auf die rechtlichen Regeln der Ausländerbeschäftigung einerseits sowie auf besondere Arbeitsplatzrisiken andererseits zurückzuführen sein dürfte. In der Regel sind ausländische erwerbstätige Frauen erwerbstätige Mütter - was sich aus ihrer Biographie und Familienbiographie erschließen läßt.
Die Arbeitssituation von türkischen Migrantenfamilien zeichnet sich insbesondere dadurch aus, daß sie durch Schichtarbeitsregelungen betroffen ist.[46] Die Arbeitssituation verschärft sich insbesondere weiter, wenn die Bildungsvoraussetzungen der türkischen Mütter mitberücksichtigt werden: Frauen ohne einen Bildungsabschluß sind zu 72,6 % an einem Schichtarbeitsplatz beschäftigt.
Ein wesentlicher Unterschied in der Ausgangssituation im Vergleich zu den deutschen Müttern besteht darin, daß türkische Migrantinnen zu 34,5 % keinen Schulabschluß aufweisen (Deutsche 2 %) und zu 39,5 % niemals erwerbstätig gewesen sind. Zum Zeitpunkt der Nauckschen Befragung waren 47 % der türkischen Mütter erwerbstätig (deutsche 52,7 %). Die Auswertung zeigt, daß das Bildungsniveau der türkischen Frauen die Erwerbstätigkeit erheblich begünstigt, Frauen mit Schulabschluß haben vergleichsweise mehr

---

[46] In 5 % der türkischen Migrantenfamilien ist keiner der Ehepartner erwerbstätig (deutsche Fam.: 3 %); in 48 % der Familien arbeitet nur der Mann (deutsche Fam.: 44 %); in weiteren 40 % arbeiten beide Ehepartner (deutsche Fam.: 51 %). Von den türkischen Migrantenfamilien, in denen beide Ehepartner erwerbstätig sind, arbeiten 31 % in Schichtarbeit. In 22 % dieser Familien arbeitet nur der Mann in Schichtarbeit, in weiteren 9 % nur die Frau; bei 38 % arbeiten beide Ehepartner in verschiedenen Formen von Schichtarbeit (Nauck 1993, 386).

Berufserfahrung und sind zu einem höheren Prozentsatz erwerbstätig als Frauen ohne Schulabschluß (S. 385). Zudem wirkt sich das Bildungsniveau auf die Arbeitsverhältnisse insofern aus, als türkische Frauen ohne Schulbildung ausnahmslos als Arbeiterinnen beschäftigt sind, wohingegen bei den Frauen mit Schulbildung auch 7 % Angestellte (auch mithelfende Familienangehörige, freiberuflich Tätige und selbständig Gewerbetreibende) zu finden sind. Türkische Mütter arbeiten zu 52,1 % an Schichtarbeitsplätzen (türkische Väter zu 57,4 %), deutsche Mütter (halbwüchsiger Kinder) arbeiten zu 9,5 % in einer der vier Formen von Schichtarbeit (deutsche Väter zu 10,7 %).

Die Vereinbarkeit von Familie und Beruf als Basisvariable des mütterlichen Alltags

Die Einstellungen zu Vereinbarkeit von Familie und Beruf sind, so Nauck (1993), bei westdeutschen und türkischen Müttern vergleichbar, die Befragten stimmen weitgehend darin überein, daß die Aufgaben in beiden Bereichen vereinbar seien. Für die deutschen Mütter gehört Erwerbstätigkeit in jedem Falle zum Lebensplan, denn lediglich 1 % gab an, daß Frauen grundsätzlich nicht berufstätig sein sollten (S. 387). In den Antworten der türkischen Mütter spiegelt sich hingegen - so Nauck - ein deutlich anderes Konzept weiblicher Erwerbstätigkeit wider; die Antworten zeigten aber auch, daß sich an dieser Frage traditionale und modernere weibliche Rollenkonzepte polarisierten. Ein Viertel der befragten türkischen Mütter (ohne Schulabschluß) ist der Meinung, daß Ehefrauen nicht arbeiten sollten. Dies zeige, daß die pragmatische Frage der Vereinbarkeit von Erwerbstätigkeit und Kinderbetreuung bei den türkischen Müttern in Deutschland deutlich überlagert werde von wertrationalen Erwägungen zur Rolle von (Ehe-)Frauen (S. 388).
Festgehalten werden sollte zur Einschätzung der Nauckschen Ergebnisse, daß die Restriktionen der Arbeitsbedingungen der türkischen Mütter, nämlich der extrem hohe Anteil von Schichtarbeitsplätzen, sich auf die Vorstellung der Vereinbarkeit und der Praktikabilität im Alltag ausgewirkt haben wird.

4.2 Die Aussiedlerin aus der Sowjetunion in der Bundesrepublik Deutschland

4.2.1 Die Aussiedlerin und ihre Familie in der Forschungsdiskussion

Integrationsschwierigkeiten von Aussiedlern, auch berufliche, werden in der bundesdeutschen Literatur oftmals auf Konsumorientierung, Autoritätsglauben, Überanpassungsverhalten, aber auch auf unrealistische Einschätzungen auf seiten der Aussiedler zurückgeführt. Auch wird davon ausgegangen, daß die Aussiedler in ihren Arbeitswerten den hiesigen Deutschen in der Zeit des Wirtschaftswunders ähnelten, d. h. sie präferierten Werte wie Anpassung, Unterordnung, Leistung, schnellen Aufstieg und ein hohes Einkommen (vgl. Andreas Janikowski/Siegfried Greif 1991, S. 61).

Frauen kommen in den Untersuchungen über Aussiedler und ihre Familien nur am Rande vor. Festgestellt wird allerdings immer wieder ein traditioneller Familienhintergrund, der von autoritären und konservativen Werten geprägt sei. Frauen werden als Traditionshüterinnen der Familie und nur auf ihre Hausfrauen- bzw. Familienrolle beschränkt beschrieben (vgl. Bodo Hager/Fritz Wandel 1978, S. 193-209; Dokumentation eines Projektseminars an der Universität Hannover 1989, S. 19-38; Eva Rink-Scheidt 1990, S. 20; Auernheimer 1990, S. 63).

Line Kossolapow (1987) beschreibt in ihrer umfangreichen Arbeit über Aussiedlerfamilien und die Orientierungen von Jugendlichen diese als Familien, in denen Mutterschaft, Kinder und das Familienleben einen hohen Wert haben, der von der deutschen Gesellschaft nicht geteilt wird. Diese sei kinderfeindlich, die hohe Kinderzahl der Aussiedler werde eher negativ vermerkt. Für die Frauen führt dies, so Kossolapow, zu einer starken Belastung (vgl. S. 173). Sie werden von der deutschen Öffentlichkeit wie "Gastarbeiterinnen" behandelt. Die Geschlechtsrollenorientierung der Familienmitglieder ist eine konservative: Es gibt ein deutliches Machtverhältnis zwischen Mann und Frau, Bruder und Schwester, die Gesamtstruktur der Familie ist hierarchisch. Die Mädchen und jungen Frauen der Familien orientieren sich allerdings stärker am Emanzipationsideal der westlichen Frau. Sie können auch, so Kossolapow, dieses Ideal in der hiesigen Gesellschaft mehr verwirklichen als in der Herkunftsgesellschaft (S. 231). Für die Frau in der Familie hat dies jedoch die Konsequenz, sich als gespalten zu erleben. In der Hälfte der von ihr untersuchten Familien wünschten die Frauen eine Lösung von der bisherigen Familienbindung; nur ein Drittel konnte eine ausschließliche Familienrolle der Frau noch gutheißen (S. 230). Kossolapow schließt daraus nicht nur auf die Gefahr einer Identitätskrise der Aussiedlerin - verstärkt durch ihre schlechte Position auf dem Arbeitsmarkt (S. 170) -, sondern darüber hinaus auf ihre psychopathologische Gefährdung (insbesondere der Mädchen) und das Entstehen einer Problemgruppe (S. 228). Die von Kossolapow befragten Jugendlichen zeigten sich insgesamt deutlicher familienorientiert als deutsche Jugendliche; ihre Verheiratungsquote lag über der deutscher Jugendlicher (S. 54). In dieser Familienorientierung als universalistische Einstellung, die sich nicht nur auf Verheiratetsein bezieht, sondern sich vor allem in der Orientierung an den Belangen der Familie äußert ("traditioneller Profamilialismus", S. 230), vermutet Kossolapow einen deutlichen Hinderungsgrund für den Ehrgeiz der Jugendlichen aus Aussiedlerfamilien: "... individueller Ehrgeiz wird gebremst." (S. 171).

Aus der Studie Kossolapows läßt sich nur bedingt auf die Situation aller Beteiligten in den untersuchten Aussiedlerfamilien schließen, wenn sie auch selbst ihre Auswertung und Interpretation so anlegt. Hauptbefragte ihrer Studie sind Jugendliche, die über ihre eigene Familie bzw. über ihre Mütter und Väter aussagen (S. 58). Aus den Antworten der befragten 214 männlichen und weiblichen Jugendlichen ergeben sich viele Diskrepanzen, welche die Autorin mit der von ihr rein deskriptiv angelegten Auswertung (Häufigkeitsverteilungen in Prozentwerten) nicht bereinigen bzw. erklären kann. Ihr Argumentationsmuster ist eines, das aus der Forschung über die Migrantenfamilie sattsam bekannt ist: Die hiesige moderne Gesellschaft wird der traditionalistischen Aussiedlerfamilie gegenübergestellt. Die Familienform, die sie in der Aussiedlerfamilie vermutet, sowie die Orientierungen, welche die Mitglieder dieser Familie leben, sind, so legt ihr Interpretationsmuster nahe, eher dem Fortschritt hinderlich bzw. stehen diesem entgegen. Die Aussiedlerfamilie wird z. B. nicht als integrationsunwillig bezeichnet, sondern als anpassungswillig. Attestiert werden ihr strukturelle Anpassungsschwierigkeiten (S. 173), sie sei überfordert. Der Aussiedlerin wird zugeschrieben, daß sie diskriminiert werde wie eine "Gastarbeiterin" und - anders als die Migrantin - stark belastet sei.

Die jüngere Darstellung der psychosozialen Integrationsprobleme von Aussiedlern durch das Deutsche Institut für Fernstudien an der Universität Tübingen (Autorin Christa Günther 1992) liest sich ähnlich wie die Argumentation von Kossolapow: Die Aussiedlerfamilie ist in der Regel eine Großfamilie mit einem außerordentlich starken Familienzusammenhalt, die in Folge der Aussiedlung an Bedeutung verliert (vgl. S. 14). Die Ursachen liegen nicht nur in durch den Aussiedlungsprozeß hervorgerufenen zeitweiligen Trennungen, sondern vor allem in den Veränderungen des Selbst- und Rollenverständnisses innerhalb der Familie. Diese Veränderungen führen zu der Tendenz, daß die Großfamilien in der Bundesrepublik früher oder später auseinanderfallen. Die Übernahme eines individuelleren Lebensstiles und der offene Ausbruch von Generationskonflikten verursachen eine Entfremdung; die Wohnsituation in der Bundesrepublik und eine starke horizontale Mobilität, welche das Berufsleben verlangt, verstärken die Tendenz zur Kleinfamilie: Das Rollenverhalten in den Aussiedlerfamilien ist überwiegend traditionell, die Autorität der Eltern in den Herkunftsländern unangefochten, wobei die väterliche Autorität überwiegt. Der Mann als der offiziell Bestimmende gibt die Leitlinien vor und gilt bei Kontakten außerhalb der Familie als Ansprechpartner (S. 15). Nach innen treffen die Frauen häufig die Entscheidungen; ihre traditionellen Rollen als Hausfrau und Mutter werden in der Regel nicht hinterfragt. Frau und Mutter zu sein, Beruf und Familie miteinander zu verbinden, die Häuslichkeit zu pflegen und eine Intimsphäre zu schaffen, werde von Mädchen rollengemäß internalisiert. In der Regel erfährt die Frau mit zunehmendem Alter eine höhere soziale Stellung. Häufig haben die Großeltern in den Herkunftsländern die Betreuung der Enkel übernommen, haben Erfahrungen, Werte, Sitten und Gebräuche an diese weitergegeben. Diese wesentliche Funktion der Großeltern geht mit der zunehmenden Isolation der älteren Generation in der Großfamilie verloren, was auf ihrer Seite zu einem Rollenverlust führt.

Insbesondere die Frauen in der Familie haben unter den Belastungen, die mit dem erforderlichen modifizierten Rollenverhalten in der Bundesrepublik einhergehen, zu leiden. Sie erfahren eine höhere Arbeitslosigkeit und damit eine stärkere Isolation; das ungewohnte Angebundensein, in räumlich meist engen Verhältnissen, verweist sie auf Haushalt und Erziehung; die ausgleichende Rolle, die von ihnen bei der Aufarbeitung von Frustrationen, Problemen und Krisen gefordert ist, trägt überdies zur Belastung bei.

Die Konfrontation mit einem flexibleren Rollenverhalten in der Bundesrepublik führt, so Günther, zu Rollenverschiebungen bis hin zu Identitätsproblemen. Erschütterungen ihrer patriarchalischen Einstellungen erleben demnach Männer, deren Frauen eine neugewonnene Eigenständigkeit zu leben versuchen (S. 15). All diese Entwicklungsprozesse laufen vor dem Hintergrund tiefgreifender Ehe- und Partnerprobleme ab, oft sind die Frauen in Notsituationen, die durch Alkoholexzesse, Mißhandlungen durch Schlagen, Vergewaltigungen in der Ehe gekennzeichnet sind. Vielfach sind es die Frauen sogar gewohnt, geschlagen zu werden (S. 16). In der Bundesrepublik hingegen entdecken sie, daß sie andere Möglichkeiten haben und sich wehren können. Scheidungen werden nicht selten von Frauen eingereicht.

Die Autorin Rink-Scheidt (1990) spricht in einem kurzen Artikel zunächst sehr verständnisvoll über Aussiedlerinnen - insofern, als sie attestiert, daß Aussiedlerinnen in ihren Herkunftsländern hinsichtlich der Unabhängigkeit im beruflichen Bereich den Frauen in der Bundesrepublik einiges voraus haben. Nahezu jede Aussiedlerin ist berufstätig gewesen und bringt in der Regel eine solide und qualifizierte Schulausbildung mit. Sie hat auch Tätigkeiten ausgeübt, die in der Bundesrepublik der männlichen Domäne vorbehalten sind. Hier ist sie aber aufgrund ihrer Geschlechtszugehörigkeit nicht in der Lage, einen adäquaten Arbeitsplatz zu finden, was die Aussiedlerin, so Rink-Scheidt, besonders hart treffe. Sie muß die Geschichte ihrer Aussiedlung verarbeiten, Kinder und Haushalt versorgen, sie hat aber gleichzeitig ihre soziale Anerkennung verloren (vgl. S. 18). Die Frau erlebe einen stärkeren Identitätsverlust als die übrige Familie. Die Versuchung sei für sie groß, sich auf die Hausfrauenrolle zurückzuziehen. Die erlebte Anonymität, der vermißte zwischenmenschliche Kontakt und der fehlende soziale Zusammenhalt, so analysiert Rink-Scheidt, führt dazu, daß sich die Frauen an konservativen und religiös tradierten Normen und Wertvorstellungen festklammern. Sie reagieren mit Überängstlichkeit und psychosomatischen Störungen. In der Bundesrepublik beginnt erneut das Leben als Minderheit. Der Teufelskreis schließt sich, wenn die Töchter besonders kontrolliert und überwacht werden, damit sie nicht aus der Tradition ausbrechen und von Gleichaltrigen "verdorben" werden (ebd.). Den Mädchen wird z. B. der Disco- und Kinobesuch verboten oder nicht gestattet, sich zu schminken; erlaubt ist lediglich das Tragen modischer Kleidung, damit sie äußerlich nicht aus dem Rahmen fallen.

Diskussion

Wie die wenigen Auszüge deutlich machen, wird die Aussiedlerfamilie in ihren Orientierungen, Wertstrukturen und familiären Rollenvorgaben als sehr traditionell beschrieben. Zugleich werden den Familienmitgliedern zahlreiche psychische Probleme und strukturelle Anpassungsschwierigkeiten attestiert (vgl. dazu auch Georg Auernheimer 1990). Die Art der Argumentation und die genannten Schlußfolgerungen erscheinen bekannt, denn zu ähnlichen Ergebnissen kam die deutschsprachige Forschung zu Migranten in den 80er Jahren (vgl. oben). Die empirische Basis der Aussagen über Aussiedler bleibt im Vergleich zur Migrantenforschung allerdings weit undeutlicher bzw. ist überwiegend nicht gegeben. Auch in der Studie von Kossolapow wurden nicht die Frauen selbst befragt, sondern Jugendliche über ihre Eltern.
Wünschenswert wäre es, Einschätzungen über Aussiedler differenzierter zu erarbeiten und auf einer soliden empirischen Basis zu begründen. In den wenigen Untersuchungen, die vorliegen, wird nicht nach *Geschlecht* unterschieden - Aussiedlerinnen kommen als Zielgruppe nicht vor, sondern spielen allenfalls im Zusammenhang mit der Diskussion von Sprachkursen und Umschulungsmaßnahmen eine Rolle (vgl. z. B. Hans Göring 1991), oder sie werden im Zusammenhang mit der Problematik von Aussiedlerkindern und -jugendlichen erwähnt (wie z. B. bei Kossolapow 1992b). Vereinzelt finden sich Aussagen zu Frauen, die einer eigenartigen Stereotypisierung unterliegen: Aus der "fremden Frau", wie sie die Migrantinnen- und Migrantenforschung darstellte, die entweder als das unterdrückte "Opfer" des Patriarchats gesehen wurde oder als die "Beneidenswerte", mit dem erweiterten Potential und den Lebensmöglichkeiten einer Frauenwelt, entwickelte sich in der Aussiedlerforschung eine andere Variante eines Frauenbildes: Hier erscheint die Frau als hingebungsvolle Mutter, als diejenige, die für die Familie unwidersprochen mit allen Einschränkungen leben wird (vgl. Kossolapow 1992b). Nach Auffassung von Kossolapow ist die Aussiedlerin erwerbsorientiert, muß aber häufiger eine schlechtere Arbeit in Kauf nehmen, als es ihrer Qualifikation und ihren Erfahrungen entspricht. Sie scheint jedoch mit dem zufrieden zu sein, was sie hat, gleichfalls ihr Mann. Beide wollten, so Kossolapow, die materielle Basis der Familie unter allen Bedingungen verbessern und würden von daher auch schlechte Arbeitsbedingungen in Kauf nehmen (vgl. S. 173).
Die Aussiedlerin wird demnach als anpassungsbereite Frau beschrieben, als diejenige, die bereit ist, für die Integration ihrer Familie alles zu tun und wesentliche Einschränkungen in Kauf zu nehmen. Ihr wird allerdings - und dies

ist ein weiterer Unterschied zur Argumentation über Migrantinnen - attestiert, daß sie strukturell überfordert ist.

4.2.2 Die einreisenden Deutschen
Ausgangssituation

AussiedlerInnen aus der ehemaligen Sowjetunion wandern als deutsche Volkszugehörige im Rahmen des Bundesvertriebenengesetzes (BVFG) in die Bundesrepublik Deutschland ein (vgl. Bade 1992; Ulrich-Arthur Birk 1990). Als Staatsbürger der Bundesrepublik Deutschland wird ihnen im Vergleich zu ArbeitsmigrantInnen durch die bessere rechtliche Ausgangslage ein erheblicher Statusvorteil verschafft. Zudem erhalten sie nach dem Eingliederungsanpassungsgesetz einige Hilfeleistungen (u. a. Sprachkurse, Wohnraumversorgung, berufliche Fortbildungs- und Umschulungsmaßnahmen), welche ihre Eingliederung erleichtern sollen (vgl. Hubert Heinelt/Anne Lohmann 1992). (Die für diese Maßnahmen vorhandenen Mittel sind seit 1992 von Kürzungen betroffen.) Weiterhin ermöglicht die linear geförderte Familienaussiedlungspolitik den Familien über zwei bis drei Generationen hinaus, sich räumlich in den gleichen bzw. einander nahegelegenen Wohngebieten anzusiedeln.
AussiedlerInnen sind trotz ihrer besseren rechtlichen Ausgangslage im Berufsleben mit zahlreichen Schwierigkeiten konfrontiert, die für Frauen besonders groß sind: Qualifizierte Frauen, die in der ehemaligen Sowjetunion in gehobenen Berufen tätig waren, müssen sich mit der andersartigen Marktlogik in der Bundesrepublik Deutschland abfinden. Sie sind nicht nur mit der allgemeinen Arbeitslosigkeit konfrontiert, sondern werden darüber hinaus zu einem erheblichen Teil (wegen Sprachschwierigkeiten, Nichtanerkennung des Diploms) dequalifiziert. Viele Aussiedlerinnen müssen eine Umschulung machen, um in einen neuen Beruf, häufig mit Statusverlust und geringem Einkommen verbunden, einsteigen zu können. Sie werden z. T. eine intensive Phase des "Nur-Hausfrau-Daseins" erleben. Teilweise könnte diese Phase für die Aussiedlerin Vorteile bringen (mehr Zeit für sich und die Familie), jedoch ist zu vermuten, daß sie in erster Linie hohe Belastungen (enttäuschter Berufswunsch, Resignation und neuartigere, intensivere Familienarbeit) mit sich bringt.

Familienorientierung und sozialstatistische Merkmale

Die neuere Studie des Osteuropa-Instituts, München (1989/90) gibt nicht nur über die wirtschaftliche und politische Situation der Deutschen in der Sowjetunion Aufschluß, sondern auch über die soziale und kulturelle. In dieser Studie wurden insgesamt 879 Aussiedler befragt. Sie berichteten umfassend über ihre Lebensbedingungen und ihre Erfahrungen in der Sowjetunion sowie über ihre Erwartungen im Hinblick auf die Situation in der Bundesrepublik. Dietz (1991) (Autorin des Arbeitsberichtes Nr. 5 über "Erwartungen an die Neue Heimat") geht davon aus, daß die Aussagen der Befragungspersonen dieser Studie repräsentativ sind für die Aussiedler aus der Sowjetunion, welche am Ende der 80er Jahre in die Bundesrepublik kamen (vgl. S. 3). Die breite Streuung des sozialen und demographischen Hintergrundes der Befragten lasse es in jedem Fall zu, so Dietz, fundierte Aussagen über entsprechende Teilgruppen zu machen.

Die Altersstruktur der einreisenden Aussiedler unterscheidet sich von der der bundesdeutschen Bevölkerung: Der Anteil von Personen, die jünger als 45 Jahre waren, lag bei ihnen im Jahre 1989 mit 75 % erheblich über dem entsprechenden Anteil von 57 % in der Bundesrepublik im Jahre 1988, während sich der Anteil der 65jährigen weit unter dem bundesdeutschen Durchschnitt befand.

In der Befragungsstudie waren Personen aus Kasachstan und aus den mittelasiatischen Republiken überproportional vertreten (S. 8). Ihr Urbanisierungsgrad war hoch: 65 % der Befragten hatten in Städten gelebt.

Was die Familienorientierung der Aussiedler aus der ehemaligen Sowjetunion betrifft, so läßt sich aufgrund dieser Studie zunächst festhalten, daß fast alle befragten Aussiedler (98 %) zusammen mit ihren Familien ausreisten (S. 4). Dieses Ausreiseverhalten wird auch durch die Statistiken des Bundesausgleichsamtes bestätigt. Die Ausreiseentscheidung wird fast immer in der Familie und für alle Familienmitglieder gemeinsam getroffen. Es ist, so Dietz, auch nicht üblich, zuerst ein Familienmitglied zur "Einschätzung der Lage" vorauszuschicken, wie es Praxis bei vielen Immigrantengruppen ist. Das Verlassen der Sowjetunion wird als "Reise ohne Wiederkehr" aufgefaßt. Die Familien sind um einiges größer als bundesdeutsche, sie umfassen nach der Befragungsstudie durchschnittlich 4,7 Personen pro Haushalt, während ein bundesdeutscher Haushalt im Jahre 1989 nur aus 2,2 Personen bestand.

Zusätzlich zur engen Familienbindung spielt die Religionsgemeinschaft eine wichtige Rolle. Die meisten Aussiedler in der Befragungsstudie zählen sich einer Religionsgemeinschaft zu. Ihr religiöses Leben hat sich allerdings in der Sowjetunion häufig anders gestaltet als im bundesdeutschen Kontext. Für viele Aussiedler sind religiöse Riten und traditionelle deutsche Bräuche eng miteinander verknüpft, wie z.B. die Feier des Oster- und Weihnachtsfestes. In einer Umgebung, die weder die ethnische Zugehörigkeit teilt noch die religiöse, habe eine solche Verbindung einen hohen Stellenwert (S. 7).

Der Anteil der Beschäftigten unter den Befragten lag bei 82 %; auch die befragten Frauen gingen zum Großteil einer Erwerbstätigkeit nach. Nur ein Viertel der befragten Frauen war nicht erwerbstätig. Die Mehrzahl (70 %) der nichtbeschäftigten Frauen war jedoch bereits berentet, so Dietz; 5 % von ihnen studierten noch und nur 25 % betreuten den Haushalt und die Kinder (S. 12). Da in der Sowjetunion die Versorgung der Kinder durch staatliche Betreuung sichergestellt wurde, war es auch für Frauen mit kleinen Kindern üblich und überdies für den Unterhalt der Familie notwendig gewesen, Geld zu verdienen.

Die Kinderbetreuung wird in der Bundesrepublik durch die Großfamilie z. T. erleichtert; das Fehlen der im Herkunftsland vorhandenen Kinderversorgung bedeutet für viele Frauen eine große Umstellung; obschon sie nicht selten heftige Kritik an der sowjetischen staatlichen Kinderbetreuung geübt hatten, waren sie doch auf diese Möglichkeit angewiesen und rechneten beim Neubeginn in der Bundesrepublik mit einer solchen Betreuungsform.

Geschlechterverhältnis im familiären Beziehungsnetz

Position und Aufgabenbereich der Frau in der Familie

Informationen über die Stellung der Frau in der Familie, über Erziehungseinstellungen und -praktiken sowie über die tatsächliche Rollenstruktur in den Familien können immer nur am Rand aus verschiedenen, dem Thema nicht direkt gewidmeten Arbeiten entnommen werden. Sehr dienlich sind für eine erste Annäherung an diese Frage wiederum die Untersuchungen des Osteuropa-Instituts München und die Pilotstudie von Siegfried Greif u. a. (1991) sowie die Untersuchung von Klaus Boll (1991).
Zur Stellung der Frau in der Familie wird von Dietz/Hilkes (1992a) festgestellt, daß die Frauen in den deutschen Familien in der Sowjetunion, wie allgemein üblich, zum Großteil einer Erwerbstätigkeit nachgegangen sind (vgl. S. 63). Nur in den seltensten Fällen haben sie wegen Haushalts- oder Kinderbetreuung nicht im Berufsleben gestanden. Dies sei, so Dietz/Hilkes, im Falle der Deutschen um so bemerkenswerter, als traditionelle Werte und familiäre Bindungen für die meisten eine zentrale Rolle spielten.
Die ethnographische Untersuchung von Boll, die sich auf 60 Intensivinterviews (32 Frauen, 28 Männer) im Raum Baden-Württemberg stützt, steht in Zusammenhang mit den Studien des Osteuropa-Instituts und hat die Kultur und Lebensweise der Deutschen in der Sowjetunion und der Aussiedler in der Bundesrepublik Deutschland zum Thema. Nach dieser Studie kennzeichnen Gehorsam und Anerkennung der männlichen Autorität die Rolle der Frauen: Sie leisten den Großteil der familiären Arbeit; sie sehen sich gegenüber dem Ehemann zwar als gleichberechtigt, aber trauen sich nur selten, im Zuge veränderter Rahmenbedingungen nach der Ausreise die Autorität des Mannes anzuzweifeln und Konsequenzen zu fordern (vgl. Boll 1991, S. 14). Es liegt aber, so Boll, ein vielschichtiges, nach Generationen und Bildungsgrad zu differenzierendes Bild vor; die Ausreise in die Bundesrepublik hat in zahlreichen Fällen zu Verschiebungen in den familiären Entscheidungsstrukturen geführt.
Daß die Ausreisesituation zur Prüfstelle für familiäre Machtverhältnisse wird und bereits die Ausreiseentscheidung nicht ohne Auswirkung auf das familiäre Gleichgewicht bleibt, zeigen auch die Ergebnisse einer Moskauer Befragung mit ausreisebereiten Familien aus dem Jahre 1991: Insbesondere die Ausreiseentscheidung und die Ausreisemotivation lassen sich geschlechtsspezifisch differenzieren und deuten auf Uneinigkeiten und potentielle Konflikte hin. Die

Autorin der Studie, Elena Tiuriukanova, stellte fest, daß in den individuellen Angaben der befragten Frauen - im Gegensatz zu den 'Familienangaben' öfter Zweifel daran geäußert wurden, ob Auswandern die richtige Antwort auf die Probleme der Familie sei (zit. nach Sigrid Quack 1994, S. 254f.). Berichtet wurde auch von Konflikten bzgl. der Ausreiseentscheidung, die bis zu Scheidungsabsichten führten (S. 255). Frauen nannten weit häufiger als Motiv für die Ausreise, daß es der Familie besser gehen solle, sowie die Familienzusammenführung - Motive, die von den Männern seltener genannt wurden. Frauen beabsichtigten, in Deutschland eine Arbeitsstelle zu suchen, erwarteten aber bereits, so die Autorin der Studie, die berufliche Dequalifizierung und nahmen eine Verschiebung der Ausreisemotive auf familiäre Belange und die Zukunft der Kinder vor. Männer hingegen berichteten häufiger von dem Wunsch nach einer interessanteren und höher bezahlten Beschäftigung und dem Überdruß gegenüber dem russischen Alltag, aber auch häufiger von ethnisch motivierter Diskriminierung.

Familienbeziehungen und Wertorientierungen

Die Pilotstudie von Greif u. a. (Projektgruppe EVA-A "Erfolg und Verlauf der Aneignung neuer Umwelten durch Aussiedler") (1991) untersuchte 17 Familien aus der ehemaligen Sowjetunion, 29 Familien aus Polen und 14 Familien aus Rumänien.
Das Durchschnittsalter der befragten Väter betrug etwa 44 Jahre, das der Mütter 42 Jahre, das der befragten Mädchen und Jungen 13 Jahre. Die Familien lebten in der Regel zwischen einem halben Jahr und drei Jahren in der Bundesrepublik. Der Bericht der Projektgruppe beruht auf Interviews mit 60 Aussiedlerfamilien, auf insgesamt 60 Intensivinterviews zu ausgewählten Fragestellungen und Problemen sowie auf Fotografien des Wohnumfeldes der Wohnungen und der Wohnungseinrichtungen. Die Ergebnisse der Pilotstudie sind u. a., daß traditionsorientierte Familien größere Schwierigkeiten bei der Integration und Akkulturation aufweisen, daß das häufigste Ausreisemotiv sei "als Deutscher unter Deutschen zu leben", wobei sich bei der Konfrontation dieses Motivs mit der bundesrepublikanischen Wirklichkeit Identitätskrisen ergeben würden; je konkreter die Vorstellungen über das Leben der Familien in der Bundesrepublik waren, desto aktiver bemühten sich Aussiedler um eine zufriedenstellende Eingliederung.
Zu den *Familienbeziehungen* stellt die Projektgruppe fest, daß sich deutliche Veränderungen gegenüber der Zeit vor der Aussiedlung ergeben haben. 27 % der befragten Familien meinten, daß sich die Beziehungen untereinander verschlechterten. Die Eltern gaben an, sich mehr zu streiten, weniger zusammenzuhalten, weniger Zeit gemeinsam zu verbringen oder seltener über gemeinsame Schwierigkeiten zu reden, als dies früher der Fall war. 11 % hingegen berichteten von einem verbesserten Familienklima. Sie beschrieben mindestens einen der genannten Bereiche als positiv verändert. Veränderungen der

genannten Art, ob positive oder negative, werden, so die Projektgruppe, von den Eltern am häufigsten damit begründet, daß mehr gemeinsam verbrachte Zeit zur Verfügung steht (vgl. Rainer K. Silbereisen/Eva Schmitt-Rodermund, Projektgruppe EVA-A 1991, S. 35). Die Projektgruppe erfragte u. a. kollektivistisch-traditionsbewahrende Werthaltungen der Eltern versus individualistisch-explorative Werthaltungen. Als kollektivistisch-traditionsbewahrend wurden Werthaltungen wie "Familienzusammenhalt", "soziale Gerechtigkeit" oder "wahre Freundschaft" definiert; als individualistisch-explorativ "Wohlstand", "einen Beruf zu haben, der einen ausfüllt" oder "die Freiheit zu tun, was man für richtig hält" (S. 33). Nach Auffassung der Projektgruppe EVA-A steht die Dauer des Aufenthaltes in Zusammenhang mit dem Grad der kollektivistischen Orientierung. Je länger die Familien in Deutschland sind, desto weniger kollektivistische Werte werden von ihnen als wichtig bezeichnet. In bezug auf die Funktion der Mütter in den befragten Familien wird festgestellt, daß der Grad kollektivistischer Wertvorstellungen der Mutter mit den Familienbeziehungen in Zusammenhang steht. Familien mit eher kollektivistisch orientierten Müttern berichteten seltener über eine Verschlechterung des Familienlebens als Familien mit weniger kollektivistischen Müttern (40 % versus 37 %). Was den Vater betrifft, so die Projektgruppe, sind die Verhältnisse überraschenderweise genau umgekehrt. Familien mit einem Vater, der eher kollektivistische Lebensleitlinien hat, klagten häufiger über eine Verschlechterung des familiären Lebens (32 %) als Familien mit wenig kollektivistisch eingestellten Vätern, die nur in 17 % der Fälle über eine Verschlechterung der familiären Bedingungen berichteten. Die Projektgruppe zieht daraus den Schluß, daß nicht generell gesagt werden kann, daß sehr gemeinschaftsbezogene Lebensleitlinien einen besseren Schutz vor Konflikten bieten; vielmehr sei es offenbar die Sorge der Mutter um das Wohl der eigenen Familie wie auch um die Allgemeinheit, welche die Basis für bessere Familienbeziehungen schafft (S. 37). Der genannte Zusammenhang besteht nach Auffassung der Projektgruppe unabhängig vom Herkunftsland. Familien mit weniger kollektivistisch orientierter Mutter berichteten immer von einer verschlechterten Familienbeziehung. Die Mütter sorgen dafür, so vermutet die Projektgruppe, daß ihre Familien den Streß der Akkulturation weitgehend unbeschadet überstehen (S. 47).

Religiosität und Alltag

Religiosität wird, so Boll (1991), sowohl in Deutschland als auch bereits vor der Ausreise aus der Sowjetunion, weniger in großen Kirchengemeinden, als vielmehr im privaten Rahmen praktiziert. Die Kirchen, denen die Deutschen in der Sowjetunion angehören, sind von einem geringeren Institutionalisierungsgrad als westliche Kirchen, nicht zuletzt wegen ihres jahrzehntelangen Verbots. Das Familienleben steht von daher in enger Verbindung zu praktizierten religiösen Ausdrucksformen. Religiöse Orientierung war und ist, so ist der Untersuchung von Boll zu entnehmen, Teil des gelebten Alltags und der Alltagskultur. Die Religiosität der befragten Deutschen ist weniger kirchlicher als grundsätzlicher, moralischer Natur, sie durchdringt alle Lebensbereiche (vgl. S. 14). Religiöses Leben wird in Form von privaten Gottesdienstversammlungen bei Verwandten, von Morgen- und Abendgebeten, Erzählungen der Großeltern aus früherer Zeit und aus der Bibel kennengelernt, aber nicht durch eine direkte kirchliche Sozialisation.

Erziehung in der Familie

Vermittlung von Glauben und Werthaltungen und Bewahrung des Deutschtums

Das wichtigste im Leben der Deutschen sind ihre Familien, die religiösen Gemeinden, die Arbeit, (Dietz/Hilkes 1992a). In der Familie wurde die religiöse Bindung, so unterstrichen die von Dietz/Hilkes Interviewten (vgl. S. 90), in erster Linie von den *Müttern* tradiert. Ein Großteil der Befragten (99,6 %) bezeichnete seine Mutter als gläubig, wohingegen dies weniger häufig (78,8 %) auf den Vater zutraf (S. 137).
Die Erziehung der Enkel war nach Boll (1991) für viele Deutsche der älteren Generation ein wesentlicher Bestandteil ihres Alltags. Sie spielten eine wichtige Rolle bei der Vermittlung religiöser Traditionen, aber auch genereller Werthaltungen sowie ethnischer Orientierungen. Die Großeltern zeigten sich, so Boll, immer engagiert bei dem Versuch, Reste vom Schwinden ihrer deutschen Kultur und Lebensweise und damit ihrer ethnischen Identität zu retten (vgl. S. 21). Großeltern hatten dazu auch wesentlich bessere Ausgangsbedingungen als ihre Kinder, die nach 1935 geboren wurden, denn die ältere Generation hatte in Elternhaus und Schule noch Deutsch gelernt und kannte das Leben in geschlossenen deutschen Siedlungen mit dem damit meist verbundenen Gefühl ethnischer Solidarität (ebd.).
Gegenwärtig etwa 30jährige haben demgegenüber den Nachteil gehabt, häufig keine Erziehung mehr durch die Großeltern erhalten zu haben, sondern gleich in den Kindergarten gekommen zu sein, so daß sie sich häufig in bezug auf spezifisch deutsche Sitten und Gebräuche nicht mehr "auskennen". Darüber hinaus habe, so Boll, die Vermittlung religiöser und kultureller Praktiken im Elternhaus durch die deutschfeindliche Stimmung in der Gesamtgesellschaft in den 50er und 60er Jahren sehr gelitten. Viele Eltern in dieser Generation konnten es sich nicht mehr leisten, ihr Deutschtum im eigenen Haus zu pflegen, aus Angst davor, daß dies in der Schule durch die Kinder preisgegeben würde. Die allgemeine Werthaltung der Deutschen sei durch die religiösen Grundsätze einerseits, aber auch durch eine strenge Arbeitsmoral zu kennzeichnen. Schon in der Sowjetunion erlebten sie sich, so Boll, im Vergleich zu den Angehörigen anderer Nationalitäten als fleißigere, gewissenhaftere und

zuverlässigere Arbeiter, die deswegen auch an ihrem Arbeitsplatz und von den Arbeitgebern geschätzt worden waren.

Erziehungsstil und Erziehungswertorientierungen

Nach Einschätzung von Boll (1991) aufgrund der Aussagen seiner Befragten sind die meisten rußlanddeutschen Familien durch strengere Maßstäbe in der Erziehung in punkto väterlicher Autorität und auch bei der Rollenaufteilung zwischen Mann und Frau zu kennzeichnen. Körperliche Züchtigung wird vielfach als Erziehungsmittel akzeptiert und angewandt; Gehorsam und Respekt den Eltern gegenüber gehört zu den obersten Geboten der Kinder und Jugendlichen (vgl. S. 13). Nicht nur untere soziale Schichten zeichnen sich dadurch aus, sondern auch Akademiker (ebd., Anm. 31). Die Erziehungshaltung der Eltern führt in Einzelfällen zu Konflikten mit einheimischen Nachbarn oder Bekannten.

Familienklima und Generationenverhältnis

Die Projektgruppe EVA-A kommt bezüglich der Jugendlichen zu einem interessanten Befund, der das Familienklima aus dieser Perspektive weiter beleuchtet: Familien mit seit der Aussiedlung verschlechterter Beziehungsqualität berichten häufiger darüber, daß ihre jugendlichen Kinder körperlich schon weiter entwickelt sind als gleichaltrige Jugendliche, wohingegen umgekehrt in Familien mit verbesserter Familienbeziehung häufiger über spätentwickelte Jugendliche berichtet wird - ein möglicher Hinweis, so die Projektgruppe, auf die Verlangsamung der Entwicklung aufgrund familiärer Kohäsion (vgl. Silbereisen/Rodermund 1991, S. 45). Nach der Studie sorgen sich die Eltern um ihre älteren Kinder, wobei sie die meiste Angst um die Söhne haben, für die sie problematische Entwicklungen in mehr Bereichen fürchten als bei den Töchtern. Angst um die Kinder ist aber, so die Projektgruppe EVA-A, kein Kennzeichen eines schon längeren Aufenthaltes in der Bundesrepublik. Dagegen hängt die Zahl der Bereiche, in denen die Eltern glaubten, keinen Einfluß mehr auf ihre Kinder zu haben, von der Aufenthaltsdauer in Deutschland ab (S. 43): Bei einem Aufenthalt, der nicht länger als eineinhalb Jahre beträgt, haben die Eltern noch den Eindruck, ihre Kinder beeinflussen zu können (in den Bereichen Freizeitgestaltung, Schule oder Umgang); sind die Eltern länger in der Bundesrepublik, kommt es zu einem Bruch: Von 30 Familien gaben nur noch 14 an, in mindestens einem Bereich den Jugendlichen freie Hand zu lassen. Diese Angaben waren von Alter und Geschlecht der Jugendlichen unabhängig (S. 44).

Familie und Freizeit

Die Bedeutung der Familie hat im Alltag der Deutschen nur unwesentlich abgenommen, soziale Beziehungen und gemeinsame Aktivitäten konzentrieren sich auch in Deutschland sehr stark auf den eigenen Familienverband. Das Freizeitverhalten ist durch die Wahrung der Privatsphäre, aber auch in starkem Maße von den materiellen Bedingungen bestimmt. Viele Aussiedler sind daran interessiert, ein eigenes Haus in Deutschland zu haben (wie sie es bereits in der Sowjetunion hatten), was dazu führt, daß sie sehr viel Freizeit im Kreis der Familie und der weiteren Verwandtschaft mit Hausbau und Weiterarbeit am Haus verbringen. Primäre Freizeitbeschäftigung ist, so Boll (1991), nach Aussagen seiner Befragten der gegenseitige Besuch von Verwandten und Bekannten in der Wohnung oder den Häusern. In der Öffentlichkeit werden Aussiedler von daher wenig wahrgenommen. Traditionelle Feste wie Ostern und Weihnachten, aber auch sowjetische Feiertage begehen die Befragten ausschließlich im Kreise ihrer (deutschen) Familie. Zusätzlich finden zahlreiche Feste der landsmannschaftlichen Ortsgruppen statt, vor allem jüngere Befragungspersonen berichteten, im Winterhalbjahr jedes freie Wochenende zu einem Treffen der Rußlanddeutschen zu fahren. Feste mit vorwiegend bundesdeutschem Publikum werden, so Boll, weitaus seltener besucht (vgl. S. 24).

Diskussion

Zusammenfassend läßt sich aufgrund der ersten Ergebnisse der EVA-A-Pilotstudie festhalten, daß differenziert werden muß zwischen Werthaltungen, welche die Familien einnehmen (in der vorliegenden Studie kollektivistisch-traditionalistische versus individualistisch-explorative Werthaltungen), der generellen Familienorientierung der Familien (und wie sie im Alltag gestaltet wird), aber auch der Funktion, die Werthaltungen für das Familienleben haben können. Die EVA-A-Pilotstudie hat zum Ergebnis, daß in den Familien, in denen Mütter eine höhere kollektivistisch-traditionalistische Werthaltung einnehmen, geringere Familienkonflikte bzw. bessere Familienbeziehungen zu beobachten sind. Dieses Ergebnis steht in einem Gegensatz zu dem anderen Ergebnis der Pilotstudie, nach dem auf längere Sicht der Integrationserfolg in Aussiedlerfamilien geringer ist, in denen traditionsorientierte Werthaltungen beibehalten werden, wobei als Integrationserfolg die eigene Wohnung, hinreichendes Einkommen, Arbeit genannt wird. Kollektivistisch traditionsorientierte Werthaltungen treten, so die EVA-A-Pilotstudie, besonders in solchen Familien auf, die aus ländlicher oder kleinstädtischer Umgebung mit einer starken deutschen Minderheit in ihrem Herkunftsort stammen (S. 7). Familien, die ihre traditionellen Werthaltungen seit ihrer Ankunft in Deutschland beibehalten oder gar verstärken, laufen, so EVA-A, Gefahr, daß ihnen auch auf längere Sicht der Integrationserfolg versagt bleibt. Widersprüchlich erscheinen diese Ergebnisse insofern, als die behauptete Gering-

haltung innerfamiliärer Konflikte aufgrund der traditionalistischen Orientierung der Mutter es nahelegt anzunehmen, daß Familien ohne große Konflikte besser gerüstet sind, sich in die bundesdeutsche Gesellschaft zu integrieren. Dieses widersprüchliche Ergebnis macht um so deutlicher, daß in folgenden Analysen differenziert geklärt werden muß, was die Auswirkungen von Werthaltungen, von Familienorientierungen sowie der Funktion dieser wertbezogenen Einstellungen für die Familie sind. Analysiert werden muß der Zusammenhang zwischen Integrationsbemühungen und Integrationserfolg sowie die spezifischen Aufgaben und Funktionen der Geschlechter im Zusammenhang mit Integration. Zu fragen wäre z. B., ob die von der Projektgruppe EVA-A konstatierte kollektivistisch-traditionalistische Werthaltung der Mutter nicht der mütterlichen Vermittlerrolle in der Familie - insbesondere in Situationen der Veränderung - entspricht und ob deren Gleichsetzung mit der o. g. Werthaltung nicht eine zu kurz gegriffene Kategorisierung ist (vgl. die Aufgaben der Frau in der Familie unter dem Einfluß der Moderne in den Ausführungen zu Mutterschaft in der Türkei sowie unter der Bedingung von Einwanderung/Migration). Gleiches gilt für die Untersuchung von Boll in bezug auf seine Einschätzung von Gehorsam und Anerkennung der männlichen Autorität durch die Frau in den von ihm befragten Familien - die er allerdings differenziert sehen möchte. Für diese Untersuchung müßte ebenfalls geklärt werden, was genau aus der Perspektive der Frau gemeint ist, wie die Zusammenhänge zu konkreten Situationen sind und welche Funktion diese Einstellung der Befragten in der Situation der Niederlassung und den damit verbundenen extremen Verunsicherungen hat.
Die kulturanthropologische und psychologische Studie von Ines Graudenz/ Regina Römhild (1990, 1991, 1993), in der das Selbstverständnis, die Erwartungen und Erfahrungen von Spätaussiedlern aus Polen und der ehemaligen Sowjetunion untersucht wurden, macht die Notwendigkeit einer solchen Differenzierung in besonderer Weise deutlich. Ergebnisse dieser Studie liegen bisher nicht vor; lediglich erste Eindrücke und vorläufige Überlegungen sind veröffentlicht. Dennoch zeigt der Ansatz von Graudenz/Römhild auch in diesem Stadium der Forschung bereits, daß es notwendig ist, zwischen den Anpassungsleistungen, dem, was Belastung für die Familien ist und dem, was eine Herausforderung ist, sorgfältig zu unterscheiden und die Bedeutungen zu explorieren (vgl. 1990, S. 315ff.). Inhaltlich ist die Studie darauf ausgerichtet, die interaktive Identitätsarbeit von Spätaussiedlern zu analysieren; sie zielt weniger ab auf Familienorientierung, so daß ihr Aussagen zu Mutterschaft und Rolle der Frau in der Familie bisher nicht entnommen werden können. Von Vorteil ist der Vergleich zwischen verschiedenen Gruppen von Spätaussiedlern, so daß die Ausgangsbedingungen der Herkunftsgesellschaft korrigierend in die Interpretation von z. B. Integrationsbemühungen einbezogen werden und etwas komplexere Zusammenhänge aufgezeigt werden können: Für sowjetdeutsche Aussiedler stellen die beiden Autorinnen fest, daß diese Gruppe die anhaltende Diskriminierung der Deutschen wesentlich stärker als die polnische Vergleichsgruppe empfunden hat, aber auch das (bisherige)

Scheitern ihrer Autonomiebestrebungen. Ihr starker Wunsch, daß die Kinder Deutsche bleiben mögen, verweise auf den hohen Assimilationsdruck, den sie in der ehemaligen Sowjetunion für sich wahrnahmen. Ihre ausgeprägte Familienorientierung stehe zugleich in Zusammenhang mit ihrer Kritik an dem hiesigen individualistischen, fragmentierten Lebensstil.

4.3 Perspektiven und Ergebnisse der internationalen Forschungsdiskussion

Seit Beginn der 80er Jahre zeigen internationale Forschungsergebnisse, insbesondere im englischsprachigen und US-amerikanischen Raum, daß eine Einwanderungssituation nicht aus einem einfachen und linearen Traditions-Modernitätskontinuum, sondern aus einem mehrdimensionalen und ineinandergreifenden Bezugsrahmen zu erklären ist. Die theoretischen und methodologischen Voraussetzungen in der Literatur sind verschieden und vielfältig, jedoch rückt die Prozeßhaftigkeit des Einwanderungsgeschehens mehr und mehr ins Zentrum. Empirische Untersuchungen, auf der Basis weniger Fälle mit Hilfe qualitativer und biographisch orientierter Forschungsmethoden durchgeführt, aber auch mit standardisierten Befragungen und größeren Stichproben, stützen sich auf theoriegeleitete Annahmen über die von Frauen gewählten und zu gestaltenden Strategien der Bewältigung ihrer Arbeits- und Lebenssituation innerhalb des familiären und weiteren gesellschaftlichen Kontextes. Im Zusammenhang mit folgenden Themenbereichen finden sich Ergebnisse zu Mutterschaft unter der Bedingung von Einwanderung/Migration - wobei Mutterschaft als Teilaspekt weiterer Veränderungen untersucht wird:
- Einwanderungspolitik und Gesetz (vgl. Evelyn Nakano Glenn 1983);
- die geschlechtsspezifische Arbeitsteilung in den Haushalten der jeweiligen Einwanderergruppen und ihre Neuverhandlung im Einwanderungsprozeß (vgl. Nancy Foner 1975, Parminder K. Bhachu 1986);
- die Auseinandersetzung mit dem Mutter- und Hausfrauenbild der Aufnahmegesellschaft im Einwanderungsprozeß (vgl. Patricia R. Pessar 1984, Pnina Werbner 1988);
- die Übereinstimmung der Lohnarbeit mit ländlichen und traditionellen Werten über weibliche Arbeit (vgl. Louise Lamphere 1986);
- emotionale Konflikte erwerbstätiger Mütter aufgrund fehlender Kinderbetreuungseinrichtungen und weiblicher Netzwerke in der Aufnahmegesellschaft (vgl. Foner 1986, Shrikala Warrier 1988);
- Unterschiede zwischen Einwanderinnen der ersten und der weiteren Generationen (vgl. Floya Anthias 1983, Sasha Josephides 1988);
- die Wichtigkeit der frauenzentrierten Netzwerke in der Einwanderungssituation (vgl. Sylvia Junko Yanagisako 1977);
- eheliche Machtstrategien von Einwanderinnen und Wandel des Geschlechterverhältnisses (vgl. Nazli Kibria 1990, Bhachu 1988).

In den genannten Untersuchungen geht es nicht darum, die Endresultate von Veränderungen im Leben von Frauen wiederzugeben (z. B. ob eine Lohnarbeit der Einwanderinnen zu einem gleichberechtigteren Verhältnis zwischen Mann und Frau führt), es kommt vielmehr darauf an, die Problematik der Veränderungen von Geschlechterrollen unter Einwanderungsbedingungen in ein komplexes Bedingungsgefüge einzulagern und zu erklären. Somit ergeben sich auch veränderte Forschungsfragen:
Wie erleben und erfahren Frauen die Veränderungen in ihrem Lebenszusammenhang?
Welche Vorteile gewinnen sie für sich in diesem Prozeß?
Wie gehen sie mit den gesellschaftlichen Zwängen um?
Welche Strategien entwickeln sie in ihren jeweiligen Handlungsfeldern, die sich nach sozialer Lage der Frau differenzieren und heterogen und widersprüchlich sein können?
Welche Strategien werden aus dem Herkunftskontext beibehalten, welche verändern sich?
Wie werden Strategien entwickelt und definiert, um Kompetenzen zur Bewältigung der neuen Situation zu erlangen?
Die vor allem in der zweiten Hälfte der 70er Jahre bis Ende der 80er Jahre in den USA, Kanada und Großbritannien durchgeführten empirischen Untersuchungen verschiedener Disziplinen, in denen das Thema Mutterschaft zum Gegenstand wurde, unterscheiden sich in der Größe und Bandbreite der Stichproben, in der Nationalität der Untersuchungsgruppen, im theoretischen Ansatz, im methodischen Zugang. In zwanzig verschiedenen Untersuchungen aus diesem internationalen Bereich wird das Thema Mutterschaft behandelt, wenn z. T. auch nur in Zusammenhang mit anderen Fragestellungen. Mutterschaft wird aus verschiedenen Perspektiven analysiert und in verschiedenen Aspekten problematisiert. Die unterschiedlichsten Gruppen von Einwanderinnen wurden - in zwei Untersuchungen im Vergleich zu einheimischen Frauen - in ihrem Niederlassungsprozeß und im Zusammenhang mit den dabei für sie stattfindenden Veränderungen, auch in der Geschlechtsrollenorientierung, erfaßt. Zusammenfassend ergeben sich folgende Aussagen:
1. Die Mutterschaft von Einwandererinnen/Migrantinnen bedeutet eine hohe *Belastung* für die Frauen. Frauen, so das Ergebnis von Nelly Salgado de Snyder/Richard C. Cervantes/Amado M. Padilla (1990), haben mehr Streß in der Familie; erwerbstätige Mütter leben in einer "double-bind"-Situation (vgl. Helen Ralston 1988), im ständigen Konflikt zwischen der notwendigen Berufstätigkeit und der Angst, als Mütter versagt zu haben (vgl. Karen Stone 1983).
2. Mütter nehmen eine zentrale, die wichtigste Rolle in der Familie ein. Sie sind *Vermittlerinnen* in verschiedener Hinsicht: zwischen öffentlichem und privatem Leben der Familie (vgl. Judith Maria Hess-Buechler 1976, Werbner 1988, Sylvia Junko Yanagisako 1977); sie sind Vermittlerinnen zwischen zwei Welten, d. h. sie leben nicht *zwischen* zwei Welten, sondern *in* zwei Welten und balancieren diese aus - im Hinblick auf das alltägliche

Zurechtkommen aller Familienmitglieder (vgl. Smith 1980); Mütter haben eine Pufferfunktion in der Familie inne, sie vermitteln zwischen den verschiedenen Bedürfnissen der einzelnen Familienmitglieder (vgl. Estelle M. Smith 1980). Mütter sind als erwerbstätige Mütter zugleich auf dem Arbeitsmarkt eingeschränkt und behindert, da ihnen häufig die notwendigen Kinderbetreuungsmöglichkeiten fehlen (vgl. Stone 1983).

3. Mütter entwickeln kreative *Strategien*, um das Überleben der Familie zu sichern (vgl. Kibria 1990), welches mit der "Trivialarbeit" der Frau gewährleistet wird (vgl. Smith 1980); mit den "Trivialinformationen", die sie an ihre Familie weitergibt, hilft sie zugleich die Balance zwischen den Welten und Kulturen zu erhalten; Mütter kämpfen für die Zukunft ihrer Kinder auf dem Arbeitsmarkt (vgl. Pessar 1984).

4. Einwanderinnen/Migrantinnen als Mütter sind v. a. dadurch belastet, daß ihnen im Vergleich zu den Herkunftsgesellschaften meistens die *Netzwerke* fehlen (vgl. Freidenberg/Imperiale/Skovron 1988). Das Fehlen der Netzwerke hat nach Foner (1975) sowohl Vor- als auch Nachteile (einer der Vorteile ist, so Foner, daß der Mann mehr auf die Frau angewiesen ist bzw. von ihr abhängiger wird). In der Folge bauen Frauen Netzwerke auf oder kreieren informelle Alternativen (vgl. Warrier 1988).

5. Die Veränderungen, die sich für die Frauen im Niederlassungsprozeß ergeben, sind heterogen und nicht uniform (vgl. Smith 1980). Die Frau erfährt *Gewinne und Verluste* (vgl. Foner 1986). Sie erlebt Gewinne im ehelichen Machtverhältnis, Entscheidungen werden gemeinsam getroffen, die elterliche Erziehungsarbeit wird geteilt, es finden Veränderungen in der Arbeitsteilung innerhalb der Familie statt - wobei es zu vielen verschiedenen Formen von Arbeitsteilungen kommen kann (vgl. Glenn 1983). Häufig ändert sich die ungleiche geschlechtsspezifische Arbeitsteilung auch nicht (vgl. Foner 1986 und Josephides 1988) - insbesondere, wenn Einwanderinnen in Familienbetrieben arbeiten.

6. Die *erste Generation* von Einwanderinnen hat in der Regel eine höhere Belastung zu tragen, so Anthias (1983), die Belastung der ersten Generation lasse sich als "triple burden" bezeichnen. Eine bessere Position ergibt sich für die *zweite Generation* im Aufnahmeland, für die Töchter im Vergleich zu den Müttern.

7. Der Erhalt und die Pflege von *Traditionen* und *religiös-kulturellen Netzwerken* ist für das Überleben der Familie wichtig, die Mütter leisten einen großen Teil der Arbeit dazu (vgl. Ralston 1988).

8. Kinder finden eine *Basis in der Familie* und in deren Traditionen.

9. Für die Einwanderin selbst bedeutet ihre Mutterschaft eine *Stärkung des Selbstwertgefühls* und eine wesentliche Stütze ihrer Identität (vgl. Foner 1986) - die Arbeit, die Elternschaft mit sich bringt, wird allerdings als Frauenarbeit definiert.

10. Die Identifikation als Mutter und Ehefrau hat Priorität, weniger die Identifikation als Erwerbstätige (in der ersten Generation); aber *Mutterschaft wird*, wie auch die Rolle der Ehefrau, *neu definiert* (vgl. Pessar 1984).

11. *Veränderungen, die sich durch Mutterschaft ergeben, sind heterogen.* Es besteht eine erhöhte Verantwortung in der Kindererziehung und in der Fürsorge für Kinder - gleichzeitig fehlen der Frau die Netzwerke zur Kinderversorgung (vgl. Foner 1975). Es finden Verschiebungen der Abhängigkeitsverhältnisse in Familien statt, die wiederum von der Frau als Mutter aufgefangen werden müssen (vgl. Steven J. Gold 1989). Veränderungen in den Geschlechtsrollen sind keineswegs durch kulturelle Determinanten zu erklären (vgl. Vilma Ortiz/Rosemary Santana Cooney 1984), sondern durch das Ausbildungsniveau der betroffenen Frauen. Verbesserungen ergeben sich für die Frau dadurch, daß die elterliche Verantwortung geteilt wird, es häufiger zu einer flexibleren Arbeitsteilung kommt und gemeinsame Entscheidungen getroffen werden (vgl. Judith Maria Hess-Buechler 1976). Verbesserungen sind auch in den Bedingungen, die die Frau als Ehefrau und Mutter hat (vgl. Bhachu 1988), zu verzeichnen; die ehelichen Machtverhältnisse verschieben sich, das Territorium der Frau erweitert sich, die Arbeitsteilung zwischen den Familienmitgliedern und zwischen den Geschlechtern wird flexibler gehandhabt. Auch die Separation der Geschlechter in der Öffentlichkeit lockert sich. Es kommt zu einer Neuverhandlung der Geschlechtsrollen im Migrationsprozeß ("patriarchal bargain"). Traditionelle Normen und Werte werden von der Frau geschützt, um ihre wirtschaftliche Vorsorge und die elterliche Macht über die Kinder nicht zu verlieren. Insgesamt werden die weiblichen Ressourcen durch den Migrations-/Einwanderungsprozeß gestärkt, die männlichen im Vergleich dazu geschwächt (aufgrund der z. T. schlechteren wirtschaftlichen und sozialen Position der Männer, vgl. Kibria 1990).

Fazit

Die Ergebnisse der internationalen Forschung zeigen eindeutig die Komplexität und Heterogenität von Veränderungen auf, die sich in den durch Mutterschaft betroffenen Lebensbezügen der Einwanderin/Migrantin ergeben. Transformationen ergeben sich im familiären und gesellschaftlichen Kontext, und ihre Reichweite ist auch nur in diesem Kontext interpretierbar. In der Familie zeigen sich Veränderungen, die sich in allen anderen Lebensbereichen ergeben, verschärft, so auch alle Veränderungen, die sich im Zusammenhang mit Geschlechtsrollenorientierungen einstellen: Auf der Ebene des familiären Zusammenlebens werden die Individuen in ihrem Veränderungspotential verstärkt herausgefordert, Konflikte werden auf den Punkt gebracht und ausgehandelt. Zugleich finden alle Familienmitglieder in der Familie ihre emotionale und ethnische Basis und damit die notwendige Voraussetzung für ihr Überleben in einer Minoritätenlebenslage. Das mütterliche Handeln erweist sich in dieser Situation als eine existentielle Voraussetzung, das Fehlen weiblicher Netzwerke als ein gravierender Mangel.

Wie die Einwanderin/Migrantin selbst Veränderungen erlebt, inwiefern diese Veränderungen mit Gewinnen oder Verlusten einhergehen, wie die Frau für sich persönlich die daraus resultierenden Ambivalenzen erfährt, und wie sie diese vereinbart mit der potentiell gegebenen Chance auf eine autonome, von Mann/Familie unabhängige Lebensplanung (auch aufgrund ihrer Erwerbstätigkeit), ist bisher im deutschsprachigen Raum nicht systematisch untersucht worden. Ebenfalls ist die Frage, in welcher Weise die zitierten Anforderungen auf andere Konstruktionen von Weiblichkeit und Mütterlichkeit, auf andere Selbstkonzepte treffen, bisher nicht erforscht. Die vorangegangenen sowie die folgenden Überlegungen sollen dazu beitragen, eine theoretische Basis für eine systematische und empirische Bearbeitung dieser Fragen zu liefern.

4.4 Konstitutive Merkmale von Mutterschaft unter der Bedingung von Einwanderung/Migration und Hypothesen zu den untersuchten Gruppen

Die folgenden Merkmale, die Mutterschaft unter der Bedingung von Einwanderung/Migration erfassen, wurden auf dem Hintergrund der bisherigen Ausführungen zu den Herkunftsgesellschaften der untersuchten Gruppen, den bis dato vorliegenden Studien zu vielfältigen Aspekten der Situation von EinwanderInnen und MigrantInnen und der Einwanderer-/Migrantenfamilie und den begleitenden Ausführungen zur Forschungsdiskussion erstellt.
In die Entwicklung der Merkmale gingen darüber hinaus die Erfahrungen ein, die durch die verschiedenen Untersuchungsschritte der FAFRA-Projektforschung (vgl. den folgenden Teil II) ermöglicht wurden.[47] Hierzu zählen insbesondere die *Erstinterviews*, die als Basis der Hauptuntersuchung dienten und zu Beginn der Forschung durchgeführt wurden. Im Rahmen der Projektforschung dienten diese Interviews der Erstellung der Einstellungsskalen in den Bereichen Mutterschaft, Vereinbarkeit von Familie und Beruf, weibliches Selbstkonzept und Erziehungsvorstellungen.
14 von 20 Erstinterviews fanden mit Aussiedlerinnen statt, da der Forschungsstand in diesem Gebiet mangelhaft ist und Frauen in den vorhandenen Studien kaum repräsentiert sind. Die spezifischen Ergebnisse dieser "Aussiedlerinnen-Interviews" bieten gegenüber den bisher dargestellten Forschungen, vornehmlich zur Einschätzung ihrer Mutterschaft und ihrer Auffassung von Weiblichkeit, eine weiterführende Perspektive.
Über die Erstinterviews hinaus waren für die Entwicklung der Merkmale und Hypothesen eine Reihe von vier *Gruppendiskussionen* eine reiche Quelle; sie wurden mit jeweils einer Runde von "Expertinnen" aus der Gruppe der Aus-

---

[47] An dieser Stelle wird insofern dem empirischen Teil dieser Arbeit vorgegriffen. Die Merkmale und Hypothesen stellen somit das zentrale "Verbindungsstück" zwischen dem ersten und den folgenden Teilen der Arbeit dar.

siedlerinnen und Frauen aus der Türkei parallel zur Auswertungsphase der Hauptuntersuchung geführt.
Die Struktur der folgenden Ausführungen geschieht analog zu der in der Einleitung vorgestellten Perspektivendifferenzierung in "emic" und "etic", woraus sich die notwendige Unterscheidung in universalistisch orientierte Merkmale und spezifische Hypothesen ergibt. Im folgenden Teil II der Arbeit wird diese Perspektive methodisch diskutiert und begründet (vgl. die Ausführungen zur "Validität" interkultureller Untersuchungen); zusätzlich findet sich dort das "emic-etic"-Strukturgitter, das die verschiedenen Ebenen der Argumentation der Arbeit und die Entwicklung der Konzepte und Kategorien anschaulich macht.

Merkmal 1: Veränderungen in der Biographie

Arbeitsmigration und Einwanderung haben unmittelbare und einschneidende Konsequenzen für die weibliche Biographie. Die für ihre Mutterschaft relevanten Bezüge und lebensgeschichtlichen Ereignisse sind von Veränderungen betroffen, während die Orientierung der Frau an Ehe und Familie erhalten bleibt.

Hypothesen:

Arbeitsmigrantinnen-Hypothese T 1

Arbeitsmigrantinnen verhalten sich rational und planend hinsichtlich der Erfordernisse ihrer Umgebung: In den Konsequenzen der Frauenrolle für ihre Biographie passen sie sich an die Standards des Aufnahmelandes an. Sie erfahren, und dies ist über den relativ kurzen Erfahrungszeitraum der bundesdeutschen Arbeitsmigration gesichert, eine Standardisierung ihrer Biographie im Hinblick auf westliche, urbane und industrialisierte Lebensverhältnisse (vgl. Nauck 1991a und 1993). (Dies gilt nicht für die Pionierwanderinnen der 60er Jahre, sie waren bereits verheiratet bei ihrem Eintreffen in der BRD.)
Sie reduzieren ihre Kinderzahl (die Bedeutung von Kindern ändert sich, vgl. Nauck 1992) und verlegen ihr Heiratsalter auf einen späteren Zeitpunkt in ihrem Lebenslauf. Die Phase der aktiven Mutterschaft verkürzt sich, und die Mütter werden, meist lebenslang, zu erwerbstätigen Müttern. Der Faktor der schulischen Bildung der Frau hat die stärksten Effekte auf die Reorganisation des Lebenslaufs, d. h. gut ausgebildete Frauen passen sich schneller der o. g. Standardisierung an. Arbeitsmigrantinnen wollen weiterhin Familie und Kinder haben, wenn sie auch im Aufnahmeland eine andersartige Planung entwickeln.

Trotz aller Anpassungsleistungen ist es überwiegend nicht ihr Wunsch, in der Bundesrepublik ihren Lebensabend zu verbringen und hier zu sterben; sie planen in Richtung einer Rückkehr im Alter (Nauck 1993).

Aussiedlerinnen - Hypothese A 1

Um Aussagen darüber zu treffen, wie sich der Aufenthalt in der Bundesrepublik auf den Lebenslauf von Aussiedlerinnen auswirkt, sind die bisher zur Verfügung stehenden Daten nicht ausreichend; als Deutsche werden Aussiedler in den amtlichen Statistiken nach der Aufnahme nicht mehr gesondert erfaßt. Die von ihnen als Lebensaufenthalt geplante Aussiedlung und ihr rechtlicher Status als deutsche Staatsbürgerinnen sowie die langfristig besseren Chancen auf dem Arbeitsmarkt und die Aussicht, generell bessere Arbeitsplätze als Arbeitsmigrantinnen einnehmen zu können, werden nicht ohne Einfluß auf biographische Entscheidungen bleiben.
Die Ausreise von Aussiedlern aus der ehemaligen Sowjetunion bzw. GUS ist eine Familienausreise (zu 98 %); Aussiedlerinnen kommen in der Regel nicht alleine hierher. Die demographischen Daten des Bundesausgleichsamtes über Aussiedlerströme und ihre Charakteristika zeigen, daß sich die größten Gruppen von einreisenden Frauen im gebärfähigen Alter befinden, nämlich in der Altersgruppe zwischen 20 und 25 Jahren und zwischen 25 und 45 Jahren (vgl. Info-Dienst Deutsche Aussiedler 1992). Der Charakter der Generativität von Aussiedlerinnen ist nicht sehr verschieden von westdeutschen Frauen; in bezug auf ihre Kinderzahl befinden sie sich auf westlichem Standard.
Für Aussiedlerinnen ist anders als für Arbeitsmigrantinnen zu vermuten, daß sie ihre Kinderzahl unter den bundesrepublikanischen Bedingungen erhöhen werden - und nicht reduzieren. Sie erleben die alltäglichen Ausgangsbedingungen für Mutterschaft zunächst entlastend, die Arbeitsbedingungen der Mutter sind nicht so hart, die medizinische Versorgung ist gewährleistet, die Kinder können gut ernährt werden, die Mutter kann alles kaufen, etc. Darüber hinaus ergibt sich eine Motivation, ein weiteres Kind zu haben, aus dem Gefühl der Heimkehr heraus: Die Tatsache, es geschafft zu haben, endlich als Deutsche unter Deutschen leben zu können (auch den Repressionen entflohen zu sein), wird möglicherweise dazu führen, nun ein "richtiges deutsches Kind" haben zu wollen. Der Wunsch ist damit verbunden, etwas gut machen zu wollen (an den Kindern oder dem Kind), wie überwiegend die Motivation für ihre Ausreise in der materiellen und ethnischen Zukunftssicherung der Kinder liegt.
Für die Aussiedlerin verändert sich die strukturelle Zweideutigkeit ihres Alltages in einer anderen Richtung als für die Arbeitsmigrantin: Sie wird nicht selten zwangsweise zur Hausfrau und hält an der inneren Orientierung der Berufstätigkeit fest, oder sie wünscht sich ein Hausfrauendasein, um den extremen Belastungen der Vereinbarkeit in Familie und Beruf, denen sie in ihrer Herkunftsgesellschaft ausgesetzt war, für eine Weile entfliehen zu können. Auf ihre Arbeitsbiographie wird die sich ihr im Aufnahmeland BRD bietende

Wahlmöglichkeit eine Auswirkung in Form von Arbeitsunterbrechungen oder der Annahme von Teilzeit haben. In ihrer Biographie als Mutter wird sich diese Wahlmöglichkeit (Hausfrau versus Berufstätigkeit) zusätzlich positiv verstärkend auf die Entscheidung auswirken, ein weiteres Kind unter besseren Bedingungen zu bekommen.

Merkmal 2: Zukunftssicherung und Belastung

Arbeitsmigrantinnen und Einwanderinnen sind an Aufstieg und Existenzsicherung ihrer Familie sowie an der Zukunftssicherung ihrer Kinder interessiert und zu großen Opfern für diese Ziele bereit. Sie sind im Vergleich zu ansässigen weiblichen Bevölkerungsgruppen ähnlicher sozialer Herkunft und Qualifikationsniveaus für das Erreichen ihrer Ziele zu höheren Anstrengungen und Entbehrungen bereit. Eigene Erwartungen werden häufig in die Zukunft der Kinder verlagert (vgl. auch Kürsat-Ahlers 1992).
Um ihre Mutterschaft im Aufnahmeland leben zu können, sind beide Gruppen von Frauen extremen physischen und emotionalen Belastungen ausgesetzt. Ihre Situation enthält indessen potentiell die Chance einer andersartigen Gestaltung der Mutter-Kind-Beziehungen.

Hypothesen:

Arbeitsmigrantinnen - Hypothese T 2

Arbeitsmigrantinnen aus der Türkei sind auch im Vergleich zu ihrer Herkunftsgesellschaft in ihrer Erwerbsmotivation und in bezug darauf, die Aufwärtsmobilität und zukünftige Existenzsicherung der Familie zu betreiben, eine selektive Population. Sie wollen für ihre Kinder, zunehmend auch für die Töchter, qualifizierte Berufsbildungen und existentielle Sicherheit erreichen.
Die für sie extremen Arbeitsbedingungen (des geschlechtsspezifischen und ethnisch segmentierten bundesrepublikanischen Arbeitsmarktes) in vielfältigen Formen von Schichtarbeit, ungesunden und ungesicherten Arbeitsverhältnissen (vgl. auch Nauck 1993), verbunden mit einer quantitativ und qualitativ schlechteren medizinischen und psychosozialen Versorgung, führen bereits in den Entstehungsbedingungen von Mutterschaft, d. h. während der Schwangerschaft, zu hohen Belastungen für Mütter und Kinder: Arbeitsmigrantinnen leiden häufiger an Schwangerschaftskomplikationen und Schwierigkeiten bei der Geburt; ihre Babys sind ungesünder und höheren Komplikationsraten (auch vermehrt Totgeburten) ausgesetzt (vgl. Kurt Riebe/Jürgen Collatz 1985).
In der Bewältigung des mütterlichen Alltags kommt es weiterhin zu erheblichen Belastungen und zu Einschränkungen für die Kinder, insbesondere für die Töchter (vgl. Nauck 1991 und Merkens/Nauck 1993). Arbeitsmigrantinnen

sind als Mütter bereit und teilweise dazu gezwungen, hohe Kosten in der Gegenwart für alle Beteiligten gegen zukünftige Gewinne für die Familie zu verrechnen, d. h. sie nehmen auch eine Trennung von den Kindern in Kauf. Lange Trennungsphasen zwischen Eltern und Kindern bzw. das Verbleiben und Verschicken von Kindern im/ins Herkunftsland (eine Praxis, die insbesondere die ersten Phasen der Arbeitsmigration aus der Türkei begleitete), sind der stärkste Ausdruck der Belastung und ein Exempel der Zerreißproben, die Mutterschaft unter der Bedingung von Migration/Einwanderung erfährt.
Die schlechte Ausstattung der Kommunen mit Hort - und Kindergartenplätzen trifft Migranten- und Einwandererfamilien besonders hart. (Nur ein Drittel der Immigrantenkinder in der BRD hatte 1983 einen Kindergartenplatz, vgl. Alice Münscher 1984; neuere Daten liegen bis dato leider nicht vor, die Versorgung ist allerdings regional sehr verschieden.) Kinder und Jugendliche sind in großen Zeitphasen sich selbst überlassen; Kleinkinder werden von älteren Geschwistern, meist den Mädchen, versorgt.
Die Erziehungsleistung der Mutter ist in der Regel darauf ausgerichtet, die Kinder nach den Standards von zwei Gesellschaften zu sozial akzeptablen Menschen zu formen. Eine Zukunft im Herkunftsland soll nicht gänzlich unmöglich werden, auch wenn die Kinder sich für die Bundesrepublik als Lebensmittelpunkt entscheiden (vgl. auch Hypothese 8).
Frauen aus der Türkei wollen nicht nur für ihre Söhne, sondern zunehmend auch für die Töchter qualifizierte Berufsausbildungen und existentielle Sicherheit erreichen (vgl. Hypothese 6) - eine Motivation, die nicht unabhängig von der selbst erlebten extremen Belastung ist.

Aussiedlerinnen - Hypothese A 2

Die Deutschen aus der ehemaligen Sowjetunion wollen mit ihrer Ausreise ihren Kindern ermöglichen, ihr Deutschsein zu leben, auch in Form der materiellen Existenz.
Aussiedlerinnen sind, ähnlich wie Arbeitsmigrantinnen, entschlossen, die Zukunft ihrer Kinder im Aufnahmeland Bundesrepublik zu sichern. Für sie persönlich ergibt sich allerdings in ihrer Möglichkeit, erwerbstätig zu sein und Geld für die Familie zu verdienen, ein entscheidender Einbruch: Aussiedlerinnen erleiden auf dem bundesrepublikanischen Arbeitsmarkt eine Dequalifizierung, verbunden mit einem Statusverlust. Sie werden nicht selten zwangsweise zur Hausfrau (vgl. oben). Die sich daraus ergebenden finanziellen und emotionalen Schwierigkeiten, verbunden mit dem hohen Assimilationsdruck, den sie als die "fremden Deutschen" erleben, sind nicht ohne Einfluß auf die Mutter-Kind-Beziehungen.
Einerseits werden Aussiedlerinnen die Möglichkeiten, für die Gegenwart und die Zukunft ihrer Kinder tätig zu werden, entlasteter erleben als Arbeitsmigrantinnen. Sie haben im Aufnahmeland Bundesrepublik in vielen Bereichen mehr Möglichkeiten, als sie es gewohnt waren. Mutterliebe in Form von ge-

richteter Aufmerksamkeit, Zuwendung und "Zeitmiteinanderverbringen" hatte in der Sowjetunion im Alltag wenig Raum, die Kinder wurden im harten Alltag der Mutter eher verwaltet. Ihnen steht in der Bundesrepublik mehr Zeit für ihre Kinder zur Verfügung, erzwungenermaßen oder freiwillig, und sie haben demzufolge hier - oft erstmals - die Gelegenheit, ihre Kinder zu erleben, sie in ihren Persönlichkeiten wahrzunehmen, ihnen zuzuhören, auf sie einzugehen. Mütter und Kinder haben die Chance, ihre Beziehung neu zu gestalten.
Andererseits sind die Mutter-Kind-Beziehungen belasteter bzw. die Belastung der Mutter-Kind-Beziehung liegt auf einer grundsätzlich anderen Ebene als bei Arbeitsmigrantinnen: Aussiedlerinnen sind überwiegend nicht daran orientiert, die Herkunftskultur zu sichern, sondern eher bereit, sie vergessen zu machen. Ihre Einreise ist eine nicht revidierbare Entscheidung. Sie basiert auf einem lange gehegten familiären Wunsch, versteht sich als Ankommen in der Heimat der Vorfahren und beinhaltet das Ziel, hier zurechtzukommen. Hinsichtlich der Leistungen der Kinder im schulischen Bereich und hinsichtlich ihrer generellen Assimilationsleistungen führt dieser Hintergrund dazu, daß Aussiedlerinnen ihren Kindern gegenüber sehr fordernd sind.
Sie haben den Vorteil, daß sie aufgrund von Quotenfestlegungen in verschiedenen Kommunen eine höhere Chance haben, für ihre Kinder einen Kindergartenplatz zu erhalten, so daß sie im Vorschulbereich gegenüber Arbeitsmigrantinnen eine größere gesellschaftliche Hilfe für die Kinderbetreuung erhalten.

Merkmal 3: Veränderungen und Aufgaben in der Familie

Durch Migration und Einwanderung werden Bedingungen geschaffen, welche die Frau in ihrem emotionalen Erleben mehr auf den Binnenraum Familie verweisen. Die Kernfamilie wird ausschließlicher (vgl. auch Ley 1979). Die Frau lebt in der Ambivalenz, mehr auf die Beziehungen zu Mann und Kindern angewiesen zu sein (durch Statusverlust, Wegfall des weiblichen sozialen Netzes, Hausfrauisierung, vgl. Veronika Bennholdt-Thomsen 1987), aber gleichzeitig mehr verpflichtet zu werden auf die notwendige "Versorgungsarbeit" für Ehemann/Partner, Kinder, Haushalt. Der Frau wird außerdem mehr "Beziehungsarbeit" abverlangt, während die Beziehungen zugleich konfliktreicher werden.
Die strukturelle Zweideutigkeit der weiblichen Lebenswelt (vgl. Ley 1979), wie sie die Migrantin und Einwandern erfährt, wird dadurch verschärft, daß die erlernte Alltagsstruktur in einen Gegensatz zum gelebten Alltag gerät, und zwar auf verschiedenen Ebenen und für jede Gruppe in verschiedenen Variationen. Für beide Gruppen erfährt Mutterschaft eine inhaltlich andere Akzentuierung; auch die mit Vaterschaft verbundenen Aufgaben verschieben sich.

Hypothesen:

Arbeitsmigrantinnen - Hypothese T 3

Die Arbeitsmigrantin wird nicht nur zur Lohnarbeiterin, sondern sie wird auch zur erwerbstätigen Mutter, die einen hochfunktionalisierten Alltag zu bewältigen hat, in dem sie zunächst viele Verluste erfährt: Für Arbeitsmigrantinnen aus der Türkei, die zur ersten Generation von Wanderinnen gehören und demzufolge Erfahrungen in der geteilten Sorge für Kinder und Haushaltsarbeit gesammelt haben, ist der Wegfall des sozialen Netzes ein einschneidender Verlust. Sie verlieren die "zusätzlichen" Mütter des nachbarschaftlichen und verwandtschaftlichen Netzwerkes. In der Regel finden sich die weiblichen Verwandten nicht am Ort oder sie sind durch die eigene Migration - und die damit verbundenen Lebens- und Arbeitsbedingungen - nicht in der Lage, im Netzwerk in Funktion zu treten. Dies bedeutet eine erhöhte persönliche Zuständigkeit, höhere Erwartungen an die von ihr zu gestaltende mütterliche Haltung und Beziehung zu den Kindern.

Die Kernfamilie, Ehemann und Kinder, wird in Haushaltspflichten und Kinderbetreuung einbezogen, weibliche Kinder in höherem Umfang als männliche. Die hiesige, von der Frau geforderte Alleinverpflichtung auf Mutterschaft, ihre Alleinzuständigkeit, ist für sie ungewohnt und bereitet ihr, verbunden mit ihrer inneren Orientierung an der Form multipler Mutterschaft ihrer Herkunftsgesellschaft, erhebliche Schwierigkeiten, Handlungsstrategien zu entwickeln und zusätzliche Ressourcen systematisch zu erschließen (wobei das Fehlen der materiellen Möglichkeiten in diese Schwierigkeit hineinwirkt).

Der Niederlassungsprozeß hat für die Aufgabe der Mutter in der Familie andere Folgen als für den Vater: Türkische Mütter nehmen eine Vermittlerfunktion in der Familie ein (diese Funktion ergab sich bereits aufgrund von gesellschaftlichem Wandel in ihrer Herkunftsgesellschaft, vgl. Mübeccel B. Kiray 1976). Die Mütter vermitteln sehr stark zwischen den Freiheitsansprüchen der Töchter und den Dominanzansprüchen der Väter. Der Mutter-Tochter-Beziehung wird von den Müttern selbst eine starke Bedeutung zugemessen; sie nimmt zum Teil Freundinnencharakter an (vgl. auch Hypothese 6). Die Tochter trägt mit ihrer Arbeit in der Familie zur Entlastung der Mutter und zum Erhalt des weiblichen Netzwerkes bei.

Väter werden von den Frauen selbstverständlich in die Kinderbetreuung miteinbezogen; die Männer sind gezwungen, viele Funktionen der nun fehlenden Verwandtschaft zu übernehmen. Erziehungsvorstellungen und alle Veränderungen, die sich durch die Versorgung und Erziehung der Kinder ergeben, sind ein ständiges Thema der elterlichen Kommunikation und Gegenstand von Auseinandersetzungen. Die Definition der Arbeitsmigration als familiäre Unternehmung läßt den Einbezug der Männer in die Kinderbetreuung selbstverständlich erscheinen - jeder tut, was er kann -, und so gerät ihre Beteiligung nicht unbedingt zu einer Bedrohung ihrer männlichen Identität.

Für die Frau sind Änderungen in ihrem Verhalten ein wichtiger und ständig geforderter Aspekt ihrer mütterlichen Praxis (vgl. Sara Ruddick 1993), die sie nicht erst legitimieren muß. Sie sind inhärenter Bestandteil ihres Tuns und Teil ihrer mütterlichen Aufgabendefinition, und insofern muß sie keine neue Definition ihrer Mütterlichkeit vornehmen (vgl. auch Hypothese 5).

Aussiedlerinnen - Hypothese A 3

Für Aussiedlerinnen aus der ehemaligen Sowjetunion besteht eine größere Chance, Netzwerkleistungen zu erhalten, da durch die lineare Familienaussiedlungspolitik der Bundesrepublik Aussiedlerfamilien die Möglichkeit haben, sich am gleichen Ort niederzulassen. Sie erfahren den Verlust der multiplen Mutterschaft im privaten und sozialen Nahraum nicht in dem Umfang, wie ihn die Arbeitsmigrantin erfährt, weil das verwandtschaftliche Netzwerk zum Teil erhalten bleibt. Da öffentliche Kinderbetreuungsmöglichkeiten nicht ausreichend zur Verfügung stehen, muß das Netz allerdings stärker ausgebaut werden. Aussiedlerinnen trifft die Mangelhaftigkeit der hiesigen gesellschaftlichen Verantwortung für Kinderbetreuung hart, da sie ein weitgehend flächendeckendes, ganztägiges Betreuungsnetz in ihrer Herkunftsgesellschaft zur Verfügung hatten.
In der Familie hat die Aussiedlerin ebenfalls eine Vermittlerrolle, sie vermittelt zwischen den veränderten Freiheitsbedürfnissen der Kinder und den normativen Erziehungsvorstellungen der Väter. Auch Aussiedlerinnen beziehen die Väter stärker in die Erziehung und Betreuung der Kinder mit ein, als sie es in der Herkunftsgesellschaft gewöhnt waren. Väter hatten eine starke Position in der Familie, die im Alltag jedoch nicht gefüllt wurde. Ihre Autorität gerät hier auf den Prüfstand, sie sind in der Familie häufiger anwesend und verbringen viel mehr Zeit mit Frauen und Kindern. Für die Frauen ist der Einbezug der Männer eine Entlastungsmöglichkeit in ihrem Alltag.
Die ältere Generation verliert die starke Position sowie die Funktion des "Puffers" in der Aussiedlerfamilie. In der Herkunftsgesellschaft hat sie häufig die kleineren Kinder beaufsichtigt und erzogen und zwischen Kindern und Eltern vermittelt. In der Bundesrepublik haben die Eltern mehr Zeit, und wenn die Großeltern in der Familie anwesend sind und in der Kinderversorgung tätig werden, entstehen vermehrt Konflikte in der Familie auch über Erziehungsfragen.

Merkmal 4: Familie als (ethnische) Basis

Die Funktion der Familie ist für die Frau gleichfalls eine ambivalente: Migration/Einwanderung schafft potentiell die Bedingung für eine autonome, auch vom Mann unabhängige Lebensplanung (durch Erwerbstätigkeit, Bildungsmöglichkeiten) oder sie erleichtert eine solche. Gleichzeitig ist Familie aber eine ethnische Enklave oder Basis (oft die einzige), die dringenden Schutzbedürfnissen entgegenkommt (vgl. Mirjana Morokvasic 1987 und Karin Pintér 1988) und der Identitätssicherung aller Familienmitglieder dient. Die Frau wird kompromißbereiter in bezug auf das Akzeptieren von vielen (zusätzlichen) Einschränkungen durch Mann und Kinder. Eine mütterliche Praxis unter der gesellschaftlichen Bedingung von Rassismus und Ausgrenzung von Minderheiten ist völlig anders gelagert als die mütterliche Praxis der dominanten Mehrheit in Gesellschaften (vgl. Elizabeth V. Spelman 1988 und Gloria I. Joseph 1993 für schwarze Frauen in den USA).

Hypothesen:

Arbeitsmigrantinnen - Hypothese T 4

Für die Frauen aus der Türkei sind die rassistischen und diskriminierenden Erfahrungen in der gegenwärtigen bundesdeutschen Gesellschaft eine starke Motivation, selbst Rückhalt in der Familie zu suchen. Sie sind aber auch eine Ursache dafür, den Kindern die Eingliederung zu erleichtern, vielfach durch den Erwerb von statussichernden Konsumgütern und persönlichen Ausstattungen, die einen hohen finanziellen Einsatz verlangen. Durch die Verschiebung der Zukunftsperspektive bei vielen Migrantenfamilien (die Rückkehr ist nicht so greifbar nahe, wie zu Anfang des Aufenthaltes geplant) ergibt sich eine Tendenz, die Familie an Ort und Stelle und in der Gegenwart auszustatten. Konsumgüter bieten Sicherheit und unmittelbar sichtbare und erfahrbare Befriedigung für die Mühen der Migration; sie haben eine symbolische Bedeutung.
Eine wichtige Aufgabe von Erziehung wird generell darin gesehen, die Kinder vor den Gefahren der Aufnahmegesellschaft zu schützen (auch vor Kriminalität und Drogen). Materielle und emotionale Versorgung sind in gleicher Weise Bestandteil einer Schutzstrategie der Mutter. (Ihr Bemühen und ihre Strategien müssen nicht immer adäquat sein - die familiären Ressourcen werden nicht selten überfordert - und können sich auch wiederum ins Gegenteil verkehren, d. h gegen die Familie richten.)
Die Einbindung der Kinder in die Herkunftsgesellschaft bzw. in die Lebensweise ihrer Ethnie ist ebenfalls Aufgabe der Mutter. In ihrer alltäglichen Erziehungspraxis versucht sie, eine doppelte Orientierung zu verwirklichen: Die (ethnische) Selbststärkung der Kinder und ihre Integration in die Aufnahmegesellschaft Bundesrepublik (vgl. Hypothesen 2 und 5).

Aussiedlerinnen - Hypothese A 4

Aussiedlerinnen aus der ehemaligen Sowjetunion, die ein relativ hohes Bildungsniveau aufweisen, auf eine Erwerbstätigkeitskarriere zurückblicken können und in dieser Richtung eine starke Autonomie gelebt haben, sind durch Dequalifizierungsprozesse bedroht und teilweise gezwungen, sich als Hausfrau zu definieren. Sie sind in dieser Verunsicherung und in der alltäglichen Identitätssicherung als Deutsche in öffentlichen Kontexten auf die Familie als Basis für die Verarbeitung der Differenzerlebnisse zu den hiesigen Deutschen angewiesen. Für Aussiedler findet ein gegenläufiger Prozeß im Vergleich zu Arbeitsmigranten statt: Sie müssen sich emotional und sozial als Deutsche bewähren und beweisen. Dies führt sie in einen unentrinnbaren Konflikt: Sie werden als die fremden Deutschen erkannt und ausgegrenzt, obwohl sie sich, auch von ihrer primären Ausreisemotivation her, den Deutschen zugehörig fühlen. Es fällt ihnen schwerer als den Arbeitsmigranten, sich von der sie umgebenden Gesellschaft abzugrenzen. Die Schizophrenie ihrer Selbstdefinition, in die sie geraten, muß durch sehr viel emotionale Arbeit in der Familie aufgefangen werden. Insofern wird Familie für sie, ähnlich wie für Arbeitsmigranten, zu einer ethnischen Enklave.

Ein Effekt, der in Aussiedlerfamilien auftritt, ist die Rückbesinnung auf ihre sowjetische Herkunft und ihre dort gelebte alltägliche und kulturelle Praxis, deren Vorteile sie verteidigen und gegen die hiesigen Erfahrungen abwägen.

In der Sowjetunion bzw. GUS war die Mutter diejenige, die den Glauben und die Einbindung in die religiöse Gemeinschaft gewährleistete (vgl. Dietz/Hilkes 1992), für die Vermittlung der deutschen Sprache sorgte und das Deutschtum im Alltag an die Kinder vermittelte. In der Bundesrepublik wird die Mutter im familiären Alltag ebenfalls diejenige sein, die nun eine Verbindung zwischen ihrem tradierten Deutschtum und der hiesigen deutschen Gesellschaft herstellt.

Merkmal 5: Veränderungen in der Erziehung

Sowohl für Arbeitsmigrantinnen als auch für Aussiedlerinnen aus der ehemaligen Sowjetunion ergeben sich Veränderungen im Bereich von Erziehung und Sozialisation und der von ihnen zu leistenden fürsorgerischen und erzieherischen Praxis. Diese Veränderungen unterliegen nicht einer linearen, deterministischen Abfolge, sondern sie sind prozeßhaft und ergeben sich vielschichtig. Die Beschreibung des Kontextwechsels als einem von einer bäuerlichen zu einer urbanen Lebenswelt stattgefundenen Wandels trifft für beide Gruppen nur bedingt zu; gleichwohl läßt sich festhalten, daß die Beziehungen in der Herkunftsgesellschaft, auch im urbanen Kontext, als verpflichtende und auf der Basis von gegenseitiger Verantwortung zu charakterisierende Austauschbeziehungen stattfanden (vgl. für die Türkei: "kinship-morality", nach Duben 1982; für die ehemalige Sowjetunion Mänicke-Gyöngyösi 1990). In der Erfahrung mit dem mitmenschlichen Umgang in einer Industriegesellschaft ergeben sich harte Kontraste, die insbesondere am Thema und im Bereich von Erziehung thematisiert werden.

Mit der Modernisierung von Gesellschaften und Lebensweisen treten Veränderungen in der innerfamiliären Bedeutung von Kindern auf (von ökonomischutilitaristischen hin zu psychologischen Nutzenerwartungen, vgl. Kagitcibasi 1982a). Beide Gruppen sind damit konfrontiert, weil diese Bedeutungen sich in Erziehungseinstellungen und in allen Aktivitäten von Eltern und erziehenden Personen im Umfeld niederschlagen. Die eigene Haltung in dieser Frage steht zur Diskussion.

Zunächst müssen sich beide Gruppen von Frauen nicht nur mit veränderten Einstellungen auseinandersetzen und veränderten Anforderungen an ihre Erziehungsleistungen nachkommen, sondern eine veränderte alltägliche, ("triviale") mütterliche Praxis bewältigen, was z. B. heißt, daß sie sich mit anderen Wickelmethoden (vgl. Christina Klausing 1992), anderen Arten von Babynahrung, anderen schulischen Materialien, andersartig geforderter Bekleidung und Aufmachung der Kinder und Jugendlichen etc. auseinandersetzen müssen.

Veränderungen müssen in der Familie getragen sowie dem Mann und den Kindern vermittelt werden. Dieser Verortungsprozeß hat für die Frau eine herausragende Bedeutung, wird auf alltagspraktischer Ebene thematisiert und von ihr geleistet. Er ist Teil der zunehmenden Beziehungsarbeit in der Familie, welche die Migrantin/Einwanderin zu leisten hat (vgl. oben).

Hypothesen:

Arbeitsmigrantinnen - Hypothese T 5

Die Erziehungseinstellungen tendieren in der türkischen Arbeitsmigrantenfamilie offensichtlich in Richtung elterlicher Kontrolle bzw. Autoritarismus (insbesondere bei Mädchen), die aber in Form von zärtlicher Beschützung und ängstlicher Behütung ("over-protectiveness") erfolgt und weniger durch eine rigide Durchsetzung von Forderungen. Permissivität ist bei türkischen Eltern die am wenigsten ausgeprägte Erziehungshaltung (anders als bei Deutschen). Die Haltung der Eltern kann als Reaktion auf ihre Verunsicherung durch die Migrationssituation und eine potentiell feindlich gesinnte Umwelt gedeutet werden (vgl. Merkens/Nauck 1993).

Die Migrationssituation hat nach Nauck (1991a) keine starke Veränderung der normativen Struktur der Eltern-Kind-Beziehungen erbracht. Individuelle Bildung, kognitive und soziale Assimilation führen zu einer leichten Abnahme von Autoritarismus und Behütung und einer Zunahme von Permissivität. Väterliche Erziehungseinstellungen sollen stärker durch den Eingliederungsprozeß der Familie modifiziert werden als mütterliche und die Einstellungen gegenüber Töchtern deutlicher betroffen sein als die gegenüber Söhnen (vgl. Merkens/Nauck 1993). Festzuhalten ist hierzu allerdings, daß mütterliche Erziehungseinstellungen und Verhaltensweisen im Bereich von Erziehung als Komponente der mütterlichen Praxis ständig Veränderungen unterworfen sind und fließende Übergänge zwischen verschiedenen Kontexten zur Folge haben. Demzufolge operiert die Mutter kontinuierlich mit Veränderungen, die nicht so deutlich dokumentiert werden wie die väterlichen Veränderungen. Die Arbeitsmigrantin setzt sich auch nicht grundsätzlich von der Erziehungspraxis ihrer eigenen Mutter ab, selbst wenn sie sich in vielen Bereichen anders verhält. (Kontextspezifische Differenzierungen im Bereich von Erziehungseinstellungen sind - wenn die Kinder vor der Migration geboren wurden - zwischen der ländlichen und urbanen Türkei größer als zwischen der urbanen Türkei und Deutschland, vgl. Merkens/Nauck 1993.)

Die generativen Beziehungen in türkischen Arbeitsmigrantenfamilien erfahren insoweit eine Veränderung, als die formalisierten Respektbeziehungen zwischen der älteren und der jüngeren Generation durch den bundesdeutschen Kontext in Bewegung geraten. In den Mutter-Kind-Beziehungen zeigt sich folgendes: Die westliche Konstruktion von Identität setzt eine hohe Identifikation zwischen Mutter und Kind voraus; Distanzierung durchläuft vielfältige Formen von nach außen gerichteten manifesten Abgrenzungen. Die nichtwestliche Identitätskonstruktion, die eher auf den geregelten Beziehungen der bäuerlichen Welt basiert, beinhaltet eine enge Bindung zwischen Mutter und Kind, die als absolute, gegenseitig empfundene Verpflichtung zur Solidarität gekennzeichnet werden kann. Mechanismen von Distanzierung sind in der westlichen Form unbekannt, da der formalisiertere Umgang bereits Distanz beinhaltet.

Die von Ingrid Pfluger-Schindlbeck (1989) und Schiffauer (1991) beschriebene Notwendigkeit, in der Migrationssituation erstmals gerichtetes Erziehungshandeln und Sozialisationsleistungen erbringen zu müssen, ist eine Konsequenz aus dieser Konfrontation mit der westlichen Lebenswelt und ihren "inneren" und äußeren Bedingungen. Eltern und Kinder stehen sich hier erstmals als zwei Parteien gegenüber (vgl. oben) - ein Ergebnis, das den Umbruch deutlich macht, der in diesem Bereich von Migrantenfamilien erfahren wird.

Für den gesamten Bereich der Versorgung und Erziehung der Kinder ist in der türkischen Migrantenfamilie im Alltag die Mutter zuständig; sie trägt die Hauptlast der täglichen Sorge (vgl. Mihciyazgan 1986). Von daher sind ihre Assimilationsprozesse ein entscheidender Faktor in den sich ergebenden Veränderungen (vgl. auch Pfluger-Schindlbeck 1989).

Aussiedlerinnen - Hypothese A 5

Für Aussiedlerfamilien dürfte im Bereich von Erziehung und Sozialisation ein ähnlicher Umbruch stattfinden, er ist bei ihnen in der Konfrontation von sozialistisch-kollektivem Denken und der Orientierung am Gemeinwesen mit der leistungsorientierten, individualistisch gerichteten westlichen Erziehung auszumachen.

In Aussiedlerfamilien zeichnet sich eine Tendenz der Mütter ab, die obsolete Funktion von äußerlich orientierten Kontrollmechanismen (die in ihrem Herkunftskontext funktional und rational waren) zu erkennen und entsprechend abzubauen, bzw. die Vorteile einer intrinsisch motivierten, mehr an der Eigenständigkeit des Kindes orientierten Erziehungshaltung einzunehmen. Die Werthaftigkeit sozialistischer Erziehungsideale wird gegen individualistische Erziehungsziele diskutiert und in ihrer Differenz im Alltag für Mütter und Kinder erfahren. Die Bewertung der gesamten Erziehungsleistung der Familie verändert sich: Im Spannungsfeld zwischen Staat und Familie war die Familie in der ehemaligen Sowjetunion der Schule nachgeordnet. In der hiesigen Gesellschaft stehen familiäre und schulische Erziehung in ihrem Erleben demgegenüber in einem Austausch, bzw. die Schule wird als nachgeordnet und die Persönlichkeit des Kindes als im Vordergrund erzieherischer Aktivitäten stehend erlebt.

Die Aussiedlerin verhält sich unterstützend in allen Unternehmungen ihrer Kinder, die auf Assimilation und Erfolg in der Aufnahmegesellschaft schließen lassen. Aussiedlerfamilien haben als Deutsche in der Sowjetunion nach den erlittenen Repressionen in der Regel Erfahrungen damit, funktionale Anpassungsleistungen zu erbringen, die immer eine Gratwanderung, aber für ihre ethnische und religiöse Identität und deren Rückversicherung konstitutiv waren. Insofern sind Aussiedlerinnen als Mütter aufgrund eigener Kindheitserfahrungen darauf eingerichtet, ihren Kindern erfindungsreiche Assimilationshilfe zu leisten.

Merkmal 6: Bedeutung von Mutterschaft

Beide Gruppen von Frauen sind in der Realität ihres Lebensalltags im Aufnahmeland BRD erwerbstätige Mütter. Ihre Mutterschaft ist eingelagert in ein sozialstrukturelles Muster, das in direktem Zusammenhang mit dem geschlechtsspezifisch (und ethnisch, vgl. Wilpert 1988) segregierten bundesdeutschen Arbeitsmarkt steht (vgl. auch: Birgit Rommelspacher 1987). Insofern steht die Erwerbsorientierung der Einwanderin und Migrantin in einer objektiven und subjektiven Verbindung zur Konstruktion ihrer Weiblichkeit und Mütterlichkeit bzw. zu ihrem Frauen- und Mutterbild. Der hiesige Arbeitsmarkt wird sie, verstärkt durch fehlende öffentliche Kinderbetreuungsmöglichkeiten, immer wieder auf ihre Tätigkeit als Mutter (und Hausfrau) verweisen.

Mutterschaft hat demnach eine sehr zentrale, wenn auch ambivalente Funktion für die Frau: Sie ist kontinuitätssichernd, bindet aber die Frau in vielfacher Hinsicht an ihre traditionelle Aufgabe zurück (vgl. auch Ulrich Beck 1986). Mutterschaft ist potentiell eine konservative "Falle" für die Migrantin und Einwanderin und gerät in Widerspruch zu emanzipatorischen, auf persönliche Autonomie abzielenden Ideen, die sie mit ihrer Einwanderung/Migration verband. Für ihre Töchter wünscht sie sich eine autonome Lebensgestaltung, auch wenn sie eine solche für sich persönlich nicht verwirklichen konnte.

Hypothesen:

Arbeitsmigrantinnen - Hypothese T 6

Generelles Ergebnis für die Situation der Töchter in türkischen Arbeitsmigrantenfamilien war, daß die Töchter für die Arbeitsmigration der Eltern am stärksten bezahlten, d. h. ihre Verpflichtung zu Haushaltsaufgaben war sehr hoch, ihre institutionelle Förderung unterdurchschnittlich, und sie erhielten wenig Unterstützung durch gemeinsame Aktivitäten mit den Eltern (vgl. auch Nauck 1991a). In jüngster Zeit ergibt sich eine Veränderung in den Einstellungen der Mütter zu den Töchtern: Ihre Schulbildung und ihre berufliche Qualifikation werden für die Mütter wichtig; ihre Zukunftssicherung durch Immobilien und Geschäfte sowie ihre baldige Verheiratung treten in den Hintergrund mütterlicher Vorsorge für die Zukunft. Die Mutter scheint eigene Erwartungen auf die Töchter zu verlagern (vgl. Hatice Özerturgut-Yurtdas 1988): Der Lebensentwurf der Arbeitsmigrantin selbst ist mit Erwerbstätigkeit verbunden; wenn sie "Nur-Hausfrau" ist, dann oft nicht aus freiwilliger Entscheidung. Ihr Arbeitsleben ist durch die Notwendigkeit, Geld zu verdienen, gekennzeichnet. Für ihre Tochter wird demgegenüber eine Zufriedenheit im Beruf bzw. eine interessante Berufstätigkeit und damit eine entsprechende Ausbildung angestrebt. Die allein materielle Absicherung ist nicht mehr ausreichend. Die Erhaltung des Status' der Familie ist gleichfalls ein wichtiges Motiv, wobei Erwartungen in diese Richtung, auch als hohe Loyalitätsforderungen, mehr an die Söhne gestellt werden (vgl. auch Schiffauer 1991).
Die Töchter profitieren von der Unterstützung der Mutter und der Veränderung in ihren Orientierungen. In dieser Hinsicht zeichnet sich eine Veränderung der geschlechtsspezifischen Dimension ihrer Erziehung ab.
In ihren Ausbildungswegen wird zudem deutlich, daß sie sich, unvoreingenommener als westliche Frauen, an geschlechtsuntypische Ausbildungswege wagen (vgl. Wilpert 1980) und Widersprüche zwischen ihrer Arbeitswelt und ihrem weiblichen Lebenskonzept weniger "schuldhaft" belastet erleben können. Ihre Heiratsabsichten ändern sich im Vergleich zu der Generation ihrer Mütter, ebenso ihre Vorstellungen von Partnerschaft und Familie.

Aussiedlerinnen - Hypothese A 6

Aussiedlerinnen haben, ähnlich wie Arbeitsmigrantinnen, die selbstverständliche Erwartung, erwerbstätig zu sein. In der Realität des hiesigen Arbeitsmarktes ergeben sich erhebliche Schwierigkeiten, diese Erwartung umzusetzen. Für ihre Töchter möchten sie eine solche Situation vermeiden. Sie haben in ihrer Herkunftsgesellschaft zur Genüge erfahren, wie sich ein geschlechtersegregierter Arbeitsmarkt auswirkt. Verbunden mit der hiesigen Erfahrung wünschen sie sich für ihre Töchter eine qualifizierte berufliche Existenz. Ihre Vorstellungen über das weibliche Arbeitsvermögen und die Gleichsetzung von Emanzipation mit dem Zugang zu allen Arbeitsbereichen und Tätigkeiten für Frauen (die auf der anderen Seite zu ihrer Zuständigkeit für die schwersten, ungesundesten, am wenigsten angesehenen und schlechtestbezahlten Tätigkeiten führte), werden in Frage gestellt. Für ihre Töchter werden sie Berufe wünschen, die ihren (weiblichen) Kräfteverhältnissen angemessener sind. Aussiedlerinnen fördern die Eigenständigkeit ihrer Töchter und nehmen aktiv an ihrer Integration in die hiesige Gesellschaft teil.

Merkmal 7: Mutterschaft und weibliches Selbstkonzept

Mutterschaft ist ein fraglos gegebener Bestandteil der Selbstkonzepte von Einwanderinnen und Migrantinnen und hinsichtlich ihrer Lebensplanung und Zukunftsperspektive eine Kontinuität sichernde Strategie (vgl. Mihciyazgan 1988). Mutterschaft ist eine zentrale Dimension ihrer weiblichen Identität, d. h. Muttersein ist eng mit dem Konstrukt Weiblichkeit bzw. Frau verknüpft und wird teilweise "naturhaft" identisch erlebt und in eins gesetzt.
In ihrer Lebenssituation in der Aufnahmegesellschaft kommt es zwangsläufig zu einer Konfrontation der Symbolsysteme, da ihnen das westliche Ideal von Mutterschaft, Mutterliebe und Weiblichkeit entgegentritt. Die sich ergebenden Anforderungen an die geschlechtsspezifischen Dimensionen ihrer Identität treffen auf je andere Konstruktionen, woraus sich eine eigene Dynamik entwickelt, die für jede Gruppe spezifisch ist.
Die qualitativ neuen Anforderungen an ihre Mutterschaft, die auf die Frau zukommen, zielen demzufolge auf eine zentrale Dimension ihres Ichs; sie kann sich nicht über sie hinwegsetzen. Sie begegnet ihnen sowohl in der Bewältigung des Alltags als auch in den ideologischen Inhalten der Überzeugungen anderer Personen, auf die sie trifft. Sie wird in eine gegenüber den Erfahrungen in der Herkunftsgesellschaft neuartige Verpflichtung gezwungen, welche sie als ständigen Anpassungsdruck erleben wird. Der Auseinandersetzung darüber wird sie sich kaum entziehen können, was gegebenenfalls zu Verunsicherungen, emotionalen Krisen und Belastungen führen kann, für deren Bewältigung in ihrer hiesigen Lebenslage wenig kommunikativer Raum vorhanden ist. Ihre Verhandlungs- und Lernprozesse sind individuell und lebensgeschichtlich variiert, aber sie sind fester Bestandteil des Niederlassungsprozesses und des hiesigen Aufenthaltes. Sie bringt indessen in diese Auseinandersetzungen ein weibliches Selbstkonzept ein, das weniger polarisiert erscheint als das der westlichen Frau.

Hypothesen:

Arbeitsmigrantinnen- Hypothese T 7

Für Arbeitsmigrantinnen (als Primärwanderinnen rekrutierten sie sich aus der Gruppe der Binnenmigranten in der Türkei, die Arbeit im formellen ebenso wie im informellen Sektor suchten) besteht ebenfalls eine Verbindung zwischen ihrer Mutterschaft und der Sicherung der familiären Existenz durch ihre Erwerbsarbeit, d. h. Familie war für sie immer schon Anlaß zur Erwerbstätigkeit.
Die Arbeitsmigrantin definiert sich in einer entscheidenden Dimension ihrer Weiblichkeit anders als die westliche Frau: Ihr Selbstkonzept ist in einer (patriarchalischen) Gesellschaftsformation verankert, die das Geschlechterverhältnis nach äußeren Räumen segregiert, was ihr innerhalb des ihr zur Verfügung stehenden Raumes - und im Vergleich zur westlichen Frau - relativ freie und selbstbestimmte Bewegungsmöglichkeiten verschafft. Ihre Weiblichkeit scheint deutlicher zugeschrieben zu sein ("ascribed", nach Deniz Kandiyoti 1987) und weniger erworben werden zu müssen - wodurch sie selbst weniger zur Disposition bzw. in Frage gestellt wird. Die Frau scheint in der Folge sowohl in ihrem Selbstbewußtsein als Frau als auch in ihrem Selbstverständnis als Mutter weniger von der Beurteilung und Wertschätzung durch einen einzelnen Mann abhängig zu sein als die westliche Frau (vgl. Lloyd A. Fallers/Margaret C. Fallers 1976, Kandiyoti 1987 und Nancy Tanner 1974, über die Frau in nicht-industrialisierten Gesellschaften).
Ihre Mutterschaft ist der entscheidende Ausgangspunkt für ihr Selbstkonzept und ihren Status als Frau, wobei sie den öffentlichen und privaten Raum (und die Übergänge zwischen diesen Räumen, vgl. Maya Nadig 1989a und 1989b), die beide für ihre Mutterschaft von Belang sind, weniger trennend erlebt hat. D. h. Mutterschaft ist in ihrer Herkunftsgesellschaft in weniger privatisierte Verhältnisse verwiesen, als dies in der westlichen Gesellschaft der Fall ist. Mutterschaft ist öffentliche Mutterschaft, zumindest insofern, als es zusätzliche Mütter für jedes Kind gibt und Erziehung nicht in einem isolierten Mutter-Kind-Setting verortet ist.
(In der hiesigen Gesellschaft wird ihre Vorstellung von Mutterschaft bereits in den isolierten und entfremdeten Ereignissen um die <Klinik->Geburt erschüttert werden. In den Ereignissen um die Geburt wird das mangelhafte Zusammenspiel der urbanen Industriegesellschaft zwischen Öffentlichkeit und Privatheit bezüglich der Mutterschaft der Frau besonders augenfällig.)
Die Konzeption von Weiblichkeit und Mutterschaft, welche die Arbeitsmigrantin mitbringt, trifft im Aufnahmeland auf völlig andere Konzeptionen, die mit sehr polarisierenden Zuschreibungen der Geschlechtscharaktere einhergehen sowie mit polarisierten Konstruktionen von der idealen Mutter versus der idealen erwerbstätigen Frau. Für die Mutterschaft der Arbeitsmigrantin heißt dies u. a., Bedeutungen neu lernen zu müssen, der Begriff der "Rabenmutter", der ihr als erwerbstätige Mutter z. B. entgegengebracht wird,

beinhaltet ein sehr westliches Denkmuster über die Verpflichtung, die mit der singulären Mutter-Kind-Beziehung einhergeht. Generell wird ihr aber ihre Orientierung an dem Frauen- und Mutterbild ihrer Herkunftsgesellschaft den Vorteil verschaffen, daß sie sich nicht so leicht irritieren lassen wird in ihren Überzeugungen als Frau und Mutter; ihre Lernprozesse entfalten sich auf dem Hintergrund eines kräftigen (weiblichen) Selbstwertgefühls.

Aussiedlerinnen - Hypothese A 7

Die Aussiedlerin entstammt einer Gesellschaft, die in ähnlicher Weise polarisierende Geschlechtscharaktere entwickelt und ideologisch verfestigt hat wie westliche Gesellschaften. Aufgrund ökonomischer und ideologischer Anforderungen wurde die Emanzipation der Frau in der Sowjetgesellschaft zum Aushängeschild des gesellschaftlichen Fortschritts. Für sie besteht eine enge Verknüpfung von Mutterschaft zu dem Konstrukt Erwerbstätigkeit, da Erwerbstätigkeit für sie in der Herkunftsgesellschaft ebenso selbstverständlich war wie ihr Muttersein (vgl. Herwartz-Emden/Westphal 1993).
Die hohe Beteiligung der sowjetischen Frau am Arbeitsmarkt (90 % der Frauen in erwerbsfähigem Alter befinden sich in Ausbildungs- und Arbeitsverhältnissen, vgl. oben), die bis in die Gegenwart erreicht wurde, besagt allerdings wenig über die damit verbundenen Aufgaben der Geschlechter und die Arbeitsteilung, die effektiv in dieser Gesellschaft praktiziert wurde. Die Mutterschaft der sowjetischen Frau beinhaltete in erster Linie, extrem harte Arbeitsbedingungen mit hohem Aufwand für den Familienalltag und die Versorgung der Kinder in Einklang bringen zu müssen, wobei sie für diese Aufgaben die primär Zuständige war. Es kann davon ausgegangen werden, daß die deutsch-sowjetische Frau in gleicher Weise durch die Charakteristika dieser geschlechtsspezifischen Lebensbedingungen betroffen war.
Für die Definition von Mutterschaft und Weiblichkeit, welche die Aussiedlerin vornimmt, heißt dieser Hintergrund, a) daß Weiblichkeit und Mutterschaft fraglos verknüpft sind in der weiblichen Selbstkonzeption und b) daß der Unterschied zur Arbeitsmigrantin und zur westlichen Frau darin besteht, daß ihre Konstruktionen von Erwerbstätigkeit und Familientätigkeit der Frau als ideologische Konstruktionen weniger konträr sind. Erwerbstätigkeit und Mutterschaft widersprechen einander nicht.
Die Position der Frau war in der sowjetischen Gesellschaft rechtlich, politisch und ideologisch dadurch gekennzeichnet, daß sie als Mutter und Erwerbstätige eine abgesicherte Position innehatte und entsprechende Förderung und Anerkennung erfuhr - was ihren Anspruch auf die Vereinbarkeit dieser Lebensbereiche für sie selbstverständlich machte und ihr Selbstwertgefühl deutlich stärkte. Die Aussiedlerin wird aufgrund ihrer Erfahrungen mit 70 Jahren staatlich forcierter Frauenemanzipation (trotz all ihrer Schattenseiten) sehr überzeugte Teile ihres (weiblichen) Selbst in die für sie im Aufnahmeland BRD

einsetzenden Lernprozesse, die sich an ihre Mutterschaft richten, mit einbringen.

Merkmal 8: Mutterschaft und Akkulturation

Für Einwanderinnen, auch für Pionierwanderinnen in der Arbeitsmigration, ist die Einwanderung/Migration häufig eine Befreiung aus traditionellen Verhältnissen oder aus konflikthaften Ehen oder Beziehungen. (Dies galt auch für die Auswanderung deutscher Frauen in die USA im letzten Jahrhundert.) Mit ihrer Niederlassung ist demzufolge ein ganzes Set von Erwartungen an das Leben der Frau in der Aufnahmegesellschaft bzw. ein Frauenbild der autochthonen Frauen verknüpft, das attraktiv ist und möglicherweise eine Freiheit suggeriert, die ihr bis dato verwehrt war.
Diese Erwartungen werden sich ebenfalls an die Mutterschaft der einheimischen Frau richten, wobei jene zu einer Meßlatte für die eigene Mütterlichkeit werden kann und sich Konkurrenzen ergeben, die zu der Frage führen: Wer ist die bessere Mutter?
Ihre Erfahrungen, Veränderungen, Gewinne und Enttäuschungen stehen in unmittelbarer Beziehung zu dem Bild der "fremden" Frau und Mutter, das wiederum die autochthone Frau und Gesellschaft von der Einwanderin/Migrantin hat und ihr entgegenhält. Die Vermittlung dieses Bildes ist Teil der alltäglichen Kommunikation in Begegnungen, die sie im Zusammenhang mit der Versorgung und Betreuung ihrer Kinder hat (vgl. oben).
Ihr Umgang mit den Bildern der hiesigen Gesellschaft und deren Niederschlag im Erziehungsbereich sowie die Verarbeitung ihrer Erwartungen und Enttäuschungen ist abhängig von der Phase im Niederlassungsprozeß, in der sich die Frau befindet (vgl. zu den Phasen der emotionalen Verarbeitung von Migration/Einwanderung: Grinberg/Grinberg 1990; Hettlage-Varjas 1992; Kürsat-Ahlers 1992)

Hypothesen:

Arbeitsmigrantinnen - Hypothese T 8

Arbeitsmigrantinnen befinden sich in den 90er Jahren auf der Stufe eines verarbeiteten Umgangs mit der Aufnahmegesellschaft. Sie idealisieren ihre Herkunftskultur nicht (mehr) oder werten sie stark ab (vgl. zu den Phasen: Hettlage-Varjas 1992), sondern befinden sich in einem Modus der Reflexion und auf dem Weg zu einer neuen Interpretation von Selbst und Umwelt. (Ihre Denk- und Handlungsprozesse lassen sich mit der sogenannten "kulturellen Zwischenwelt" beschreiben, einem - ständig und prozeßhaft gebildeten - eigenständigen Integrat gegensätzlicher Lebenswelten, vgl. Hettlage-Varjas/ Hettlage 1984.) Im Erziehungsbereich wissen sie die Vor- und Nachteile des hiesigen dominanten Erziehungsstils einzuschätzen. In den Anfängen der Arbeitsmigration kamen sie z. B. Schutzbedürfnissen gegenüber den Töchtern stark nach. Unterdessen gestehen sie diesen mehr zu; sie haben ein höheres Vertrauen in ihre Eigenverantwortlichkeit. Die Hauptproblematik, aber auch die Stärke ihrer Erziehungsleistungen liegt darin, daß sie den Standards von zwei Kulturen gerecht werden wollen (vgl. Hypothese 2); ihre Erziehungsarbeit ist als eine dauernde Gratwanderung zu kennzeichnen.

Sie haben in ihrer Selbstdefinition den Vorteil, daß sie sich in zwei Richtungen orientieren, ihre Herkunft bleibt wichtig und gewiß und ihre Identifikation damit richtig und unhinterfragt. Ihre Motivation, hier zu sein, ist überwiegend deutlich und liegt in der Absicht, existentielle Sicherheit für die Familie zu schaffen und Geld zu verdienen - was eine Abgrenzung gegenüber vielen geforderten Anpassungsleistungen in anderen als dem Arbeitsbereich sein kann. Arbeitsmigrantinnen aus der Türkei zeichnen sich gegenüber Aussiedlerinnen dadurch aus, daß in ihrer Herkunftsgesellschaft der Wissensstand über das moderne Deutschland mit realistischen Einschätzungen und Alltagserfahrungen durchsetzt ist; mehrere Jahrzehnte Arbeitsmigration haben in der Türkei dazu geführt, daß teilweise auch die westlichen Ideologien und Frauenbilder bekannt sind und viele Frauen sich bereits auch dort, z. B. durch ArbeitsmigrantInnen in der Verwandtschaft, damit auseinandergesetzt haben.

Die genannten Voraussetzungen führen dazu, daß Arbeitsmigrantinnen den ihnen entgegentretenden Frauen- und Mutterbildern gegenüber gelassen sein können und für sich persönlich eine Vermittlung herstellen. Dies heißt nicht, daß sie unter der hierarchisierenden Propaganda des westlichen Frauenideals nicht leiden und den damit verbundenen Diskriminierungen und rassistischen Ausgrenzungen nicht ausgeliefert sind.

Aussiedlerinnen - Hypothese A 8

Für Aussiedlerinnen ist die Einreise in die Bundesrepublik eine Entscheidung, die kaum revidierbar ist (vgl. Hypothese 2); sie planen für einen lebenslangen Aufenthalt.

Sie sind, nach der allerersten Phase ihres Ankommens, sehr stark mit Vergleichen beschäftigt, die Vorurteile ebenso wie Offenheit gegenüber der hiesigen Kultur und Lebensweise beinhalten (vgl. auch Kossolapow 1992). Vielfach ist Erstaunen oder Unverständnis ihre Reaktion auf Verhaltensweisen oder Funktionsmuster der hiesigen Deutschen. In bezug auf deutsche Mütter stellen sie z. B. fest, daß diese ihrer Auffassung nach sehr viel Zeit haben und es sich in ihrer Erziehungsarbeit teilweise sehr leicht machen.

Für ihre Kinder lehnen sie den hier dominierenden Erziehungsstil ab, das "laissez faire" der bundesdeutschen LehrerInnenschaft ist ihnen unheimlich. Mit zunehmender Dauer ihres Aufenthaltes entwickeln sie stärkeres Vertrauen in die eigene Leistung der Kinder; die Vorteile der hiesigen Selbständigkeitserziehung und des hiesigen Frauen- und Mutterbildes werden erkannt.

Sie haben für sich persönlich den Vorteil, die Situation, sich eingliedern und anpassen zu müssen, von ihrer Lage als Minorität in der Sowjetunion her zu kennen und entsprechende Strategien in ihrem Alltagswissen verfügbar zu haben (auch für ihre Kinder, vgl. Hypothese 5). Sie haben, und das ist ein weiterer Vorteil für ihre Niederlassungsprozesse, ein Überlegenheitsgefühl als Deutsche gegenüber der sie diskriminierenden Mehrheit entwickeln können, was sie z. B. davor schützt, der vermittelten Höherwertigkeit des westdeutschen "emanzipierten" Frauen- und Mutterideals allzu hilflos ausgeliefert zu sein und ihnen ermöglicht, ihre eigenen, starken Bilder dagegensetzen zu können. Ihr positives Selbstwertgefühl (das sich nicht nur aus dem Deutschsein nährt, sondern durch die Position der Frau in der sowjetischen Gesellschaft gestützt wird, vgl. auch Hypothese 7) schützt sie indessen nicht davor, unter den geforderten Anpassungsleistungen zu leiden.

Die Ungewißheit ihres Deutschtums, die sich in der Konfrontation mit den hiesigen "richtigen" Deutschen erweist, führt auch zu Irritationen und Krisen in ihrer ethnischen Identifikation. Sie haben gegenüber Arbeitsmigrantinnen den Nachteil, daß sie, bedingt durch ihr zum Teil sehr schwieriges Leben als Minderheit und die Auswirkungen eines sozialistischen Regimes, wenig Möglichkeiten gehabt haben, sich vor ihrer Ausreise über die moderne Bundesrepublik zu informieren. Sie bringen insofern oft völlig unrealistische Vorstellungen mit, die zu einer anfänglichen Desorientierung beitragen.

Aufgrund ihrer offiziellen Einreisemotivation (und der daraus resultierenden Einreiseberechtigung), nämlich als Deutsche unter Deutschen leben zu wollen, unterliegen sie dem Legitimationszwang, sich als solche beweisen zu müssen. Sie sind deswegen mehr, als dies für Arbeitsmigrantinnen gilt, gezwungen, sich in den verschiedensten Lebensbereichen mit der hiesigen deutschen Kultur und Lebensweise auseinanderzusetzen und sich den Anpassungsanforderungen zu stellen - was in einem stark empfundenen Assimilationsdruck für sie endet (vgl. auch Graudenz/Römhild 1991).

ZWEITER TEIL: Methodisches Konzept

5 Methodische Prämissen und programmatische Überlegungen

Im folgenden, zweiten Teil der Arbeit werden die bisherigen Überlegungen und Ergebnisse daraufhin untersucht, wie sich eine empirische Umsetzung der Forschungsfrage realisieren läßt, die die Komplexität der verschiedenen Analyseebenen - Herkunftskontexte der untersuchten Gruppen und Kontext des Aufnahmelandes bzw. Kontext der autochthonen Mitglieder des Aufnahmelandes - adäquat berücksichtigt und nicht unzulässig reduziert.
Die empirische Untersuchung von Mutterschaft im interkulturellen Vergleich wurde im Zusammenhang mit einem Forschungsprojekt geleistet (FAFRA = Familienorientierung, Frauenbild, Bildungs- und Berufsmotivation von eingewanderten und deutschen Frauen in interkulturell-vergleichender Perspektive[48]), in dessen Gesamtvorhaben das Thema "Mutterschaft" *ein* Untersuchungsgegenstand in der Erfassung von Geschlechtsrollenwandel und Akkulturationsstrategien in Einwandererfamilien war bzw. ist (die Untersuchung dauert noch an). Die folgenden methodischen Überlegungen entstanden demzufolge vor dem Hintergrund einer komplexeren Fragestellung, so daß sich die Operationalisierung auch auf einen breiteren Untersuchungskontext bezieht. Das Thema "Mutterschaft" stellt eine bereichsspezifische Operationalisierung der Erfassung des weiblichen Selbstkonzeptes dar, die u. a. mit dem Befragungsbereich Frauenbild bzw. Geschlechtsrollenorientierung ergänzt wurde. Für die empirische Basisbefragung des Projektes, eine standardisierte, schriftliche Befragung, wurde ein sogenannter *Mutterschaftsfragebogen* entwickelt, der Teilbereiche der oben geschilderten, gesellschaftsspezifischen Zusammensetzung des Konstruktes Mutterschaft abbildet und ein Instrument darstellt, mit dem Aspekte der Einstellung zu Mutterschaft von Frauen aus verschiedenen Gesellschaften gemessen werden können.
Einführend wird im folgenden der zuvor bereits erwähnte "gender"-Ansatz vorgestellt, in seinen methodischen Konsequenzen und im Zusammenhang mit dem Begriff 'Kultur' diskutiert. Daraus ergeben sich Konseqenzen für eine Operationalisierung mit entsprechenden Schlüsselkontexten des empirischen Untersuchungsbereiches (Makroebene). (Im "gender"-Denken ist u.a. impliziert, daß der gesellschaftliche Kontext einbezogen wird - was für die Untersuchung von Mutterschaft in verschiedenen Gesellschaften bereits vorgeführt wurde, aber in seinen methodischen Prämissen noch einmal eine andere Gewichtung erfährt.)

---

[48]Vgl. die näheren Angaben hierzu in der Einleitung.

Im Anschluß daran wird erläutert, wie die konkrete Operationalisierung (Mikroebene) und die Entwicklung des Fragebogens in den Bereichen angegangen wurde, die für die vorliegende Fragestellung von Interesse sind - insbesondere der sogenannte "Mutterschaftsfragebogen", aber auch das Hauptuntersuchungsinstrument zum Bereich "Weibliches Selbstkonzept", die BEM-Skala (zur Messung der geschlechtsspezifischen Selbsttypisierung, von Sandra Bem). Die BEM-Skala wird in ihrer methodischen Ausrichtung und Reichweite im Vergleich zur klassischen "sex-role"-Forschung diskutiert.
Ferner wird dargestellt, in welchen Forschungsschritten die Untersuchung ablief bzw. abläuft und welchen Stellenwert die einzelnen Forschungsschritte zueinander und im Rahmen der Projektforschung haben. Eine Beschreibung der Stichprobe in den Hauptmerkmalen schließt sich an.
Zusätzlich wird diskutiert, welche Validitätsprobleme sich in interkulturellen Untersuchungen ergeben, und welche Ansätze dafür existieren, diese zu bearbeiten. Das "emic-etic"-Strukturgitter, das die Struktur des ersten Teiles der Arbeit abbildet, wird dazu vorgestellt und in seinen Funktionen erläutert. D. h. es wird an dieser Stelle ein Zusammenhang zwischen den Teilen I und II der Arbeit hergestellt, der insbesondere im Hinblick auf die Problematik der interkulturellen Validierung und sinnvoller Kriterien und Strategien für einen interkulturellen Vergleich entwickelt wurde. Bei der Skalenentwicklung und -auswertung des Mutterschaftsfragebogens wird die "emic-etic"-Problematik erneut aufgegriffen und die Reichweite dieser Differenzierung geprüft.
Im weiteren, letzten Teil der Arbeit werden ausgewählte empirische Ergebnisse der Projektforschung zu den Themen "weibliches Selbstkonzept", "Mutterschaft" und "Erziehung" vorgestellt und in ihrer Relevanz für die Fragestellung interpretiert.

5.1 Das Konzept "gender"

In einer interkulturellen Studie, die Geschlechtsrollenorientierungen und weibliche Selbstkonzepte zum Thema hat, ist es unumgänglich, das Konzept von "gender" zu entfalten, wenn die Analyse über die Klassifizierung von deskriptiven Stereotypen hinausgehen soll. Für die Operationalisierung einer solchen Forschungsfrage ist es zunächst von Interesse, die methodischen Prämissen zu erarbeiten, die sich aus dem "gender"-Denken ergeben.
Als "gender"-Denken wird dabei eine Forschungsrichtung bezeichnet, die sich im letzten Jahrzehnt in der US-amerikanischen Forschung im Bereich der theoretischen Überlegungen zur Entstehung von Geschlechtscharakteren und Geschlechterrollen als radikaler Perspektivenwechsel ergeben hat. Es wird nicht mehr nach den Differenzen zwischen Männern und Frauen geforscht, die z. T. auf ihre biologische bzw. körperliche Basis zurückgeführt wurden, sondern danach, wie "gender" als soziale Kategorie in den Gesellschaften konstruiert wird.

Der Begriff "gender" wird von Kay Deaux 1987 folgendermaßen definiert und vom Begriff "sex" abgesetzt:
"... Sex refers to the biologically based categories of male and female. Gender refers to the psychological characteristics associated with man and woman or, more broadly to the social construction of these categories." (vgl. S. 111)

Gesellschaftlicher Kontext

Zu der Denkweise, daß "gender" in Gesellschaften sozial konstruiert wird, addiert sich die Annahme, daß in jedweder Gesellschaft sogenannte "gender-belief-systems" existieren, ein von den Psychologinnen Kay Deaux und Mary E. Kite (1987) geprägter Begriff.
Deaux/Kite gehen u. a. von der Frage aus, wie der Glaube über das, was die Aufgaben und Eigenschaften der Geschlechter sind, entsteht und wie dieser Glaube den Verlauf von Interaktionen beeinflußt, auch wenn die Realität dem Glauben z. B. entgegensteht. Sie entwickeln den elaborierten Begriff des "gender-belief-systems" in seinen Charakteristika und in seinen Funktionen für Gesellschaften und menschliche Interaktionen (ebd.).
Der Begriff "gender-belief-system" wird von ihnen in folgender Richtung festgelegt: "Gender-belief-system" ist ein Set von Glaubenssätzen und Meinungen über männliche und weibliche Menschen und über die ihnen zugesprochenen Qualitäten bezüglich Männlichkeit und Weiblichkeit. Das "gender-belief-system" beinhaltet Stereotype über Männer und Frauen sowie Einstellungen zu angemessenen Rollen. Ebenfalls enthält dieses System Normen über Verhaltensweisen und Einstellungen zu Individuen, von denen angenommen wird, daß sie in signifikanter Weise vom vorgeschriebenen Muster abweichen (wie z. B. Homosexuelle). "Gender-belief-systems", in dieser Weise konzeptualisiert, enthalten sowohl deskriptive als auch präskriptive Elemente - also Glaubenssätze über das, was ist, ebenso wie Meinungen darüber, was sein sollte.[49]
Deaux/Kite entwickeln den Begriff des "gender-belief-systems" sehr detailliert in seinen verschiedenen Elementen: Sie gehen von den Charakteristika aus, die typischerweise Männern und Frauen zugeschrieben werden, kommen zu in Gesellschaften entwickelten Typisierungen von Männern und Frauen und

---

[49] Deaux/Kite entwickelten den Begriff des "gender-belief-systems" in Zusammenhang mit ihrer Disziplin, der Psychologie; sie beziehen sich gleichzeitig aber auf den Ansatz von D. Holland/D. Davidson 1983, die als kognitive Anthropologen einen ähnlichen Begriff entwickelten, den sie "folk model" nannten und als kognitive Gestalt bestimmten, die das Individuum benutzt. Sie sahen diesen Begriff breiter als den sehr limitierten "stereotype-approach", da er ein weiteres Feld kulturellen Wissens abdeckt. Der Begriff des "gender-belief-systems" beinhaltet in ähnlicher Weise eine sehr viel breitere Perspektive.

sodann zu Einstellungen bezüglich geschlechtsbezogener Fragen und entsprechender Vorschriften über angemessenes Verhalten.
In ihren Ausführungen wird deutlich, daß die auf soziale Interaktionen, Prozesse und Kontexte ausgerichtete Analyse sehr viel weitreichender ist als eine Untersuchung darüber, wie Männer und Frauen als Subjekte sind und sich unterscheiden. Glaubenssysteme konstruieren Realität mit (was nicht neu ist im sozialwissenschaftlichen Denken): "Gender" wird nicht als statisch, sondern als flexibel angenommen; seine Bedeutung entwickelt sich im Kontext und manifestiert sich in den Glaubenssätzen der Menschen - und weniger in inhärenten Qualitäten von männlichen und weiblichen Menschen.

Grenzsituationen und Erfahrungen

Eine exklusive "gender-identity" ist nach Gayle Rubin (1975) weit entfernt davon, Ausdruck einer natürlichen Differenz zu sein, sondern beinhaltet eher die *Unterdrückung* natürlicher Ähnlichkeiten für soziale Zwecke und soziale Bedeutungen (vgl. S. 179 f.).
Wie die Autorinnen Beth B. Hess/Mary Marx Ferree (1987) feststellen (in enger Anlehnung an Rubin <1975>), kann die geschlechtliche Arbeitsteilung (wie immer sie in einer Gesellschaft ausgeformt sein mag) verstanden werden als das Ergebnis eines fundamentalen Tabus und weniger als die Ursache für die Differenz zwischen Männern und Frauen: Das Tabu bezieht sich auf die Ähnlichkeit von weiblichen und männlichen Menschen (engl.: male and female) - ein Tabu, welches die biologischen Differenzen verschärft und zugleich "gender" *kreiert* (Rubin 1975, S. 178). Weil das "gender-belief-system" auf Differenz besteht und sie belohnt, werden Männer und Frauen kreiert, die das Interesse haben, sich selbst als 'wahre' Männer und Frauen darzustellen und entsprechend wahrgenommen zu werden. Das Schlüsselkonzept "gender" ist in dieser Sicht ein Prinzip, das soziale Arrangements ebenso wie Verhalten und Kognition organisiert (Hess/Ferree 1987, S. 16).
Nach Hess/Ferree ist der Prozeß der Kreation von "gender" ein Kampf. Teile des jeweiligen Potentials der Individuen werden unterdrückt, und niemand erreicht je volle Konformität. Auf der anderen Seite könnten auch jene Individuen, die sich weigern, ihren vorgeschriebenen Platz im System weiterhin einzunehmen, diesen nicht verlassen, ohne zu wissen, was das System ist. Ungleich dem Sozialisationsmodell von "sex roles" ist es der psychische Prozeß, der im "gender"-Modell zentral ist, ein Prozeß, welcher sich durch Ambivalenz, Konflikt und Rebellion auszeichnet (vgl. ebd.). Es gibt nicht das wohlsozialisierte Individuum, das sich geschmeidig den Belangen und Forderungen der Gesellschaft anpaßt - weil diese selbst inkonsistent und widersprüchlich sind. Ebenso wie andere Machtbeziehungen wird "gender" ständig verhandelt und rekonstruiert und wird vor allem sichtbar in *Grenzsituationen* und "*points of change*" (S. 17). "Gender" ist relational und weniger essentiell, strukturell und weniger individuell. "Gender" zu analysieren verlangt die Be-

rücksichtigung von Veränderungen in Systemen über eine Zeitspanne. Makro- und Mikroebenen von Strukturen und von Veränderungen sind zu berücksichtigen. Auch wenn eine der Basisannahmen ist, daß "gender" die Qualität eines Systems und weniger die von Menschen ist, so ist es doch wichtig, die *Erfahrungen* von Menschen innerhalb einer sozialen Struktur festzustellen, die "gendered" ist.

Soziale Interaktionen

Die Psychologin Rhoda K. Unger konstatiert, ähnlich wie die Soziologinnen Hess/Ferree (1987) für die Soziologie bestätigen, einen paradigmatischen "shift" in der Psychologie mit der Entwicklung des "gender"-Systems. Der Fokus richtet sich auf die existierende soziale Realität und auf die Art und Weise, wie Menschen ihre soziale Realität konstituieren (Unger 1990, S. 109). Unger bezieht sich auf Carolyn Wood Sherif (1982) und definiert "gender" als ein Schema für die soziale Kategorisierung von Individuen. "Gender" beziehe sich auf kognitive und wahrnehmende Mechanismen, durch welche biologische Differenzen transformiert werden in soziale Differenzen (Unger 1990, S. 110). "Gender" bezieht sich demnach auch in der Psychologie auf den Prozeß und nicht auf die inhärente Qualität von Menschen. Dies heißt jedoch nicht, daß soziale Ansprüche, hervorgebracht durch das "gender-system", nicht so stark sein können, daß sie das Verhalten von Menschen beeinflussen, selbst wenn diese mit sich allein sind. Das Bestreben der Individuen geht dahin, ihr Verhalten konsistent mit dem "label" zu halten, das ihnen auferlegt wird. Nach Unger sind demzufolge *soziale Interaktionen* in ihrer Prozeßhaftigkeit Schlüssel für die Konstruktion von "gendered behavior" - Persönlichkeitsmerkmale spielen dabei eine sekundäre Rolle (S. 116).

Alltag und Institutionen

Die Psychologinnen Rachel T. Hare-Mustin/Jeanne Marecek (1990) postulieren "gender" programmatisch:

"Gender is an invention of human societies, a feat of imagination and industry. This feat is multifaceted. One facet involves laborious efforts to transform male and female children into masculine and feminine adults. We call this rearing children or educating them. Another facet involves creating and maintaining the social arrangements that sustain differences in men's and women's consciousness and behavior, such as the demands of office and kitchen. Through these arrangements, gender symbolism is supported by the division of labor of men and women. A third facet involves meaning: creating the linguistic and conceptual structures that shape and discipline our imagination of male and female,

as well as creating the meaning of gender itself. Thus, gender is a way of organizing everyday life." (S. 4)
"Gender" als Organisationsprinzip des täglichen Lebens zu sehen, führt nach Hare-Mustin/Marecek dazu, *Institutionen* ebenso wie *Arbeit, Reproduktion, Kinderversorgung, Erziehung* und die *Familie* zu untersuchen. Dazu bedarf es, Hare-Mustin/Marecek folgend, neuer Fragen und neuer Konzepte. Ein *selbstreflexiver Ansatz* für die Psychologie von "gender" ist notwendig, unter Berücksichtigung einer kritischen Analyse der etablierten Kategorien psychologischer Diskurse.[50]

Differenzen in Prestige und Macht

Weitere methodische Prämissen und z. T. forschungspraktische Hinweise für Untersuchungen, in denen es um das Konzept "gender" geht, entwickeln die Psychologinnen Unger (1990) und Bernice Lott (1990) und die Soziologin Deniz D. Kandiyoti (1991).
Lott (1990) zielt in ihren Überlegungen vor allem auf die *Machtaspekte* des "gender"-Systems ab und verlangt, die *Differenzen in Prestige* und *Macht* herauszustellen, die das "gender"-System funktionsfähig erhalten bzw. die dazu führen, daß "gender" als zentrales Prinzip weiterhin soziale Institutionen organisiert. Frauen und Männer differieren sehr stark im Zugang zu Ressourcen und Chancen für persönliche Entwicklung; es gibt historische und gegenwärtige Variationen zwischen Männern und Frauen in Lebensstil, Aspirationen, Einstellungen, Haltungen. Es zeigen sich Differenzen zwischen denen, die einflußreich und begütert und jenen, die arm sind, zwischen hellhäutigen und dunkelhäutigen Menschen (vgl. S. 96). Ergeben sollte sich in Analysen dieser Art ein verbreitertes und reicheres Verständnis von dem, was wertvolle Fähigkeiten und Fertigkeiten sind, positive Konsequenzen oder andere Inhalte von Macht. (Allein dadurch, daß darauf bestanden wird, daß "gender" nicht mehr eingebunden ist in cinen differentiellen Zugang zu Ressourcen von Familie, "community" oder Gesellschaft, wird in keiner Weise die Bewertung von Ressourcen verändert, S. 97).
"Gender" ist demnach assoziiert mit Macht und Herrschaft. Es wurde bereits ausgeführt, daß "gender-belief-systems" präskriptive und deskriptive Elemente enthalten (Deaux/Kite 1987) - so daß angenommen werden muß, daß sowohl die präskriptiven wie die deskriptiven Elemente nicht ohne Zwang, Autorität und Macht im Alltag durchgesetzt werden können.

---

[50] Epistomologische Perspektiven der feministischen Psychologie werden in Beziehung gesetzt zu anderen Disziplinen wie Philosophie, Soziologie, Politische Theorie - zugleich wird der Konstruktivismus als Alternative und als Möglichkeit gesehen, Energien in neue Untersuchungsformen zu lenken (vgl. S. 19).

Vergleiche

Unger (1990) verlangt, Studien zu generieren, welche *simultan Gruppen auf verschiedene Weise vergleichen.* Anstatt einzig Männer und Frauen zu vergleichen, verlangt die Psychologin, schwarze Frauen mit weißen Frauen zu vergleichen, heterosexuelle Frauen mit lesbischen Frauen, Arbeiterfrauen mit wohlhabenderen Frauen. Ebenfalls würden Studien gebraucht, die Männer und Frauen miteinander vergleichen, von denen anzunehmen ist, daß sie einander in verschiedenen Aspekten ähnlich sind. (Vergleiche dieser Art unterstellen, daß Männer und Frauen nicht vollständig unterschiedlich sind.) Wer mit wem verglichen wird, ist nach Unger eine fundamentale Frage in der Psychologie von "sex" und "gender".

Nützliche Vergleiche sollten beispielsweise auf Verhaltensdifferenzen zwischen Kontexten wie Öffentlichkeit und Privatheit und auf die Geschlechterverhältnisse in dauerhaften und vorübergehenden sozialen Zusammenhängen bezogen sein. Unger geht davon aus, daß Menschen vornehmlich Geschlechterdifferenzen herauskehren, wenn ihr Platz in der Gruppe sicher ist, wie z. B. in Familie oder Klassenzimmern - wohingegen sie diese Differenzen minimieren, wenn sie die Minorität in vorübergehenden Gruppen sind. Nützlich sind auch Vergleiche zwischen Aussagen bzgl. "sex" und "gender", beispielsweise zwischen dem, was Menschen über sich und was sie über andere sagen (Unger 1990, S. 138).[51]

Für ihre Vorschläge bezüglich eines Designs von Vergleichsuntersuchungen nimmt Unger "gender" als *Phänomen* an und weniger als Differenz. Für die Universalität von "gender"-Differenzen sagt sie jedoch, daß diese getestet werden sollten in Vergleichen zwischen *Menschen verschiedener Rassen, sozialer Klassen und von verschiedener ethnischer Herkunft.* Solche Untersuchungen der Konstruktion von "gender" in verschiedenen *Kulturen und Subkulturen* seien ihrer Meinung nach fundamental, ebenso wie die Entwicklung von Forschungstechniken, welche erlauben, über eine Dichotomisierung hinauszugehen (S. 138).

Jede Methode des Vergleichs ignoriert notwendigerweise viele wichtige Differenzen zwischen Individuen. Aber Vergleiche, sorgfältig ausgeführt, mit den Kriterien der Gruppenselektion explizit gemacht, können die Debatte fokussieren auf das, was einzigartig ist bei Männern und Frauen oder korrekter, sorgfältige Vergleiche fokussieren die Debatte auf die Frage, welche Aspekte von "gender" spezifische Qualitäten zu einem gegebenen (Meß-) Zeitpunkt produzieren (S. 139).

---

[51] Unger bezieht sich auf Janet T. Spence/Robert L. Helmreich (1978), nach deren Auffassung es keine Übereinstimmung zwischen der Selbst- und Fremdeinschätzung bzgl. solcher Eigenschaften wie bspw. instrumentell und affektiv gibt. Menschen nehmen sich selbst weniger "sex typed" wahr als sie anderen erscheinen.

Makro- und Mikroaspekte

Die Soziologin Kandiyoti (1991) gibt für die Analyse dessen, wie "gender" in gegebenen Gesellschaften als System funktioniert, folgende methodische und methodologische Hinweise (sie bezieht sich dabei auf die türkische Gesellschaft); Kandiyoti verlangt:
1. die Analyse der *Ausdrucksformen von Macht und Autorität* bzw. die Analyse von Liebes- und Autoritätsmustern. In bezug auf die Analyse der Kleinfamilie heißt das z. B., daß nicht die Rollentheorie verwandt werden kann, um die geschlechtsspezifisch bestimmte Arbeitsteilung zu erklären, sondern daß diese in Zusammenhang von Macht- und Autoritätsstrukturen untersucht werden muß (vgl. S. 324);
2. *Mikroanalysen* (z. B. des emotionalen Innenlebens von Familien);
3. die Analyse *der Regelwerke weiblicher Identität*, u. a. auch der Sprache (hierzu gehören auch die "symbolischen Rüstungen", welche Frauen sich für den Erfolg in patriarchalischen Gesellschaften zulegen);
4. die Analyse der *Spannungen und Widersprüche* in verschiedenen institutionalisierten Bereichen der Gesellschaft und die *Entstehung spezifischer Formen von Männlichkeit und Weiblichkeit* zu durchleuchten (S. 324ff.).

"Eine Erforschung dieser Bereiche wird uns zwingen, eine Vielzahl wichtiger Fragen in Angriff zu nehmen: Welche Schlüsselkontexte und soziale Praxen sind für die Strukturierung des Geschlechts maßgeblich? Welche möglichen Zusammenhänge gibt es zwischen Klassen und Geschlechterregeln? Welche widerstreitenden Formen von Männlichkeit und Weiblichkeit weist die türkische Gesellschaft auf? Welche Ideologien werden herangezogen, um diese Unterschiede zu formulieren? Welche Rollen spielen Formen der Macht und Herrschaft unter Männern für die Reproduktion des Patriarchats? Welche Beziehungen bestehen zwischen institutionalisierten Formen von Zwang und Gewalt und der Entstehung spezifisch männlicher Identität? Diese Fragen berühren ein gegenwärtig fast unbekanntes Gebiet. Möglicherweise wird sich herausstellen, daß die Konzentration auf Männer und Männlichkeit ausschließlich im Hinblick auf die Unterdrückung von Frauen - statt im breiteren Zusammenhang der Institutionalisierung von Macht und Herrschaftsformen in der türkischen Gesellschaft - unser Verständnis der Wirkungsweise des Patriarchats behindert." (S. 327)

Prozesse des Aushandelns

Der von Kandiyoti an anderer Stelle (1988) entwickelte Begriff des "patriarchal bargain" gibt einen weiteren wichtigen Hinweis für Analysen von "gender"-Konstruktionen. Mit "patriarchal bargain" sind die Aushandlungsprozesse von Männern und Frauen in einem gegebenen Patriarchat angesprochen (die, bedingt durch Schicht- und Klassenzugehörigkeit sowie Ethnizität, variieren):

"(...) the term 'patriarchal bargain' represents a difficult compromise. It is intended to indicate the existence of set rules and scripts regulating gender relations to which both genders accommodate and acquiesce, yet which may nonetheless be contested, redefined, and renegotiated." (Kandiyoti 1988, S. 286)

Bezogen auf die Frau heißt das, daß sie in ihrer Subjekthaftigkeit und als soziale Akteurin und nicht schlicht als "Opfer" des Patriarchats erfaßt wird:

"These patriarchal bargains exert a powerful influence on the shaping of women's gendered subjectivity and determine the nature of gender ideology in different contexts. They also influence both the potential for and specific forms of women's active or passive resistance in the face of their oppression." (vgl. S. 275)

Aus Kandiyotis Analysen läßt sich folgern, daß in Studien, in denen "gender"-Konstruktionen relevant werden, die *Funktion* jedweder Verhaltensweise oder Einstellung bzw. deren *Kontext* in Frage stehen und miterfaßt werden müßte. Aushandlungsprozesse in patriarchalischen Gesellschaften sind durch ein Machtgefälle gekennzeichnet - im Gegensatz zu einfachen Gesellschaften, in denen gegebenenfalls ein symmetrisches Geschlechterverhältnis angenommen werden kann (vgl. die Ausführungen zu "Mutterschaft in einfachen Gesellschaften"). Die Bestimmung der Grenzen von Arrangements und Strategien sowie ihre gesamte "hintergründige" Realität müßte berücksichtigt und umgesetzt werden - was zu einer Herausforderung für jede empirische Studie werden dürfte. Der Begriff des "patriarchal bargain" ist demnach konstitutiv für die Analyse von "gender"-Konstruktionen in gesellschaftlichen Transformationsprozessen, da insbesondere dann Strategien des Aushandelns zwischen alten und neuen Orientierungen, die in Konflikt geraten, erforderlich werden (auch z. B. sogenannte "Überlebenseinstellungen und -strategien" oder "symbolische Rüstungen" von Frauen)[52].

Referenzpersonen und -gruppen

Die Psychologin Carolyn Wood Sherif gibt in ihren programmatischen Überlegungen zu "Needed Concepts in the Study of Gender Identity" (1982) folgende methodische Hinweise: Zunächst stellt sie fest, daß es unumgänglich ist, ein Konzept von "social power" zu entwickeln, um die komplexe Beziehung zwischen "gender", "social power" und dem System des Selbst weitergehend untersuchen zu können. (Sie geht davon aus, daß die Abwertung einer sozialen Kategorie dann auftritt, wenn die Balance von "social power" gestört ist.) Darüber hinaus verlangt Sherif, die psychologischen Dimensionen im System

---

[52] Der Begriff "patriarchal bargain" wurde bereits als instrumentelle Hilfe sowie als Perspektive in den strukturellen, universellen und spezifischen Kategorien für die Analyse von Mutterschaft in verschiedenen gesellschaftlichen Kontexten eingeführt bzw. angewendet.

des Selbst mit der Komplexität von "gender" zu verbinden. Dies lasse sich nur verwirklichen über ein Konzept, welches *Referenzpersonen, Referenzgruppen* und *Referenzkategorien* enthalte. Sherif schlägt diese als Werkzeuge vor, um die genannten Verbindungen herzustellen. Solche Konzepte sind ihrer Meinung nach notwendig, um Statuskriterien und die Normen zu verbinden, die für Individuen in verschiedenen sozialen Kontexten von Bedeutung sind. Außerdem kann auf diese Weise Kohärenz zwischen verschiedenen Verhaltensschemata, aus welchen sich das System des Selbst zusammensetzt, hergestellt werden (vgl. S. 394).

Ohne solche konzeptionellen Verbindungen mit Referenzpersonen, -gruppen und -kategorien, wie Sherif sie vorschlägt, verbleiben nach Meinung der Autorin Untersuchungen darin verhaftet, in situationellen Faktoren die alleinige Ursache für Verhalten zu sehen. Der Einbezug von Referenzpersonen, -gruppen und -kategorien verhilft demgegenüber dazu, herauszufinden, was Individuen mehr oder weniger in eine Situation verwickelt und was in der Situation tatsächlich von Bedeutung, wie die Situation konstruiert ist und ob die Person handeln will oder nicht (S. 386). Durch die Berücksichtigung des sozialen Kontextes läßt sich herausfinden, ob es Konsistenzen im Verhalten des gleichen Individuums in verschiedenen Situationen gibt, oder ob es verschiedene Individuen mit vergleichbaren "reference ties" in der gleichen Situation gibt.

Ein letzter Grund für Sherif, die Studie des Systems des Selbst mit Referenzgruppen zu verbinden, ist ihrer Aussage nach die Komplexität von "gender identity". Im Verlauf des Lebens bezieht sich ein Individuum psychologisch auf verschiedene Personen, Gruppen und soziale Kategorien. Das individuelle "gender concept" kann differieren, hängt ab von Statuskriterien und Normen in kategorialen Systemen (wie "social class") und in verschiedenen Referenzgruppen (wie ethnische Gruppen oder Gruppen am Arbeitsplatz). Referenzpersonen oder -gruppen im Hinblick auf das Potential für psychologische Konflikte zu untersuchen, ist, so Sherif, besonders interessant in der Studie von "gender identity". Sehr viele Varianten von Adaptionen sind möglich an Umständen, in denen Referenzgruppen und "gender"-Kategorien in Konflikt geraten. (Es ist laut Sherif nicht verwunderlich, daß Frauen und Mitglieder von ethnischen Minoritäten in besonderer Weise Widersprüche in Referenzgruppen erfahren.)

5.2 Geschlechterverhältnis und Geschlechtsrollenwandel als zentrale Untersuchungsgegenstände

Mutterschaft unter Migrations- und Einwanderungsbedingungen zu untersuchen leistet einen Beitrag zur Analyse von Geschlechtsrollenwandel in modernen Gesellschaften. Migration und Einwanderung werden dabei als ein "point of change" für Geschlechtsrollenwandel angesehen: Diese Phase ist eine Quelle für Konflikte, aber auch Ausgangspunkt für eine Neugestaltung und

Neubewertung der Geschlechterbeziehungen. Mit der Wahl einer solchen Umbruchphase als Ansatzpunkt für eine Analyse wird zusätzlich unterstellt, daß die Vorstellungen und Erfahrungen von Individuen, die sich in einem solchen Prozeß befinden, sehr viel von dem widerspiegeln, was in der aufnehmenden Gesellschaft die Realität des Geschlechterverhältnisses ausmacht. Der sich daraus ergebende Effekt wird systematisiert in der Konfrontation der Perspektiven der Einwanderinnen/Migrantinnen mit der Perspektive der einheimischen Frauen - hierin liegt der zentrale Punkt für die Ausrichtung des Designs der empirischen Untersuchung, in welche die vorliegende Arbeit mündet.

Für Gesellschaften, die anders strukturiert sind als die westlich-patriarchalischen Industriegesellschaften, wird ein andersartig strukturiertes Geschlechterverhältnis angenommen, welches entsprechend andersartige Stereotypisierungen zu den Aufgaben der Geschlechter beinhaltet und damit unterschiedliche ideologische Annahmen und kulturelle Manifestationen über Mutterschaft notwendig und funktional macht.

Zwei verschiedene Gruppen von Frauen mit unterschiedlichen Erfahrungen im Vergleich zu einheimischen Frauen zu untersuchen erscheint auch deswegen lohnenswert, weil die erhobenen Perspektiven je eine doppelte Relativierung erfahren (vgl. Teil III der Arbeit) .

Unterstellt wird dabei, daß eingewanderte, migrierte sowie einheimische Frauen in ihrem Alltag in der bundesdeutschen Wirklichkeit vergleichbaren Zwängen und strukturellen Zweideutigkeiten/Ambivalenzen (Katharina Ley 1979) ausgesetzt sind, welche zu ähnlich gelagerten Ansprüchen und Erwartungen für das eigene Leben führen können - aber nicht müssen. Nicht unterstellt werden kann aber der Automatismus, daß alleine die Geschlechtszugehörigkeit zu ähnlichen Erfahrungen führe. Eher muß angenommen werden, daß, forschungslogisch gesehen, Geschlecht als Kategorie (und die damit verbundenen Erfahrungen) sich nur im Zusammenhang mit den Prozessen, in denen Geschlechtlichkeit ausgebildet und hergestellt wird (Carol Hagemann-White 1984), und im konkreten Kontext, in dem geschlechtliche Wirkungen wirksam werden, ausmachen und untersuchen läßt. Darüber hinaus erscheint im Hinblick auf die vorliegende Fragestellung die Kategorie "Klassen- bzw. Schichtzugehörigkeit", verbunden mit rassistischen Machtstrukturen und Mehrheits-Minderheitsverhältnissen, von nicht zu vernachlässigender Bedeutung für differente Lebenswelten und Erfahrungen von Frauen und deren Analyse.[53]

Die theoretische Ausrichtung und die empirische Umsetzung der Forschungsfragen der vorliegenden Arbeit erfolgen in Anlehnung an die Grundgedanken des im US-amerikanischen Raum entwickelten "gender"-Konzeptes (vgl. oben). Auf der empirischen Ebene verlangt diese Sichtweise, die Konstruktion von Weiblichkeit und Mutterschaft bzw. Mütterlichkeit ins Auge zu fassen, wobei

---

[53] In der US-amerikanischen feministischen Theoriediskussion wurde diese Diskussion unter dem Stichwort "difference" geführt.

in einem interkulturellen Vergleich zugleich die soziale *und* die kulturelle Konstruktion für die Analyse leitend sein sollten.
Von einer bereichsspezifischen Parzellierung des weiblichen Selbstkonzeptes (und Mutterschaft) und, auf der empirischen Ebene, der bereichsspezifischen Messung auszugehen, ist eine weitere Prämisse, die sich aus dem "gender"-Konzept ergibt: Die alltäglichen Prozesse von "gender"-Konstruktionen sind gefragt, und diese sind z. B. nicht einzig durch abstrakte Einstellungsfragen zu ermitteln, sondern verlangen die Verortung in Situationen und Geschehnissen konkreter Erfahrungsbereiche (vgl. die Ausführungen zu: "Operationalisierung" im Teil II der Arbeit).
Als instrumentelle Perspektive wird der von Deniz Kandiyoti (1988) entwickelte Begriff des "patriarchal bargaining" angewendet, der den je spezifischen Umgang mit der Machtstruktur in Geschlechterverhältnissen sowie die Aushandlungsprozesse durch Männer und Frauen auf der sozialpsychologischen Ebene kennzeichnet. Für die Analyse der Verankerung von Mutterschaft im "sex-and-gender"-System in verschiedenen Gesellschaften und in vergleichender Perspektive ist Kandiyotis Begriff insofern sehr hilfreich, als er einen methodischen Zugriff auf Transformationsprozesse erlaubt (vgl. die Ausführungen zum "gender"-Konzept und zu "Mutterschaft in der Türkei").
Verhaltensweisen und Einstellungen von Frauen können so z. B. als Strategien und als eine Antwort auf bestehende (Unterdrückungs-) Verhältnisse verstanden werden, die Überleben, auch von Familien, erst ermöglichen.
Vorstellungen von Mutterschaft sind mit Frauenbildern und Stereotypen über Weiblichkeit verknüpft und zugleich mit Faktoren ethnischer Zugehörigkeit und rassistisch geprägten Stereotypisierungen verbunden. Der Ansatzpunkt von Patricia Hill Collins (1990) macht die Verbindung der verschiedenen Ebenen, die in die vorliegende Arbeit hineinspielen, sehr deutlich: Sie spricht von "interlocking systems of race, gender and class oppression" (vgl. S. 86). Frauenbilder würden, so Hill Collins, dazu benutzt, Schuldige zu finden (S. 74). Ihr Grundgedanke der "interlocking systems" verdeutlicht zudem die Erweiterung des "gender"-Konzeptes, welches in der vorliegenden Arbeit für notwendig erachtet wurde: Die Auffassung von Mutterschaft, die Individuen, aber auch Gesellschaften haben, steht in Zusammenhang mit Frauenbildern. Frauenbilder sind nach dem "gender"-Konzept Dimensionen der sozialen Konstruktionen des jeweiligen gesellschaftlichen "gender belief systems" und damit ebenso ideologisch wie alle anderen symbolischen Systeme in Gesellschaften. In ihnen verknüpfen sich die Ideologien der jeweiligen Geschlechterverhältnisse mit den Ideologien sozialer Herkunft bzw. Klasse.
Auf die alltägliche mütterliche Praxis wirken sich diese Zusammenhänge insofern aus, als Einwanderinnen und Migrantinnen in ihren Aktivitäten mit den Frauen- und Mutterbildern der Aufnahmegesellschaft - und ihren normativen Zwängen - konfrontiert sowie daran gemessen werden. Mütterlichkeit und Mutter-Kind-Beziehungen in Minoritätengruppen sind weiterhin dadurch gekennzeichnet, daß die Antagonismen von gesellschaftlichen Machtverhältnissen und rassistischen Strukturen in den Familienbeziehungen, vor allem in den

Beziehungen Mutter-Kind, ausgetragen werden müssen (vgl. dazu Gloria I. Joseph 1993 für schwarze Mütter in den USA).[54] Mütter in Minoritätenfamilien gerieten allerdings bislang nicht in den Blick der (herrschenden) Wissenschaft - in den Studien der westlichen Welt sind weiße Mittelschichtmütter und ihre Kinder überrepräsentiert (Ann Phoenix/Anne Woollett/Lloyd, Eva 1991, S. 21).

5.3 "Kultur" als Untersuchungsgegenstand

Der Begriff "Kultur" wird in der kulturanthropologischen Diskussion nach drei fundamentalen Aspekten unterschieden, nämlich dem anthropologischen Aspekt, kulturell zu handeln, Umwelt und menschliches Verhalten in dieser Umwelt lernend zu gestalten und zu verändern; dem historisch-anthropologischen Makroaspekt, nach dem Kultur als historisch-gesellschaftlicher Gesamtprozeß menschlicher Umweltaneignung definiert wird; dem historisch-anthropologischen Mikroaspekt, nach dem Kultur als eine Kultur in ihrem soziogeographischen und sozio-historischen Rahmen als besonderes konfiguratives Verhaltensmuster definiert wird und die Antwort einer Sozietät auf ihre Umweltbedingungen und ihre spezifische Lebensweise beinhaltet (Ina-Maria Greverus 1987, S. 91). (Der dritte Aspekt ist insbesondere der Gegenstand der Ethnologie, aber auch der Erziehungswissenschaft.)
Der Kulturanthropologe Justin Stagl (1992) unterscheidet ähnlich die explizite Kultur von der impliziten Kultur und verortet den Bereich der Erziehung, dem der Lebenspraxis gleichgeordnet, in den kulturellen Explikationen der "Alltagskultur" (S. 160).
Diesem Ansatz zufolge (vgl. auch die "Anthropology of Experience") wird weniger nach der Theorie von Kultur gefragt als nach der durch die Handelnden vermittelten kulturellen Praxis (vgl. die Umsetzung dieses Forschungsansatzes in der Untersuchung von Ines Graudenz/Regina Römhild <1990> über Aussiedler).
In der vorliegenden Arbeit, die sich als eine erziehungswissenschaftliche versteht, soll Kultur in dem genannten Mikroaspekt zum Gegenstand werden, d. h. der Begriff "Kultur" wird mit dem Begriffspaar "Kultur und Lebensweise" assoziiert. Forschungsziel wird damit, die kulturellen Explikationen der Mikrodimension (so auch Stagl 1992) empirisch aufzufinden und in ihrer Vielfalt zu beschreiben. Das methodische Design ist auf Kultur im Alltagskontext ausgerichtet, auf den spezifischen Handlungsraum der Individuen, ihre "subjektive" Kultur.
Für die Operationalisierung der Fragestellung der vorliegenden Arbeit wird der oben spezifizierte Bedeutungsgehalt von Kultur in drei Verhaltens- und

---

[54] Damit wird nicht unterstellt, daß die Bedingungen von Rassismus, die schwarze Familien in den USA zu erleiden haben, gleichzusetzen sind mit den bundesdeutschen Verhältnissen, mit denen Arbeitsmigranten und Einwanderer zu leben haben.

Gestaltungsbereichen aufgesucht: Im Bereich der materiellen Lebenssicherung, im Bereich der sozialen Lebensordnung und Interaktionen und im Bereich der ästhetischen und wertorientierten Umweltauseinandersetzung (Weltsicht, Weltanschauung, Wertewelt, vgl. die Differenzierung bei Greverus 1987, S. 92).

Es werden drei Gruppen von Frauen aus verschiedenen gesellschaftlichen und kulturellen Kontexten untersucht. Kulturelle Herkunft wird dabei im o. g. Sinne verstanden und in der genannten Ausrichtung für die Untersuchung umgesetzt; der Aspekt der sozialen Konstruktion, der Kultur ebenso wie Ethnie (vgl. dazu auch Friedrich Heckmann 1992) auszeichnet, rückt dabei vergleichbar in den Vordergrund, wie für die Einnahme der "gender"-Perspektive in bezug auf die Kategorie "Geschlecht" beschrieben wurde. In der Untersuchung von Geschlechtsrollenorientierungen werden der erlernte Aspekt, die alltägliche Bedeutung und die alltagspraktische Umsetzung, d. h die soziale Konstruktion von Geschlecht wichtig.

Für "kulturelle Herkunft" wird folglich ebensowenig wie für das "Frau-Sein" angenommen, daß sie die alleinige Determinante für die Erklärung von Lebenslagen ist, sondern demgegenüber wird angenommen, daß sie nur in ihrer Verquickung[55] mit anderen Variablen ihre Erklärungskraft erhalten. Von Relevanz für die Analyse und Differenzierung der Lebenslage von Frauen sind Variablen wie: soziale Lage, Qualifikationsniveau, Bildungsgang, familiäre Situation u. ä.

---

[55] Dies wird insbesondere wichtig für die Auswertungen der erhobenen Daten, vgl. im folgenden.

6 Die Erforschung des weiblichen Selbstkonzeptes

6.1 Die empirische Ermittlung der Geschlechtsrollenorientierung

In der psychologischen und sozialpsychologischen Forschung zu Geschlechtsrollen und Geschlechtsrollenorientierungen ist die wesentliche Schwierigkeit darin zu sehen, daß sie an einer statischen bzw. funktionalistischen Begriffsbestimmung von Geschlechtsrollentheorie orientiert ist. Verabsolutiert werden häufig in dieser Forschung die auf der normativen Ebene von Gesellschaften vorgeschriebenen bipolaren und universalisierten Konstrukte der sogenannten männlichen Instrumentalität und der weiblichen Expressivität (vgl. Carolyn Wood Sherif 1982, S. 393). Eine Perspektive, die von dem sozialen Konstrukt der Geschlechtlichkeit ("gender") ausgeht, erfordert einen radikalen Paradigmenwechsel (vgl. oben) und eine neue Richtung in der Ermittlung und empirischen Messung von allen Konzepten, die auf "Geschlecht" bezogen sind. Dies setzt allerdings die kritische Reflexion bisheriger Meßmethoden voraus. "Gender" ist ein Schlüsselkonzept, ein Prinzip, das soziale Arrangements organisiert, aber ebenso Verhalten und Kognition (vgl. Beth B. Hess/Myra Marx Ferree 1987, S. 16) determiniert: Das "gender"-Konzept setzt sich demnach fundamental von der klassischen "sex-role"-Forschung ab (vgl. die Ausführungen im vorhergehenden Kapitel). In der klassischen sex-role-Forschung werden Männlichkeit und Weiblichkeit als bipolare Konstrukte bzw. als Endpunkte eines einzigen Kontinuums gemessen. Hinter diesen klassischen Skalen steckt die normative Annahme, daß eine Person entweder männlich oder weiblich ist bzw. daß Männlichkeit und Weiblichkeit sich ausschließen, und daß Männlichkeit das ist, was Männer machen und Weiblichkeit das ist, was Frauen machen.

6.2 Die BEM-Skala in der Selbstkonzeptforschung

Die empirische Umsetzung der theoretischen Grundannahmen der vorliegenden Arbeit (in Analogie zum "gender"-Konzept) beinhaltet als Basisentscheidung eine *Parzellierung des Begriffes 'Weibliches Selbstkonzept'*, eine Zerlegung des Konzeptes in einzelne *Erfahrungsbereiche* und damit die Erfassung der *Kontexthaftigkeit* weiblicher Selbstkonzepte. Wo und wie weibliches Selbstkonzept zu messen ist, ergibt sich u. a. aus der Zielsetzung der Forschung und der konkreten Fragestellung. (In den Ausführungen zur Operationalisierung - Makroebene - werden die für die vorliegende Forschung relevanten Bereiche genannt und erläutert). In Anlehnung an die Definition des Sozialpsychologen Hans Dieter Mummendey (1983 und 1990), der das Selbstkonzept einer Person als aus einer Reihe bereichsspezifischer partieller Selbstbilder zusammengesetzt erklärt, als ein System selbstbezogener Einstellungen, entschieden wir uns für die Messung des Selbstkonzeptes anhand

selbstbezogener Einstellungen in einem Fragebogen und begleitenden Befragungen.
Parzellierungen des Konstruktes "weibliches Selbstkonzept" finden sich in der Untersuchung des Projektes FAFRA in den bereichsspezifischen Einstellungen folgender Skalen: Frauenbild, Mutterschaftsfragebogen, Fragebogen zu Erziehungseinstellungen, Fragebogen zur Berufstätigkeit, Fragebogen zur Vereinbarkeit von Beruf und Familie, Fragebogen zur Bildungs- und Weiterbildungsmotivation, Fragebogen zum interkulturellen Vergleich, Fragebogen zu Migration und sozialer Identifikation, Fragebogen zu ethnischem Stereotypeninventar.
Die Meßbarkeit der Struktur des Selbstkonzeptes sowie die Ermittlung der Veränderung von Selbstkonzepten ergibt sich aus der Annahme, daß sich die Konzeptionalisierung des Selbstkonzeptes mittels sozialpsychologischer Prozesse im Konstrukt der "Einstellung" zentriert, womit auch die Ermittlung der Veränderung von Selbstkonzepten erlaubt wird (vgl. Mummendey 1983, S. 284). Für unsere Messung operationalisierten wir das - geschlechtsspezifische - weibliche Selbstkonzept als ein System selbstbezogener Einstellungen in dem von uns so gekennzeichneten Bereich "Frauenbild" und entschieden uns nach langen Überlegungen und Prüfungen vorhandener Skalen für den Einsatz der BEM-Skala (BEM-Sex-Role-Inventory). Sandra L. Bem entwickelte diese Skala in Kalifornien/Stanford Anfang der 70er Jahre (1974); seitdem wurde sie in sozialwissenschaftlichen und psychologischen Forschungen häufig eingesetzt, alleine 1989 419mal (vgl. Monika Sieverding/Dorothee Alfermann 1992, S. 7).
In der BEM-Skala werden weibliche und männliche Eigenschaften im Unterschied zu den klassischen "sex-role"-Skalen als zwei unabhängige Dimensionen gemessen, die gleichermaßen zur Beschreibung einer Person herangezogen werden können. Weiblichkeit und Männlichkeit werden hier also als zwei Dimensionen des Selbstkonzeptes einer Person aufgefaßt, was auf dem Bemschen Begriff der Androgynität aufbaut. Die BEM-Skala mißt die Geschlechtstypisierung im Persönlichkeitsselbstkonzept oder, vereinfacher, die Konstrukte "instrumentelles" und "expressives Selbstkonzept". Nicht erfaßt werden das konkrete Rollenverhalten einer Person oder die Einstellungen zur Geschlechtsrolle. Es wird auch nicht *die* Maskulinität oder *die* Femininität einer Person erfaßt. Wichtige Komponenten der Geschlechtstypisierung, wie z. B. Aktivitäten, Interessen, Merkmale der körperlichen Erscheinung, verbales und nonverbales Ausdrucksverhalten, sexuelle Orientierung und sexuelles Verhalten werden durch die Skala nicht berührt. Maskulinität und Femininität werden als mehrdimensionale Konstrukte aufgefaßt; die BEM-Skala deckt nur einen Bereich im Persönlichkeitsselbstkonzept ab (Sieverding/ Alfermann 1992, S. 6ff.).
Zusätzlich wurde das geschlechtstypische Selbstkonzept bzw. Selbstbild in der standardisierten Hauptbefragung der Projektforschung durch ein offenes Selbsteinschätzungsverfahren (eine Eigenentwicklung) gemessen. Hier bestand die Möglichkeit für die Befragte, im Unterschied zu den vorgegebenen

Eigenschaften der BEM-Skala, wünschenswerte Eigenschaften einer Frau sowohl für die Tochter wie auch auf sich selbst bezogen zu benennen. Sie ergänzen die BEM-Skala nicht nur um den Aspekt erwünschter Eigenschaften, sondern um die Generationenperspektive in der Geschlechtsrollentypisierung.[56]

6.3 Grundgedanken der BEM-Skala

Bem hat mit ihren Untersuchungen zur psychischen Androgynie, die einen Basisgedanken ihrer Skala bildet, einen wesentlichen Beitrag zur Diskussion der als polarisiert definierten Geschlechtsrollen geleistet und aufgezeigt, daß Individuen häufiger sowohl über weibliche als auch über männliche Eigenschaften verfügen. Für Bem, die eine liberal-feministische Vision einer utopischen partnerschaftlichen Gesellschaft postulierte, sollten Geschlechtsrollenunterschiede aufgehoben werden, so daß sich Individuen frei und gesund in einer egalitären Gesellschaft entwickeln können.

Aus diesem Blickwinkel hat Bem die Kategorie der "Androgynie" operationalisiert und sie in bis dahin gebräuchlichen traditionellen "Maskulin-feminin-Skalen" eingefügt. Die orthodoxen Skalen konzipieren die vorgegebenen männlichen und weiblichen Charaktereigenschaften als bipolare Begriffe bzw. als Endpunkte eines einzigen Kontinuums. Anders gesagt, das Weibliche und Männliche stehen im umgekehrten Verhältnis zueinander, schließen einander aus. Hinter diesen klassischen Skalen steckt die normative Annahme, daß eine Person *entweder* männlich *oder* weiblich ist (vgl. Kay Deaux 1987, S. 297).

In der BEM-Skala werden weibliche und männliche Eigenschaften als zwei unabhängige (orthogonale) Dimensionen gemessen, die, aufbauend auf dem Begriff der Androgynität, gleichermaßen zur Beschreibung einer Person herangezogen werden können. Weiblichkeit und Männlichkeit werden hier also als zwei Dimensionen des Selbstkonzeptes einer Person aufgefaßt. Die getestete Person verliert in den traditionellen Skalen durch die Wahl einer männlichen Antwort auf ein Item einen Punkt an Weiblichkeit und umgekehrt. In der BEM-Skala wird je eine Männlichkeitsskala, eine Weiblichkeitsskala sowie eine androgyne oder neutrale Skala separat vorgegeben. Die zu untersuchende Person beurteilt sich beim Einsatz der BEM-Skala hinsichtlich der sechzig vorgegebenen Eigenschaften auf einer Sieben-Punkte-Skala. Zwanzig dieser Eigenschaften sind als traditionell männlich definiert, wie bspw. ehrgeizig, analytisch, selbstsicher, unabhängig; zwanzig der Eigenschaften sind als traditionell weiblich definiert, wie bspw. herzlich, sanft, verständnisvoll, empfindsam; zwanzig der Eigenschaften sind neutrale Eigenschaften, wie bspw. aufrichtig, freundlich, liebenswürdig. Die Items werden den Probanden gemischt vorgelegt. (Die sechzig Items der BEM-Skala wurden mit Hilfe einer

---

[56] Die Ergebnisse hierzu werden an dieser Stelle nicht dargestellt (vgl. FAFRA-Werkstattbericht "Geschlechtsrollenorientierung und weibliches Selbstkonzept" 1994).

Gruppe von hundert College-Studenten aus einer ursprünglichen Eigenschaftsliste von 400 Angaben herausselektiert. Die Studenten sollten die Erwünschtheit der jeweiligen Eigenschaften für Frauen und Männer beurteilen. Im Inventar wurden letztlich die Attribute aufgenommen, die sowohl von den weiblichen als auch von den männlichen Studierenden damals am häufigsten entsprechend gekennzeichnet worden waren.) Für die Weiblichkeits- und Männlichkeitsskala wird der jeweilige mittlere Skalenwert berechnet; die Differenz zwischen den beiden ist der Androgynitätswert. Je größer die Differenz ausfällt, um so deutlicher erscheint das Individuum als in Richtung einer Geschlechtsrolle festgelegt (Bemsche Auswertung). Das jeweilige Selbstkonzept der untersuchten Person wird empirisch erfaßt, indem sie sich selbst nach den vorgegebenen Eigenschaften als weiblich, männlich oder androgyn einschätzt.

Bem geht von der Prämisse aus, daß weibliche und männliche Merkmale zwei unabhängige Dimensionen des Selbstkonzeptes einer Person bilden; sie unterstellt also das Prinzip der Gleichförmigkeit ("uniformity") anstatt der Bipolarität geschlechtsspezifischer Merkmale, wie es die klassischen "sex-role"-Skalen tun. Bem bleibt, und dies ist eine fundamentale Kritik an der BEM-Skala, dennoch verhaftet in den orthodoxen und bipolaren männlichen bzw. weiblichen Geschlechtereigenschaften, sie legt weibliche Expressivität und männliche Instrumentalität weiterhin als wesentliche Dimensionen von Geschlechtsrollen fest und mißt mit diesen. Ihre Voraussetzung ist, daß jede Person Merkmale aufweist, die auf Bidimensionalität basieren, aber mit dem vorgegebenen eindimensionalen Konstrukt der Geschlechtsrollenorientierung verwischt werden.[57] D. h. es gibt jetzt zwei Skalen anstatt einer, aber jede Skala bleibt in sich genauso homogen wie zuvor. Die expressiven Weiblichkeitseigenschaften entsprechen den normativen und sozial erwünschten Eigenschaften des Frauseins. Bem hat somit ihre Skala auf den bereits existierenden unidimensionalen Skalen mit ihren geschlechtsspezifischen normativen Eigenschaftsitems aufgebaut, ohne diese Items zunächst kritisch in Frage zu stellen.

So geht Bem von einem kognitiven Geschlechtsschema eines Individuums aus. Jedes Kind verarbeite, so Bem, die kulturell vorgeschriebenen Geschlechtermerkmale und erwerbe damit die entsprechende Geschlechtsrolle. Das unidimensionale Konstrukt sei in der Gesellschaft bereits vorgegeben und bedinge wiederum das sogenannte "sex-typing" des Individuums bzw. die Weiblichkeit der Frauen und die Männlichkeit der Männer. Mit der Skala wird somit dieses sogenannte "sex-typing" gemessen und damit auch, inwieweit eine Frau sich

---

[57] Vgl. dazu die Kritik von Janet T. Spence/Robert L. Helmreich (1981, S. 366) sowie Janet T. Spence/Linda L. Sawin (1985, S. 39). Bem hat ihren theoretischen Ansatzpunkt des "gender schema" (1981) eindeutig klarer definiert (auf Kosten des Weglassens ihrer ursprünglichen Kategorie der Androgynität), aber von Anfang an ging sie von der Kohlbergschen Annahme eines "sex-typed"-Individuums aus, was sich in der Begrifflichkeit ihrem "gender schema" sehr annähert (vgl. Bem 1974 und 1981).

den sozial erwünschten Normen von Weiblichkeit anpaßt. Die BEM-Skala reduziert sich in der Perspektive der theoretischen Prämissen auf ein Instrument, das den Anpassungsgrad einer Person an die geschlechtsspezifisch vorgegebenen Normen einer Gesellschaft mißt, welche eindimensional ist. Die ursprünglich in der BEM-Skala konzipierte Bidimensionalität verschwindet. Als Ergebnis der Meßmethode gibt es starke oder schwache "sex-typed"-Individuen mit starker oder schwacher Geschlechtsrollenorientierung. Auch wenn sich die getestete Person als androgyn einschätzt, wird sie dennoch in bezug auf die jeweiligen Endpunkte eines unitaren Kontinuums gemessen. Androgynität erscheint als die Fähigkeit eines Individuums, sich an moderne gesellschaftliche Anforderungen anzupassen. Der Begriff der psychischen Gesundheit bzw. Normalität wird implizit neu bestimmt.[58] Die Berechnung der Scores für Androgynität wird in Analogie zur Vorgabe der Skalen vorgenommen; d. h. Androgynität ergibt sich aus der Zuordnung zu Weiblichkeit bzw. Männlichkeit.

6.4 Vorteile der BEM-Skala

Die von der Sozialpsychologin Bem Anfang der 70er Jahre entwickelte Skala ist ein Klassiker der Geschlechtsrollenmessungen geworden; sie war eine bahnbrechende Entwicklung zu ihrer Zeit. Für den deutschsprachigen Raum wurde von Marianne Schneider-Düker/André Kohler eine deutschsprachige Version in den 80er Jahren (1988) erstellt.
Die Bemsche Skala ist nicht nur häufig im deutschen Raum,[59] sondern auch in der US-amerikanischen "women-of-color"-Forschung angewandt worden.[60] Sie stellt sich demnach für die verschiedensten Bereiche als etabliertes Instrument der Geschlechtsrollenmessung dar.

---

[58] Eine weitere Schwierigkeit der BEM-Skala liegt in der Technik der Berechnung der androgynen Werte. Diese ist, wie Spence/Helmreich (1981) kritisieren, auch auf das Prinzip des bipolaren Kontinuums hin anstatt auf die angebliche Dimensionalität der männlichen und weiblichen Eigenschaften konzipiert (S. 366).
[59] Für die deutschsprachige Diskussion über den BSRI siehe die folgenden Texte: Heidi Keller (1978); Ulla Bock (1988); Schneider-Düker/Kohler (1988).
[60] Siehe z. B. Ena Vazquez-Nuttall/Ivonne Romero-Garcia/Brunhilda De Leon (1987).

Was spricht für diese Skala?

- Das jeweilige Selbstkonzept der befragten Person wird *empirisch erfaßt*, indem sie sich selbst nach den vorgegebenen Eigenschaften als "weiblich", "männlich" oder "androgyn" einschätzt.
- Sie kann - als standardisierte Skala - für größere Stichproben relativ leicht und zuverlässig angewendet werden.
- Die Summenscores auf den zwei Skalen (Mas und Fem) können *unabhängig voneinander* als das instrumentelle bzw. expressive Selbstkonzept einer Person interpretiert werden (vgl. Sieverding/Alfermann 1992, S. 9).
- Die Befragten werden aufgefordert, sich selbst anhand der vorgegebenen Adjektive zu beschreiben bzw. auf sich bezogene Eigenschaften auf dieser Skala *auszuwählen*.
- Dieses Verfahren nimmt die *innere Erfahrung* der Befragten ernst und eröffnet die Möglichkeit, zu erkennen, daß weibliche und männliche Individuen sich selbst oft nicht so einseitig sehen, wie es die Normen erwarten.[61]
- Die Skala wurde bereits in über eintausend Untersuchungen[62] (einschließ-lich der interkulturell-vergleichenden empirischen Analysen in den USA[63]) angewandt; sie ist ein *etabliertes Instrument* in der Erforschung von geschlechtsspezifischen Persönlichkeitseigenschaften.
- In bezug auf ihre *Validität* und *Reliabilität* für die westdeutsche Bevölkerung ist diese Skala bereits überprüft worden. Schneider-Düker/Kohler haben die originale Fassung der Items ins Deutsche übersetzt und die Skala für den deutschen Raum neu konstruiert. Dies bedeutet, daß die Skala nicht mehr fließend ist, sondern für die befragten deutschen Frauen als Basis dient, auf deren Hintergrund der Umgang der beiden Gruppen von Einwanderinnen mit der Skala vergleichend analysiert werden kann. In dieser spezifischen Ausrichtung ist sie für eine interkulturell-vergleichende Untersuchung gut einsetzbar. Die Anwendung der Skala ist von großem Vorteil im Vergleich zu anderen Skalen, die bspw. nur in den USA verwendet worden sind.

6.5 Erwartungen an die BEM-Skala

- Die Anwendung der BEM-Skala bietet eine Möglichkeit, *die interkulturelle Validität der Skala zu überprüfen*. In der feministischen sozialpsychologischen Diskussion sowie in den interkulturellen Untersuchungen zu Geschlechtsrollenorientierungen (besonders in den USA), scheint dies ein wichtiger Kritikpunkt an der Skala zu sein. Ergebnisse einer Untersuchung mit der BEM-Skala im deutschsprachigen Raum können somit auch im internationalen Raum relevant werden.

---

[61] Carol Hagemann-White 1984, S. 26.
[62] Carola A. Beere 1990.
[63] Siehe z. B. Vazquez-Nuttall/Romero-Garcia/De Leon 1987.

- Das Ziel ist, *die Reaktion der befragten Frauen auf die geschlechtsspezifischen Klischees in der Skala zu messen.* Insofern, als das Bemsche Meßinstrument als Maß für die Anpassung an die normativen stereotypen Geschlechtsrollen in westlichen - möglicherweise mittelständischen - also kulturell-spezifischen - Kulturen verstanden werden kann, kann *vergleichend* untersucht werden, inwieweit die Befragten aus den jeweiligen drei Zielgruppen sich als "typisch feminin" oder "typisch maskulin" nach westlichem Muster einschätzen und den hiesigen Normen angepaßt sind oder davon abweichen.[64] Anders gefragt, inwieweit identifizieren bzw. distanzieren sie sich von dem in der Skala vorgegebenen gesellschaftlichen Geschlechterstereotyp? Wie schätzen sie sich selbst in bezug auf die vorgegebenen stereotypen Eigenschaften ein? Wie sehen die Unterschiede zwischen den befragten Gruppen verschiedener gesellschaftlicher und kultureller Herkunft aus?
- Auch ein differenziertes Bild der *Unterschiede innerhalb einer Gruppe* kann sich ergeben, z. B. zwischen Generationen, sozialen Schichten, unterschiedlichen Ausbildungsniveaus.
- Eine Herausforderung ist es, die Ergebnisse aus dem theoretischen Bezugsrahmen des "gender"-Konzepts zu interpretieren. Es wird nicht davon ausgegangen, daß sich Weiblichkeit an vorgegebenen Eigenschaften und Rollen messen läßt, sondern daß vornehmlich gesellschaftliche Bedingungen das Leben einer Frau und ihr Selbstkonzept bestimmen. So sollen die Werte auf der BEM-Skala in Verbindung mit den Ergebnissen der anderen Teilbereiche der Befragung (z. B. Beruf und Mutterschaft) ausgewertet werden, um eine interkulturell-vergleichende Perspektive des Weiblichkeitsbegriffs in mehreren Dimensionen gewinnen zu können.

6.6 Die BEM-Skala in interkulturellen Untersuchungen

Die BEM-Skala bleibt den Annahmen der traditionellen Geschlechtsrollenforschung sehr verhaftet. Zudem muß sie deutlich als eine Typisierung von Geschlechtscharakteren bezeichnet werden, die sich auf eine bestimmte soziale Schicht und ethnische Gruppe in einer spezifischen Gesellschaftsformation beziehen. Wie Kathrin P. Morgan/Maryann Ayim (1984) es ausdrücken, sind zwei Drittel der Eigenschaftsitems der BEM-Skala "paradigmatisch mit den erkennbaren Geschlechtsstereotypen der weißen Mittelschicht in der nordamerikanischen Kultur verbunden" (vgl. S. 192). Weibliche und männliche Geschlechtsrollen sind heterogen und flexibel, sie sind historisch und schichtspezifisch variabel. Sie sind regional und kulturell differenziert - womit

---

[64] Die Skala mißt dann die Einstellungen und den Umgang mit dem westlichen Selbstbild der Frauen bezüglich der Ausstattung mit instrumentellen und expressiven Persönlichkeitseigenschaften, die entsprechend traditionellen Geschlechtsstereotypen entweder als typischer für einen Mann oder für eine Frau gelten (vgl. Sieverding/ Alfermann 1992, S. 9).

die westliche Perspektive eines universalen Frauenbildes in Frage zu stellen ist. Unterschiedlichkeiten sind bereits innerhalb eines westlichen Industrielandes ersichtlich, wie die "woman-of-color"-Forschung in den USA sowie in Großbritannien aufzeigte. Die hartnäckige Annahme von weiblichen und männlichen Eigenschaften in der Geschlechtsrollenforschung erscheint vielmehr als eine Suggestion und ist offensichtlich auf das "gender-belief-system" der Wissenschaftlerinnen und Wissenschaftler selbst zurückzuführen.

In einer der wenigen interkulturell-vergleichenden Untersuchungen, die die BEM-Skala anwenden, ist Viktoria Jackson Binion (1990) zu folgenden Ergebnissen gekommen: In ihrer Arbeit über Androgynität und schwarze Frauen in den USA weist sie anhand der Auswertung mit der Median-Split-Methode nach, daß sich die schwarzen Frauen in ihrer Stichprobe eher androgyn und die weißen Frauen eher undifferenziert und maskulin bezüglich ihres Selbstbildes ausweisen. Zugleich hat sie Fragen zu Geschlechtsrolleneinstellungen in anderen Bereichen, auch zu "Mutterschaft", ausgewertet und die Ergebnisse miteinander verglichen. Bei den schwarzen Frauen geht eine eher "traditionelle" Einstellung zur Geschlechtsrolle (Befürwortung und Eindeutigkeit von Mutterschaft) mit einem androgynen Selbstbild einher, während die weißen Frauen, die sich vorwiegend männlich oder undifferenziert einschätzen, eine eher "liberale" Einstellung aufweisen.

Somit ist Binion ähnlich wie Spence der Auffassung, daß allein das Wissen über die Verortung der Frauen in den vier Zellen der Geschlechtstypen (der Auswertung der BEM-Skala) nicht ausreicht, ihre Einstellungen zu anderen Lebensbereichen voraussagen zu können.[65] (Nach Meinung von Spence handelt es sich dabei um lediglich beschreibende Skalenwertkombinationen.) Binion hingegen stimmt Bem nach der interpretativen Analyse ihrer empirischen Ergebnisse darin zu, daß androgyne Personen flexibler in ihrer Einstellung zu Geschlechtsrollen sind.

Einerseits sind die von Binion befragten schwarzen Frauen in ihrem Selbstbild androgyn und weisen sowohl hohe feminine als auch hohe maskuline Skalenwerte auf, andererseits ist für sie Mutterschaft ein zentraler Bestandteil ihres Lebens. Die schwarzen Frauen - die stets erwerbstätig waren - vertreten familienorientierte Werte und Einstellungen, die sich u. a. aufgrund der Bedeutung der Familie als ethnische Enklave in einer feindseligen und rassistischen Gesamtgesellschaft ergeben.

Für schwarze Frauen sind ihre Geschlechtsrollenidentität und ihre Geschlechtsrolleneinstellungen zwei separate "personality issues". Maskuline und feminine Skalenwerte sind für schwarze Frauen in dieser Studie *orthogonale*, mit- bzw. nebeneinander existierende Charakteristika, die Geschlechtsrollenverhalten vorhersagen können, aber nicht müssen. Die Konstrukte

---

[65] "... knowing the sexual identity group of a subject in this sample does *not* permit accurate prediction of their sex role behavior or attitudes" (Binion 1990, S. 505, Herv. Herwartz-Emden).

Maskulinität und Femininität sind demnach für schwarze Frauen *multidimensional* (vgl. S. 506).
Die größere Liberalität von weißen Frauen gegenüber Geschlechtsrolleneinstellungen scheint mit ihrem sich als "*undifferenziert*" ergebenden Selbstbild kongruent, was auf ihre *Ambivalenz* in geschlechtstypischen, eindeutig femininen Einstellungen, beispielsweise zur Mutterschaft, hindeutet. Weiße Frauen scheinen vergleichsweise über eine höhere "kulturelle Freiheit" zu verfügen, was ihnen sowohl in der US-amerikanischen Gesellschaft als auch in ihrem familialen Netzwerk liberaler ausgeprägte Geschlechtsrolleneinstellungen erlauben mag. Diese Tatsache mag auch darin begründet sein, daß weiße Frauen weniger negative, persönliche Konsequenzen erleben als schwarze Frauen. Insgesamt deutet Binions Forschungsergebnis darauf hin, daß weiße Frauen mehr Optionen bezüglich des Ausdrucks von Geschlechtsrolleneinstellungen besitzen, als schwarzen Frauen möglich ist. Binion kommt abschließend zu der Auffassung, daß weitere vergleichende Forschung in diesem Bereich notwendig ist (S. 504).
Der Einsatz der BEM-Skala in einer interkulturell angelegten empirischen Forschung, die als Zielgruppe Frauen aus drei verschiedenen Kulturen vergleicht, gründet auf der Annahme, daß sich die Geschlechtsstereotype einer der beteiligten Kulturen mit den Eigenschaften der BEM-Skala abbilden lassen. Sinnvoll ist der Einsatz der BEM-Skala in bezug auf andere Kulturen - wie auch Binions Forschung zeigt -, demzufolge als Basis für einen Vergleich und als Möglichkeit, den Umgang mit Stereotypen der westlichen Welt abzubilden. Die BEM-Skala wurde in der vorliegenden Untersuchung nicht, wie bereits ausgeführt, als einziges Instrument zur Messung der Geschlechtsrollenorientierung benutzt; sie wird in Zusammenhang mit anderen Skalen eingesetzt, was die zusätzliche Möglichkeit eröffnet, die Differenzen und Übereinstimmungen der Befragten in ihren Zuordnungen zu den Eigenschaften der BEM-Skala und ihren Selbsteinschätzungen in verschiedenen anderen thematischen Bereichen zu messen.

7 Die Validität interkultureller Untersuchungen[66]

7.1 Die Vorbereitung der Validierung auf der Ebene der theoretischen Explikation der Forschungskonzepte - Makroebene

7.1.1 Problemstellung

In der bundesdeutschen Forschungsdiskussion wurden die methodischen Probleme interkultureller Untersuchungen in sehr geringem Ausmaß behandelt. Die Mitte der 80er Jahre erschienenen Publikationen von Ulrich Sievering (1985) und Jürgen H.-P. Hoffmeyer-Zlotnik (1986) widmen sich explizit den empirischen Problemen der Arbeitsmigrantenforschung; sie bilden bis dato eine Ausnahme auf dem bundesdeutschen Markt. Erst in jüngster Zeit wird die Diskussion systematischer und in breiterer Thematik aufgegriffen, wie z. B. der von Joachim Matthes herausgegebene Sonderband der Zeitschrift Soziale Welt (8/1992) zeigt.

Die interkulturelle Psychologie hat das methodische "Handwerkszeug", das für empirische Untersuchungen notwendig wird (vornehmlich auf dem "emic-etic-approach" basierend), am elaboriertesten und in internationalen Studien entwickelt. Auf ihren Ansatz wird in der vorliegenden Arbeit rekurriert; im folgenden wird dieser dezidiert auf die Entwicklung und Validierung der Forschungskonzepte bezogen, in einem weiteren Schritt auf die Entwicklung der Einstellungsskalen.

Beim Vergleich von Gruppen verschiedener ethnischer, kultureller und sozialer Herkunft werden die zur Verfügung stehenden Konzepte systematisch in Frage gestellt; transkulturell gültige operationale Definitionen dieser Konzepte müssen sorgfältig erarbeitet werden. Richard W. Brislin (1990) geht davon aus, daß in erster Linie zu unterscheiden ist, ob es sich bei den infragestehenden Konzepten und Indikatoren um ein Beispiel für eine kulturelle Variable handelt oder um eine Variable, die sich auf individuelle Differenzen bezieht (vgl. S. 11).

Im Hinblick auf die Validität eines transkulturell gültigen Instrumentes gilt es, in einem vorhergehenden Forschungsschritt (bevor es zur Interpretation von individuellen bzw. kulturellen Differenzen kommen kann), kulturspezifische Konzepte von kulturgemeinsamen Konzepten zu unterscheiden.

7.1.2 Die Unterscheidung von universellen und kulturspezifischen Konzepten in der interkulturellen Psychologie

Die interkulturelle Psychologie ("cross-cultural psychology") sieht es als ihr Hauptziel an, Konzepte zu entwerfen, die brauchbar sind sowohl im Vergleich von Kulturen als auch für die spezifische Analyse einer Kultur. Nach der

---

[66] Vgl. zu diesem Thema auch: Sedef Gümen/Leonie Herwartz-Emden 1993

Definition von John Berry (1969, 1986) und Brislin (1983) geht es hierbei um die "emic-etic distinction" ("emic" wird als "culture-specific concepts" und "etic" als "culture-general or universal concepts" definiert). Hierzu schreibt Berry (1986):

> "These two terms, initially proposed by Pike (1954/1966), are derived from the two special approaches in linguistics of phonemics and phonetics. Phonemics focuses on sounds which are employed within a single linguistic system; phoenetics emphasizes more general or even universal aspects of language. By dropping the root (phon), the two suffixes (emics, etics) become terms which are applicable to this local versus universal distinction in any discipline. By analogy, emics apply in only a particular society; etics are culture-free or universal aspects of the world (or if not entirely universal, operate in more than one society)." (S. 11)

Brislin (1983) zeigt verschiedene Möglichkeiten auf, die "emic"- bzw. "etic"-Perspektive in einem methodischen Design zu verorten. Selbstverständlich ist für ihn die Suche nach gemeinsamen Konzepten über verschiedene Kulturen hinweg genauso wichtig wie die Suche nach kulturspezifischen Konzepten sowie die Systematisierung der "etics" in formalen Theorien (vgl. S. 382). Die "emic"-Perspektiven bedürfen nach Brislin besonderer Aufmerksamkeit, da sie von Personen, die außerhalb der jeweils zu untersuchenden Kultur stehen, nur schwer zu verstehen und zu beschreiben sind - sie gehören nicht zum Referenzrahmen der außenstehenden forschenden Person.

7.1.3 Die Strukturierung der Perspektiven

Brislin (1983, S. 382) läßt sich so auslegen, daß die theoretischen Überlegungen eine Strukturierung erfahren sollten, die die verschiedenen Ebenen in den zu untersuchenden Konzepten und Begriffen herausstellt und sie zugleich handhabbar macht. Wie dies zu geschehen hat, kann allein im Rahmen der jeweiligen Forschungsfrage entschieden werden; dennoch ergeben sich aus den Überlegungen der interkulturellen und empirisch arbeitenden Psychologie methodische und methodologische Hinweise:

Den Ausführungen der Sozialpsychologin Cigdem Kagitcibasi (1992) zufolge besteht die Gefahr darin, ein Verhalten, das in einem kulturellen Kontext untersucht, aber in einem anderen nicht aufgefunden wird, als ein einzigartiges (unique) Charakteristikum des ersten Kontextes zu interpretieren. Möglicherweise existiert es aber in einem dritten Kontext, so daß nicht von einer Einzigartigkeit ausgegangen werden kann. Ebenfalls kann nicht von einem universalen Prinzip gesprochen werden, wenn gemeinsame kulturelle Verhaltensweisen in zwei oder drei Kulturen aufgefunden werden (vielleicht existieren sie nicht in einer vierten oder siebten Kultur). Nach Kagitcibasi ist es notwendig, danach zu fragen, wie eine in einer Kultur beobachtete Differenz zustandekommt und wie sie in diesem spezifischen Kontext funktioniert, um

vorhersagen zu können, ob und unter welchen Bedingungen sie in einem anderen kulturellen Kontext gesehen wird (vgl. S. 31).
Zwischen den einheimischen und universalen Orientierungen gibt es nach Kagitcibasi ein *komplementäres* Verhältnis (S. 32). Die Behauptung, daß menschliches Verhalten entlang Individualismus-Kollektivismus variiert (und kulturelle Differenzen widerspiegelt), stützt sich auf Vergleichbarkeit. Ob dieser Vergleich Differenzen oder Gemeinsamkeiten aufweist, ist aber eine empirische Frage (deren Ergebnis nicht vorhersagbar ist). Die Forschung tendiert dazu, die Differenzen aufzuheben; es wird jedoch vermehrt einheimische psychologische Forschung gebraucht, um die Verbindungen, die dieser Diversität unterliegen, zu entdecken.
Ungeklärt ist z. B., so die Autorin, welche Einbettung das Mutter-Kind-Verhältnis in Korea (relational, mit dem Kind verschmelzen-->kollektivistisch) und im Vergleich dazu in Kanada (Trennung vom Kind, Autonomie des Kindes-->individualistisch) erfährt. Weitere (einheimische) Forschung soll in diesem Bereich das Entstehen der individualistischen bzw. kollektivistischen Orientierungen aufzeigen, welche die Sozialisationsbedingungen mit dem Verhalten verbinden. Solche Forschung kann erst den Weg für eine universalistische Theorie bereiten (S. 33).
Obwohl einheimische und universale Theorien als gegensätzlich gelten, sind sie in der Tat komplementär. Um eine wirklich universale Theorie in der Psychologie zu erreichen, ist das "emic"-Wissen (einheimisches Wissen) notwendig. Erst wenn Gemeinsamkeiten unter unterschiedlichen "emic"-Aspekten gefunden werden, sind universal valide Phänomene zu erreichen. "Emic"-Wissen ist ein notwendiger Schritt in der Suche nach "etic"-Theorien. ("Etic" bedeutet: Gemeinsamkeiten unter mehreren unterschiedlichen "emic"-Realitäten zu konstatieren, ebd.)
Zugleich gibt es einen Konflikt zwischen den "emic"- und "etic"-Orientierungen, ein Bereich schließt den anderen aus, aber - und dies ist die dynamische Komponente der "cross-cultural"-Psychologie - sie können sich jeweils nur durch ihr dialektisches Verhältnis zueinander entwickeln (S. 34). Die "emic"- und "etic"-Orientierungen entfalten sich gegenseitig, tragen einander und korrigieren sich gegenseitig. Diese Dialektik deutet auf die notwendige methodologische Ausrichtung der Untersuchung psychologischer Phänomene hin: In der "normalen" Psychologie werden Diversitäten ignoriert, um zu universal validen Theorien zu kommen, während in der "cross-cultural"-Psychologie (bzw. in ihrer Suche nach Universalien) die Dialektik der "emic"- und "etic"-Konzepte betrachet wird, um beides, Diversitäten und Gemeinsamkeiten, über einzelne Kulturen hinaus zu thematisieren und zu untersuchen.
Die Autorin unterscheidet zwischen zwei "emic"-Orientierungen: einer einheimischen ("indigenous") und einer "einheimisch machenden" ("indigenization"). Die erste hat zum Ziel, die Diversitäten des menschlichen Verhaltens zu entdecken, um das Erklärungspotential jener psychologischen Theorie, die Diversitäten erklären soll, zu erweitern. Die zweite zielt auf eine Psychologie

für jedes diverse kulturelle Modell des Verhaltens - nur die einheimische Psychologie profitiert davon, es sind keine Vergleiche möglich.[67]

Bei der ersten Version (die häufiger angewendet wird), gibt es eine Reihe von neueren Ansätzen: Paranjpe (1989) argumentiert für einen theoretischen Pluralismus als Alternative zu westlichen Theorien. Azuma (1984) vertritt die Ansicht, daß es keine kulturfreien Ansätze gibt. Wenn Konzepte, die in einer Kultur entwickelt worden sind, auf das Verhalten in einer anderen Kultur angewendet werden, können wichtige Dimensionen der letzteren verzerrt werden ("distort and blur"). Sinha (1989) fragt sogar, ob das Sich-Aussetzen gegenüber anderen Kulturen die Wissenschaftler daran hindere, die eigene Kultur richtig zu verstehen (zit. nach Kagitcibasi 1992).

Die genannten Autoren implizieren, daß es wichtig ist, von der Sicht diverser einheimischer Realitäten auszugehen (statt stets die westlichen Theorien auf den Grad ihrer Anwendbarkeit zu überprüfen, vgl. Kagitcibasi 1992, S. 34).

Diese radikalen Ansätze sind nicht so verschieden von den Überlegungen der klassischen Validitätsansätze (in der interkulturellen Psychologie), die mit den Konstrukten der aufgedrängten bzw. abgeleiteten "etic-emic"-Perspektive arbeiten. Die letzteren Theorien sind allerdings "einheimische" Ansätze aus den westlichen Gesellschaften (insbesondere den USA). Es sollten verstärkt einheimische Psychologien von nicht-westlichen Wissenschaftlern entwickelt werden, so die abschließende Forderung von Kagitcibasi, um alternative theoretische Konstrukte weiterzubilden (S. 35).[68] Auch diese Theorien müßten in anderen Kulturen (z. B. in westlichen) getestet werden; es geht nicht bloß um eine einheimische Beschreibung, sondern um Begrifflichkeiten, Analysen, Vergleiche, anders gesagt: um universale Validität.

7.1.4 Das "emic-etic"-Strukturgitter

Im folgenden wird das Strukturierungsmodell vorgestellt, das für die vorliegende Untersuchung im Hinblick auf die Differenzierung der "emic-etic"-Perspektiven erarbeitet wurde.[69]

---

[67] Die letzte Version entspricht meist einer "kulturalistischen" Sichtweise. Auch wenn damit keine Vergleiche möglich sind, enthält diese Sichtweise oft einen latenten Vergleich entlang dem Traditions-Modernitätskontinuum und damit eine implizite Bewertung.

[68] Die Autorin plädiert für die Entwicklung einheimischer Theorien (z. Zt. würden diese stark in Ostasien und Indien entwickelt), was ein Gewinn für die psychologische Theorie, aber auch für die Entwicklungsversuche in der Dritten Welt sein könne. (Theorie solle nicht nur akademisch sein und empirische Experimente ausführen, sondern auf die Lösung menschlicher Probleme gerichtet sein.) Einige westliche Forscher meinten das Gegenteil: Die Psychologie in der Dritten Welt solle nur empirisch sein und nicht theoretisch (West: Theorie und Ost: Daten). Dies sei ebenfalls eine "imposed etic" und paternalistisch (ebd., S. 36).

[69] Vgl. hierzu die Graphik zum "'emic-etic'-Strukturgitter".

Ausgangspunkt sind dabei die strukturellen Bedingungen in der Beziehung Mann-Frau, die Einbettung von Mutterschaft im Kontext des Geschlechterverhältnisses der westlichen Gesellschaft sowie das damit verbundene Konzept westlicher Mutterschaft. D. h. eine relativierte "einheimische" Perspektive ("emic"), streng ausgerichtet auf die Strukturprinzipien von Mutterschaft war der Ausgangspunkt, der in den referierten Analysen seine Basis fand. Im nächsten Forschungsschritt wurden, davon ausgehend, die "einheimischen" ("emic") Bedingungen des Herkunftskontextes ("emic"-Perspektive Ebene 1) der beiden interessierenden Zielgruppen, von Aussiedlerinnen aus der ehemaligen Sowjetunion und von Arbeitsmigrantinnen aus der Türkei, analysiert. Daraus ergaben sich die "etic"-Merkmale der ersten Ebene (Ebene 1 - Kontext A).

Diese Konzepte finden sich im nächsten Schritt zusammen in einer "etic"-Perspektive der nächsten Ebene (Ebene 2 - Kontext B), die das Konzept Mutterschaft unter der Bedingung von Einwanderung/Migration vorstellt. In diesem Schnittpunkt finden sich die Merkmale des Konzeptes "Westliche Mutterschaft" partiell wieder, wenn auch in der Konfrontation der beiden Zielgruppen mit diesem Konzept oder verfremdet im Modus der Verarbeitung dieses Konzeptes. Diese Perspektive kann in der Terminologie Berrys (1969) auch als "derived etic" bezeichnet werden, denn die abgeleitete Validität stützt sich auf die Kenntnis und die Validität von Konzepten in zwei oder mehreren kulturellen Systemen (vgl. die Ausführungen zur Validierung der Forschungsinstrumente im folgenden).

Im letzten Schritt ergibt sich eine erneute Differenzierung, nämlich als Hypothesenbildung über die je spezifische Konzeptionalisierung von Mutterschaft unter der Bedingung von Einwanderung/Migration der beiden Zielgruppen ("emic"-Perspektive der Ebene 2).

7.1.5 Methodischer Stellenwert des "emic-etic"-Strukturgitters

Die strukturellen Merkmale der "etic"-Kategorien werden in Verbindung mit den spezifischen "emic"-Kategorien, die für die Herkunftsgesellschaften der Aussiedlerinnen und Arbeitsmigrantinnen und ihre Bedingungen für Mutterschaft entwickelt wurden (vgl. die konstitutiven Merkmale jeweils für die Türkei und die ehemalige Sowjetunion bzw. die Deutschen in der ehemaligen Sowjetunion), einerseits als Basis für die Situation von Mutterschaft unter der Bedingung von Einwanderung/Migration in unspezifischer Perspektive verwendet, andererseits für die je spezifische Perspektive. Die analytische Trennung, die durch die differenzierte Anwendung des "emic-etic-apppproach" ermöglicht und durch das Strukturgitter verdeutlicht wird, erlaubt eine sehr differenzierte und zugleich komplexe Analyse. Das dialektische Verhältnis der beiden Perspektiven wird darüber hinaus, auch als Notwendigkeit, deutlich: Ohne die Differenzierung der Perspektiven wäre die konsequente Analyse der beiden Herkunftsgesellschaften im Hinblick auf ihren Vergleich nicht möglich geworden, und die Besonderheiten der Mutterschaft, sowie auch die Gemeinsamkeiten in den drei zu untersuchenden Gesellschaften, hätten nicht herausgearbeitet werden können.

In den Bedingungen von Mutterschaft im Aufnahmeland kommen die Perspektiven wieder zusammen, da die einwandernde/migrierende Frau a) ihre Herkunftsbedingungen "mitbringt" und b) mit den Spezifika der Aufnahmegesellschaft konfrontiert wird. Sie erarbeitet wiederum eine je spezifische "Antwort" - was sich in den Hypothesen zu ihrer Situation niederschlägt (vgl. Hypothesen).

Das Strukturmodell dient im weiteren, über die Strukturierung des vorhandenen Wissens hinaus, als Basis für die empirische Bearbeitung der Fragestellung, auch als Folie für die Interpretation der gewonnenen empirischen Ergebnisse. In der Validierung der Instrumente, beispielsweise in der Gewinnung von reliablen und validen Einstellungsskalen, finden sich die Perspektiven und analytischen Schritte der obigen Differenzierung wieder, sie werden - auf dieser anderen Ebene der Forschung - immer wieder relevant und insbesondere wichtig für die Zurückdrängung der - häufig eingeschränkten - Perspektiven der Forschenden (vgl. hierzu auch Kagitcibasi 1992).

Die empirische Erfassung der "Antwort" der Einwanderin/Migrantin wird, in dieser weiteren Stufe, wiederum durch die instrumentelle Hilfe der analytischen Differenzierung in die "emic"- und "etic"-Perspektive erleichtert: In der Erstellung der Instrumente zur Einstellungsmessung sowie in ihrer Validierung und endlich in der Interpretation der Ergebnisse, werden differenzierte Zugangsweisen und Einschätzungen möglich. Schließlich trägt die "emic-etic"-Perspektiventrennung nicht unerheblich zur Reflexion und Reduktion eigener, ethnozentrischer Vorannahmen bei, die unweigerlich in kulturvergleichenden Untersuchungen relevant werden.

Im folgenden werden zunächst die Kategoriensets vorgestellt, die sich als weitere Stufe aus den jeweiligen konstitutiven Merkmalen (vgl. Teil I der Arbeit) entwickeln. D. h. die im "emic-etic"-Strukturgitter dargestellten "emic"-Blöcke der Ebene 1 beziehen sich sowohl auf die jeweiligen "konstitutiven Merkmale" von Mutterschaft im Herkunftsland als auch auf die daraus entwickelten Kategoriensets; in den "emic"-Blöcken der Ebene 2 sind die Kategoriensets äquivalent mit den "Hypothesen" zu Mutterschaft unter der Bedingung von Einwanderung/Migration; "etic" B auf Ebene 2 ist äquivalent mit den "konstitutiven Merkmalen" zu diesem Kontext (Teil I der Arbeit).

Graphik 2 (s. S. 189) liest sich also folgendermaßen:
Die Ebene 1 (Mutterschaft Herkunftskontext) umfaßt die spezifischen "emic"-Kategorien (A) sowohl für "Mutterschaft in westlichen Gesellschaften" (die Merkmale für einfache Gesellschaften sind im Kategorienset für "westliche Gesellschaften" eingearbeitet) als auch jeweils für "Mutterschaft in der Türkei" und für "Mutterschaft deutscher Frauen in der ehemaligen Sowjetunion".

Graphik 2: "Emic-etic"-Strukturgitter: Beispiel für die Untersuchung der "emic-etic"-Differenzierung im Forschungsdesign einer interkulturellen Untersuchung

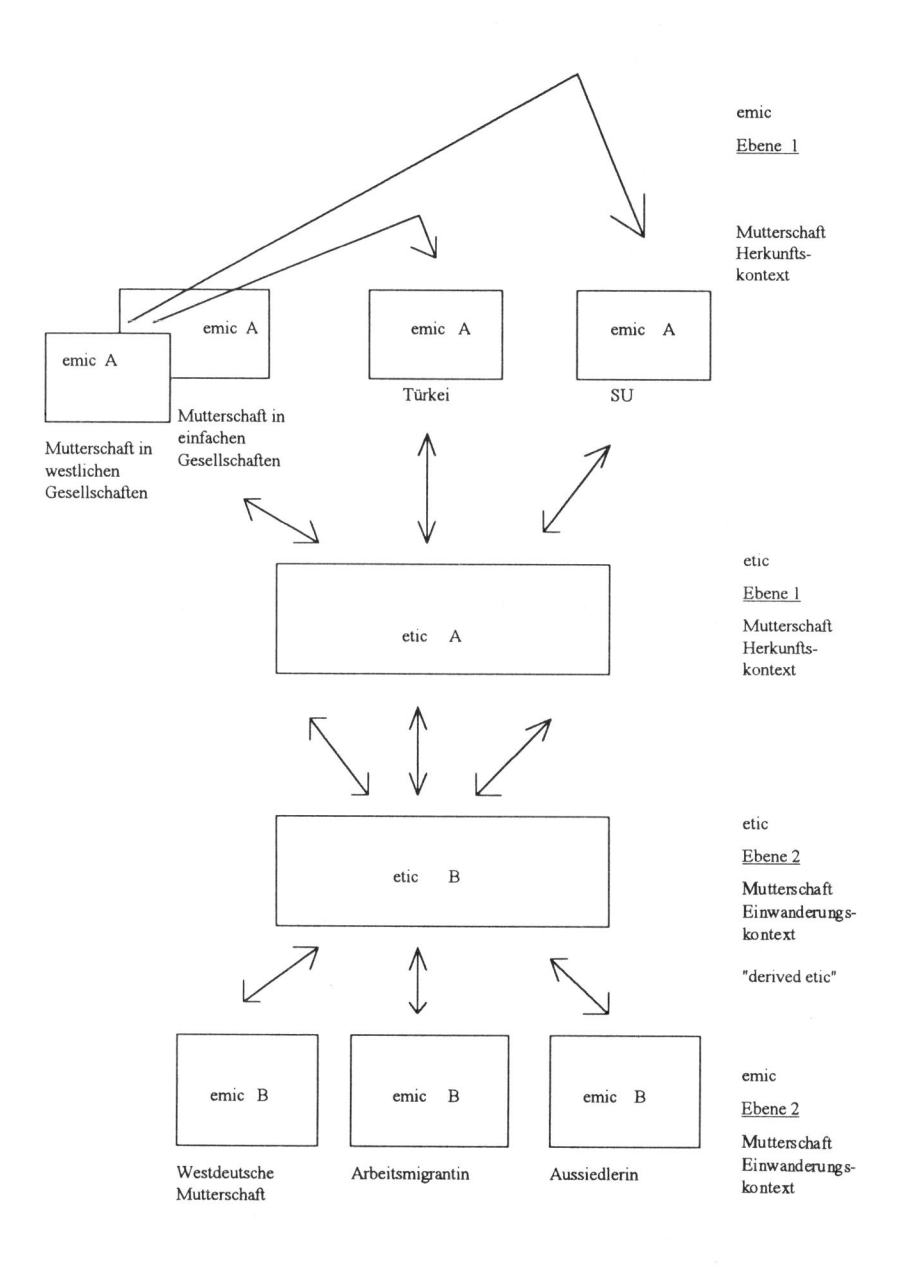

	emic Ebene 1 Mutterschaft Herkunfts- kontext
emic A — Mutterschaft in westlichen Gesellschaften emic A — Mutterschaft in einfachen Gesellschaften emic A — Türkei emic A — SU	
etic A	etic Ebene 1 Mutterschaft Herkunfts- kontext
etic B	etic Ebene 2 Mutterschaft Einwanderungs- kontext "derived etic"
emic B — Westdeutsche Mutterschaft emic B — Arbeitsmigrantin emic B — Aussiedlerin	emic Ebene 2 Mutterschaft Einwanderungs- kontext

Daraus ergeben sich unspezifische bzw. universale "etic"-Kategorien (A) auf der Ebene 1, die mitbestimmend sind für die "etic"-Kategorien (B) der Ebene 2 (Mutterschaft im Einwanderungskontext - "derived etic"); diese sind aus den "emic"-Kategorien (B) der Ebene 2 induziert.
Die Ebene 1 ist also inhaltlich dargestellt in den "konstitutiven Merkmalen" von Mutterschaft im jeweiligen Herkunftskontext (Teil I dieser Arbeit) und in den daraus abgeleiteten Kategoriensets (im folgenden Kapitel); die Ebene 2 entspricht den "Hypothesen" und den "konstitutiven Merkmalen" zum Kontext Einwanderung/Migration (ebenfalls Teil I der Arbeit).
Die Kategorien "emic" B für "westdeutsche Mutterschaft" werden auf dieser Ebene in der Arbeit nicht weiter ausgeführt, sie finden sich implizit in den "Merkmalen und Hypothesen zu Mutterschaft unter der Bedingung von Einwanderung/Migration" wieder; darüber hinaus gehen sie in den empirischen Vergleich ein (siehe Teil III der Arbeit).

7.1.6 Universalistische und spezifische Konzepte im "emic-etic"-Strukturgitter

Der "emic-etic-approach" in der Analyse der Verankerung von Mutterschaft im Geschlechterverhältnis von Gesellschaften

I) Das "emic"-Kategorienset für die Verankerung von Mutterschaft im Geschlechterverhältnis von westlichen Gesellschaften

Kategorie 1):
Westliche Mutterschaft zeichnet sich durch eine singuläre, mit hoher Intimität verbundene Mutter-Kind-Beziehung aus sowie durch die überwiegende Alleinzuständigkeit der Mutter für die Versorgung und das Wohlergehen des Kindes im Alltag.
Kategorie 2):
Mutterschaft trägt potentiell zu einer Statusabsenkung bzw. -instabilität der Frau bei - bei gleichzeitiger ideologischer Überhöhung der Mutterrolle, aber einer tendenziellen Abwertung von Reproduktionsarbeit und fürsorglicher Mütterlichkeit.
Kategorie 3):
Mutterschaft findet sich in der symbolischen Ordnung von Gesellschaften - eingeschlossen die ideologischen Sedimente - in Verbindung mit polarisierten Zuschreibungen der Geschlechtscharaktere wieder.
Kategorie 4):
Mutterschaft wird in einem durch die (Liebes-)Ehe zu charakterisierenden Abhängigkeitsverhältnis zwischen dem einzelnen Mann und der einzelnen Frau verankert, in dem die Frau nachgeordnet ist. Daneben finden sich in der zweiten Hälfte des 20. Jahrhunderts weitere etablierte Lebensformen außerhalb von Ehe und Partnerschaft mit einem einzelnen Mann wie z. B. Al-

leinerziehende, Wohngemeinschaften etc. - Beziehungen, die aber nicht unabhängig sind von hierarchisierenden und polarisierenden Geschlechtsrollenzuschreibungen.
Kategorie 5):
Mutterschaft ist begrenzt durch ein "male-peer-group"-System, bzw. die Grenzen der Macht von Müttern liegen in den sie umgebenden gesellschaftlichen Machtverhältnissen. Die Macht der Mutter in der Mutter-Kind-Beziehung ist eine Pseudomacht, tendenziell ein Ausdruck ihrer Ohnmacht und vielmehr als Ergebnis ihrer Alleinzuständigkeit und der ideologischen Verklärung von Mutterschaft zur konfliktfreien Sphäre und zum "Sehnsuchtsort" zu verstehen.
Kategorie 6):
Mutterschaft und Ehe sind zwei faktisch getrennte (und notwendigerweise analytisch zu trennende) Systeme - wobei von der Frau erwartet wird, für die Aufrechterhaltung beider Systeme emotional und lebenspraktisch zuständig zu sein.
Kategorie 7):
Mutterschaft geht einher mit einer spezifischen Bedeutungszuschreibung von Kindern: Kinder werden in den individualistisch orientierten Wohlstandsgesellschaften des Westens zur emotionalen Erfüllung des Lebens herangezogen.
Kategorie 8):
Mutterschaft und Berufstätigkeit sind dichotome Bestandteile des weiblichen Selbstkonzeptes, die in nicht zu vereinbarenden ideologischen Konstruktionen der "guten" Mutter einerseits und der idealen Erwerbstätigen andererseits wiederzufinden sind. Mutterschaft erscheint als Option bzw. Wahlmöglichkeit im weiblichen Lebenslauf - was allerdings nicht zu verwechseln ist mit einer tatsächlichen Freiheit der Frau von Mutterschaft oder einer faktischen Wahlfreiheit.
Kategorie 9):
Die Verpflichtung zur Mutterschaft ergibt sich aus den gesellschaftlich wirksamen Zuschreibungen der Geschlechtscharaktere in der Moderne; die Frau soll beides schaffen: die Kriterien von Weiblichkeit in Mutterschaft und Ehe/Partnerschaft erfüllen und berufstätig sein.
Kategorie 10):
Die Erziehungsaufgabe der Frau hat eine hohe Priorität in ihrem Denken und in ihrem Lebenskonzept, aber auch in ihrer alltäglichen Praxis.
Kategorie 11):
Der Charakter von Erziehung zeichnet sich durch gerichtetes, individualistisch am Kind orientiertes Erziehungshandeln aus; eine (vergleichsweise) hohe Permissivität kennzeichnet den Erziehungsstil. (Individualisierung und Autonomie als Erziehungswertorientierungen sind in den reichen Industriegesellschaften des Westens sowohl möglich als auch funktional.)

Kategorie 12):
In den Industriegesellschaften des Westens findet sich kein "kultureller Raum" für Mutterschaft, d. h. Übergänge zwischen Privatheit und Öffentlichkeit sind in bezug auf die Lebensbezüge der Frau, die durch Mutterschaft betroffen sind, kaum vorhanden. Mutterschaft ist weitgehend in den privaten Raum verwiesen.

II) Das "emic"-Kategorienset für die Verankerung von Mutterschaft im Geschlechterverhältnis der türkischen Gesellschaft

Kategorie 1):
Die Familienstruktur zeichnet sich durch duofocale, geschlechtsspezifische Netzwerke aus, die einhergehen mit einer im öffentlichen und privaten Raum praktizierten Segregation der Geschlechter.
Kategorie 2):
Mutterschaft ist verankert in einer ebenfalls duofocalen Machtstruktur, die die einzelnen Partner der ehelichen Verbindung je getrennt hierarchisch verortet.
Kategorie 3):
Ausgangspunkt der Situation der Frau als Mutter ist der weibliche Bereich in der duofocalen familiären Struktur. Er bietet eigene Bewegungsspielräume und Machtbefugnisse für die Frau, unterliegt aber der männlichen Kontrolle und Macht im weiteren familiären und gesellschaftlichen Rahmen.
Kategorie 4):
Mutterschaft wirkt sich auf den Lebenslauf der Frau statusfördernd aus; es ergeben sich differenzierte Positionen für die Frau als Mutter analog zu ihrem Alter bzw. ihrer Position im Lebenslauf.
Kategorie 5):
Die Mutter-Kind-Beziehung zeichnet sich durch Multiplität aus, d. h. es existieren potentiell und alltagspraktisch zusätzliche Mütter in der weiblichen familiären und nachbarschaftlichen Umgebung (weibliche Netzwerke).
Kategorie 6):
Ein familiärer und gemeinschaftsbezogener Moralkodex kennzeichnet die Gesamtgesellschaft, wobei die familiären Beziehungen zum Überleben notwendig sind (Gesellschaftliche Infrastrukturen zur sozialen Absicherung fehlen). Mutterschaft ist als Verpflichtung hier eingebunden.
Kategorie 7):
Die Vereinbarkeit von Erwerbstätigkeit und Mutterschaft findet sich als ein Bestandteil im weiblichen Selbstkonzept, der von polarisierten Zuschreibungen von Geschlechtscharakteren unabhängig ist.
Kategorie 8):
Der "kulturelle Raum" für Mutterschaft ist potentiell weiter; die Übergänge zwischen Öffentlichkeit und Privatheit sind nicht dicht, sondern durchlässig bzw. Mutterschaft ist öffentlich. Gesellschaftlich institutionalisierte Netzwerke sind die Basis von Mutterschaft.

Kategorie 9):
Es ergibt sich ein sehr heterogenes Bild von Transformationen und Wandlungsprozessen in allen durch Mutterschaft betroffenen Lebensbezügen. Grundlegende Muster der patriarchalischen Familienstruktur- und Wertorientierung überdauerten zahlreiche Transformationsprozesse, verändern sich gleichfalls und vermischen sich mit "modernen" Orientierungen. Feststellen läßt sich eine breite Feminisierung von Lebensbereichen und Tätigkeiten.
Kategorie 10):
Im Bereich der Erziehung ergeben sich vielfältige Veränderungen, auch in Richtung der Aufwertung des Weiblichen und der Verbesserung der Position weiblicher Kinder. Der Erziehungsstil zeichnet sich durch zärtliche Behütung, aber auch, abhängig vom Lebensalter des Kindes, durch hohe Kontrolle bzw. Strenge aus. Die Orientierung an der hierarchisch organisierten Geschlechterwelt ist eine (noch) gültige Basisvariable der erzieherischen Tätigkeit.
Kategorie 11):
Die Vermittlerrolle der Frau ist zentral für ihre mütterliche Tätigkeit in der Familie. Ihr wird ebenfalls eine hohe Flexibilität in Vermittlungsprozessen mit der "Moderne" abverlangt. Auf gesellschaftlichen Wandel und Transformationsprozesse reagieren Mütter notwendigerweise flexibel und mit großer Innovationskraft.

III) Das "emic"-Kategorienset für die Verankerung von Mutterschaft im
    Geschlechterverhältnis der "(Sub-)Gesellschaft" der Deutschen
    in der ehemaligen Sowjetunion

Kategorie 1):
Mutterschaft ist in einer ehelichen Beziehung verankert, die sich durch eine hierarchische Machtverteilung, aber auch durch das Vorhandensein von weiteren Familienbezügen - oftmals verbunden mit starkem Einfluß der älteren Generation - sowie durch eine starke Position bzw. zentrale Funktion der Frau auszeichnet.
Kategorie 2):
Mutterschaft ist selbstverständlicher Bestandteil des weiblichen Selbstkonzeptes und wird in den ideologischen Sedimenten der Gesellschaft nicht als Option im weiblichen Lebenslauf vermittelt, sondern als eine Verpflichtung der Frau auf ihr Frausein sowie als nationale und staatsbürgerliche Aufgabe. Mutterschaft ist verquickt mit Vorstellungen über polarisierte, naturhaft gegebene Geschlechtsunterschiede und Aufgaben der Geschlechter.
Kategorie 3):
Die familienwirtschaftliche Organisation des Alltagslebens verstärkt die zentrale Position der Mutter in der Familie, trägt aber zur starken Belastung der Beziehungen der Familienmitglieder untereinander und zu weiteren Bürden für die Frau bei.

Kategorie 4):
Mutterschaft wirkt im weiblichen Lebenslauf statusfördernd; die Aufgaben der Mutter verteilen sich über den weiblichen Lebenslauf.

Kategorie 5):
Mutterschaft ist durch die Lebenssituation einer Minorität beeinflußt, die sich durch verschiedenartige, meist generationsgebundene Grade von Integration bzw. Ausgrenzung in die umgebende Gesellschaft auszeichnet. In der Familie hat die Mutter in verschiedensten Stadien ihres Lebenslaufs eine zentrale Position und trägt die Assimilations- und Akkulturationsstrategien der Familienmitglieder, insbesondere der Kinder, aber auch die Erhaltung der ethnischen Bezüge bzw. der Identität.

Kategorie 6):
Heterogene Transformationsprozesse lassen sich ausmachen; bäuerliche Traditionen vermischen sich mit einem hohen Integrationsgrad (vor allem der jüngeren Generation der Deutschen) in die Strukturen einer industrialisierten Gesellschaft mit sozialistisch-kollektivistischen Wertorientierungen.

Kategorie 7):
Ein familienorientierter, gemeinschaftsbezogener Moralkodex kennzeichnet die Gesamtgesellschaft, und damit auch die Beziehungen der (Sub-) Gesellschaft der Deutschen. Mutterschaft ist als Verpflichtung hierin eingebunden.

Kategorie 8):
Mutterschaft und Berufstätigkeit sind selbstverständliche Bestandteile des weiblichen Selbstkonzeptes. Eine staatlich forcierte Gleichberechtigungspolitik zum Zwecke der Einbindung der Frau in den Arbeitsmarkt hat der Frau infrastrukturelle Unterstützungsmaßnahmen verschafft, ihr aber in bezug auf die Gestaltung ihrer Mutterschaft keine Wahlmöglichkeit erlaubt.

Kategorie 9):
Mutterschaft heißt im Alltag, für die Verwaltung von Mangel zuständig zu sein bzw. übermenschliche Anstrengungen machen zu müssen, um die Versorgung der Familie zu gewährleisten. Mutterschaft bleibt (dennoch) eine feste Orientierung im Lebens- und Selbstkonzept der Frau (der sowjetischen und post-sowjetischen Gesellschaft); für die deutsche Frau ist Mutterschaft auch eine in der Minoritätenlebenslage Kontinuität sichernde Strategie.

Kategorie 10):
Traditionelle und moderne feminine Machtbereiche existieren nebeneinander: Mütter verwalten traditionell die Finanzen der Familien, sowohl in der Gesamtgesellschaft als auch in der (Sub-) Gesellschaft der Deutschen. In der modernen Entwicklung zeichnet sich eine Feminisierung weiterer Lebensbereiche ab, bis hin zur Entfunktionalisierung des Männlichen im Alltag des Familienlebens.

Kategorie 11):
Mütter haben eine wesentliche Vermittlerrolle in Familien inne, sie vermitteln intrafamiliär zwischen den verschiedenen Bedürfnissen der Familienmitglieder und interfamiliär zwischen den Anforderungen des sie umgebenden Gesellschaftssystems und den Bedürfnissen des familiären Systems. Im

Spannungsfeld zwischen Staat und Familie spielt sich auch die Erziehungsaufgabe der Mutter ab: Das sozialistisch kollektive Denken und die Imperative des Staates greifen in die Familie; ihnen wird eine familiäre, individualistische Wertewelt und Identifikation entgegengesetzt. Die mütterliche Erziehung ist als auf die Selbststärkung der Kinder ausgerichtete distanzierende Reflexion und als strategisch-vermittelndes Handeln zu charakterisieren.

Kategorie 12):
In den deutschen Familien wird auf seiten der Mutter Widerstand gegen gesellschaftliche Übergriffe geübt und nicht nur ethnische Identitätsarbeit geleistet, sondern (in diesen Grenzen) eine am Kind orientierte Pädagogik neben der notwendigen Integrationshilfe verwirklicht. Der Erziehungsstil zeichnet sich durch hohe Kontrolle und Strenge seitens der Mutter aus, ist aber nicht gleichzusetzen mit autoritär-rigidem Erziehungshandeln.

Kategorie 13):
Ein "kultureller Raum" für Mutterschaft ist insofern vorhanden, als Mutterschaft einerseits eingebunden ist in ein (ethnisches und familiäres) Netzwerk und in ein Generationenverhältnis, in dem die Großeltern, vor allem die Großmütter, mitziehen und andererseits in eine ethnische Gemeinschaft, in der die Bezüge und Belange der Familie (teil-)öffentlich werden (und Mutterschaft für die Belange der Ethnie überlebensnotwendig wird).

Kategorie 14):
Die Mutter-Kind-Beziehung zeichnet sich durch das Vorhandensein öffentlicher Einrichtungen und öffentlicher Erziehungspersonen sowie durch die Einbindung der älteren Generation als Bezugspersonen auf der familiären Seite aus. In der (Sub-)Gesellschaft der Deutschen waren die Großeltern zusätzlich für die Vermittlung des Deutschtums verantwortlich. Ökonomische Härte, schwierige Lebens- und Wohnbedingungen und die "Verwaltung" der Kinder im Arbeitsalltag der Eltern charakterisieren generell die Bedingungen von Kindheit.

IV) Das "etic" - Kategorienset für die Verankerung von Mutterschaft im Geschlechterverhältnis in westlichen und nicht-westlichen Gesellschaften

Kategorie 1):
Eine hierarchische Machtstruktur zwischen Mann und Frau, verbunden mit der relativen Machtlosigkeit der Frau, kennzeichnet auf der sozialstrukturellen Ebene den Ausgangspunkt von Mutterschaft im Leben der Frau.

Kategorie 2):
Die Grenzen mütterlicher Macht und mütterlichen Handelns liegen in patriarchalisch strukturierten Familien- und Lebensformen, die asymmetrische Bewegungs-, Verhaltens- und Lebensmöglichkeiten für die Geschlechter beinhalten.

Kategorie 3):
Der "kulturelle Raum" der Frau ist Basis der Verortung von Mutterschaft im Spannungsfeld Öffentlichkeit - Privatheit; in ihm finden sich die Antagonismen dieser beiden Bereiche thematisch und alltagspraktisch wieder.
Kategorie 4):
Mutterschaft und Mutterliebe finden in den symbolischen, auch ideologischen Ausdrucksformen von Gesellschaften ihren Niederschlag; sie dienen der Absicherung von Machtverhältnissen.
Kategorie 5):
Die psychodynamische Verankerung von Mutterschaft findet im weiblichen Selbstkonzept statt; Mutterschaft ist wesentlicher Bestandteil des weiblichen Selbst- und Lebenskonzeptes.
Kategorie 6):
Die Mutter-Kind-Beziehung sowie die Erziehungstätigkeit der Frau haben Priorität in der Gestaltung des mütterlichen Alltags; Mütter haben eine zentrale Position in den Familien.
Kategorie 7):
Mütter entwickeln Strategien, um in Aushandlungsprozessen ("patriarchal bargaining") ihre Position durchzusetzen oder zu stärken, aber auch, um sich anzupassen bzw. sich mit je spezifischen Verhältnissen zu arrangieren. Die Familie zu schützen und zu stabilisieren, ist ein Ziel ihrer Strategien.
Kategorie 8):
Die Vereinbarkeit von Beruf und Familie ist in modernen Gesellschaften eine Basisvariable des mütterlichen Alltags; Mütter sind in der praktischen Umsetzung konfrontiert mit der Zuschreibung des Problems an die "mütterliche Welt".

7.2 Die Validierung auf der Ebene der Forschungsinstrumente - Mikroebene

7.2.1 Die Problematik der Entwicklung interkultureller Konzepte im Forschungsprozeß

Für jede Untersuchung ist grundsätzlich zunächst zu klären, was an den verwendeten Konzepten *"emic" (für eine Kultur gültig)* oder *"etic" (Gemeinsamkeit in verschiedenen Kulturen)* ist. Es gibt auf der Ebene der Entwicklung empirischer Instrumente (ebensowenig wie für die Differenzierung im Vorfeld, vgl. obige Ausführungen zur Explikation der Forschungskonzepte) keine a priori-Kriterien, um die "emic"-Perspektive von der "etic"-Perspektive zu unterscheiden. Nach Harry Triandis (1972) sollte man versuchen (auch wenn eine Dimension keine Vergleiche in zwei Kulturen erlaubt, da sie unterschiedlich ist), auf einer höheren abstrakten Ebene eine gemeinsame Dimension zu finden.
Schwierig wird jedoch, folgt man Triandis Hinweis, auf einer solch abstrakten Ebene dann die empirische Analyse zu erstellen - womit das Dilemma erhalten

bleibt. Es müssen demnach, spezifisch für jede Untersuchung, Kriterien und Validierungsschritte im Forschungsprozeß selbst entwickelt werden.
Für die Validierung der Instrumente im Forschungsprozeß gibt die interkulturelle Psychologie wertvolle Hinweise:
Brislin (1983) beschreibt, wie "emic"- und "etic"-Perspektiven in einem Bezugsrahmen derartig anzuordnen sind, daß es einen Kern einer Fünf-Item-Skala gibt, welcher die "etic"-Perspektive repräsentiert; zusätzlich finden sich zwei "emic"-Skalen (eine für jede untersuchte Kultur), die dazu dienen, zusätzliche Aspekte des zu untersuchenden Konzeptes zu messen. (Brislin bezieht sich auf eine Untersuchung des "need for achievement" von M. Maehr/J. Nicholls 1980.) Die "emic"-Items, welche zusätzliche Aspekte des gleichen Konzeptes (innerhalb jeder Kultur) messen sollten, wurden mit Hilfe von Methoden der multivariaten Statistik in Beziehung gesetzt zu den "core"-Items, den "etic"-Items.
Nicht für jedes zu untersuchende Konzept lassen sich "etic"-Anteile finden:
Für das Konzept Depression z. B. scheint es nach Brislin (1983) kaum möglich zu sein, einen gemeinsamen Kern herauszuarbeiten. In diesen Untersuchungen, die sich auf das Konzept "locus of control" richten, wird hingegen deutlich, daß dieses Konzept eher multidimensional denn unidimensional ist. Brislin zitiert die Untersuchung von R. Lao (1978), die drei Subskalen entwickelte, welche Aspekte des ursprünglichen breiteren Konzeptes repräsentierten; diese Subskalen maßen gemeinsame Inhalte des Konzeptes in den USA, Taiwan und Japan. Zusätzlich ergaben sich "emic"-Anteile, die für ein vollständigeres Verständnis hinzugezogen werden mußten.
Eine weitere Möglichkeit "emics" und "etics" anzuordnen ist die, daß mögliche "emic"-Anteile untersucht werden (kulturspezifische), um weitere (allgemeinere) "etics" zu entwickeln. In der "locus of control"-Forschung lag nach Brislin der umgekehrte Fall vor, nämlich daß die Untersuchung mit einem möglichen "etic"-Aspekt startete und davon ausgehend "emic"-Manifestationen in verschiedenen Kulturen erforschte. Eine allgemeine Gefahr dabei ist, vorzeitig zu generalisieren, z. B. von sehr spezifischen Fertigkeiten ("emic") aufgrund eines Experimentes auf mehr universelle Strategien bzw. auf eine weit verbreitete Fertigkeit zu schließen.
Eine andere Art und Weise, "emics" in Studien zu benutzen ist, so Brislin, sie zu integrieren in Studien, die ein "etic"-Konzept untersuchen. Das Ziel der Forschung ist, einen "emic"-Gehalt zu entdecken und ihn innerhalb eines theoretischen Konstrukts zu verorten. Bei der Erforschung solcher "emic"-Inhalte sind die Beiträge ethnographischer Kognitionsforschung und der Analyse alltäglichen Verhaltens äußerst hilfreich (S. 386). Ohne die Hinzufügung des "emic"-Gehaltes erhalten die forschenden Personen lediglich Reaktionen auf unbekanntes Material. So ist es auch möglich, innerhalb eines "etic"-Bezugsrahmens ("frameworks") "emic"-Material zu entwickeln. Eine Variante dieser Prozedur, die nach Meinung Brislins mehr Aufmerksamkeit verdient, ist die Hinzufügung neuer Items zu sogenannten standardisierten Tests. Ausgangspunkt der Forschung kann ein existierendes Instrument sein, aber

wenn im Verlauf der Forschung festgestellt wird, daß es "emic"-Variationen zu einigen "etics" gibt ("emic coloring to some etics"), kann es sinnvoll sein, neue Items zu entwickeln, um die Hypothesen zu testen. Für die Auswertung empfiehlt Brislin auch wieder multivariate statistische Prozeduren, um die Reaktionen der Untersuchungsgruppen auf die neuen und alten Items zu testen.

Je nach Forschungsfrage ergibt sich ein komplexer Validierungsprozeß. Brislin (1990) gibt den grundsätzlichen Hinweis (er bezieht sich auf Triandis 1972), isomorphe Zuschreibungen zu treffen ("isomorphic attributions"):

> "If people in a certain culture interpret the causes of behavior in a certain way (their attribution), then people from another culture are said to make isomorphic attributions if they can interpret behavior in the same way." (S. 19)

Je weniger ethnozentrisch Menschen nach Auffassung Brislins sind, desto mehr sind sie gewillt und fähig, die Eigenheiten einer anderen Kultur zu verstehen ("another culture's emics"); desto mehr könnten sie auch von Ideen und Überzeugungen aus anderen Kulturen profitieren und in der Begegnung mit anderen Kulturen die durch die Andersartigkeit gegebenen Möglichkeiten positiv nutzen (ebd.).

Die Suche nach Universalien ist nach Brislin (1983) einer der wichtigsten Beiträge der interkulturellen Psychologie zur Theorieentwicklung in den Verhaltens- und Sozialwissenschaften. Die Suche nach "etic"-Aspekten sollte allerdings nicht, und dies erscheint auch als eine wichtige Maxime für die empirischen Validierungsschritte, die Differenzierung innerhalb einer Kultur ausschließen: Er bezieht sich auf eine Vielfalt von Studien, die die "etic"-Aspekte der untersuchten Konzepte herausarbeiteten, wenngleich sie deutlich machten, daß es ein "emic coloring" der Konzepte innerhalb jeder Kultur gibt (ebd.).

7.2.2 Klassische Validitätskonzepte

Für die Sicherung der Konstruktvalidität ist es nach Leonard V. Gordon/Akio Kikuchi (1966) sinnvoll, Konstrukte zu bilden, die aus mehreren Items definiert sind. Selbstverständlich ist die Voraussetzung, daß geprüft wird, ob diese Konstrukte in der zweiten Kultur existieren und eine Bedeutung haben. Die Itemsets sollten die gleiche Ebene oder Stärke des Konstruktes innerhalb jeder Kultur reflektieren. Gordon/Kikuchi schreiben:

> "When an American test and a translation are to be used for making cross-cultural comparisons, both forms must measure the same construct. Also, they should be comprised of a comparable sampling of items, in the sense that both sets of items should reflect the same level or strength of the construct within each culture. This is best accomplished by including as many identical items as possible in both forms. When modifications or replacements are made, the new items should be

similar to the original items in factor structure and preference value. If the two forms measure somewhat different constructs or differ materially in content or level of item sampling, it may not be possible to determine whether obtained differences are due to differences in culture or to the lack of a common metric." (S. 180)

Für die Konstruktvalidität ergibt sich somit die zentrale Frage, wie ein Konstrukt transkulturell gesehen wird bzw. wie es diskriminierend wirkt.

Konstruktvalidität herzustellen, ist ein theoriegeleiteter Prozeß. Demgegenüber steht die Kriterienvalidität, die empirisch herzustellen ist, aber von Gordon/Kikuchi für transkulturelle Untersuchungen in Frage gestellt wird. Auch wenn ein Test (immer kulturspezifisch) gut übersetzt ist, kann seine Anwendung in einer anderen Kultur zu Werten führen, die keine Beziehungen mehr haben zu den ursprünglichen Kriterien in der ersten Kultur.

"This obviously means that tests may be translatable and understandable in other cultures, while norms may not be." (Brislin 1973, S. 127)

Die klassischen Arten, Validität zu prüfen, erweisen sich somit für transkulturelle Untersuchungen als sehr problematisch (vgl. auch Susan Wendt-Hildebrandt/Kai Hildebrandt/Dagmar Krebs 1983, S. 47).

7.2.3 Funktionale Äquivalenz

Es verbleibt eine dritte Möglichkeit, nämlich die "face-validity", die eine pragmatische Minimallösung darstellt, leicht durchzuführen ist und die wenigsten a priori-Annahmen verlangt. Anders gesagt, wenn die Übersetzung stimmt, dann sind die in Frage kommenden Instrumente "funktional" gesehen auch äquivalent. Hierzu gibt es Techniken und Werkzeuge, z. B. die Rückübersetzung und deren Variationen, welche die Validität garantieren. Die Äquivalenz von Übersetzungen hinsichtlich der inhaltlichen und sprachlichen Qualität eines Instrumentes ist ein besonderer Fall der Instrumentenvalidierung in der interkulturellen Forschung. Obwohl allgemein akzeptiert wird, daß Äquivalenz an sich das Problem der Validität nicht lösen kann, wird eindeutig in der Literatur angegeben, daß die Herstellung von Äquivalenz ein wesentlicher und elementarer Schritt ist (vgl. Ulrike Schöneberg 1985).

Die Hauptfrage ist: Wie wird Äquivalenz maximiert und Varianz minimiert (vgl. R. Bruce W. Anderson 1967, S. 125). Äquivalenz in Übersetzungen kann nur funktional sein, da absolute Äquivalenz unmöglich ist. Somit setzt der Prozeß der Übersetzung identische kulturelle oder soziale Erfahrungen in zwei Sprachgemeinschaften voraus. Joseph B. Casagrande (1954) plädiert dafür, daß der ideale Übersetzer nicht nur bilingual, sondern auch bikulturell sein soll.

Die funktionale Äquivalenz ist das verbleibende Kriterium. Zu fordern ist hierbei, daß die Stimuli konstant gehalten werden (vgl. Wendt-Hildebrandt u. a. 1983, S. 46). Bereits die Beschränkung auf funktionale Äquivalenz ist schwer einzulösen; ihre Erfüllung oder Nichterfüllung kann häufig nur grob abgeschätzt werden. Eine Rückübersetzung kann wertvolle Hinweise geben. Brislin (1990) empfiehlt in bezug auf die Rückübersetzung, die "decentering"-Methode anzuwenden. Bei dieser Methode sind die Original- und Zielsprachen im Übersetzungsprozeß gleich wichtig und beide sind zu modifizieren. Die Konzentration liegt nicht auf der Ausgangs- bzw. Originalsprache: wenn sich herausstellt, daß die Übersetzung wegen einer schlechten oder unglücklichen Formulierung der Originalsprache nicht gelingt, dann wird auch die originale Fassung - in Zusammenarbeit mit bilingualen Personen - dementsprechend geändert. Die neue Formulierung in der Originalsprache wird noch einmal im Pre-Test überprüft, um feststellen zu können, ob sie verständlich ist.

7.2.4 Das Konzept von Validität in der vorliegenden Untersuchung. Design und Instrumente

In der Untersuchung über "Familienorientierung, Frauenbild, Bildungs- und Berufsmotivation von Aussiedlerinnen aus der ehemaligen Sowjetunion, türkischen Arbeitsmigrantinnen und westdeutschen Frauen in interkulturell-vergleichender Perspektive - (FAFRA)" wurde die zentrale Untersuchungs-dimension "weibliches Selbstkonzept" jeweils in inhaltlich abgestufte vielfältige Skalen zu den einzelnen Bereichen operationalisiert. Als gemeinsamer Bezugspunkt, der sich in verschiedenen inhaltlichen Desideraten des Befragungsinstrumentes wiederfindet, wurden die Lebenslage und der Alltag der Frau gesetzt, wenngleich es sich bei den Befragten um Frauen aus verschiedenen patriarchalisch organisierten Gesellschaften handelte.
In dem Befragungsinstrument der Hauptuntersuchung (vgl. die Darstellung der Projektforschung im folgenden), einem standardisierten Fragebogen, finden sich demzufolge Perspektiven aus drei verschiedenen ethnischen Gruppen; das Instrument erhebt allerdings den Anspruch, einen transkulturell gültigen Maßstab für diese spezielle Befragung zu bilden. Nach Brislins und Berrys Terminologie mischen sich demnach in diesem Instrument "emic"- und "etic"- Perspektiven und materialisieren sich in verschiedenen Teilbereichen des Instrumentes bzw. in einzelnen Skalen. Es gibt somit Fragebogen bzw. Skalen, die kulturspezifisch sind und solche, die kulturunspezifisch sind und gemeinsame Gültigkeit beanspruchen. Konzepte beiderlei Art stehen gleichwertig nebeneinander.
Für den Validierungsprozeß im Hinblick auf die Fragestellung verlangt diese Vorgehensweise ein komplexes und aufeinander aufbauendes Vorgehen sowie den Einsatz verschiedener Instrumente. Die standardisierte Hauptbefragung mit 255 Befragten bildet die Basis der Forschung; begleitet und ergänzt wird diese Basisbefragung durch ein Set von zusätzlichen Interviews bzw. Gruppendiskussionen zu den verschiedenen thematischen Bereichen (vgl. die Ausführungen im folgenden).

7.2.5 Voraussetzung der Validität

Für die Untersuchung war es zu Anfang des Forschungsprozesses von wesentlicher Bedeutung, zunächst von den Befragten selbst ihre Explikationen und Deutungsmuster zu bestimmten Themenbereichen zu gewinnen. In Anbetracht des stark klischeehaften und ethnozentrischen Diskurses über Arbeitsmigrantinnen aus der Türkei und neuerdings über Aussiedlerinnen aus der ehemaligen Sowjetunion war eine intensive und *mehrstufige Ersterhebungsphase* ein notwendiger Schritt der Forschungsarbeit. Anhand von zwanzig offenen und qualitativen *Erstinterviews* (mit 14 Aussiedlerinnen, drei Türkinnen und drei westdeutschen Frauen) wurde die Grundlage für die inhaltliche Erstellung des Fragebogens in zwei Arbeitsphasen geschaffen. Die erste Phase der Interviews wurde anhand eines breit angelegten Gesprächsleitfadens geführt, welcher der Erfassung von möglichst vielen Informationen über Aussiedlerinnen diente, für die zweite Phase wurde (auf der Basis der Informationen der ersten Interviews) ein strukturierter (und reduzierter) Leitfaden entwickelt, der die interessierenden zentralen Themenbereiche (vergleichende Frauenbilder, Mutterschaft, Berufstätigkeit, Vereinbarkeit von Hausarbeit und Beruf, Lebensalltag von Frauen in der Herkunfts- und Aufnahmegesellschaft) enthielt. Diese Interviews, die zwei bis vier Stunden per befragter Frau dauerten, wurden auf Tonband aufgezeichnet und wortwörtlich transkribiert. Durch eine mehrstufige inhaltsanalytische Auswertung dieses Materials wurden aus den Ausführungen der Befragten themenspezifische Kategorien erarbeitet und - als weiterer Schritt - Items bzw. Skalen für den standardisierten Fragebogen gebildet. Auf diese Weise sind die Fragen zur Sozialstatistik und die größere Anzahl der Items in den Mutterschafts-, Berufs- sowie Vereinbarkeitsfragebögen und in dem entwickelten Stereotypen-Inventar aus diesen Materialien entstanden.

Als erster Schritt (und Voraussetzung der Validität) wurde die *Reliabilität in Pretests* mit zehn Frauen aus den drei Gruppen sichergestellt. Hierzu sind die Aufzeichnungen und Rückfragen der Befragten im Sinne einer "random-probe-technique"[70] notiert und die Befragten sind gesondert zu einigen Items befragt worden.

---

[70] Die "random-probe technique" wird als eine Pretest-Technik angewandt. Einige Items werden zufällig von der Interviewerin bei der Befragung selegiert, und eine gesonderte Frage wird nach der Beantwortung der Probanden per Item hinzugefügt: "Was meinen Sie genauer mit Ihrer Antwort?" Ziel ist, zu erkennen, ob die Antwort der weiteren Erklärung entspricht, und ob das Item verständlich ist (vgl. Brislin 1973, S. 46).

7.2.6 Validierungsschritte

Für die Validierung des standardisierten Instrumentes wurde in den ersten Forschungsschritten, und dies vor allem aus pragmatischen Gründen, die funktionale Äquivalenz hergestellt und kreative Alternativen zusätzlich zu den gängigen Methoden entwickelt.

Als erster tatsächlicher Validierungsschritt wurde der Fragebogen in mehreren Sitzungen mit ausgewählten Angehörigen der jeweiligen drei befragten Gruppen bezüglich der inhaltlichen sowie sprachlichen Qualität diskutiert; die Ergebnisse dieser Diskussionen konnten unmittelbar für die Hauptuntersuchung verwertet werden.

Für die *Übersetzung* in zwei verschiedene Sprachen wurden vielfältige Strategien entwickelt, um inhaltliche und sprachliche Äquivalenz herzustellen. Ein wesentlicher Arbeitsschritt für diesen Prozeß war *die systematische Diskussion des Fragebogens* mit ausgewählten Befragten selbst (wie erwähnt) und mit den muttersprachlichen Interviewerinnen zu verschiedenen Zeitpunkten der Basisbefragung.

Ergänzt wurde diese Reihe von Diskussionen z. B. auch durch gemeinsame Sitzungen von *Team und muttersprachlichen Interviewerinnen*, die nach Abschluß der Basisbefragung durchgeführt wurden und somit nicht nur die Situation reflektierten, sondern das gesamte inhaltliche Spektrum nach der Erfahrung in vielfältigen Befragungsinteraktionen aufgreifen konnten.

Die Hauptbefragung lieferte umfangreiche und vielfältige Basisinformationen; zugleich hat sie einen heuristischen Stellenwert im Verlauf der gesamten Projektforschung. Neben begleitenden (und bereits durchgeführten) *Itemanalysen* für die einzelnen Skalen wurden die benutzten Konzepte und Kategorien der Hauptbefragung mit dem oben genannten Set von vertieften Interviews revalidiert. Die mehrstündigen Sitzungen sind sorgfältig protokolliert und ausgewertet worden. Diese Protokolle sind eine wesentliche Stütze für die weitere statistische Auswertung und Interpretation der Basisbefragung, denn hier finden sich Item für Item der Umgang, die Deutung und die Reaktionen der Befragten wiedergegeben. Einem häufigen Fehler in interkultureller Forschung, nämlich qualitative Unterschiede quantitativ zu interpretieren, konnte somit entgegengearbeitet werden.

Thematisch konzentrierte Gruppendiskussionen mit den muttersprachlichen Interviewerinnen aus beiden interessierenden Kulturen (die bereits die Hauptbefragung durchführten) wurden zusätzlich zu einem späteren Zeitpunkt zur weiteren und vertiefenden Klärung von Ergebnissen der Hauptbefragung durchgeführt. Die Vorgehensweise, *Interviewerinnen* als *Expertinnen in den Forschungsprozeß miteinzubeziehen,* ist ein *neuartiger* im Rahmen der Projektforschung entwickelter Validierungsschritt, der sich als äußerst ergiebig erwies: Da die muttersprachlichen Interviewerinnen die beiden interessierenden Perspektiven sozusagen "in sich tragen" - sowohl die Forschungsintention als auch die Intentionen der Befragten -, bieten sie eine Informationsquelle, die nicht ungenutzt bleiben sollte. Wie sich beispielsweise

an der Validierung der BEM-Skala zeigen läßt, erbrachten diese Diskussionen eine wesentliche Klärung des Gehaltes der einzelnen Items:
Für den Vergleich der Beantwortung des Items "intelligent" ergab sich nach Auffassung einer türkischsprachigen Interviewerin, daß "intelligent" mit hartem Arbeiten, Geld verdienen und mit Sparsamkeit verbunden ist. Sie erklärte die Auffassung der von ihr interviewten Frauen wie folgt: "Und gemeint sind die Frauen, die von einem Putzjob zum anderen bis zum Herzinfarkt gehen. Sie arbeiten sehr viel in verschiedenen Tätigkeiten, verdienen und sparen das Geld und müssen am Herzen operiert werden und sind ohne Pension. Sie bestehen darauf, daß sie intelligent sind. Sie sehen sich eben so."
Im deutschprachigen Raum beruht "intelligent" auf dem lateinischen "intelligens" und wird als einsichtsvoll, schnell auffassend, klug, geistig begabt verstanden. Eine zwiespältige Bedeutung hat diese Eigenschaft auf russisch. Eine Interviewerin aus diesem Kulturkreis erläuterte in einer Gruppendiskussion: "Auf deutsch heißt das klug, aber in russisch ist dies ein Bündel von Klugheit, Ausbildung, Erscheinung, Äußerem. Mehr das Äußerliche." Eine andere äußerte: "Nicht jeder verbindet "intelligentni" mit Klugsein (dies gilt eher für die gehobene Schicht), sondern mit einer gehobenen Ausbildung, mit Manieren, mit dementsprechendem Aussehen und mit einer "hohen" Kultur des Benehmens."
In bezug auf das Item "abhängig" ergab sich eine sehr wichtige Differenzierung:
Für die befragten Aussiedlerinnen hat dieses Item die gleiche Bedeutung wie für die westdeutschen Frauen: auf jemanden angewiesen sein, unselbständig sein, unter dem Einfluß des Mannes stehen. Eine abhängige Person ist eher schwach, hilflos, hilfebedürftig, passiv, untergeordnet. Abhängig sein bringt ungleiche Machtverhältnisse mit sich - wer abhängig ist, hat weniger Macht, muß sich jemandem unterstellen, ist nicht frei, *nicht emanzipiert. Es ergibt sich ein eindeutig negativer Sinngehalt.*
Für die Befragten aus der Türkei ergibt sich ein anderes Bild: Für sie ist der Begriff "bagimli" mit *Verbundenheit*, Zuständigkeit, Verantwortung und sozialen Beziehungen gleichzusetzen (die genauere Bedeutung muß in einem sprachlichen Kontext differenziert werden). Abhängig sein ist nicht negativ, eine abhängige Person ist mit ihrem sozialen Netz verbunden, sie ist dafür zuständig und trägt hierfür die Verantwortung. Während die befragten westdeutschen Frauen häufig als Alternative zu abhängig die materielle Unabhängigkeit und damit Emanzipation assoziieren, unterscheiden die türkischen Befragten zwischen materieller und sozialer Abhängigkeit ("ja, ich kann finanziell abhängig sein, aber ich bin emanzipiert").
Als weitere, die Projektarbeit begleitende Validierungsmaßnahme kann außerdem die Beratung des Forschungsteams selbst durch eine Ethnopsychoanalytikerin genannt werden. In diesen Sitzungen wurden, meist ausgehend von qualitativem Interviewmaterial, die Konzepte der Forscherinnen in der Konfrontation mit dem Material bzw. mit den Konzepten der Untersuchten überprüft. Diese systematische, angeleitete Reflexion erwies sich als überaus hilf-

reich für das Verständnis der eigenen und fremden Perspektiven. Sie erwies sich damit auch als eine den eigenen Ethnozentrismen entgegensteuernde Strategie.

Kreative Alternativen der o. g. Art zu den gängigen, oft ungeeigneten Validierungsschritten erscheinen für jede interkulturelle Forschung unerläßlich, ergeben sich aber oft, wie obiges Beispiel zeigt, erst im Verlaufe der Problemstellungen innerhalb des Forschungsprozesses.

7.2.7 Die "aufgedrängte" Validität als Scheinlösung und das Konzept der "abgeleiteten" Validität

Die umfangreiche qualitative Vorstudie und das daraus entwickelte standardisierte Befragungsinstrument hatten den Anspruch, das allzuhäufig anzutreffende Problem in der interkulturellen Forschung, nämlich der "imposed etic validity" (aufgedrängte Validität) zu überwinden. Die "imposed etic" ergibt sich, wenn eine für Kultur A selbstverständliche Denkweise den impliziten Bezugspunkt und Maßstab für die Analyse der Kultur B setzt und auf die letztere aufgepfropft wird, wonach diese dann bspw. als traditionell oder modern eingestuft wird. Wie Berry (1986, S. 12) schreibt, sind "imposed etics" häufig nur euro-amerikanische "emics", die blind und sogar ethnozentrisch den Analysen über andere Kulturen auferlegt werden.

Sinnvoll (wenn nicht unerläßlich) ist es in diesem Sinne, die "emic"-Dimensionen eines Begriffes im Hinblick auf die spezifischen Lebensbedingungen, in denen sich die Einstellungen von Frauen aus den drei Zielgruppen herausbilden, sorgfältig zu untersuchen und die eigene "imposed etic" kritisch zu überprüfen bzw. zu erkennen und zu benennen.

In diesem Schnittpunkt liegt die "derived etic validity", die aus den gemeinsamen Gesichtszügen des Phänomens empirisch hergeleitet wird und einen "etic"-Rahmen anbietet, der für eine valide interkulturell vergleichende Untersuchung geeignet ist. Hierzu schreibt Berry:

> "... a true etic is one which emerges from the phenomena; it is empirically derived from the common features of the phenomena. Such an etic has been termed a derived etic ... derived etic validity can be established only after imposed etic and emic validities have been proved, and it resides in this intersection; that is, derived etic validity, which is appropriate for valid cross-cultural comparison, must be based upon the known validity in two or more cultural systems." (S. 12, S. 19)

Für den Bereich "Mutterschaft" (wie auch für andere Themenbereiche des Befragungsinstruments) läßt sich beispielsweise verfolgen, wie die qualitativen Interviews, aus denen die "emic"-Skalen gebildet wurden, die Möglichkeit boten, das Konzept Mutterschaft zu Beginn der Forschung in seinem "emic"-Gehalt zu entfalten und zusätzliche Aspekte des Konzeptes zu betrachten: Für Einwanderinnen aus der Türkei und insbesondere für Aussiedlerinnen ergaben sich z. B. die Konzepte "Mutterschaft" bzw. "Familie" *und* "Beruf" nicht als dichotom gebildete, sondern als zentrale, gleichwertig zusammenhängend vorzufindende Dimensionen des weiblichen Selbstkonzeptes. In den Reaktionen der Befragten der Hauptbefragung auf die Mutterschaftsskalen konnte dieses Ergebnis tiefergehend verdeutlicht werden (vgl. die Auswertung im folgenden).

Anhand dieses Beispiels wäre es eine "imposed etic"-Vorgehensweise, ein "entweder Beruf oder Familie"-Modell (das eher der Lebenslage von Frauen aus der Mittelschicht in westlichen Industriegesellschaften entspricht) für die anderen Zielgruppen anzunehmen. Die "emic"-Dimensionen dieses Konzeptes müssen mit vertiefenden Untersuchungen weiter analysiert werden, so daß nicht nur die "emic"-Perspektiven in den Einstellungen, sondern auch die Unterschiede zwischen (und in) den drei Gruppen zum Ausdruck kommen. Der "derived etic"-Gehalt eines Konzeptes wird mit einer sorgfältigen empirischen Vorgehensweise und aus aufeinander aufbauenden Forschungsschritten hergeleitet. (Die Entwicklung der Mutterschaftsskalen verlangte zusätzlich spezifische statistische Validierungsmaßnahmen, die im folgenden Teil geschildert werden.)

Als zusätzlicher Forschungsschritt wurde das entfaltete "emic"- und "etic"-Material von den Befragten aus den drei Zielgruppen in Gruppendiskussionen mit Expertinnen (siehe oben) und Vertiefungsinterviews ergänzt und erweitert. Auf diese Weise konnte die komplexe Problematik der interkulturellen Validität ein Stück weiter verringert werden.

Zusammenfassend läßt sich feststellen, daß die Validierungsproblematik standardisierter Erhebungsinstrumente verschärft bei interkulturell-vergleichenden Analysen, welche sprachliche, kulturelle und soziale Gruppen überschreiten, auftritt und es in solchen Untersuchungen notwendig wird, Alternativen zu den gängigen Methoden der Validitätssicherung zu entwickeln.

8 Darstellung der Projektforschung

Die vorliegende Studie ist, wie bereits in der Einleitung erwähnt, im Zusammenhang mit einem empirischen Forschungsprojekt entstanden. Die folgende Darstellung gibt einen Überblick über wesentliche Ansätze und Forschungsschritte des Gesamtvorhabens und die Entwicklung des Mutterschaftsfragebogens.

8.1 Operationalisierung des "gender"-Konzepts für die empirische Untersuchung - Makroebene

In der Übertragung der methodischen Prämissen und programmatischen Überlegungen, die sich aus dem "gender"-Denken ableiten lassen, auf das Forschungskonzept der hier vorgestellten kulturvergleichenden Studie ergeben sich folgende Anforderungen an *das Design der Untersuchung, das Konzept der Messung und die Perspektiven der Befragung*:

1. Angesetzt wird bei den Befragten an der von ihnen eingenommenen Distanzierung bzw. Reflexion zu Erwartungen verschiedener Art - einmal den Erwartungen der Individuen selbst und zum anderen den Erwartungen, die an sie herangetragen werden. Die Fragen bewegen sich auf folgenden Ebenen: Welche Erwartungen haben die Befragten selbst an "gender"-Konzepte? Wo distanzieren sie sich von "gender"-Konzepten? Wie nehmen sie ihre eigene Distanz zu solchen Konzepten wahr? Wie gehen sie mit Stereotypen um? Welche Erwartungen gehen von der Gesellschaft aus? Wie nehmen die Befragten solche Erwartungen der Gesellschaft wahr? In welchem Kontext (mit welchen Personen) werden Erwartungen der Gesellschaft wahrgenommen? Gibt es Kämpfe, Ambivalenzen, Konflikte, Rebellion?
2. Die zweite Dimension der Messung betrifft die Praxis der alltäglichen Interaktionen und die darin enthaltenen Formen von Macht und Herrschaft. Auf folgenden Ebenen setzt die Befragung an: Wie erleben die Befragten Formen von Macht und Herrschaft und Zwänge; in welchen Kontexten (mit welchen Personen) werden diese wahrgenommen?
3. Die dritte Dimension zielt ab auf Ideologien und Konzepte von "gender", auf widerstreitende Ideen, Widersprüche (in gesellschaftlicher Ideologie und im Alltag). Auf folgenden Ebenen siedeln sich die Fragen an: Wie erleben die Befragten Ideologien und Konzepte über "gender", sogenannte "genderbelief-systems"? Wie gehen sie mit Stereotypen und Bildern um?
4. Die vierte Ebene bezieht sich auf die Potentiale der Individuen; unterschieden werden hier die Ebenen der Nichtverwirklichung bzw. Vereinseitigung von Potentialen, der verwirklichten bzw. gelebten Potentiale, der Regelwerke weiblicher Identität bzw. der symbolischen Rüstungen (vgl. hierzu die Begriffe von Deniz Kandiyoti <1991> bzw. auch die Überlegungen von Carolyn Wood Sherif <1982>).

Das *Design* der Untersuchung umfaßt drei Gruppen von Frauen, die z. T. "vice versa" und immer in Beziehung zur Herkunfts- bzw. Aufnahmegesellschaft befragt wurden und werden. Der *Zeitpunkt* oder der zeitliche Rahmen, der sich in der Befragung materialisiert, ist einer, der die Kriterien eines "point of change" erfüllt: Migration bzw. Einwanderung - und viele Selbstverständlichkeiten aufbrechen läßt und in Frage stellt. Dieser "point of change" ist bereits in der Literatur zu "gender" als methodischer Vorteil beschrieben - und zwar in Überlegungen zu einem geeigneten Ort, "gender"-Konzepte zu messen bzw. dem Ort, an dem Verunsicherung auftritt oder Regeln deutlich werden, weil Grenzen überschritten wurden.[71] Der *biographische Bezugspunkt* ergibt sich dadurch, daß die Perspektiven in allen Fragen das Gestern, Heute und Morgen zugleich einschließen: Für die beiden Einwanderinnengruppen der Befragten wurde der Herkunftskontext ebenso wie die Migrations-Einwanderungssituation angesprochen und einbezogen, gleichfalls die gegenwärtige Lebenslage im Aufnahmeland.

8.2 Meßprobleme

Probleme der *Messung* auf allen Ebenen sind:

1. Das Problem der Sprachlosigkeit bzw. die Problematik, nicht benennbare oder kaum kommunizierbare Wahrnehmungen und Empfindungen anzusprechen. Die angezielte "symbolische Rüstung" z. B. kann sehr viel mit Anpassung, Verleugnung, lebensnotwendigen Mechanismen und Strategien sowie auch der Konstruktion von "Zwischenwelten" zu tun haben, die nicht ohne weiteres kommunizierbar sind. Ähnliches ergibt sich für viele andere Zusammenhänge und Ebenen der Erfahrung, die mit "gender"-Konzepten in Verbindung stehen: Es sei nur darauf hingewiesen, daß Annahmen über Geschlechtszugehörigkeit und -charakter und über Männlichkeit und Weiblichkeit im Alltag weitgehend nicht benannt werden, da sie zum symbolischen Bestand der Alltagswelt gehören, unhinterfragt bleiben und nur in Grenzsituationen, in Überschreitungen der Regeln fraglich werden.[72]
2. Das Problem der Stereotypisierung spielt in alle Ebenen hinein, da durchweg die Ideologie der Zweigeschlechtlichkeit angesprochen ist, und es immer um durchzusetzende bzw. durchgesetzte Konstrukte von "gender" und sogenannten "gender-belief-systems" geht. Wenn es auch eine Diffe-

---

[71] Vgl. entsprechende Untersuchungen und methodische Überlegungen der Ethnomethodologie zum symbolischen System der Zweigeschlechtlichkeit und der Analyse dieser Zweigeschlechtlichkeit in Grenzsituationen; vgl. z B. die klassische Studie über Geschlechtswechsler von Harold Garfinkel 1967.
[72] Vgl. z. B. die bereits erwähnte Untersuchung von Janet T. Spence und Linda L. Sawin (1985) zu Männlichkeit und Weiblichkeit. Die Erfahrung der Erstinterviews der vorliegenden Untersuchung zeigte beispielsweise, daß die Frage danach häufig zunächst mit einer Rückfrage beantwortet wird.

renz gibt zwischen der Beurteilung des Selbst und der Beurteilung von anderen in bezug auf das vorgenommene "sex typing" (wie bereits in der Literatur erwähnt), so gilt dennoch, daß die Stereotypisierung sehr durchschlagend ist.[73]
3. Eine mit der Stereotypisierung zusammenhängende Problematik ist die Tatsache, daß die Zwänge der kulturellen Konstruktion von Zweigeschlechtlichkeit dazu führen, daß Frauen häufig nicht zugeben können, von Erwartungen an Weiblichkeit und Mutterschaft z. B. abzuweichen - sie sind "Nicht-Frau" dann, aber dennoch kein Mann! D. h. zuzugeben, vom gängigen "gender"-Schema abzuweichen, beinhaltet immer ein Infragestellen der eigenen Person und der familiären oder gesellschaftlichen Position.
4. Eine weitere Problematik ergibt sich durch die Vermengung der Minoritäten-Lebenslage mit rassistischen Strukturen von Gesellschaft und Sexismus - welche einerseits zur Minimierung von realen Geschlechterdifferenzen führen, andererseits aber auch eine Haltung produzieren kann, die das patriarchale System partiell stützen wird -, um z. B. die Familie und sich selbst zu schützen, aber auch, um "dazuzugehören".

8.3 Schlüsselkontexte und Befragungsbereiche

Folgende Schlüsselkontexte und Fragebereiche wurden für die Befragungen der Projektforschung festgelegt, wobei in der standardisierten Hauptbefragung in Kombination mit biographischen und sozialstatistischen Fragen ein Teilbereich dieser Kontexte angesprochen wurde. In weiteren Untersuchungen werden diese vertieft bzw. erweitert (vgl. die Ausführungen zu "Operationalisierung der Forschungsfragen").
Die Konstruktionen von "gender", wie sie in den obigen Überlegungen besprochen wurden, lassen sich in Verbindung mit Bereichen alltäglicher Praxis und Interaktionen im Alltag auf der empirischen Ebene in ihrer Kontexthaftigkeit abbilden und wesentlich günstiger messen, als es bei dem alleinigen Einsatz von abstrakten Einstellungsfragen und -skalen der Fall wäre. Ein wesentliches Forschungsziel der vorliegenden Befragung ist die Erfassung und der Vergleich von Selbstkonzepten verschiedener Gruppen von Frauen - und in diesem Rahmen werden die obigen Überlegungen zur Konstruktion von "gender", zu Geschlechterstereotypen und deren empirische Erfassung relevant. Selbstkonzepte lassen sich, ähnlich wie Konstruktionen von "gender", ebenfalls günstiger durch eine bereichsspezifische Operationalisierung angehen. Da in unserer Untersuchung diese beiden Aspekte zusammenkommen (Selbstkonzepte enthalten geschlechtsspezifische Zuschreibungen

---

[73] Darüber hinaus ergibt bereits die Standardisierung einer Befragung eine Gefahr der Stereotypisierung in der Auswertung - da es nicht mehr um die Erfahrung einzelner geht.

ebenso wie stereotypische Annahmen über das eigene Geschlecht), wurde eine bereichsspezifische Operationalisierung für die Gesamtbefragung angestrebt, die sehr viele Anteile von alltäglichem Handeln, auch Organisationsfragen des - mütterlichen, weiblichen - Alltags enthält (vgl. die Ausführungen zu "Operationalisierung der Forschungsfragen"- Mikroebene).

1) Geschlechterverhältnis	Beziehung / Partner Familie / Kinder Netzwerke
2) Frauenbild	"Gender"-Konzepte Charakteristika von Männlichkeit / Weiblichkeit Mutterschaft
3) Alltagsorganisation	Vereinbarkeit von Familie / Beruf Arbeitsteilung Hausarbeit / Kinderbetreuung
4) Selbstkonzept - Potentiale	Beruf / Ausbildung Erwartungen, Aspiration (für sich selbst und Kinder)
5) Lebenskonzept	Beruf - Mann - Kinder - persönliche Interessen Gegenwart / Zukunft / Vergangenheitsinterpretation Wandel / Planung
6) Ethnizität	Lebenslage als Einwanderin / Migrantin Klasse / Schicht Rassismus und "gender"-Konzepte "gender-belief-systems"

8.4 Operationalisierung der Fragestellung - Mikroebene

Folgende Themen wurden in den einzelnen Befragungsschritten der ersten Forschungsphase des o.g. Projektes umgesetzt:

I. Orientierungen der Befragten, auch Geschlechtsrollenorientierungen und deren Veränderungen;
   - Orientierungen in bezug auf Familie/persönliche Lebensplanung;
   - Selbstkonzept der Befragten (als Frauenbild, Einstellungen zu Mutterschaft und Mutterbild, Männerbild);

- emotionale Beziehungen (Mann-Frau-Beziehungen, Mutter-Kind-Beziehungen, Netzwerk);
2. Bildungsorientierung/Berufsmotivation/Erwerbstätigkeit und die Vereinbarkeit von Familie und Erwerbstätigkeit;
3. Migrations- und Einwanderungserfahrungen bzw. Erwartungen der Befragten an das Aufnahmeland, deren Veränderung (auch im Zusammenhang mit den Orientierungen zu 1. Familie, Selbstkonzept, Beziehungen und 2. Beruf);
4. Strategien der Abgrenzung von der "fremden Frau" bzw. der einheimischen Frau und deren Bedeutung für das Selbstkonzept, Gemeinsamkeiten und Unterschiede in den Auswirkungen der Stereotypisierungen.

Die Projektforschung verfolgte in den ersten Forschungsphasen das Ziel, ein komplexes Bild der Einwanderungs- und Migrationserfahrungen der Aussiedlerinnen und Arbeitsmigrantinnen in Konfrontation mit den Einstellungen und Lebenskonzepten westdeutscher Frauen zu erarbeiten und einen Beitrag zur Frage von Geschlechtsrollenwandel unter der Bedingung von Einwanderung und Migration zu leisten. In weiteren Phasen des Projektes werden Aussiedler, Arbeitsmigranten und westdeutsche Männer ergänzend zu ähnlichen Themenbereichen befragt (zur Gechlechtsrollenorientierung und Vaterschaft, aber auch zu Akkulturationsstrategien) und durch eine Befragung der Jugendlichen aus Aussiedlerfamilien ergänzt.

8.5 Leitgedanken des Forschungsansatzes

Der Forschungsansatz der genannten Projektforschung vereinigt qualitative und quantitative Maximen und Methoden empirischer Sozialforschung und liegt somit im Trend neuerer Entwicklungen, auch in der psychologischen und erziehungswissenschaftlichen Forschung.
Die Idee der Triangulation (vgl. Hans-Jürgen Freter/Betina Hollstein/Markus Werle 1991) ist im übertragenen Sinne als das Aufspannen eines Netzwerkes von Informationen verschiedener Art zu interpretieren und erscheint insbesondere sinnvoll im Rahmen interkultureller Forschung, in der Angehörige von Einwandererminoritäten mit Angehörigen der Aufnahmegesellschaft verglichen werden. Bereits das Problem der Validierung interkultureller Forschungsinstrumente, die als standardisierte Instrumente zum Einsatz kommen sollen, wird anhand der klassischen Kriterien der Validitätsbestimmung zu einem unüberwindbaren Hindernis, wenn es nicht gelingt, kreative Alternativen zu mobilisieren und zu entwickeln. Die Grenzen liegen hier nicht nur in den ökonomischen und personellen Kapazitäten von Forschungsprojekten, sondern in der Eigenart der Zielstichproben und den Bedingungen der Forschungsfelder. Stichproben, die sich aus Minderheitenmitgliedern konstituieren sollen, sind nicht beliebig abrufbar und stehen selten mehrmals zur Verfügung. So werden z. B. Item-Analysen (wie sie für die Entwicklung der

Mutterschafts-Skalen z. B. nötig wurden), die ein erster, minimaler Schritt auf dem Wege der Konstruktion und der Reliabilitätsbestimmung eines standardisierten Instumentes der Einstellungsmessung sind, nur mit größeren Schwierigkeiten mit derjenigen Zielgruppe durchzuführen sein, für die das Instrument letztlich bestimmt ist. Zu einer kaum zu lösenden Schwierigkeit wird dieser Forschungsschritt, wenn Gruppen verschiedener Ethnien die Zielgruppen der Forschung sind. In der Regel ist die Basis für die Konstitution mehrerer Stichproben dieser Art so schmal, daß sie unbedingt für die Hauptuntersuchung erhalten bleiben sollte. (Für die notwendigen Item-Analysen in der Entwicklung des Mutterschaftsfragebogens wurde auf die "klassische" Testgruppe, nämlich auf StudentInnen zurückgegriffen, womit dieser Entwicklungsschritt als Vergleich auf die westdeutsche Gruppe beschränkt wurde.) Maßnahmen zur Validitätsbestimmung und zum Abgleich der verschiedenkulturellen Perspektiven in dem geplanten Befragungsinstrument, das letztlich transkulturell gültig sein sollte, basierten auf den o. g. kreativen Alternativen (vgl. die Ausführungen zur Validität).

8.6 Design und Aufbau der Forschung

Das Design und der Aufbau der Forschung sieht, wie schon erwähnt, die phasenweise Verflechtung qualitativer und quantitativer Forschungsmethoden und entsprechender Denkweisen vor. Nach der Durchführung von ersten explorativen Interviews wurde anhand der Auswertung dieser Interviews eine standardisierte Hauptbefragung entwickelt. Die standardisierte Hauptbefragung wurde als Einstellungsuntersuchung konzipiert. Sie besteht aus einem Set von z. T. adaptierten Skalen und eigenentwickelten Skalen. Ein standardisierter Fragebogen wurde in fünf Versionen erstellt: deutsche Version, türkische Version in Türkisch, türkische Version in Deutsch, Aussiedlerinnenversion in Russisch, Aussiedlerinnenversion in Deutsch. Mit dieser Befragung war die Erwartung verknüpft, entsprechend der inhaltlichen Komplexität der Forschungsfrage Ergebnisse zu erhalten, die einen ersten, annähernd repräsentativen Einblick bzw. Überblick bieten sollten - nicht im Sinne einer statistisch repräsentativen Stichprobe, sondern im Sinne der Repräsentation der je befragten Gruppe in den vorgegebenen Merkmalen sowie in der Region. Die befragten Gruppen sollten in ihren Gemeinsamkeiten und in ihren Verschiedenheiten beschreibbar werden.

Die standardisierte Hauptbefragung sollte somit eine doppelte Funktion erfüllen: Sie stellt eine standardisierte Befragung mit teilweise überprüften Skalen dar, aber zugleich erfüllt sie explorative Funktionen: Die Auswertung wurde so angelegt, daß zusätzliche Item-Analysen und, diesen entsprechend, Selektionen aus dem Datenmaterial erfolgen konnten - insbesondere für diejenigen Skalen, die (zum damaligen Zeitpunkt ungeprüfte) Eigenentwicklungen waren, wie z. B. die Skalen zur Berufstätigkeit, Vereinbarkeit von Familie und Beruf, Bildungs- und Weiterbildungsabsichten der Befragten. Auch für den

Mutterschaftsfragebogen, der bereits vor dem Einsatz der Hauptbefragung in Teilen überprüft war, ergaben sich weitere, notwendige Skalentests nach dem Abschluß der Befragung, die eine abgesichertere Version ergaben - welche wiederum die Basis der Auswertungen bildete.
Eine solche Vorgehensweise erscheint nicht nur methodisch sinnvoll, sondern sie entspricht auch, wie bereits erläutert, dem Wissensstand über die zu untersuchenden Gruppen sowie den angezielten Gruppenvergleichen - der Wissensstand ist z. B. über Aussiedlerinnen und ihre Familien minimal. Begleitend zu der Hauptbefragung wurden Gruppeninterviews und weitere qualitative Einzelinterviews durchgeführt, die, auch als Validierungsmaßnahmen, stützend auf den Auswertungsprozeß der Hauptbefragung wirkten. So sollten eine Rückübersetzung des Mutterschaftsfragebogens und durchzuführende Gruppendiskussionen mit den muttersprachlichen Interviewerinnen nicht nur die Schwierigkeiten in der Befragungssituation auffangen und aufarbeiten, sondern zusätzliche Hinweise zu Deutungsdifferenzen geben, die sich in jeder Auswertung interkultureller Forschungsergebnisse ergeben. Die Validierungsmaßnahmen sollten zudem generell die Möglichkeit bieten, die Reichweite der Instrumente einzuschätzen.

8.7 Die standardisierte Hauptbefragung

Zielsetzung und Struktur der Befragung

Die standardisierte Hauptbefragung ist eine Basisbefragung, die ihren Stellenwert in Kombination mit weiteren Interviews und Reinterviews hat. Sie diente der Bereitstellung eines breiten Spektrums von Basisinformationen, die sowohl sozialstatistische Daten als auch Einstellungen umfassen. Der Fragebogen wies folgende Struktur auf: 1. Fragebogen zum Selbstbild/Frauenbild, 2. Mutterschaftsfragebogen, 3. Fragebogen zu Erziehungseinstellungen, 4. Fragebogen zur Berufstätigkeit, 5. Fragebogen zur Bildungs- und Weiterbildungsmotivation, 6. Fragebogen zur Vereinbarkeit von Beruf und Familie, 7. Fragebogen zum interkulturellen Vergleich, 8. Fragebogen zu Migration und sozialer Identifikation, 9. Fragebogen zu Ethnisches - Stereotypeninventar, 10. offene Fragen am Ende des Interviews, 11. Fragebogen zur Nachbefragung der Interviewerinnen, 12. Fragebogen zur Sozialstatistik und Einwanderersituation.[74]
Die Befragung basierte auf dem vollstandardisierten Fragebogen, ergänzt durch einen offenen Befragungsteil, sowie einem Fragebogen für die Interviewerinnen selbst. Der Fragebogen, der die Grundlage der Basisbefragung

---

[74] Die Entwicklungsschritte der einzelnen Fragebögen und Skalen (auf der Basis von Erstinterviews, Pretests, Skalentests und Expertengesprächen etc.) werden an dieser Stelle nicht dargestellt, sie finden sich detailliert in den je thematisch bezogenen Werkstattberichten des Projekts FAFRA.

darstellt, umfaßt somit sehr viele verschiedene Themenbereiche, von denen die Einstellungen der Befragten zur *Mutterschaft* und ihr Mutterbild nur einen der angezielten Themenbereiche darstellen. Zusätzliche Fragebereiche, die thematisch für die Einstellungen zur Mutterschaft relevant werden, sind: der Fragebogen zu Erziehungseinstellungen, der Fragebogen zum Selbstbild/Frauenbild sowie der Fragebogen zur Sozialstatistik und Einwanderungssituation, der auch alltagspraktische Fragen zur Bewältigung der Vereinbarkeit von Familie und Beruf, insbesondere der Art und Weise der Kinderbetreuung im Herkunftsland sowie in der Aufnahmegesellschaft enthält.

Die Durchführung der Hauptbefragung

Die Hauptbefragung wurde im Frühjahr und Sommer des Jahres 1992 in Stadt und Region Osnabrück mit 255 Frauen (85 je Gruppe) durchgeführt. (Die begleitenden Gruppendiskussionen und qualitativen Einzelinterviews fanden in den Jahren 1992 bis Ende 1993 statt.) Die Befragungen wurden durch ein Team muttersprachlicher Interviewerinnen ermöglicht; sie sorgten auch, nach Vorgabe bestimmter Merkmale (welche die Ausgewogenheit der Stichprobe garantieren sollten), für das Zustandekommen der Stichprobe.
Die Zusammensetzung der Stichprobe der Hauptbefragung (vgl. die Ausführungen zur "Stichprobe" im folgenden) zielte auf erwerbstätige Mütter ab, vorzugsweise in der Phase der aktiven Mutterschaft bzw. auf erwerbstätige Mütter mit Kindern, die noch im Haushalt leben (Vorschul- oder Schulalter).
Die Befragung fand überwiegend bei den Befragten zu Hause statt. Die Anweisung für die Interviewerinnen (aufgrund von Interviewerinnenschulungen) bestand darin, die befragte Frau alleine, möglichst *ohne* Ehemann und Kinder in der Nähe zu befragen. Dies erwies sich natürlicherweise als z. T. recht schwierig, da die Befragten den Ehemann ausschließen, die Kinder aber nicht immer wegschicken konnten. Eine weitere Anweisung war, keine Freundinnen oder nahe Verwandte zu befragen, um in der Interviewsituation eine gewisse Distanz und Anonymität - zur Entlastung der Interviewten - zu erhalten. Die Befragung dauerte in der Regel zwei bis vier Stunden, je nach sprachlichen Bedingungen und nach dem Schwierigkeitsgrad der Bearbeitung des Fragebogens durch die befragten Frauen. Die Befragten zeigten in allen Gruppen großes Engagement und auch viel Spaß an der Bearbeitung des Fragebogens; für sie war das Thema von großer Relevanz, sie sahen häufig darin für sich selbst eine persönliche Bestätigung, auch eine Bestätigung ihrer Probleme im Aufnahmeland Bundesrepublik. Die Befragung wurde auf seiten der Interviewerinnen sowie auch auf seiten der Befragten selbst durch das Bemühen getragen, sorgfältig zu antworten und die Skalen richtig zu handhaben.

8.8 Die Mutterschaftsskalen

Die Literaturanalyse ergab nur wenige brauchbare Einstellungsfragebögen zum Thema "Mutterschaft". Drei inhaltlich verwandte Instrumente standen zur Diskussion und sind überprüft worden:
1. "Motherhood-Inventory", entwickelt von Hare-Mustin/Broderick (vgl. Brenda Bankart 1989), wurde aus inhaltlichen Gründen abgelehnt.
2. "Child-Rearing-Scale" (vgl. P. Burge 1981) wurde aus forschungsökonomischen Gründen abgelehnt.
3. Aus der *Women attached* Studie (vgl. Jacqueline Tivers 1985) gingen Anregungen in die "Skala zur Messung der Dimension Vereinbarkeit von Beruf und Kindern" ein.

Da diese inhaltlich verwandten Skalen für die Forschungsfragestellung eines interkulturell-vergleichenden Projektes letzlich wenig brauchbar waren, entstand der Mutterschaftsfragebogen (wie einige andere Teile des Fragebogens) auf der Basis von zwanzig Erstinterviews, die sich - in dieser explorierenden Anfangsphase - einem breiten Themenspektrum widmeten. In zahlreichen Expertinnensitzungen wurden die Skalen (ursprünglich vier Skalen) und Items überprüft, an die Projektbedürfnisse adaptiert, verändert und korrigiert. In verschiedenen Pretests mit Studentenstichproben an verschiedenen Universitätsstandorten wurde der Mutterschaftsfragebogen getestet.[75] Aufgrund umfangreicher statistischer Analysen und Skalentests, die sich im Rahmen der Gesamtwertung als notwendig und sinnvoll erwiesen, ergab sich die Version der Mutterschaftsskalen, die zugleich die Hauptauswertung leitete. Dieser endgültige Mutterschaftsfragebogen ist eine vollständige Eigenentwicklung und besteht aus insgesamt fünf Skalen und 28 dreistufigen Items, die verschiedene Einzeldimensionen der Mutterschaft erfassen:

Der Gehalt der fünf Mutterschaftsskalen

SKALA 1: ALTERNATIVE LEBENSKONZEPTE (MUT 1)	SKALA 2: MUTTERSCHAFT UND WEIBLICHKEIT (MUT 2)	SKALA 3: MUTTERSCHAFT UND LEBENSERFÜLLUNG (MUT 3)
211. Das Leben mit Kindern ist in einer Gemeinschaft mit Frauen viel einfacher und glücklicher zu gestalten als in einer Ehe/Partnerschaft.	208. Die Glücksgefühle einer Mutter sind durch andere Erfahrungen *nicht* zu ersetzen.	213. Jede Frau, die aus beruflichen oder sonstigen Gründen auf Kinder verzichtet, ist zu bedauern.
215. Frauen können heutzutage im Beruf soviel Glück und Bestätigung finden, daß sie auf Mutterschaft verzichten können.	210. Ich würde die Erfahrung der Schwangerschaft, Geburt und Mutterschaft jeder Frau wünschen.	216. Heutzutage sollte eine Frau auch *ohne* Kinder glücklich werden können. (-)

---

[75] Die Entwicklungsschritte des Mutterschaftsfragebogens finden sich detailliert in dem FAFRA- Werkstattbericht: "Mutterschaft und Weibliches Selbstkonzept" 1994.

219. Kinderaufziehen haben die Frauen schon immer gemacht. Es ist an der Zeit, daß sie etwas Neues ausprobieren.	212. Erst wenn die Frau Schwangerschaft und Geburt erlebt hat, weiß sie, was es wirklich bedeutet, eine Frau zu sein.	221. Ich finde, daß eine Frau auch *ohne* ein Kind als Frau ein erfülltes Leben führen kann. (-)
222. Eine glückliche Liebesbeziehung braucht *keine* Kinder.	218. Die Erfahrungen und Erlebnisse mit Kindern sind für eine Frau durch *nichts* zu ersetzen.	226. *Ohne* Kinder stelle ich mir das Altwerden für eine Frau schrecklich vor.
229. Ich finde Frauen gut, die für ihre Interessen und ihren Freundeskreis leben und aus diesem Grund *keine* Kinder wollen.	225. Durch die Versorgung eines Kindes wird in der Frau all das Weiblich-Positive geweckt, was in jeder Frau steckt.	228. Ich kann mir *nicht* vorstellen, daß eine Frau freiwillig auf ein Kind verzichtet.
233. Heutzutage ist es eine echte Alternative für eine Frau, ihre Kinder alleine aufzuziehen.	237. Ein emotionales Bedürfnis jeder Frau ist es, Kindern Schutz und Geborgenheit zu geben.	230. Ich kann mir vorstellen, daß eine Frau auch ohne Kinder in Ruhe älter werden kann. (-)
		234. *Ohne* ein Kind in die Welt gesetzt zu haben, kann eine Frau nicht vollständig glücklich sein.
SKALA 4: BELASTUNG (MUT 4)	SKALA 5: GETEILTE ELTERNSCHAFT (MUT 5)	
214. Die Lebensbedingungen hindern viele Frauen daran, so viele Kinder zu haben, wie sie wollen.	217. Männer können genauso wie Frauen den Kindern Schutz und Geborgenheit geben.	
227. Ich ärgere mich, daß in dieser Gesellschaft das Kinderkriegen zum Problem gemacht wird.	223. Ich bin der Meinung, daß sich der Vater genauso wie die Mutter für die Versorgung und Betreuung der Kinder einsetzen sollte.	
231. In der heutigen Gesellschaft lastet zuviel Verantwortung auf der einzelnen Frau und Mutter.	232. Es ist ungerecht und unsinnig, daß die Fürsorgearbeit für Kinder überwiegend an der Mutter hängen bleibt.	
224. Mit Kindern ist das Leben einer Frau oft ganz schön schwierig.	236. Die Versorgung und Betreuung von Kindern sollte reine Frauensache sein *und* bleiben.(-)	
235. Frauen hätten in der Regel viel mehr Spaß an ihren Kindern, wenn sie mehr Entlastung hätten.		

Meßbereiche der fünf Skalen

Alternative Lebenskonzepte: MUT 1

Diese Skala drückt zwei Dimensionen "alternativer Lebenskonzepte" zur Mutterschaft aus: Sie beinhaltet die Frage nach der Realisierbarkeit eines Frauenlebens außerhalb von Mutterschaft und Familie in den Dimensionen,

die ein Lebenskonzept einerseits ohne Kinder (vgl. V.215, 219, 222, 229) und andererseits mit Kindern außerhalb von Familie und Ehe (vgl. V.211, 233) zum Ausdruck bringen. Sie stellen die Kehrseite einer auf "selbstverständlichen" bzw. "natürlichen" Eigenschaften beruhenden Vorstellung von Mutterschaft dar. In dieser Weise soll diese Skala als eine den MUT 2- und MUT 3-Skalen entgegengesetzte gedacht werden.
Weiterhin stellt die Skala eine "Entweder-Oder"-Perspektive dar. In diesem Sinne werden vier einzelne "alternative" Wertdimensionen gegenüber der Kinderlosigkeit erfaßt (*Glück und Bestätigung im Beruf* versus *Verzicht auf Kinder*, V.215; *etwas Neues ausprobieren* versus *Kinderaufziehen*, V.219; *für ihre Interessen und ihren Freundeskreis leben* versus *keine Kinder wollen*, V.229 und *eine glückliche Liebesbeziehung* versus *keine Kinder brauchen*, V.222). Zwei weitere Items drücken zwar das Leben mit Kindern aus, dies jedoch außerhalb der Grenzen einer "konventionellen" Kernfamilie (V.211, 233).

Mutterschaft und Weiblichkeit: MUT 2

Diese Skala beinhaltet die Einstellung einer engen, positiv besetzten Verbindung von Weiblichkeit und Mutterschaft, die über körperliche sowie emotionale Erfahrungen bzw. Bedürfnisse der Frau begründet ist.
Die sechs Items in dieser Skala drücken die "weibliche" Dimension der Mutterschaft aus, insofern sie auf die positive Erfassung einer als "selbstverständlich" angesehenen Bestimmung der Frau zur Mutterschaft abzielen. Zwei Items erfassen die leibliche Erfahrung des Mutterwerdens und die Bedeutung dieses Erlebnisses für das Frausein (V.210, 212), vier Items bringen die mütterlichen Erfahrungen und Erlebnisse mit Kindern als unersetzbar, weiblich-positiv und als emotionales Bedürfnis zum Ausdruck (V.208, 218, 225, 237).

Mutterschaft und Lebenserfüllung: MUT 3

Diese Skala kennzeichnet die Einstellung der unerläßlichen Verbindung der weiblichen Biographie mit Mutterschaft und der herausragenden Bedeutung von Mutterschaft für ein positives Lebensgefühl und Glück.
Die Skala zielt ab auf die Erfassung einer als "selbstverständlich" denkbaren Rolle der Mutterschaft als zentralem Bestandteil des weiblichen Lebenslaufes. Sieben Items drücken die Einstellung aus, daß Kinder ein unverzichtbarer Bestandteil der weiblichen Lebenserfüllung sind, während vier Items die negativen Aspekte eines weiblichen Lebenskonzeptes ohne Kinder umfassen (V.213, 226, 228, 234). Drei weitere Items verweisen auf die positive Dimension im Leben einer Frau ohne Kinder (V.216, 221, 230). Den Items nach haben Kinder einerseits eine sicherheitgebende Bedeutung im Alter;

andererseits erfassen sie das "geschmälerte" Erleben einer Frau ohne Kinder - ohne das Glück und die Erfüllung, die Kinder mit sich bringen.

Belastung: MUT 4

Diese Skala thematisiert die Einstellung der hohen Belastung durch Mutterschaft augrund von Lebensbedingungen bzw. gesellschaftlichen Bedingungen. Die "Belastungsdimension" von Mutterschaft, die über fünf Items gemessen wird, drückt eine resignative und distanziert-kritische Einstellung zu Mutterschaft aus. Die resignative Einstellung verweist auf die "Klagen" gegenüber den heutigen Lebensbedingungen, die a) zur Einschränkung der Kinderzahl von Frauen führen, b) zuviel Verantwortung der einzelnen Frau und Mutter auflasten und c) wegen ihrer hohen Alltagsbelastung weniger Spaß mit Kindern zulassen (V. 214, 224, 235). Die distanziert-kritische Perspektive bringt das Ärgernis von Frauen zum Ausdruck, die meinen, daß aus dem Kinderkriegen in der BRD ein Problem gemacht wird (V.227), und daß das Leben von Frauen mit Kindern oft schwierig ist (V.224).

Geteilte Elternschaft: MUT 5

Diese Skala mißt die Einstellung zur lebenspraktischen Bewältigung der Fürsorgearbeit für Kinder außerhalb der klassischen geschlechtsspezifischen Zuordnung.
Die Skala fragt nach der Rolle des Mannes bzw. Vaters in der Fürsorge von Kindern. Ebenso wie die Belastungsperspektive richten sich die vier Items bei der "Mutterschaft und Fürsorge"-Skala auf den kritischen Aspekt der ungleichen Arbeitsteilung zwischen Männern und Frauen, wenn es um die Versorgung und Betreuung von Kindern geht. Drei Items verweisen auf die Perspektive "Männer können und sollen sich an der Fürsorgearbeit mehr beteiligen" (V.217, 223, 232), ein Item (das negative) drückt die gegenteilige Einstellung aus, daß diese Arbeit eine reine Frauenarbeit ist und auch eine solche bleiben sollte (V.236).

8.9 Merkmale der Stichprobe

Für eine Kurzbeschreibung der Hauptstichprobe ist relevant, daß als primäres Kriterium für ihre Zusammensetzung "Berufstätigkeit der Befragten plus aktive Mutterschaft" angestrebt wurde. Somit befanden sich die Befragten (bis auf 18 Nicht-Mütter) in der Lebensphase der aktiven Mutterschaft, d. h. sie waren zum Erhebungszeitpunkt durch die Betreuung und Erziehung jüngerer und/oder schulpflichtiger Kinder stark an die Familie gebunden und (in der Mehrzahl) mit der Bewältigung der Vereinbarkeit von Beruf und Familie kon-

frontiert. Die Befragten aller Gruppen waren überwiegend zwischen 20 und 40 Jahren alt, verheiratet und Mütter von mindestens einem bis höchstens acht Kindern.
Die deutschen Frauen unterschieden sich dadurch von den anderen beiden Gruppen, daß sie sich vermehrt in Familienstandsmodellen wie *ledig, geschieden, getrennt lebend* oder in einer *nicht-ehelichen Gemeinschaft lebend* befanden, während Aussiedlerinnen oder Frauen aus der Türkei überwiegend verheiratet waren und mit dem Ehemann zusammen lebten. Auch wiesen die deutschen Frauen stärker das Ein-Kind-Familienmodell auf, während Aussiedlerinnen und Frauen aus der Türkei überwiegend zwei und mehr Kinder angaben.
Zum Bildungsstand der befragten Frauen ist festzuhalten, daß die Frauen aus der Türkei den niedrigsten Bildungsstand, die Aussiedlerinnen und deutschen Frauen einen vergleichbar hohen Bildungsstand (überwiegend die mittlere Schulbildung sowie eine qualifizierte Berufsausbildung) aufwiesen.
Zum Erhebungszeitpunkt waren über die Hälfte der Frauen aus der Türkei und der deutschen Frauen erwerbstätig, aber nur ein geringer Teil der Aussiedlerinnen. Die Einwanderinnen waren überwiegend als Arbeiterinnen beschäftigt und die deutschen Frauen standen in einem Angestelltenverhältnis. Von den erwerbstätigen Frauen waren etwas mehr als die Hälfte ganztags beschäftigt.
Die nicht erwerbstätigen Aussiedlerinnen standen zum größten Teil dem Arbeitsmarkt aufgrund von Umschulungs-, Weiterbildungsmaßnahmen und Sprachkursen nicht zur Verfügung. Im Vergleich zu den beiden anderen Gruppen waren die Aussiedlerinnen allerdings auch häufiger arbeitslos gemeldet, wohingegen die nicht erwerbstätigen türkischen und deutschen Frauen angaben, Hausfrau zu sein.
Die befragten Aussiedlerinnen und Frauen aus der Türkei unterscheiden sich hinsichtlich ihrer Einwanderungsgeschichte- und struktur. Dies spiegelt sich am deutlichsten im Einreisejahr und somit der Aufenthaltsdauer in der BRD wieder: Die Aussiedlerinnen leben seit 2-4 Jahren hier und die Frauen aus der Türkei überwiegend seit 15 Jahren und länger. Bezüglich der unterschiedlichen rechtlichen und politischen Situation der beiden Einwanderergruppen ist anzuführen, daß die Frauen aus der Türkei einen relativ gesicherten Aufenthaltstitel besaßen.[76]

---

[76] Unsere Stichproben der Aussiedlerinnen, Frauen aus der Türkei und deutschen Frauen bilden die jeweiligen Grundgesamtheiten entlang der beruflichen Qualifikationsstruktur, der beruflichen Position, dem Bildungsniveau und Arbeitsmarktbereich relativ gut ab (vgl. FAFRA-Werkstattbericht: "Basisdaten der Stichprobe - Sozialstatistik" 1994).

DRITTER TEIL: Empirische Ergebnisse

9 Ausgewählte empirische Ergebnisse

Die folgende Darstellung umfaßt die Auswertung von zwei Kernbereichen der Befragung, nämlich a) die detaillierte Auswertung des Mutterschaftsfragebogens und b) die detaillierte Auswertung der BEM-Skala sowie die jeweiligen Verknüpfungen der beiden Bereiche.[77]
Zusätzlich werden Fragebereiche, die thematisch für die Einstellungen zur Mutterschaft relevant werden, herangezogen: Der Fragebogen zur alltagspraktischen Bewältigung der Vereinbarkeit mit den Fragen zur Kinderbetreuung im Herkunftsland der Einwanderinnen und in der Bundesrepublik sowie der Fragebogen zu Erziehungseinstellungen.
Die Arbeitshypothesen bzw. die sog. technischen Hypothesen, welche die statistischen Auswertungen leiteten, werden an dieser Stelle nicht abgebildet[78]; Bezug genommen wird in den Interpretationen explizit auf die inhaltlichen Hypthesen, die sich in Teil I der Arbeit finden.

9.1 Organisation der Kinderbetreuung

Die Organisation der Kinderbetreuung erhoben wir in der Abfrage der praktischen Bewältigung. Die Ergebnisse geben einen Aufschluß über die private, öffentliche und familiäre Organisation der Kinderbetreuung im Herkunftsland (für die beiden Einwanderinnengruppen) und in der BRD (für alle befragten Gruppen). Gefragt wurde, von wem die Kinder und in welchem Umfang sie in der berufsbedingten Abwesenheit der Frau betreut wurden und werden.
Für die Organisation der Kinderbetreuung im Herkunftsland (vgl. Tab. Kind 1) gaben die Aussiedlerinnen (erwartungsgemäß) überwiegend die staatlichen Kindergärten als ganztägige Betreuungsform an, die Frauen aus der Türkei gaben ebenso (erwartungsgemäß) ausschließlich private und innerhalb der weiblichen Familie organisierte Kinderbetreuung an. (vgl. die Ausführungen zu Mutterschaft und Einwanderung/Migration, insbesondere Hypothesen T3, A3)
Als Hintergrundinformation für die Organisation der Kinderbetreuung in der BRD (vgl. Tab. Kind 2) ist wichtig zu wissen, daß die begünstigte Familieneinwanderung bei den Aussiedlerinnen die Möglichkeit beinhaltet, die Kinderbetreuung zum größten Teil innerhalb der Familie und Verwandtschaft zu

---

[77]Die weitere Auswertung des Datenmaterials der Hauptbefragung, vor allem in Kombination mit den genannten qualitativen Untersuchungen, ist Bestandteil der gegenwärtigen Forschungsphase des Projekts.
[78] Diese Hypothesen finden sich vollständig in den jeweiligen auf das Thema bezogenen FAFRA-Werkstattberichten.

organisieren. Die Frage nach dem Wohnort der Eltern (an einer anderen Stelle des Fragebogens) erklärt, warum die befragten Frauen aus der Türkei seltener das familiäre weibliche Netzwerk angaben als die beiden anderen Frauengruppen: Von den Aussiedlerinnen gaben 40 an, daß ihre Eltern in Osnabrück leben. Ein ähnliches Bild zeigte sich bei den deutschen Frauen: 30 gaben an, daß ihre Eltern in Osnabrück leben. Im Gegensatz hierzu lebten nur bei zwei Frauen aus der Türkei die Eltern am Ort; über die Hälfte der Frauen aus der Türkei gab an, daß ihre Eltern in der Türkei leben. Anders verhält es sich bei den Aussiedlerinnen: Bedingt durch die Familieneinwanderung lebt die Mehrheit der Eltern in der BRD; nur 15 Frauen gaben an, daß ihre Eltern in der GUS leben. Sie nutzen aber auch die öffentliche Kinderbetreuung, da ihnen begünstigt Kindergartenplätze zugewiesen werden. Die begrenzte Familienzusammenführung bei den türkischen Familien verhindert bzw. erschwert die Betreuung innerhalb der Familie (Großmütter fehlen) und Verwandtschaft. Die Frauen aus der Türkei müssen offensichtlich stärker die Kernfamilie, d.h. den Ehemann (und auch die Kinder), in die Kinderbetreuung einbeziehen.

Für die Organisation der Kinderbetreuung in der BRD waren die öffentliche Kinderbetreuung (Kindergärten) und die familiär organisierte Kinderbetreuung (Mutter, Schwiegermutter, Partner/Mann, andere Verwandte) für die befragten Frauen von Bedeutung. Die privat organisierte Kinderbetreuung (Tagesmutter, Babysitter/Kindergruppe, Nachbarin, Freundin) wurde von den Befragten nur unwesentlich in Anspruch genommen. Es scheint, daß diese Organisationsform keine realisierbare Alternative darstellt - was mit den finanziellen Möglichkeiten sowie mit der Art der bestehenden Freundschafts- und Nachbarschaftskontakte zusammenhängen könnte. Die deutschen Frauen nannten diese Organisationsform zwar etwas häufiger, aber nicht signifikant von den beiden anderen Gruppen. Öffentlicher Kindergarten als Betreuungsform wurde von den drei Gruppen in unterschiedlichem Ausmaß in Anspruch genommen ($x^2=34,82$; $p<.001$). Die türkischen Frauen gaben die Kindergärten signifikant seltener an als die deutschen Frauen ($x^2=34,60$; $p<.01$) und auch als die Aussiedlerinnen ($x^2=9,52$; $p<.01$); die deutschen Frauen nannten die Kindergärten am häufigsten.

Bei den Formen der familiär organisierten Kinderbetreuung lassen sich keine Unterschiede zwischen den Gruppen nachweisen. Signifikante Unterschiede zwischen Aussiedlerinnen sowie deutschen Frauen und Frauen aus der Türkei hinsichtlich der Beteiligung der Mutter oder Schwiegermutter der Frau lassen sich darauf zurückführen, daß die ältere Generation der Familie der türkischen Befragten seltener am Ort lebt (vgl. oben).

Die Frauen aus der Türkei nannten den Mann als Kinderbetreuungsform signifikant häufiger als die anderen familiär ($x^2=8.30$; $p<.05$), öffentlich ($x^2=6,30$; $p<.05$) sowie privat ($x^2=12$; $p<.01$) organisierten Möglichkeiten. Die Hilfe des Mannes ist auch für die anderen beiden Gruppen von Bedeutung, aber nicht in dem gleichen Maße wie für die Frauen aus der Türkei. Die deutschen Frauen und die Aussiedlerinnen haben offensichtlich andere Möglichkeiten der

Organisation, vor allem die öffentlichen Kindergärten und die weibliche Verwandtschaft (Mutter).

Tab. Kind 1: Kinderbetreuung im Herkunftsland:
Verteilung der absoluten Häufigkeiten
(Verteilung der jeweiligen Betreuungsstunden in Klammern)

	(N=79) A (1-3/4-6/7-9/10-12 h)	(N=83) T (1-3/4-6/7-9/10-12 h)
Kindergarten	52 (3/-/38/11)	-
Kindertagesheim	1 (-/-/1/-)	-
Kinderheim	-	-
Betriebskindergarten	-	-
Tagesmutter (bezahlte)	1 (-/-/1/-)	1 (-/-/-/1)
Babysitter/Kindergruppe	-	-
Nachbarin	1 (1/-/-/-)	1 (-/-/1/-)
Freundin	-	1 (-/-/-/1)
meine Mutter	19 (11/2/4/2)	6 (2/1/2/1)
Schwiegermutter	28 (17/2/8/1)	4 (2/-/1/2)
Partner/Mann	19 (16/3/-/-)	-
andere Verwandte	7 (5/2/-/-)	3 (2/-/1/-)
nicht betreut	3 (1/1/1/-)	-

Tab. Kind 2: Kinderbetreuung in der BRD: Verteilung der absoluten Häufigkeiten
(Verteilung der jeweiligen Betreuungsstunden in Klammern)

	(N=79) A (1-3/4-6/7-9/ 10-12 h)	(N=83) T (1-3/4-6/7-9/ 10-12 h)	(N=85) D (1-3/4-6/7-9/ 10-12 h)
Kindergarten	35 (4/19/12/-)	18 (1/14/2/1)	56 (28/21/7/-)
Kindertagesheim	-	-	3 (2/1/-/-)
Kinderheim	-	-	-
Betriebskindergarten	-	1 (-/-/1/-)	4 (-/3/1/-)
Tagesmutter (bezahlte)	6 (-/5/1/-)	1 (-/-/1/-)	13 (4/5/4/-)
Babysitter/Kindergruppe	-	1 (-/1/-/-)	13 (9/4/-/-)
Nachbarin	3 (2/1/-/-)	8 (2/3/3/-)	13 (9/3/1/-)
Freundin	1 (1/-/-/-)	5 (3/1/1/-)	12 (10/2/-/-)
meine Mutter	24 (13/8/2/1)	6 (2/2/-/2)	33 (18/10/4/1)
Schwiegermutter	16 (11/2/3/-)	8 (2/3/-/3)	11 (9/2/-/-)
Partner/Mann	31 (22/8/1/-)	34 (9/12/12/1)	21 (14/4/2/1)
andere Verwandte	13 (8/4/1/-)	5 (2/-/3/-)	9 (7/2/-/-)
nicht betreut	7 (4/1/2/-)	-	9 (1/7/1/-)

9.2 Mutterschaft
9.2.1 Analyse und Auswertung der Mutterschaftsskalen
Reliabilitätsanalyse der Mutterschaftsskalen: Interne Konsistenz

Die interne Konsistenz der endgültigen Skalen in den verschiedenen Stichproben zeigte folgendes Bild (Tabelle 1):

Tab. 1: Interne Konsistenz der Mutterschaftsskalen in den verschiedenen Stichproben (Alpha-Werte)

Skalen	G (N=255)	A (N=85)	T (N=85)	D (N=85)	Stud.I (N=114)	Stud.II (N=126)
alternative Konzepte MUT 1	.50	.45	.50	.70**	--	.58
Weiblichkeit MUT 2	.82*	.60	.63	.79	--	.78
Erfüllung MUT 3	.86*	.81	.74	.84	.81	.56
Belastung MUT 4	.33	.09	.30	.63**	--	.53
geteilte Elternschaft MUT 5	.37	.21	.24	.55**	--	.55
Mega-Mut	.88	--	--	--	--	--

* "Etic"-Skala: interne Konsistenz über alle untersuchten Gruppen hinweg gesichert
** "Emic"-Skala: interne Konsistenz aufgrund der Stichprobe der westdeutschen Frauen gesichert

Aufgrund der Itemanalysen, die für die MUT-Skalen nach der Hauptuntersuchung durchgeführt wurden (vgl. zu dieser Vorgehensweise und zum Stellenwert der Befragung im Gesamtkonzept die Ausführungen zur Projektforschung), ergab sich, daß zwei der konstruierten Skalen zu dem bis dato erreichten Stand der Forschung (einige Skalen der Untersuchung werden weiter untersucht bzw. eine Neukonstruktion steht aus) als eindeutige "etic"-Skalen (MUT 2 und MUT 3) zu kennzeichnen sind, wohingegen zwei MUT-Skalen eindeutige "emic"-Skalen (MUT 4 und MUT 5) sind und eine Skala eine "tendenzielle" "etic"-Skala (MUT 1)[79] ist. D. h. jeweils, daß Konzepte, wenn

---

[79] Die Skala MUT 1 wird im folgenden, wie bereits erwähnt, als *"tendenzielle"* "etic"-Skala behandelt. Sie kann nicht eindeutig als "emic"-Skala bestimmt werden - worauf die relativ befriedigenden Konsistenzwerte für die Gesamtgruppe (sowie für die Einwanderinnengruppen) hinweisen. Gleichzeitig kann die Skala (zum jetzigen Zeitpunkt der Forschungsarbeit) auch *nicht* als "etic"-Skala gelten - was anhand des hohen Konsistenzwertes dieser Skala für die westdeutschen Frauen ersichtlich ist. Aufgrund dieser Grenzsituation der Skala MUT 1 wird sie im folgenden einerseits als

sie als "emic" gekennzeichnet bleiben, für die jeweiligen anderen Gruppen als nicht zusammengehörig vorausgesetzt werden können bzw. eine anders gelagerte Dimensionierung der Konzepte vermutet werden muß. Für die durch die MUT-Skalen 1, 4 und 5 ausgedrückten Konzepte muß angenommen werden, daß sie in dieser Zusammensetzung nur für die westdeutschen Frauen ein zufriedenstellendes Meßinstrument darstellen.
Insbesondere für die Skala MUT 4 "Belastung" wird es im weiteren Verlauf der Projektforschung wichtig, weiter daran zu arbeiten, eine akzeptable inhaltliche Dimensionierung und Reliabilität für die beiden Einwanderinnengruppen zu erreichen. Die beiden anderen durch die Skalen MUT 1 und 5 ausgedrückten Konzepte ("Alternative Lebenskonzepte" und "Geteilte Elternschaft") scheinen in der vorgegebenen Form vorwiegend in der westdeutschen Gesellschaft und Lebensform verankerte Konzepte darzustellen, so daß es bei der Konzipierung eines Meßinstrumentes in diesen Fällen darauf ankommen wird, andersartige Konzepte zu entwickeln, die für einen interkulturellen Vergleich tragfähig sind.
Die Studentenstichproben wurden an den Universitäten Heidelberg, Münster und Osnabrück zusammengestellt; mit ihrer Hilfe wurden Teile des Mutterschaftsfragebogens getestet bzw. in Stichprobe 2 die endgültige Version eingesetzt. (Die weitere Auswertung dieser Pre-Tests erfolgt.)
Aufgrund der Item-Analysen (sowie aufgrund der Korrelationen der MUT-Skalen untereinander) ergab sich, daß sich eine Mega-Skala "Mutterschaft" bilden läßt, d. h. die Zusammenfassung der Skalen bietet eine durchaus akzeptable Gesamtskala zu "Mutterschaft". Für diese Skala wurden die Items der Skalen "Alternative Lebenskonzepte" (umgepolt), "Weiblichkeit" und "Lebenserfüllung" zusammengefaßt (18 Items) und einer Reliabilitätsanalyse unterzogen. Der Konsistenzwert (Cronbachs Alpha) liegt bei .88, und die Skala kann damit als zuverlässiges Meßinstrument für die Erfassung einer allgemein positiven Haltung zu Mutterschaft aufgefaßt werden. Diese Mega-MUT-Skala wird in diesem Teil der Arbeit allerdings nicht weiter eingesetzt; sie wird in den weiteren Untersuchungen der Projektforschung eine Rolle spielen.
Im folgenden werden die Ergebnisse des Vergleichs zwischen Aussiedlerinnen, Frauen aus der Türkei und westdeutschen Frauen für die Mutterschaftsskalen vorgestellt. Zuerst werden die Ergebnisse der Varianzanalysen zu der "tendenziellen" "etic"-Skala (MUT 1) und den beiden "etic"-Mutterschaftsskalen (MUT 2 und MUT 3) und in einem weiteren Schritt die Ergebnisse der Analyse der drei "emic"-Skalen (MUT 1, MUT 4 und MUT 5) auf der Ebene der Einzelitems dargelegt und diskutiert.

"etic"-Skala ausgewertet, andererseits wird sie wie die "emic"-Skalen in die weiteren Verfahren einbezogen (vgl. "Varianzanalyse der "emic"-Skalen" im folgenden Teil).

Varianzanalysen der "etic"-Skalen

Tabelle 2: Mittelwerte, Streuungen und Varianzanalyse der Mutterschaftsskalen nach Gesamt- (G) und Einzelgruppe (A=Aussiedlerinnen; T=Frauen aus der Türkei; D=westdeutsche Frauen)

MUT-Skalen	G	A	T	D	F-Wert
alternative Konzepte (MUT1)	1.72 (.40) N: 253	1.64^b (.36) N: 83	1.70 (.40) N: 85	1.82^a (.43) N: 85	(df=2, 250) F=4.31*
Weiblichkeit+ (MUT2)	2.50 (.51) N:250	2.77^b (.28) N: 80	2.70^b (.34) N: 85	2.04^a (.51) N: 85	(df=2, 247) F=86.28***
Erfüllung+ (MUT3)	2.02 (.62) N: 252	2.40^c (.52) N: 82	2.14 (.52) N: 85	1.53 (.49) N: 85	(df=2, 249) F=64.58***

Erklärung der Zeichen in den folgenden Tabellen: Signifikanzniveau: ***p<.001, **p<.01, *p<.05. Gemäß Nachtest (Scheffé Test) sind auf 5 % Niveau signifikante Unterschiede zwischen ^{a} und ^{b}; bei ^{c} gibt es signifikante Unterschiede zwischen allen drei Gruppen. + = "etic"-Skalen

Alternative Lebenskonzepte: MUT 1 (vgl.Tabelle 2)

Zwischen den Einzelgruppen ergeben sich signifikante Unterschiede. Die westdeutschen Frauen haben den Items der Skala "Alternative Lebenskonzepte" im Vergleich zu den Aussiedlerinnen stärker zugestimmt. Weiterhin weisen sie bei der Beantwortung der Skala im Vergleich zu den Aussiedlerinnen höhere Uneinigkeiten auf (s= .36, s=.43). Die Frauen aus der Türkei unterscheiden sich in ihrem Antwortverhalten zu den Items der Skala "Alternative Lebenskonzepte" weder von den Aussiedlerinnen noch von den westdeutschen Frauen. Die Aussiedlerinnen stimmen demzufolge schwächer "alternativen" Lebenskonzepten zu als die westdeutschen Frauen. Sie sind sich außerdem 'einiger' in der Beantwortung - d.h. sie beantworten die Skala eindeutig.

Da sich diese Skala als eine gruppenspezifische ("emic") für die westdeutschen Frauen erwiesen hat, werden die Gruppenunterschiede auf der Einzelitemebene zusätzlich untersucht (vgl. "Varianzanalyse der 'emic'-Skalen" im folgenden Teil).

Diskussion

Die Varianzanalyse zeigt, daß sich die Gruppe der Frauen aus der Türkei weder von den Aussiedlerinnen noch von den westdeutschen Frauen signifikant unterscheidet.

Dies ist ein interessantes Ergebnis, denn zu bedenken ist, daß die Frauen aus der Türkei in der Stichprobe das geringste Ausbildungsniveau haben und in weniger qualifizierten Tätigkeiten arbeiten als die anderen beiden Gruppen. Zudem war die Auswanderung für sie eine "joint family venture"; d. h. für diese Gruppe kann die Familienorientierung als besonders ausgeprägt angenommen werden. Zu erwarten wäre, daß sie sich von den westdeutschen Frauen signifikant unterscheiden, da jene realisierbare Alternativen haben, ihre Lebensform andersartig zu gestalten.

Ersichtlich ist, daß die Aussiedlerinnen diese Skala eindeutiger ablehnen und sich von den westdeutschen Frauen signifikant unterscheiden. Ihre Ablehnung kann vermutlich auf die unhinterfragte Bedeutung der Mutterschaft im weiblichen Lebenslauf, aber auch auf ihr 'Nichtvertrautsein' mit liberal-feministischen Einstellungen, die seit den 70er Jahren im Alltagsdenken der Bundesrepublik zur "Norm" geworden sind, zurückgeführt werden. Da sich die befragten Aussiedlerinnen erst seit 1988 in der BRD niedergelassen haben, sind sie mit den Unsicherheiten in der neuen Einwanderungssituation konfrontiert (Sprache, Wohnung, Arbeit, radikaler Bruch mit ihrer Vergangenheit in der ehemaligen Sowjetunion). In ihrem Lebenszusammenhang bietet die "klassische" Mutterschaft eine familiäre und gesellschaftliche Sicherheit in einem emotional "unsicheren" Zustand - auch wenn diese Gruppe im Vergleich zu den Befragten aus der Türkei eine sicherere gesellschaftliche Stellung hat (gute Ausbildung, Staatsbürgerrechte etc.).

Die westdeutschen Frauen unterscheiden sich signifikant von den Aussiedlerinnen. Somit läßt sich auch auf diesem Hintergrund annehmen - die Skala war als "emic"-Skala für die westdeutschen Befragten bestimmt worden - daß kulturspezifische Lebensbilder und Vorstellungen der westdeutschen Frauen mit der Skala ausgedrückt werden.

Auf eine weitere Differenzierung zwischen den Gruppen wird anhand der Varianzanalyse auf Einzelitemebene im nächsten Teil eingegangen (vgl. "Varianzanalyse der 'emic'-Skalen" im folgenden Teil). Zu erwarten ist, daß andere Variablen (z. B. Qualifikationsniveau, Schichtzugehörigkeit) einen Einfluß auf die Beantwortung dieser Skala haben - folglich werden Differenzierungen innerhalb der jeweiligen Gruppen entlang sozialstatistischer Variablen in Betracht gezogen (vgl. die Ausführungen in Teil III zu "Der Einfluß ausgewählter sozialstatistischer Merkmale auf die Mutterschaftsskalen").

Mutterschaft und Weiblichkeit: MUT 2 (vgl. Tabelle 2)

Die Gruppenunterschiede zeigen ein differenziertes Bild: Die höchste Zustimmung und die geringste Streuung liegen bei den Aussiedlerinnen (x=2.77, s=.28), gefolgt von den Frauen aus der Türkei (x=2.70, s=.34). Beide Gruppen haben der "weiblichen" Dimension von Mutterschaft stark zugestimmt. Die hiesigen deutschen Frauen hingegen, die diese Skala zwar nicht abgelehnt haben (x=2.04), sind dennoch vergleichsweise geringer mit dieser Dimension

einverstanden. Die Streuung weist in dieser Gruppe auf eine hohe Unausgewogenheit bei der Beantwortung der Skala (s=.51) hin.
Das Ergebnis der Varianzanalyse bestätigt signifikante Unterschiede zwischen den drei Gruppen (p<.001). Dabei besteht der Unterschied zwischen den westdeutschen Frauen einerseits und den Aussiedlerinnen und Frauen aus der Türkei andererseits. Der signifikante Unterschied zwischen den westdeutschen Frauen und den Einwanderinnen aus den beiden Gruppen deutet darauf hin, daß sich die westdeutschen Frauen bezüglich dieser Dimension von Mutterschaft von den Einwanderinnengruppen stark absetzen.

Diskussion

Das Antwortverhalten in bezug auf die Skala MUT 2 bestätigt die Hypothese, daß die "weibliche" Dimension von Mutterschaft von den Aussiedlerinnen und Frauen aus der Türkei gleich hoch bewertet wird. Das Ergebnis bestätigt die Vermutung und den Eindruck der inhaltlichen Hypothesen und Merkmale (vgl. die Ausführungen in Teil I der Arbeit zu Mutterschaft und Einwanderung/Migration, insbesondere Hypothesen T7, A7), daß Mutterschaft für diese Gruppen ein inhärenter Bestandteil des weiblichen Lebenskonzeptes ist. Die stärkere Zustimmung zu dieser Skala durch die beiden Einwanderinnengruppen weist für sie Mutterschaft als ein Erlebnis aus, das sich einerseits auf die Unersetzbarkeit der mütterlichen Erfahrungen und die damit verbundenen Glücksgefühle und andererseits auf die positive Bedeutung von Schwangerschaft und Geburt für das Frausein stützt. Mutterschaft als ein zentraler Aspekt weiblicher Erfahrung erscheint somit für beide Gruppen von Einwanderinnen als zur "Normalbiographie" der Frau gehörig.
Als zentrale, Kontinuität sichernde Strategie im Leben der Aussiedlerinnen sowie der Frauen aus der Türkei wird das Muttersein mit dem Frausein verknüpft und als Teil der "natürlichen Weiblichkeit" erlebt. Das Gleichsetzen der Schwangerschaft, Geburt und mütterlichen Versorgung eines Kindes mit dem Frausein und dem "Weiblich-positiven" (vgl. Items 212, 225 im Anhang, "Häufigkeiten") bringt für die beiden Gruppen von Frauen die fraglose Verknüpfung der Mutterschaft und Weiblichkeit in der weiblichen Selbstkonzeption zum Ausdruck. Die hauptsächlich als zugeschrieben[80] oder "selbstverständlich" erlebte Weiblichkeit durch das Muttersein erscheint als integraler Bestandteil der eigenen (positiven) Identität der Frau. Dies ist mit dem Erfahrungshintergrund des Herkunftskontextes zu erklären, in dem für beide Einwanderinnengruppen Mutterschaft mit hoher sozialer Anerkennung sowie mit einem Zugewinn an weiblicher Macht im familiären - aber auch im öffentlichen - Bereich verbunden war.

---

[80] Vgl. zu dieser These die Ausführungen zu "Mutterschaft in einfachen Gesellschaften" und "Mutterschaft in der Türkei", Teil I der Arbeit, insbesondere die These von Nancy Tanner und für die türkische Gesellschaft die These von Deniz Kandiyoti.

Mutterschaft als "weibliches" Erlebnis verschafft Arbeitsmigrantinnen gewisse Bewegungsmöglichkeiten in dem ihnen zur Verfügung stehenden Raum; als selbtverständlicher Bestandteil ihrer Weiblichkeit bringen die mütterlichen Erlebnisse und Erfahrungen eine vom Mann unabhängige Wertschätzung mit sich. Insofern Mutterschaft in der Türkei in weniger privatisierten und eher öffentlichen Verhältnissen (sozialen Netzwerken) gelebt wird und das Muttersein die (verheiratete) Frau dem öffentlichen Bereich näher bringt, sind mütterliche Erlebnisse eine zentrale Determinante des gesellschaftlichen Status der Frau. Durch die gesellschaftlich zugeschriebenen "weiblichen" Erlebnisse der Schwangerschaft, Geburt und mütterlichen Versorgung gewinnt die Frau ein erhebliches Maß an sozialer Anerkennung und sozialem Status; weiterhin ermöglichen die Erfahrungen der Mutterschaft spezifische Machtstrategien gegenüber dem Mann im Aushandeln ihres Status und ihrer Bewegungsfreiheit im sozialen Netzwerk. Daher werden die "natürlichen weiblichen" Erfahrungen, die Mutterschaft in den Lebensbezügen einer Frau mit sich bringt, von dieser Gruppe von Frauen hoch geschätzt.

Für die Aussiedlerinnen verknüpft sich das Frausein mit den "natürlichen weiblichen" Erfahrungen von Mutterschaft in ähnlicher Weise wie für die Arbeitsmigrantinnen. Mütterliche Erlebnisse sind fragloser Bestandteil der weiblichen Identität und zentrale Basis der gesellschaftlichen Anerkennung von Aussiedlerinnen. Jedoch ist die hohe Bewertung der "weiblichen" Dimension von Mutterschaft für diese Gruppe andersartig zu begründen. Das Mutterwerden in der ehemaligen sowjetischen Gesellschaft wurde durch staatliche Maßnahmen unterstützt, da es mit den Notwendigkeiten des Arbeitsmarktes bzw. der erwünschten Erwerbstätigkeit der Frau vereinbar sein sollte (vgl. die Ausführungen in Teil I der Arbeit). Die rechtlichen, politischen und ideologischen Voraussetzungen für die Verknüpfung von Mutterschaft und Berufstätigkeit haben infolgedessen nicht dazu geführt, diese beiden Dimensionen des weiblichen Lebenskonzeptes als voneinander getrennte Bereiche zu erleben: Die (relativ) abgesicherte Position der Frau als Mutter und Berufstätige legte die Basis dafür, die weibliche Dimension von Mutterschaft als selbstverständliche, "natürliche" Komponente der eigenen Identität zu erleben, und die mit Mutterschaft verbundenen "weiblichen" Erfahrungen nicht grundsätzlich als im Widerspruch zu der beruflichen Welt stehend zu empfinden. Diese Komplementarität ergibt sich folglich daraus, daß beide Bereiche für Frauen gesellschaftlich selbstverständlich waren und sogar erwartet wurden (im Gegensatz zu dem in westlichen Gesellschaften häufiger erlebten "Entweder-Beruf-oder-Familie-Modell", das ein männliches Konstrukt der Berufswelt und ein weibliches Konstrukt der Familienwelt polarisiert).

Demgegenüber weichen die westdeutschen Frauen von dieser Dimension von Mutterschaft erheblich ab; Mutterschaft und Weiblichkeit gehören für sie in dem Maße nicht zusammen. Ihre Uneinheitlichkeit bei der Beantwortung deutet auf die Widersprüchlichkeit dieser Dimension für sie hin, während die beiden Einwanderinnengruppen ihre Weiblichkeit stärker im Zusammenhang *mit* ihrer Mutterschaft bzw. über Mutterschaft zu definieren scheinen. Auffallend bei den westdeutschen Frauen ist, daß sie insbesondere die oben erwähnten beiden Items (das Gleichsetzen der Schwangerschaft, Geburt und mütterliche Versorgung eines Kindes mit dem Frausein und dem "Weiblich-positiven"; vgl. Items 212, 225 im Anhang, "Häufigkeiten") eindeutig abgelehnt haben. Ihr Antwortverhalten deutet darauf hin, daß westdeutsche Frauen eine Verknüpfung der Mutterschaft mit der Weiblichkeit offensichtlich in Frage stellen, bzw. stark ablehnen (im Gegensatz zu den beiden Einwanderinnengruppen). Weiblichkeit durch das Muttersein erscheint nicht als selbstverständlicher Erlebensbestandteil der Identität der westdeutschen Frau. Sie muß nicht durch Geburt und Schwangerschaft ihre "Weiblichkeit" definieren, sondern sucht diese vermutlich durch andere, alternative Erfahrungen außerhalb des Mutterwerdens zu bestätigen (vgl. die Ausführungen in Teil I zu "Westliche Mutterschaft").

Mutterschaft und Lebenserfüllung: MUT 3 (vgl. Tabelle 2)

Alle drei Gruppen unterscheiden sich signifikant ($p<.001$ voneinander. Auffällig ist, daß die Streuung für jede Gruppe (im Vergleich zu den anderen Skalen) relativ hoch ausfällt. Während die Gruppe der Aussiedlerinnen den höchsten Mittelwert aufweist ($x=2.40$), zeigt sich bei den westdeutschen Frauen die geringste Zustimmung zu dieser Skala ($x=1.53$).

Diskussion

Die beiden Einwanderinnengruppen haben dieser Skala stärker zugestimmt als die westdeutschen Befragten. Unerwartet ist das Ergebnis, daß die Aussiedlerinnen sich in dieser Dimension von Mutterschaft nochmals von den Frauen aus der Türkei unterscheiden - die Aussiedlerinnen stimmen den Aussagen zu Mutterschaft als Lebenserfüllung stärker zu als die Frauen aus der Türkei. Das Antwortverhalten bezüglich der Skala MUT 3 muß auf dem Hintergrund der Bedeutung von Kindern im Lebenslauf und im Selbstkonzept der befragten Gruppen interpretiert werden: Kinder bieten - vornehmlich für türkische Frauen aus ruralen und/oder mit geringerer Schulbildung aus unteren sozialen Schichten stammend - eine, im Hinblick auf die wirtschaftliche und emotionale Alterssicherung, zukunftsorientierte Sicherheit (vgl. die Ausführungen zu Mutterschaft und Einwanderung und die Hypothese T2). Auch im Einwanderungsprozeß ist die soziale Lage in der Bundesrepublik im Vergleich zu den anderen beiden befragten Gruppen unsicherer. Aus diesem Grunde haben Kinder für sie in ihrer hiesigen Lebenslage eine hohe emotionale, aber ebenfalls eine zukunftssichernde Bedeutung.
Für deutsche Frauen aus der Sowjetunion versinnbildlichte sich in den Kindern im Herkunftskontext u. a. die Kontinuität ihrer Herkunftsnationalität als

Deutsche[81] - eine Bedeutung, die Kinder ähnlich wieder in der Einwanderungssituation gewinnen: Hier werden sie zu "Trägern" der Erwartungen ihrer Mütter (Eltern) und Ausdruck der Hoffnung auf eine bessere Zukunft (vgl. hierzu die Ausführungen in Teil I, Hypothese A2), was eine Basis für eine unbedingte Selbstverständlichkeit der Mutterschaft und ihres Stellenwertes im Leben der Frau sein wird. Zudem bieten die Lebensbedingungen in der Bundesrepublik für viele Aussiedlerinnen eine - verbesserte - Ausgangsbasis für ihre Mutterschaft (vgl. Teil I, Hypothese A1). In dieser Situation wird u. a. ihre - gegenüber den westdeutschen Frauen und den Frauen aus der Türkei - stärkere Zustimmung begründet sein.

Für Frauen aus der Türkei mit höherer Schulbildung, aber ebenfalls für Frauen aus der ehemaligen Sowjetunion, deren Kinderzahl geringer und deren soziale Lage sicherer ist, gehören Kinder gleichermaßen zur selbstverständlichen Auffassung des Lebenskonzeptes, auch wenn sie in diesen Kontexten tendenziell eine emotionale Bedeutung für Mütter haben werden. Die Familienorientierung dieser beiden Gruppen steht in Zusammenhang mit der Sorge für Kinder; eine Orientierung, die in den beiden Herkunftskontexten deutlich ausgeprägt ist (vgl. die Ausführungen im Teil I der Arbeit zu den Herkunftsgesellschaften). Durch ihre Kinder erlebten Mütter eine Kontinuität in ihrer Biographie zwischen dem gesellschaftlich vermittelten, zugeschriebenen Status durch die Mutterschaft und der mütterlichen Fürsorgerolle, die auch im späteren Alter noch von ihnen - als Großmütter - gestaltet wird.

Für berufstätige Frauen stellt sich in diesen beiden gesellschaftlichen Kontexten die "Entweder-Oder-Problematik" nicht in dem Maße wie für die westdeutschen Frauen (vgl. ebenfalls die Ausführungen in Teil I), so daß auch in dieser Erfahrung eine weitere Basis für ihre - vergleichsweise - positive Zustimmung zu dem Zusammenhang eines erfüllten Frauenlebens durch Mutterschaft liegt.

Zu den zunächst überraschenden Befunden gehört, daß sich die Frauen aus der Türkei von den Aussiedlerinnen signifikant unterscheiden. Die stärkere Zustimmung auf dieser Skala durch die Aussiedlerinnen scheint darauf zurückzuführen sein, daß sie sich ein glückliches, erfülltes Leben einer Frau nur *mit* Kindern vorstellen können. Insbesondere haben sie den Items 226, 234 stärker zugestimmt und V.216, 221 stärker abgelehnt im Vergleich mit den anderen beiden Gruppen (vgl. Häufigkeiten der Mutterschaftsskalen im Anhang). Eine Erklärung wird darin zu suchen sein, daß die psychologisch-emotionale Bedeutung von Kindern für diese Gruppe angesichts der jüngsten Erfahrung mit der Einwanderung in die BRD, dem Zurechtkommen mit der Trennung vom

---

[81] Dies könnte eine erhöhte Bedeutung für diejenigen Frauen haben, die aus deutschen Siedlungen in der Sowjetunion stammen, in denen das Deutschtum durch kommunikative Netzwerke (Sprache, Medien, Kirchen, Gemeinde, Kontakt mit Verwandten in der BRD) stärker gepflegt wurde. (Dieser Vermutung wird in den weiteren Untersuchungen der Projektforschung näher nachgegangen).

Herkunftsland und der vertrauten Umgebung und den Unsicherheiten durch die Notwendigkeit eines neuen Starts - auch im Berufsbereich - zunimmt.

Für die Frauen aus der Türkei, die dieser Skala zwar stärker als die westdeutschen Frauen, aber schwächer als die Aussiedlerinnen zugestimmt haben, sind Kinder ein wichtiger Teil der weiblichen Lebenserfüllung - aber sie können sich eher ein Leben ohne Kinder vorstellen als die Aussiedlerinnen. Dies ist ein interessantes Ergebnis angesichts der vermuteten hohen Bedeutung von Kindern für die Lebenserfüllung der Frauen aus der Türkei sowie ihrer Funktion für die Zukunftssicherung (vgl. oben). Obwohl die Mehrheit der befragten Frauen aus der Türkei bereits Mütter sind (80 von 85 Frauen), können sie sich trotzdem ein erfülltes Leben ohne Kinder vorstellen (wenn nicht für sich selbst, dann für andere Frauen).

Ihre - zurückhaltende - Zustimmung könnte darauf zurückzuführen sein, daß die (potentiellen) alternativen Wahlmöglichkeiten im weiblichen Lebenskonzept, die durch den hiesigen Niederlassungskontext gegeben sind, möglicherweise positiv wahrgenommen und empfunden werden. Ebenfalls wird ihr längerer Aufenthalt in der Bundesrepublik, ihre Anpassung an hiesige Standards und die größere Vertrautheit mit den hiesigen Lebensmöglichkeiten, aber auch der im Vergleich zu Aussiedlerinnen andere emotionale Stand im Verarbeitungsprozeß der Migration (vgl. Teil I, Hypothese T1) ihre Einschätzung beeinflussen.

Die - relative - Ablehnung dieser Skala seitens der westdeutschen Frauen wird damit in Zusammenhang stehen, daß "Erfüllung" im Leben von Frauen in modernen Gesellschaften nicht mehr ausschließlich durch Kinder erwartet wird. Seit dem 2. Weltkrieg sind die Bildungs- und Berufschancen für Frauen gestiegen, und es läßt sich eine deutliche Wandlung bezüglich der Vorstellungen eines Frauenlebens ausmachen (vgl. die Ausführungen in Teil I zu "Westliche Mutterschaft"); Lebenserfüllung einer Frau wird im Beruf und in z. B. Hobbys gesehen. Frauen haben (potentiell) die Möglichkeit, ihr Leben andersartig bzw. ohne Kinder zu gestalten, ohne in ein gesellschaftliches "Nichts" zu geraten. Aufgrund der schwierigen strukturellen Rahmenbedingungen für berufstätige Mütter und der (immer noch) ungleichen und geschlechtsspezifischen Arbeitsteilung in der Familie sind westdeutsche Frauen bei der Vereinbarkeit von Familie und Beruf zudem mit der Frage konfrontiert: "entweder-oder". Der Verzicht auf Kinder ist nicht mehr ein Ausnahmefall.

Auf einer anderen Ebene bringt die Mutterschaft für viele hiesige Frauen angesichts der verkürzten Phase der intensiven Kinderbetreuung in der Familie eine Diskontinuität oder einen Biographiewechsel im Leben mit sich (z. B: das Drei-Phasen-Modell). Im Vergleich mit den beiden Einwanderinnengruppen besteht für westdeutsche Frauen folglich eine größere Kluft zwischen den in ihrer Sozialisation erworbenen Erwartungen im Lebensentwurf und der Lebbarkeit von Beruf *und* Familie.

Kinder haben im Leben westdeutscher Frauen eher eine hedonistische und emotionale Bedeutung und sind nicht die einzige Quelle der Lebenserfüllung.

Auch das Altwerden ist für Frauen ohne Kinder in der hiesigen Gesellschaft gestaltbar.

Fazit

Zusammenfassend läßt sich in bezug auf die "etic"-Skalen feststellen, daß die beiden Einwanderinnengruppen einerseits der Weiblichkeits- (MUT 2) und andererseits der Lebenserfüllungsskala (MUT 3) deutlich stärker als die westdeutschen Frauen zugestimmt haben. Während sich bei der ersten Skala die Aussiedlerinnen und die Frauen aus der Türkei anders als die westdeutschen Frauen verhalten haben, unterscheiden sich alle drei Gruppen voneinander bei der zweiten Skala. Bei der Skala Alternative Lebenskonzepte (MUT 1), die als eine "tendenzielle" "etic"-Skala gekennzeichnet ist, liegen die Unterschiede zwischen den Aussiedlerinnen und den westdeutschen Frauen.

Varianzanalysen der "emic"-Skalen - Einzelitemanalysen

In diesem Abschnitt werden die Varianzanalysen der Einzelitems der "emic"-Skalen (die lediglich eine zufriedenstellende interne Konsistenz aufgrund der Stichprobe der westdeutschen Frauen aufweisen, vgl. "Reliabilitätsanalyse der Mutterschaftsskalen") näher dargelegt. Vergleiche der einzelnen Items ermöglichen eine differenzierte Betrachtung der in den Skalen repräsentierten Vorstellungen von Mutterschaft.

Alternative Lebenskonzepte

Tabelle 3: Mittelwerte, Streuungen und Varianzanalyse der Alternativen Lebenskonzepte-Items nach Gesamt- und Einzelgruppe

Item	G (N: 255)	A (N: 85)	T (N: 85)	D (N: 85)	F-Wert (df=2,252)
V.211: Das Leben mit Kindern ist in einer Gemeinschaft mit Frauen viel einfacher und glücklicher zu gestalten als in einer Ehe/ Partnerschaft.	1.67 .82	2.05[c] .91	1.62 .84	1.33 .50	18.52***
V.215: Frauen können heutzutage im Beruf soviel Glück und Bestätigung finden, daß sie auf Mutterschaft verzichten können.	1.73 .78	1.29[a] .57	2.00[b] .80	1.89[b] .76	23.93***
V.219: Kinderaufziehen haben die Frauen immer gemacht. Es ist an der Zeit, daß sie etwas Neues ausprobieren.	2.07 .79	2.18 .82	2.14 .82	1.88 .71	n.s.

V.222: Eine glückliche Liebesbeziehung braucht keine Kinder.	1.82 .79	1.33^c .52	1.71 .77	2.42 .64	61.75***
V.229: Ich finde Frauen gut, die für ihre Interessen und ihren Freundeskreis leben und aus diesem Grund keine Kinder wollen.	1.42 .66	1.27^b .54	1.22^b .56	1.78^a .71	21.35***
V. 233: Heutzutage ist es eine echte Alternative für eine Frau, ihre Kinder allein aufzuziehen.	1.62 .75 (N: 253)^x	1.76 .80 (N: 83)^x	1.48 .72 (N: 85)	1.61 .7 (N: 85)	n.s.

^{x}= Die Gesamtzahl der befragten Frauen, falls diese von der oben genannten Zahl abweicht.

Die signifikant stärkere Zustimmung der westdeutschen Frauen im Vergleich zu den Aussiedlerinnen in bezug auf die Skala "Alternative Lebenskonzepte" läßt sich sehr viel differenzierter auf der Einzelitemebene betrachten. Ersichtlich ist (vgl. Tab.3), daß sich bei den Items 219 und 233 keine signifikanten Unterschiede zwischen den drei Gruppen ergeben.
Signifikante Unterschiede ergeben sich jedoch bei den restlichen vier Items ($p<.001$). Die Aussiedlerinnen und Frauen aus der Türkei können sich vorstellen, daß ein Leben mit Kindern in einer Frauengemeinschaft viel glücklicher und einfacher zu gestalten ist als in einer Ehe oder Partnerschaft (V.211). Diesem Item haben die westdeutschen Frauen signifikant geringer zugestimmt. Ein Leben mit Kindern mit anderen Frauen bzw. in einem eng gestalteten weiblichen Netzwerk würde demnach für westdeutsche Frauen weniger Glück bedeuten als für die beiden Einwanderinnengruppen, die eine solche Lebensgestaltung aus ihrem Herkunftskontext eher zu kennen scheinen. Zudem ist es interessant, daß diese Form des alternativen Lebenskonzeptes für die Aussiedlerinnen eine positivere Bedeutung hat als für die Frauen aus der Türkei.
Bei Item 215 zeigen sich ebenfalls signifikante Unterschiede ($p<.001$). Insbesondere Frauen aus der Türkei und westdeutsche Frauen können sich vorstellen, daß Frauen zugunsten eines guten Berufs auf Kinder verzichten können. Hier ist es wichtig zu betonen, daß sich der Begriff "Beruf" in der türkischen Sprache ("meslek") von einer Erwerbstätigkeit oder einem Job ("is") qualitativ unterscheidet. Für diese Frauen kann demnach ein stabiler und mit hohem Prestige versehener Beruf soviel Glück und Bestätigung im Leben einer Frau bedeuten, daß sie auf Kinder verzichten kann. Zudem muß in Betracht gezogen werden, daß eine auf Kinder verzichtende Karrierefrau (zumindest in türkischen Verhältnissen) meist der Oberschicht entstammt: Für diese Minorität von Frauen ist ein Lebenskonzept ohne Kinder in der Türkei gesellschaftlich akzeptiert und positiv bewertet. Im Einwanderungskontext stellt sich diese Situation ähnlich dar: Wenn eine Frau die Möglichkeit hat, sich ihrem (hochqualifizierten) Beruf zu widmen, dann ist ein kinderloses Lebenskonzept keinesfalls eine bedauerliche Situation für sie. Außerdem sind die hiesigen

'sperrigen' strukturellen Rahmenbedingungen für eine Frau mit einer langjährigen Ausbildungs- und Karrierelaufbahn den Frauen aus der Türkei wie den westdeutschen Frauen bekannt: Frauen mit qualifizierten Berufswünschen sind mit der Frage konfrontiert: "entweder Kinder oder Beruf". Sehr interessant ist, daß die Aussiedlerinnen, die hochqualifizierte Berufe für Frauen als Selbstverständlichkeit ansehen, dieses für sie "normale" Lebenskonzept *nicht* der Mutterschaft gegenüberstellen. Von ihrem Herkunftskontext ausgehend, ist es vorstellbar, daß ihnen eine solche "entweder-oder"-Perspektive unsinnig erscheint.

Die Beantwortung der Items, die ein Lebenskonzept ohne Kinder zugunsten einer glücklichen Liebesbeziehung (V.222) oder den anderen Interessen und dem Freundeskreis (V.229) befürworten, ist ebenfalls signifikant unterschiedlich (p<.001). Den Items ist jeweils von den westdeutschen Frauen eine hohe Bedeutung beigemessen worden, und sie stimmen diesen stärker zu als die Einwanderinnen. Die befragten westdeutschen Frauen unterscheiden sich im Ausmaß ihrer Zustimmung von den beiden Einwanderinnengruppen. Die Frauen aus der Türkei unterscheiden sich zusätzlich von den Aussiedlerinnen, die wiederum dem Item V.222 am schwächsten zugestimmt haben.

Belastung

Ein Blick auf die interne Konsistenz dieser Skala zeigt deutlich, daß sie insbesondere für die Aussiedlerinnen einen sehr geringen Konsistenzwert aufweist bzw. die Skala für diese Gruppe sehr heterogene Items enthält (.08, vgl. Teil 1.1). Für die Frauen aus der Türkei ist die Skala ebenfalls nicht konsistent (.33). Daher ist es sinnvoll, die Unterschiede auf der Itemebene näher zu überprüfen.

Tabelle 4: Mittelwerte, Streuungen und Varianzanalyse der Belastungsitems nach Gesamt- und Einzelgruppe

Items	G (N: 255)	A (N: 85)	T (N: 85)	D (N: 85)	F-Wert (df=2,252)
V.214: Die Lebensbedingungen hindern viele Frauen daran, so viele Kinder zu haben, wie sie wollen.	2.62 .61	2.52^b .70	2.78^a .50	2.58 .60	4,25*
V.224: Mit Kindern ist das Leben einer Frau oft ganz schön schwierig.	2.67 .54	2.67 .52	2.75 .57	2.59 .52	n.s.
V.227: Ich ärgere mich, daß in dieser Gesellschaft das Kinderkriegen zum Problem gemacht wird.	2.32 .80 $(252)^x$	2.36^c .79 (84)	1.93 .91 (83)	2.66 .50 (85)	(2,249)= 20.14***
V.231: In der heutigen Gesellschaft lastet zuviel Verantwortung auf der einzelnen Frau und Mutter.	2.62 .58 $(253)^x$	2.57^b .52 (83)	2.80^a .53 (85)	2.49^b .63 (85)	(2,250)= 6.85**

V.235: Frauen hätten in der Regel viel mehr Spaß an ihren Kindern, wenn sie mehr Entlastung hätten.	2.77 .49	2.85 .42	2.79 .49	2.67 .54	n.s.

ˣ= Die Gesamtzahl der befragten Frauen, falls diese von der oben genannten Zahl abweichen.

Den Items "Mit Kindern ist das Leben einer Frau oft ganz schön schwierig" (V.224) und "Frauen hätten in der Regel viel mehr Spaß an ihren Kindern, wenn sie mehr Entlastung hätten" (V.235), haben alle drei Gruppen der befragten Frauen stark zugestimmt. Die Varianzanalyse zeigt, daß es keine signifikanten Unterschiede gibt. Die befragten Frauen sind sich darin einig, daß das Leben einer Frau mit Kindern belastend ist; mit mehr Entlastung hätten sie mehr Spaß an ihren Kindern.

Der Unterschied in der Beantwortung des Items 214 ("Die Lebensbedingungen hindern viele Frauen daran, so viele Kinder zu haben, wie sie wollen") ist signifikant ($p<.05$). Die Frauen aus der Türkei haben diesem Item stärker zugestimmt als die Gruppe der Aussiedlerinnen und die Gruppe der westdeutschen Frauen. Weiterhin ist die Beantwortung dieses Items durch die Frauen aus der Türkei einheitlicher als bei den anderen beiden Gruppen.

Die starke Zustimmung der Frauen aus der Türkei zu diesem Item deutet auf die veränderten Lebensbedingungen im Einwanderungskontext hin, die die Strategien von Frauen bzgl. ihres generativen Verhaltens beinflussen. Verursachend sind hier Bedingungen wie regelmäßige Arbeitszeit, stabile weibliche Einkommenserwartung, hohe ökonomische Kosten von Kindern, gesicherte Rentenversicherung (vgl. die Ausführungen in Teil I, Hypothese T1). Für die Gruppen der befragten Frauen aus der Türkei (die überwiegend aus einer geringeren sozialen Schicht stammen und mehrheitlich als Arbeiterinnen tätig sind, siehe "Stichprobe") wirkt der Kontextwechsel ausgeprägter als für Aussiedlerinnen, die ähnliche Bedingungen auch in der ehemaligen Sowjetunion kannten (vgl.: "Herkunftskontext"). Zusätzlich werden die kürzere Aufenthaltsdauer der Aussiedlerinnen und ihr vergleichsweise jüngeres Alter (im Vergleich zu den Frauen aus der Türkei, siehe "Stichprobe") einen Einfluß auf das unterschiedliche Antwortverhalten ausüben.

Auch das Item 231 ("In der heutigen Gesellschaft lastet zuviel Verantwortung auf der einzelnen Frau und Mutter") zeigt Unterschiede in der gerade beschriebenen Art. Insbesondere die Frauen aus der Türkei messen diesem Item eine hohe Bedeutung bei. Sie unterscheiden sich signifikant von den Aussiedlerinnen einerseits und den westdeutschen Frauen andererseits. Die Anwesenheit der eigenen Mütter und anderer Verwandte in der näheren Umgebung sowie die höhere Benutzungsquote der öffentlichen Kindereinrichtungen durch die letzten beiden befragten Gruppen (siehe: "Kinderbetreuung in der BRD") können hierbei eine Rolle spielen - das Fehlen dieser Bedingungen belastet den Alltag der Frauen aus der Türkei zusätzlich.

Das Item 227 ("Ich ärgere mich, daß in dieser Gesellschaft das Kinderkriegen zum Problem gemacht wird") wurde von allen drei Gruppen unterschiedlich beantwortet. Während die westdeutschen Frauen diesem Item am stärksten zugestimmt haben (x=2.7), sind es die Frauen aus der Türkei, die hier die schwächste Zustimmung zeigen (x=1.9). Die Aussiedlerinnen stimmen zwar diesem Item stärker zu als die Frauen aus der Türkei, aber nicht in dem Ausmaß wie die westdeutschen Frauen.

Geteilte Elternschaft

Tabelle 5: Mittelwerte, Streuungen und Varianzanalyse der Geteilten Elternschaft-Items nach Gesamt- und Einzelgruppe

Items	G (N: 255)	A (N: 85)	T (N: 85)	D (N: 85)	F-Wert (df=2,252)
V.217: Männer können genauso wie Frauen den Kindern Schutz und Geborgenheit geben.	2.50 .70	2.16^a .77	2.58^b .64	2.64^b .59	12.34***
V.223: Ich bin der Meinung, daß sich der Vater genauso wie die Mutter für die Versorgung und Betreuung der Kinder einsetzen sollte.	2.89 .36	2.85 .45	2.95 .26	2.86 .35	n.s.
V.232: Es ist ungerecht und unsinnig, daß die Fürsorgearbeit für Kinder überwiegend an der Mutter hängenbleibt.	2.65 .60	2.54^b .70	2.86^a .41	2.54^b .61	8.33 ***
V.236: Die Versorgung und Betreuung von Kindern sollte reine Frauensache sein und bleiben.	1.33 .64	1.55^b .73	1.36^b .72	1.08^a .28	12.63***

Zum Unterschied bezüglich der Dimension der Fürsorge trugen folgende Fragen bei: Westdeutsche Frauen und Frauen aus der Türkei unterscheiden sich signifikant von den Aussiedlerinnen, indem sie dem Item 217 ("Männer können genauso wie Frauen den Kindern Schutz und Geborgenheit geben") stärker zustimmen. Ebenfalls unterscheiden sich die Gruppen in der Beantwortung der Items 232 und 236. Bei Item 232 ("Es ist ungerecht und unsinnig, daß die Fürsorgearbeit für Kinder überwiegend an der Mutter hängen bleibt") unterscheiden sich die Frauen aus der Türkei signifikant von den Aussiedlerinnen einerseits und den westdeutschen Frauen andererseits. Diesem Item haben die Frauen aus der Türkei nicht nur stärker zugestimmt (x=2.86), sondern auch einheitlicher (s=.41) im Vergleich zu den anderen beiden Gruppen.

Zwar wurde das Item 236 ("Die Versorgung und Betreuung von Kindern sollte eine reine Frauensache sein und bleiben") insgesamt von allen befragten Frauen eher abgelehnt (vgl. Mittelwerte), jedoch unterscheidet sich die westdeutsche Gruppe von den beiden Einwanderinnengruppen signifikant, indem sie das Item stärker abgelehnt hat (x=1.08, s=.28). Sowohl die Aussiedlerinnen als auch die Frauen aus der Türkei zeigen hohe Streuungen bei der Beantwortung dieses Items - was möglicherweise auf Unsicherheiten hinweist. Bei Item 223 ("Ich bin der Meinung, daß sich der Vater genauso wie die Mutter für die Versorgung und Betreuung der Kinder einsetzen sollte") sind die Gruppenunterschiede nicht signifikant.

Diskussion

Obwohl die ausgewerteten drei Skalen für die westdeutschen Frauen eine gesicherte interne Konsistenz aufweisen und somit ausschließlich für diese Gruppe interpretierbar sind ("emic"-Skalen), ist der Einzelitemanalyse der insgesamt 15 Items zu entnehmen, daß das Antwortverhalten der drei befragten Gruppen zu jedem Item eine differenziertere und - bei einigen Items unerwartete Einstellungsperspektive - insbesondere der beiden Einwanderinnengruppen zeigt. Die Reaktionen auf einzelne Items zu analysieren, trägt somit dazu bei, die gemeinsamen *und* unterschiedlichen Perspektiven der Befragten zu erfassen.
Die Einstellungen der drei Gruppen weisen bei fünf Items *keine* signifikanten Unterschiede auf (V.219, 233, 224, 235, 223). Bei diesen Items vertreten die befragten Frauen eine ähnliche Meinung und ihre *Gemeinsamkeiten* werden ersichtlich: Während sie weniger die Meinung vertreten, daß es an der Zeit ist, etwas über das Kinderaufziehen hinaus auszuprobieren (V.219) und daß alleinerziehende Mutterschaft eine "echte Alternative" für Frauen ist (V.233), stimmen sie darin überein, daß Kinder das Leben einer Frau erschweren (V.224), daß mehr Entlastung im Leben von Frauen zu mehr Spaß an Kindern führt (V.235), und daß Väter sich für die Versorgung und Betreuung von Kindern genauso wie Mütter einsetzen sollen (V.223).
Bei den restlichen zehn Items zeigen die Varianzanalysen *signifikante Unterschiede* im Antwortverhalten der jeweiligen Gruppen. Diese Items können nochmals in zwei Gruppen aufgeteilt werden: Items, welche von den drei Gruppen signifikant unterschiedlich beantwortet wurden, und Items, die zwischen zwei Gruppen unterschiedliche Einstellungen aufweisen.
Signifikante Unterschiede zwischen allen drei Gruppen ergeben sich bei den Items 211, 222 und 227. Bei diesen Items kommen die Differenzen zwischen den Aussiedlerinnen, Frauen aus der Türkei und westdeutschen Frauen deutlich zum Ausdruck. Das Leben mit Kindern in einer Frauengemeinschaft statt in der Ehe wird von den Aussiedlerinnen und von den Frauen aus der Türkei eher befürwortet, und wird insbesondere von den westdeutschen Frauen abgelehnt (V.211). Die befragten westdeutschen Frauen vertreten stärker die Mei-

nung, daß eine Liebesbeziehung auch ohne Kinder gelingen kann - was insbesondere von den Aussiedlerinnen, aber auch von den türkischen Frauen abgelehnt wird (V.222). Die Problematisierung des "Kinderkriegens" in dieser Gesellschaft wird von den Frauen aus der Türkei abgelehnt, während diesem Item von den Aussiedlerinnen und - noch stärker - von den westdeutschen Frauen zugestimmt wird (V.227).
Bei sieben Items (V.215, 229, 214, 231, 217, 232, 236) ergeben sich signifikante Unterschiede zwischen zwei Gruppen von Frauen. Bei zwei Items sind die beiden Einwanderinnengruppen sich einig: Sie können Frauen, die keine Kinder haben wollen und stattdessen für ihre eigenen Interessen leben, nicht akzeptieren und lehnen dieses Item stärker ab als die westdeutschen Frauen (V.229). Daß Kinderversorgung eine "Frauensache" ist und eine solche bleiben sollte (V.236), wird zwar tendenziell von allen drei Gruppen abgelehnt, jedoch lehnen die westdeutschen Frauen dies eindeutig stärker ab als die beiden Einwanderinnengruppen. Hierbei differenziert sich das Antwortverhalten der westdeutschen Frauen einerseits und der Ausssiedlerinnen und Frauen aus der Türkei andererseits. Bei einigen Items (V.214, 231, 232) stimmen die Aussiedlerinnen und westdeutschen Befragten überein und unterscheiden sich somit von den befragten türkischen Frauen. Zwar stimmen alle drei Gruppen zu, daß die Lebensbedingungen das generative Verhalten von Frauen stark beeinflussen (V.214), daß die heutige Gesellschaft der einzelnen Frau zuviel Verantwortung auflastet (V.231) und daß die überwiegend an der Mutter hängenbleibende Fürsorgearbeit unsinnig und ungerecht ist (V.232), jedoch werden diese Items insbesondere von den türkischen Frauen bestätigt. Bei zwei Items (V. 215, 217) sind die Frauen aus der Türkei und die westdeutschen Frauen sich einig und unterscheiden sich somit von den Aussiedlerinnen: Die letztere Gruppe lehnt viel stärker die Auffassung ab, daß die Berufstätigkeit Kinder ersetzen kann (V.215), und daß Männer genauso wie Frauen den Kindern Schutz und Geborgenheit geben können (V.217).

9.2.2 Interkorrelationen der Mutterschaftsskalen

Zunächst werden die Korrelationen der (bestätigten) Einstellungsskalen[82] zu Mutterschaft für die *Gesamtstichprobe* dargestellt (vgl. Tab. Korr 1): Die Skala

---

[82] Aufgrund der unzureichenden Reliabilitäten der Skalen Mut 4 und Mut 5 für die Gesamt- sowie Einzelgruppen der Aussiedlerinnen und Frauen aus der Türkei können diese Zusammenhänge nicht weiter interpretiert werden. Die Skala Mut 1 wird für alle drei befragten Gruppen in ihren Korrelationszusammenhängen weiter untersucht, wobei anzumerken ist, daß sie sich als "emic"-Skala für westdeutsche Frauen bestätigen läßt. (vgl. die Ausführungen zu Analyse und Auswertung der Mutterschaftsskalen, Teil III). Die Betrachtung der Korrelationen dient in dem vorliegenden Zusammenhang einem heuristischen Zweck, nämlich der Überprüfung der Konzepte und ihrer Dimensionierung, so daß es an dieser Stelle sinnvoll erscheint, in eingeschränktem Maße dennoch auf die Ergebnisse der "emic"-Skalen einzugehen. In zukünftigen Auswer-

"Alternative Lebenskonzepte" korreliert am höchsten und negativ mit der Skala "Lebenserfüllung" (-.43**) sowie mit der Skala Weiblichkeit (-.30**). Die Skala "Weiblichkeit" zeigt einen sehr starken positiven Zusammenhang mit der Skala "Lebenserfüllung" (.74**) sowie eine negative Verbindung mit der Skala "Alternative Lebenskonzepte" (-.30**). Die Skala "Lebenserfüllung" korrelliert ebenfalls negativ mit der Skala "Alternative Lebenskonzepte" (-.43**). Deutlich zeigt sich der Zusammenhang zwischen der traditionell-weiblichen Auffassung von Mutterschaft (MUT 2) mit der kontinuitätssichernden Dimension für das Leben der Frau (MUT 3).

Tab. Korr 1: Korrelationen der Mutterschaftsskalen für die Gesamtgruppe

N=241	Alt. Lk (Mut 1)	Weiblichkeit
Weiblichkeit (Mut 2)	-.30**	
Erfüllung (Mut 3)	-.43**	.74**

Es läßt sich somit zusammenfassend auf der Ebene der korrelativen Zusammenhänge der mit den Skalen gemessenen Dimensionen bzw. Konzeptionen von Mutterschaft feststellen, daß die Skalen "Weiblichkeit" (MUT 2) und "Lebenserfüllung" (MUT 3) das Konzept einer fraglos gegebenen und kontinuitätssichernden Einstellung zu Mutterschaft beschreiben. Weiter zeigt sich dieses Konzept als unvereinbar mit der Dimension der alternativen Lebenskonzepte - eine Zustimmung zu der traditionellen und kontinuitätssichernden Einstellung zu Mutterschaft ist mit einer Ablehnung der Einstellung zu alternativen Lebenskonzepten verbunden (und umgekehrt). Der negative Zusammenhang zwischen den "alternativen" und den "traditionell-weiblichen" Einstellungen deutet auf gegensätzliche Konzeptionen hin.
Diese Zusammenhänge werden im folgenden nach der *Gruppenzugehörigkeit* der Befragten differenzierter analysiert. Für die *westdeutschen Frauen* (vgl. Tab. Korr 2) weisen die Skalen "Weiblichkeit" und "Lebenserfüllung" (.64**) gleichfalls eine starke Korrelation auf. Hier zeigt sich der stärkste negative Zusammenhang zwischen der "alternativen" und der "traditionellen" Mutterschaftskonzeption, vor allem mit der kontinuitätssichernden Dimension (Weiblichkeit -.37**, Lebenserfüllung -.60**). Mutterschaft als lebenserfüllend aufzufassen, steht deutlich im Widerspruch zu der Auffassung, außerhalb von Mutterschaft andere Interessen zu pflegen und neuen Möglichkeiten nachzugehen. Dies bestätigen ebenso die negativen Korrelationen zwischen den Skalen "Geteilte Elternschaft" (-.29**) und "Belastung" (-.33**) auf der einen Seite und der Skala "Lebenserfüllung" auf der anderen Seite. Frauen, die eine kritisch-distanzierte Haltung zu Mutterschaft einnehmen, scheinen die lebenserfüllende Dimension nicht akzeptieren zu können (und umgekehrt).
Die kritisch-distanzierten Einstellungen korrelieren positiv (Belastung .35**, Geteilte Elternschaft .29**) mit der "alternativen" Mutterschaftseinstellung.

---

tungsschritten zur Skalenprüfung bzw. Konstruktion wird die Reichweite der Skalen selbst weiter geprüft werden.

Dieses Ergebnis deutet darauf hin, daß die Auffassung, Mutterschaft außerhalb des "traditionellen" Bestimmtseins anzusiedeln, für diese Gruppe mit einer Kritik an der Belastungssituation der Mütter und der ungleichen geschlechtsspezifischen Arbeitsteilung verknüpft ist. Demnach scheint die Einstellung zur geschlechtsspezifischen Arbeitsteilung (Thematisierung von Belastung, Forderung nach geteilter Elternschaft bzw. Beteiligung des Mannes an der Kinderfürsorge) für die westdeutschen Frauen bedeutsam für ihre jeweilige Mutterschaftskonzeption zu sein.

Tab. Korr 2: Korrelationen der Mutterschaftsskalen für die befragten westdeutschen Frauen

N=85	Alt. Lk (Mut 1)	Weiblichkeit	Erfüllung	Belastung
Weiblichkeit (Mut 2)	-.37**			
Erfüllung (Mut 3)	-.60**	.64**		
Belastung (Mut 4)	.35**	.10	-.29**	
Geteilte Elternschaft (Mut 5)	.29**	-.09	-.33**	.21

Tab. Korr 3: Korrelationen der Mutterschaftsskalen für die befragten Aussiedlerinnen

N=73	Alt. Lk (Mut 1)	Weiblichkeit
Weiblichkeit (Mut 2)	-.37**	
Erfüllung (Mut 3)	-.42**	.67**

Tab. Korr 4: Korrelationen der Mutterschaftsskalen für die befragten Frauen aus der Türkei

N=83	Alt. Lk (Mut 1)	Weiblichkeit
Weiblichkeit (Mut 2)	.00	
Erfüllung (Mut 3)	-.19	.57**

Bei den *Aussiedlerinnen* (vgl. Tab. Korr 3) zeigen die "traditionellen" Mutterschaftsskalen ebenso den stärksten positiven Zusammenhang (.67**). Beide Skalen (Weiblichkeit -.37**, Lebenserfüllung -.42**) korrelieren negativ mit der "alternativen" Mutterschaftskonzeption.
Bei den *Frauen aus der Türkei* (vgl. Tab. Korr 4) bestätigt sich ebenfalls der positive Zusammenhang der "traditionellen" Mutterschaftsskalen "Weiblichkeit" und "Lebenserfüllung" (.57**). Allerdings korrelieren diese nicht (signifikant) mit der "alternativen" Mutterschaftskonzeption (Weiblichkeit .00, Lebenserfüllung -.19). Die Frauen aus der Türkei scheinen diese Konzepte als unabhängig voneinander zu sehen, bzw. nicht als gegensätzliche Dimension von Mutterschaft.
Bei *allen drei Gruppen* bestätigt sich der Zusammenhang zwischen der körperlichen Erfahrung und emotionalen Erlebniswelt von Mutterschaft als Bestimmung der Weiblichkeit bzw. des Frauseins mit der lebens- (und alltags-) erfüllenden Bedeutung von Mutterschaft (z. B. im Alter), auf die *nicht* ver-

zichtet werden kann. Beide Dimensionen des Erlebens von Mutterschaft (in MUT 2 und 3) ergänzen einander und geben ein fraglos gegebenes und kontinuitätssicherndes Konzept von Mutterschaft wieder. Dieses Konzept kann für alle drei Gruppen bestätigt werden, allerdings unterscheiden die Gruppen sich hinsichtlich der weiteren Verknüpfungen.

Eine Entgegensetzung von "alternativer" und "traditioneller" Mutterschaftseinstellung - wie sie sich bei den Aussiedlerinnen und den westdeutschen Frauen findet - ist bei den *Frauen aus der Türkei* nicht nachzuweisen. Eine "alternative" Mutterschaftseinstellung scheint bei ihnen die Vorstellung von Mutterschaft als weiblichem Lebensbereich nicht zu berühren. Die kritischdistanzierten Einstellungen zu Mutterschaft (die als 'emic'-Skalen untersucht bzw. bezeichnet wurden) werden von den deutschen Frauen als zusammengehörig betrachtet mit der "alternativen" Einstellung zu Mutterschaft. Ebenso wird von ihnen eine Zustimmung zu Mutterschaft als *dem* weiblichen Lebensbereich als unvereinbar mit einer kritischen und distanzierten Haltung zur geschlechtsspezifischen Arbeitsteilung (Zustimmung der Belastungsdimension, Forderung nach geteilter Elternschaft) bei der Kinderbetreuung/Fürsorge angesehen.

9.2.3 Der Einfluß ausgewählter sozialstatistischer Merkmale auf die Mutterschaftsskalen

Die bisherigen Auswertungen gingen davon aus, daß der Faktor "Gruppe" einen entscheidenden Einfluß auf das Antwortverhalten der befragten Frauen zu den Mutterschaftseinstellungen hat. In dieser Weise hat die "Gruppenzugehörigkeit" der Aussiedlerinnen, der Frauen aus der Türkei und der westdeutschen Frauen einen bedeutsamen Effekt gezeigt. Im folgenden wird angenommen, daß der Faktor Schicht, hier definiert als "Qualifikationsschicht" (die Zusammensetzung wird im folgenden dargestellt) einen ebenso bedeutsamen Einfluß auf das Antwortverhalten der Befragten hat.

Unterschiedliche Einstellungen zu Mutterschaft sind demnach nicht ausschließlich über die ethnisch-kulturelle bzw. nationale Gruppenzugehörigkeit und deren sozialstrukturelle Differenzierungen zu erklären, ebenso entscheidend werden bestimmte soziale Differenzierungen innerhalb der Gruppen sein. Im folgenden Teil werden diese weiteren Zusammenhänge zur Mutterschaftseinstellung näher betrachtet[83]: Empirisch geht es um die Überprüfung von Merkmalen, von denen angenommen wird, daß a) sie unabhängig von der

---

[83] Aufgrund der unbefriedigenden Konsistenzwerte (Reliabilitätsanalyse) können die Mutterschaftsskalen "Belastung" (Mut 4) und "Geteilte Elternschaft" (Mut 5) nur für die westdeutschen Frauen interpretiert werden und nicht für einen Vergleich zwischen den Gruppen (ebenso nicht für die Gesamtgruppe) herangezogen werden. Die Skala "Alternative Lebenskonzepte" (Mut 1) wird, mit Bezug auf die Alpha-Werte für die Gesamt- und Einzelgruppen, im folgenden weiter ausgewertet (vgl. Ausführungen zu "Analyse und Auswertung der Mutterschaftsskalen").

Gruppenzugehörigkeit eine unterschiedliche Einstellung zur Mutterschaft hervorrufen und b) sie die Unterschiede, die sich durch die Gruppenzugehörigkeit nachweisen lassen (vgl. die Ausführungen zu "Analyse und Auswertung der Mutterschaftsskalen"), erklären können und/oder beeinflussen.
Neben den Merkmalen "Gruppenzugehörigkeit" und "Qualifikationsschicht" wird weiter erwartet, daß die "Generationszugehörigkeit" (Alter der Frau) eine einflußnehmende Größe für Mutterschaftseinstellungen darstellt.[84] Weitere Merkmale, von denen angenommen werden kann, daß sie die Unterschiede zwischen den Gruppen erklären bzw. beeinflussen können, beziehen sich auf den Herkunftskontext (für Einwanderinnen), z. B. Stadt-Land-Herkunft, aber auch auf die unterschiedlichen Einwanderungsbedingungen, z. B. Einreisejahr, sowie die soziale Situation in der BRD, insbesondere die Bedingungen für die alltägliche Praxis von Mutterschaft (z. B. Zahl und Alter der Kinder).

Mutterschaftseinstellung und "Qualifikationsschicht"

Um den Zusammenhang zwischen den Einstellungen zu Mutterschaft und dem Qualifikationsniveau zu ermitteln, wurde zuvor eine Schichteinteilung der Gesamtstichprobe vorgenommen, die als Bildungs- und Qualifikationsschicht definiert werden kann.
Das Qualifikationsniveau - oder besser die Bildungs- und Qualifikationsschicht - wurde über die Kombination der Variablen Schulbildung, berufliche Qualifikation des Mannes und/oder des Vaters sowie der beruflichen Stellung der Frau ermittelt. Die Kombinationen der Variablen wurden auf ein Drei-Schichten-Modell reduziert, welches sich folgendermaßen zusammensetzt:
- *Hohe Bildungs- und Qualifikationsschicht* -
Hier sind die Frauen zugeordnet, die einen hohen Schulabschluß (Abitur oder einen Hochschulabschluß) besitzen und die als Angestellte, Freiberufliche oder Selbständige tätig sind, deren Mann und/oder Vater eine hohe berufliche Qualifikation besitzt (Berufe mit Hochschulabschluß oder Leitungspositionen z. B. Lehrer, Ingenieure etc.).
- *Mittlere Bildungs- und Qualifikationsschicht* -
Hier sind die Frauen zugeordnet, die einen mittleren Schulabschluß (Haupt- oder Realschulabschluß) besitzen und als Angestellte, Freiberufliche oder Selbständige tätig sind. Die Berufsqualifikation des Mannes und/oder des Vaters entscheidet bei den Frauen, die keinen Schulabschluß haben oder die einen hohen Schulabschluß (Abitur) haben, über die jeweilige Zuordnung. (D. h. Frauen ohne Schulabschluß und einem Vater und/oder Mann mit hoher Qualifikation sowie Frauen mit Abitur und Vater/Mann mit niedriger Qualifikation <Arbeiter> wurden hier zugeordnet.)

---

[84] Eine weitere vermutete abhängige Größe ist die Qualität der ehelichen Beziehungen, die aber in der Untersuchung nicht quantitativ erhoben wurde. Aufschlüsse hierzu werden im kommenden Forschungsprozeß über weitere Intensivinterviews erhoben.

- Niedrige Bildungs- und Qualifikationsschicht -
Frauen ohne Schulabschluß oder mit mittlerem Abschluß, deren Väter und/oder Männer eine niedrige Berufsqualifikation aufweisen, die als Arbeiterin oder in einer Aushilfs-/ Nebenverdienstarbeit tätig sind, wurden in diese Kategorie eingeordnet.
Die Verteilung der Gesamtstichprobe (N=255) auf die Qualifikationsschichten sieht wie folgt aus:
hohe Qualifikationsschicht: 54 Frauen (21 %)
mittlere Qualifikationsschicht: 94 Frauen (37 %)
niedrige Qualifikationsschicht: 107 Frauen (42 %)
In der Gesamtstichprobe liegt der Anteil der Frauen in der niedrigen Qualifikationsschicht doppelt so hoch wie der Anteil der Frauen in der hohen Qualifikationsschicht. Wenn nach der Gruppenzugehörigkeit differenziert wird (vgl. Tab. Soz 1), dann wird ersichtlich, daß über die Hälfte der Frauen aus der niedrigen Schicht Frauen aus der Türkei sind und diese deutlich weniger in der hohen (9 %) und auch in der mittleren Schicht (13 %) zu finden sind. Dieses Ergebnis erklärt sich daraus, daß die befragten Frauen aus der Türkei überwiegend als Arbeiterinnen tätig sind und über keinen Schulabschluß verfügen (und auch ihre Männer). Sie sind als Arbeitsmigrantinnen und aus wirtschaftsbedingten Gründen ausgewandert, um in der BRD im Lohnarbeitssektor arbeiten zu können; ihr Aufenthalt ist primär ein Arbeitsaufenthalt. Die insbesondere während der zweiten Phase der weiblichen Migration aus der Türkei (1966/67 bis 1973) ausgewanderten Arbeitsmigrantinnen weisen, dem Herkunftskontext entsprechend, eine niedrige soziale Schicht mit ländlichem Ursprung und geringem Ausbildungsstand auf. Ein erheblicher Teil der Frauen aus der Türkei in der vorliegenden Stichprobe kann als Arbeitsmigrantinnen aus der ersten Generation bezeichnet werden, die in der zweiten Phase ausgewandert sind und sich überwiegend in der niedrigen Qualifikationsschicht befinden (auch aufgrund des Einreisealters, d.h. keine der befragten Frauen ist in der BRD geboren).
In der mittleren Schicht sind die Aussiedlerinnen stärker vertreten (52 %), sie stellen aber den geringsten Anteil in der niedrigen Schicht (11 %). Dies hängt damit zusammen, daß die Aussiedlerinnen (und ihre Männer) überwiegend über eine qualifizierte Schul- und Berufsausbildung verfügen. Sie sind *nicht* primär aus wirtschaftlichen Gründen ausgewandert, ihre Auswanderung ist ein Lebensaufenthalt. Gemäß dem Bildungssystem und der Beschäftigungsstruktur in der ehemaligen Sowjetunion verfügen die Aussiedlerinnen in der vorliegenden Stichprobe überwiegend über eine Mittelschul- und auch (Fach-)Hochschulbildung sowie über eine Berufsausbildung. Sie befinden sich eher in der mittleren und hohen Qualifikationsschicht.
In der hohen Schicht sind die Frauen aus der Türkei am geringsten vertreten und die Aussiedlerinnen (43 %) und hiesigen deutschen Frauen (48 %) etwa gleich stark. Die befragten westdeutschen Frauen verteilen sich insgesamt gleichmäßiger auf die drei "Qualifikationsschichten".

Festzuhalten ist, daß die befragten Aussiedlerinnen, Frauen aus der Türkei und westdeutschen Frauen in ihren (Qualifikations-) Schichtzugehörigkeiten den jeweiligen Grundgesamtheiten tendenziell entsprechen.[85]

Tab. Soz 1: Qualifikationsschicht differenziert nach Gesamt- und Einzelgruppen (abs. Häufigkeiten und Prozentangabe):

	A	T	D	Gesamt
hohe Schicht	23 (43%)	5 (9%)	26 (48%)	54 (100%)
mittlere Schicht	49 (52%)	11 (13%)	33 (35%)	94 (100%)
niedrige Schicht	13 (11%)	68 (64%)	26 (24%)	107 (100%)

Mit dem varianzanalytischen Verfahren wurde der angenommene Zusammenhang zwischen "Qualifikationsschicht" und der Einstellung zu Mutterschaft überprüft. Es lassen sich signifikante Zusammenhänge bei den Skalen "Alternative Lebenskonzepte" ($p<.05$), "Weiblichkeit" ($p<.001$) und "Lebenserfüllung" ($p<.001$) nachweisen (vgl. Tab. Soz 2).
Einem "alternativen" Lebenskonzept wurde von den Befragten der mittleren Qualifikationsschicht stärker zugestimmt als von den Befragten der niedrigen Schicht. Der Skala "Weiblichkeit" wurde von Frauen aus der hohen Qualifikationsschicht ($x=2.24$) geringer zugestimmt als von Frauen aus der mittleren ($x=2.49$) und niedrigeren Schicht ($x=2.63$). Ebenso verhält es sich mit der Skala "Lebenserfüllung": Befragte der hohen Schicht ($x=1.75$) haben deutlich schwächer zugestimmt als Befragte der mittleren ($x=2.06$) und der niedrigeren Qualifikationsschicht ($x=2.11$).

Tab. Soz 2: Mittelwerte, Abweichungen, Varianzanalysen der Mutterschaftsskalen in Abhängigkeit von Qualifikationsschicht:

	hohe Schicht	mittlere Schicht	niedrige Schicht	F-Wert
Alt. Lk.	1,73 .38	1,80^a .38	1,64^b .42	$F_{(df=2,252)}=$ 3.38 *
Weiblichkeit	2,24^a .60	2,49^b .49	2,63^b .44	$F_{(df=2,249)}=$ 11.23***
Lebenserfüllung	1.75^a .66	2.06^b .62	2.11^b .57	$F_{(df=2,251)}=$ 7.08***

Erklärung der Zeichen in den folgenden Tabellen:
Signifikanzniveaus: *** $p<.001$, ** $p<.01$, * $p<.05$. Gemäß Nachtest (Scheffè-Test) auf 5 % Niveau signifikante Unterschiede zwischen ^{a} und ^{b}, ^{e} und ^{f}; sowie ^{c} zwischen allen Gruppen

Die zweifaktorielle Varianzanalyse mit den Faktoren "Gruppenzugehörigkeit" und "Qualifikationsschicht" zeigt, daß beide Faktoren bei fast allen Mutterschaftsskalen eine signifikante Wirkung haben; sie bestätigt somit die obigen

---

[85] Vgl. hierzu FAFRA-Werkstattbericht: Basisdaten der Stichprobe, Universität Osnabrück 1994

Ergebnisse (vgl. Tab. Soz 3). Betrachtet man die Mittelwerte der untersuchten Gruppen getrennt nach Schichtzugehörigkeit (Tab. Soz 4), so zeigt sich, daß bei der *Skala "Alternative Lebenskonzepte"* Frauen der niedrigen Schicht die geringste Zustimmung und Frauen der mittleren Schicht die stärkste Zustimmung angeben. Den Skalen *"Weiblichkeit"* und *"Lebenserfüllung"* wird von Frauen der höchsten Schicht am geringsten und von Frauen der niedrigen Schicht am stärksten zugestimmt.

Diskussion

Es kann bestätigt werden, daß die "Qualifikationsschicht" ein ebenso bedeutender Faktor für differente Einstellungen zu Mutterschaft ist wie die Gruppenzugehörigkeit.
Mutterschaft im Sinne eines fraglos gegebenen und kontinuitätssichernden Bestandteils des Frauenlebens, definiert im Rahmen des weiblichen Stereotyps, steht in einem engen Zusammenhang mit dem Qualifikationsniveau der Befragten. Diese eindeutige Position findet sich bei Frauen der niedrigen und mittleren Qualifikationsschicht stärker als bei Frauen aus der hohen Qualifikationsschicht. Die Skala "Alternative Lebenskonzepte", die auf eine Vorstellung von Mutterschaft außerhalb von Familie und Ehe sowie auf die Vorstellung eines Lebenskonzeptes ohne Mutterschaft (ohne Kinder) abzielt, wird von Frauen aus der niedrigen Qualifikationsschicht eher abgelehnt.
Eine erweiterte Lebensgestaltung außerhalb der "traditionellen" Gestaltung von Mutterschaft erscheint demnach nur als Option für Frauen mit einem höheren Qualifikationsniveau und einer gesicherten Lebenslage. Für Frauen aus einer niedrigeren Qualifikationsschicht gilt Mutterschaft weiterhin als wichtige Quelle der sozialen Anerkennung und Bestätigung. In diesem Gefüge spiegelt sich allerdings auch die unterschiedliche Ausgangslage der befragten Gruppen in der Aufnahmegesellschaft BRD wider - unabhängig von der Qualifikationsschicht ergibt sich ein nach wie vor bedeutsamer Einfluß der Gruppenzugehörigkeit. Das zeigt sich z. B. darin, daß im Vergleich zu den Aussiedlerinnen und Frauen aus der Türkei die Gruppenzugehörigkeit der westdeutschen Frauen ein Indikator für eine geringere Zustimmung (tendenzielle Ablehnung bei allen drei Qualifikationsschichten) zu den "traditionellen" Mutterschaftseinstellungen (MUT 2 und 3) ist.

Tab. Soz 3: Varianzanalyse, Wirkung der Einzelfaktoren Gruppe und Qualifikationsschicht auf die Mutterschaftsskalen

	Einzeleffekte: Gruppe	Schicht
Alternative Lebenskonzepte	F= (df=2) 5.83 **	F= (df=2) 4.87 **
Weiblichkeit	F= (df=2) 79.63 ***	F= (df=2) 9.38 ***
Lebenserfüllung	F= (df=2) 61.41 ***	F= (df=2) 7.71 ***

Tab. Soz 4: Mittelwerte nach Gruppenzugehörigkeit und Qualifikationsschicht
Alternative Lebenskonzepte:

	hohe Schicht	mittlere Schicht	niedrige Schicht
A	1.63	1.67	1.53
T	1.73	1.94	1.64
D	1.83	1.90	1.71

Weiblichkeit:

	hohe Schicht	mittlere Schicht	niedrige Schicht
A	2.66	2.80	2.85
T	2.10	2.57	2.76
D	1.91	2.06	2.17

Lebenserfüllung:

	hohe Schicht	mittlere Schicht	niedrige Schicht
A	2.16	2.45	2.60
T	1.66	1.96	2.20
D	1.41	1.54	1.65

Mutterschaft und weitere Einflußfaktoren

Aufgrund zahlreicher weiterer statistischer Überprüfungen möglicher Einflußgrößen auf die Einstellung zur Mutterschaft kann folgendes festgehalten werden[86]:
Es zeigt sich, daß die Generationszugehörigkeit *keinen* Einfluß auf die Mutterschaftseinstellungen besitzt. Ebenso kann verworfen werden, daß eine unterschiedliche Altersverteilung zwischen den Gruppen die differenten Mutterschaftseinstellungen beeinflußt; auch bei Kontrolle des Alters bleiben die Gruppenunterschiede stabil.
Demnach ist davon auszugehen, daß die in den drei untersuchten Gruppen unterschiedlichen Einstellungen zur Mutterschaft unabhängig vom Alter bzw. der Generationszugehörigkeit der Frauen sind. Es kann aber angenommen werden, daß die Einflüsse des jeweiligen Herkunftskontextes sowie die Schichtzugehörigkeit der Frauen eine bedeutsame Rolle für die Einstellungen zu Mutterschaft spielen.
Es konnte *kein* Einfluß der Herkunftsbedingungen Stadt-Land und Erwerbstätigkeit auf die Mutterschaftseinstellungen nachgewiesen werden. Frauen aus einem städtischen Kontext scheinen sich demnach in ihren Mutterschaftseinstellungen nicht von Frauen aus einem ländlichen Kontext zu unterscheiden. Ebenso gilt dies für Frauen, die im Herkunftsland erwerbstätig waren, sie wei-

---

[86] Die Daten hierzu werden an dieser Stelle nicht abgebildet, sie finden sich in ausführlicher Darstellung im FAFRA-Werkstattbericht: "Mutterschaft und weibliches Selbstkonzept", Universität Osnabrück 1994.

sen keine Unterschiede zu Frauen auf, die nicht erwerbstätig waren. Die Ergebnisse der zweifaktoriellen Varianzanalyse zeigen, daß es ebenfalls *keinen* Wechselwirkungseinfluß von Herkunftsbedingungen und Gruppenzugehörigkeit auf die Mutterschaftseinstellungen gibt.
Es wurden einige Merkmale der Einwanderungs- bzw. Aufnahmebedingungen in ihrem Einfluß auf Einstellungen zu Mutterschaft überprüft: Einreisejahr, Beziehung zur BRD, Diskriminierungserfahrung, Remigrationsperspektive (nur für Frauen aus der Türkei) und die Beziehung zur eigenen ethnischen Gruppe. Das Einreisejahr der befragten Aussiedlerinnen und Frauen aus der Türkei zeigte *keinen* Einfluß auf ihre Einstellung zu Mutterschaft. Die nachgewiesenen Unterschiede zwischen Aussiedlerinnen und Frauen aus der Türkei bei der Beantwortung der Mutterschaftsskala "Lebenserfüllung" (MUT 3; höhere Zustimmung der Aussiedlerinnen) sind nicht mit dem unterschiedlichen Einreisejahr und der Aufenthaltsdauer der beiden Gruppen zu erklären, d. h. die Gruppenunterschiede bestehen *unabhängig* von der Aufenthaltsdauer. Für beide Einwanderinnengruppen scheint demnach die Mutterschaft ein stabiler "Anhaltspunkt" im Einwanderungs- bzw. Migrationsprozeß zu sein.
Weiter wurde geprüft, ob sich Auswirkungen der Beziehung zur BRD (sich <nicht> willkommen, <un->sicher und <nicht> vertraut fühlen) sowie das Diskriminierungsempfinden auf die Einstellung zu Mutterschaft nachweisen lassen. In beiden Dimensionen zeigte sich aber *kein* Zusammenhang mit der Mutterschaftseinstellung (Kovarianzanalysen).
Als ein ebenso wichtiges Moment für die Einstellungen der Befragten zur Mutterschaft kann das Verhältnis zur eigenen ethnischen Gruppe (für alle drei Gruppen) angenommen werden. Dieses Verhältnis wurde in den Ebenen "Kritik an der Gruppe", "Verbundenheit mit der Gruppe" und "Eingeschränkt von der Gruppe" erhoben. Das Verhältnis zur eigenen Gruppe hat auf einige Skalen einen signifikanten Einfluß hat, aber nicht so stark, daß es die Gruppenunterschiede beeinflußt.
Ein interessantes Ergebnis zeigt sich im Verhältnis Mutterschaftseinstellungen und Remigrationsperspektive für die Frauen aus der Türkei. Es kann vermutet werden, daß Befragte, die zurückkehren wollen, sich eine gewisse Flexibilität in ihren Einstellungen zur Mutterschaft bewahren wollen: Frauen, die remigrieren möchten, stimmen der alternativen Mutterschaftseinstellung stärker zu als Frauen, die in der BRD verbleiben möchten. Gleichzeitig zeigt sich tendenziell ein ähnlicher Zusammenhang mit der stereotyp-weiblichen Einstellung.
Zusammenfassend ergibt sich, daß die Beziehungsdimensionen zur BRD *keinen* Einfluß auf die unterschiedlichen Mutterschaftseinstellungen der Einwanderinnengruppen besitzen. Die Beziehung zur eigenen Gruppe (Kritik, Verbundenheit, eingeschränkt sein) beeinflußt zwar die verschiedenen Mutterschaftseinstellungen zwischen den Gruppen, aber nicht im dem Maße, daß die Bedeutsamkeit des Haupteffektes "Gruppe" verändert oder in Frage gestellt wird.

Mutterschaftseinstellung und soziale Situation in der Bundesrepublik Deutschland

Einige ausgewählte Rahmenbedingungen, die einen Einfluß auf die Einstellungen zu Mutterschaft haben könnten, werden im folgenden dargestellt.
Es kann bestätigt werden, daß Frauen mit einem Kind der Skala "Alternative Lebenskonzepte" stärker zustimmen als Frauen mit zwei und mehr Kindern. Es zeigt sich, daß für sie die Gestaltung von Alternativen zur "traditionellen" Mutterschaftskonzeption eher möglich und wünschenswert ist. Dagegen stimmen Frauen mit drei und mehr Kindern stärker der Weiblichkeitsskala zu als Frauen mit weniger bzw. keinem Kind. Auch der "Mutterschaft als Lebenserfüllung" wird von Frauen mit drei und mehr Kindern stärker zugestimmt als von Frauen mit weniger Kindern. Für Frauen mit mehreren Kindern scheint demnach die Erfahrungsdimension der "traditionellen" Mutterschaft ein wichtiger identitätsstiftender Bereich zu sein.
Dem Ergebnis zufolge unterscheiden sich Frauen mit Kindern im Vorschulalter und mit Kindern im Grundschulalter. Frauen mit schulpflichtigen Kindern (über 6-16 Jahre) stimmen stärker der "Weiblichkeitseinstellung" und auch der "Lebenserfüllungseinstellung" zu, als Frauen mit noch nicht schulpflichtigen Kindern (unter 6 Jahren). In der Zeit der Einschulung und darüber hinaus wird möglicherweise eine kontinuierliche Mutterschaftseinstellung, auch im Sinne von stereotyp-weiblich, erfordert. Es kann angenommen werden, daß die mit den schulischen Einrichtungen zusammenhängenden Planungs- und Organisationsarbeiten (Einführung und Integration in die Institution Schule), die überwiegend von Müttern geleistet werden, einerseits als eine Bestätigung der mütterlichen Erfahrungen und Erlebnisse wirken, andererseits von den Müttern selbst den eingeforderten Erwartungen entsprochen wird und entsprechende Einstellungen geäußert werden.
Ein weiteres wichtiges Merkmal, welches die Alltagssituation und Einstellung von Mutterschaft wesentlich beeinflussen dürfte, ist die Verfügbarkeit des familiären Netzwerkes, d. h. der eigenen Eltern. Frauen, deren Eltern nicht zur Verfügung stehen, stimmen einer "weiblichen" Mutterschaftseinstellung zu; dieses Ergebnis zeigt sich unabhängig von der Gruppenzugehörigkeit. Die praktische (und ideelle) Unterstützung des familiären Netzwerkes (eigene Eltern) scheint einen Einfluß auf die Mutterschaftseinstellung zu haben und zwar in der Art, daß das Fehlen des familiären Netzwerkes eine höhere Zustimmung zur "traditionell-weiblichen" Auffassung von Mutterschaft produziert.

Fazit

Die dargestellten Ergebnisse bestätigen die unterschiedlichen Einstellungen zu Mutterschaft in Abhängigkeit von dem Hauptfaktor "Gruppe". Die Einführung von bedeutsamen Kontrollvariablen des Faktors "Gruppe", wie die Generationszugehörigkeit (Alter der Frau) und Aufenthaltsdauer (Einreisejahr) zeigt, daß die Unterschiede zwischen den Gruppen nicht auf diesen Merkmalen beruhen bzw. unabhängig von ihnen auftreten.

Es kann aber herausgestellt werden, daß die "Qualifikationsschicht" einen ebenso bedeutsamen Hauptfaktor für Unterschiede in den Mutterschaftseinstellungen darstellt wie die Gruppenzugehörigkeit. So zeigt sich bei allen (bestätigten) Einstellungsebenen zu Mutterschaft die Abhängigkeit von der "Qualifikationsschicht" *und* der "Gruppenzugehörigkeit" der Frau. Als weitere Einflußgrößen bestätigen sich die Merkmale Kinderzahl und das Alter des jüngsten Kindes sowie die Verfügbarkeit des familiären Netzwerkes.

9.3 Weibliches Selbstkonzept in der BEM-Skala (BSRI)[87]
9.3.1 Statistische Vorgehensweise

In der Forschungsdiskussion gibt es zwei statistische Vorgehensweisen für die Auswertung der BEM-Skala: die Berechnung des Differenzwertes und des t-Wertes einerseits und die Median-Split-Methode andererseits. Die Wahl der Methode hängt von der jeweiligen Fragestellung ab. Die erstere Methode ist sinnvoll, wenn man die Geschlechtstypisierung einer Stichprobe untersuchen will. Ursprünglich hat Sandra L. Bem (1974) den Differenzwert für die Berechnung der Skala (Summenscore "Mas" Minus Summenscore "Fem") angewendet; diese Vorgehensweise hat sie aufgrund der breitangelegten Kritik dieses Verfahrens seither aufgegeben (z. B. Janet T. Spence/ Robert L. Helmreich 1981; Janet T. Spence 1984; Robyn Rowland 1980, Janet T. Spence/Kay Deaux/Robert L. Helmreich 1985).

Gegenwärtig ist die Anwendung der Median-Split-Methode bei der Berechnung der BEM-Skala einheitliches Vorgehen in der Forschung. Eine Ausnahme ist die Arbeit von Marianne Schneider-Düker/André Kohler (1988) im deutschsprachigen Raum, die das t-Wert-Verfahren präferierten, weil sie auf das theoretische Konstrukt des Geschlechtsschemas abzielten.

Bei der Anwendung der Median-Split-Methode kann man über die Grenzen des Bemschen unidimensionalen Konstrukts[88] hinausgehen. Es geht bei dieser

---

[87] Es geht in der vorliegenden Untersuchung um eine vom Forschungsteam modifizierte und von Schneider-Düker/ Kohler (1988) übersetzte deutschsprachige Version der Bem Sex-Role Inventory/BSRI (siehe hierzu die vorausgehenden Ausführungen zur methodischen Basis der BEM-Skala).

[88] Das theoretische Konstrukt von Bem (unidimensionales Geschlechtsschema) steht in Widerspruch zu ihrer Auffassung, daß Mas und Fem zweidimensionell sind (Spence 1984, S. 34). Die Zwei-Faktor-Methode ist nach Spence nicht als theoretisches Modell, sondern als ein "crude device for detecting the combination rule for Masculine and Feminine that provides the best fit to particular data sets" zu akzeptieren (ebd., S. 39). Dies spricht gegen die unifaktorielle Theorie der Geschlechtsrollenorientierung und des Genderschemas von Bem, bzw. die Behauptung, daß das BSRI Weiblichkeit und Männlichkeit messen und voraussagen kann (ebd., S. 42).

methodischen Vorgehensweise nicht darum, Menschen qualitativ zu typisieren (Spence 1984, S. 7)[89], sondern sie soll als heuristisches Werkzeug (ebd., S. 17) verstanden werden. Die Häufigkeiten der verschiedenen Kombinationen von Mas- und Fem-Werten werden gruppiert; hohe und niedrige Werte können nicht absolut, sondern als die relative Position einer Person über oder unter dem Median verstanden werden.

Mit der Median-Split-Methode werden die befragten Personen entsprechend ihrem Skalenwert auf jeder Dimension in zwei Gruppen eingeteilt. Liegt der Skalenwert über dem, der von der Hälfte der Stichprobe erreicht wird, dann fällt der Wert größer als der Median aus (hoch Mas bzw. hoch Fem). Liegt er unter dem, der von der Stichprobe erreicht wird, dann fällt der Wert niedriger als der Median aus (nied. Mas; nied. Fem). Androgyne erreichen auf beiden Skalen Werte, die über dem Median liegen (vgl. Abb. Bem 1). Es kommt hier auf die Summe an (und nicht auf die je spezifische Kombination von Attributen oder auf die Ausgewogenheit der Selbstbeschreibung als Mas/Fem) (vgl. Dorothee Bierhoff-Alfermann 1989, Kap. I). Ein weiterer Vorteil dieser Methode ist, die undifferenzierten Personen einzubeziehen bzw. abzustufen. Somit werden die befragten Personen vier "Typen" zugeordnet:

Abb. BEM 1: Zuordnung der vier Typen nach der Median-Split-Methode

	fem/hoch > 2.4*	fem/niedrig < 2.4
mas/hoch >2.3*	androg.	männlich
mas/niedrig < 2.3	weiblich	undifferenziert

* Diese Werte beziehen sich auf den jeweiligen Median der Fem- und Mas-Skalen für die Gesamtstichprobe

9.3.2 Auswertung der Mittelwerte, Varianzanalyse und Median-Split-Methode

Im folgenden wird die statistische Auswertung der BEM-Skala in der vorliegenden Untersuchung dargelegt. Zuerst wird die Häufigkeitsverteilung der Fem- und Mas-Skalen nach Gesamt- und Einzelgruppen sowie die Varianzanalyse erläutert. Danach werden die Ergebnisse der Median-Split-Methode präsentiert. Diese zwei Schritte dienen dazu, die Häufigkeiten der verschiedenen Kombinationen von Mas- und Fem-Werten nach Gruppen vergleichend zu beschreiben.

---

[89] Die Mas- und Fem-Skalen bestehen aus Persönlichkeitseigenschaften und haben, so Spence, keine Aussagekraft über allgemeine Konstrukte wie Männlichkeit, Weiblichkeit, Geschechtsrollenidentität und Geschlechtsrollen von Menschen. Die Skalen können nur darauf hinweisen, daß Frauen und Männer voneinander stereotypisch und in ihren Selbstbeschreibungen differieren können. Nach Spence hat Bem diese neue Sichtweise nie angenommen. Es geht hier also um eine Kritik von Spence, die sich auf die theoretische "Überlesung" der Mas- und Fem-Skalen bezieht.

Tab. BEM 1: Mittelwerte, Abweichungen und Varianzanalyse der Femininitäts-Skala nach Gesamt- und Einzelgruppe

	Gesamt	A	T	D	F-Wert (df=2,225)
$\bar{x}$	2.41	2.34[a]	2.56[b]	2.31[a]	26,24***
s	.26	.22	.25	.24	
N	228	70	80	78	

Signifikanzniveau: ***p<.001. Gemäß Nachtest (Scheffé Test) sind auf 5% Niveau signifikante Unterschiede zwischen [a] und [b].

Tab. BEM 2: Mittelwerte, Abweichungen und Varianzanalyse der Maskulinitäts-Skala nach Gesamt- und Einzelgruppe

	Gesamt	A	T	D	F-Wert
x	2.29	2.29	2.35	2.24	n.s.
s	.32	.29	.30	.35	
N	228	70	80	78	

Aus den Tabellen (vgl. Tab. BEM 1 und BEM 2) ist ersichtlich, daß die Maskulinitäts-Skala eine höhere Streuung aufweist als die Femininitäts-Skala, was bedeutet, daß die Beantwortung bei den Mas-Items uneindeutiger war - ein Ergebnis, das auf alle drei Gruppen zutrifft. Die Befragten aus allen drei Gruppen haben - und dies gilt insbesondere für die westdeutschen Frauen - heterogener in bezug auf die Mas-Items geantwortet.

Die höheren Mittelwerte bei der Fem-Skala für die *Gesamt- sowie die Einzelgruppen* zeigen, daß die Selbsteinschätzung der Befragten in Richtung Weiblichkeit liegt, was für alle drei Gruppen gilt. Die Frauen aus der Türkei haben vergleichsweise einen relativ hohen Weiblichkeitswert, wobei die Werte bei den Aussiedlerinnen und westdeutschen Frauen geringer ausfallen: Sie sind "weniger weiblicher" als die befragten Frauen aus der Türkei. Bei der Mas-Skala ist ersichtlich, daß die Aussiedlerinnen und westdeutschen Frauen geringere Werte aufweisen als die Frauen aus der Türkei, die wiederum im Vergleich mit den Aussiedlerinnen und westdeutschen Frauen eindeutig sowohl "weiblicher" als auch "männlicher" sind. Bei ihnen treffen wir auf die höchsten Mittelwerte bei Fem sowie bei Mas. Interessanterweise liegt der Mittelwert bei dieser Gruppe in den beiden Skalen höher als der jeweilige Mittelwert für die Gesamtgruppe. Die Frauen aus der Türkei sind eindeutig sowohl "weiblicher" als auch "männlicher."

Bei den befragten Aussiedlerinnen ist zu ersehen, daß die Fem- aber auch die Mas-Skala geringere Mittelwerte im Vergleich zu den Frauen aus der Türkei aufweist. Diese Gruppe von Frauen erscheint am eindeutigsten in ihrer Beantwortung der beiden Skalen.

Die befragten westdeutschen Frauen erweisen sich - im Vergleich mit den anderen beiden Gruppen - als noch weniger "weiblich" und weniger "männlich."

Der Tabelle BEM 1 (Fem-Skala) ist zu entnehmen, daß die Befragten sich in ihrer Zustimmung zur Fem-Skala signifikant unterscheiden.

Der Nachtest zeigt, daß sich die Aussiedlerinnnen und die westdeutschen Frauen von den Frauen aus der Türkei signigikant unterscheiden. Jedoch gilt dies nicht für die Mas-Skala: Der F-Wert ist hier nicht signifikant (Tab. BEM 2).

9.3.3 Kontrolle des Faktors "Schicht"

Auch die zweifaktorielle Varianzanalyse (Tab. BEM 3) bestätigt den Hauptfaktor "Gruppe". Dagegen zeigt sich der Faktor "Schicht" ohne Einfluß auf die Skala (auf die Mas-Skala hat weder "Gruppe" noch "Schicht" einen Einfluß).

Tab. BEM 3: Signifikanzen der Einzelfaktoren "Gruppe" und "Qualifikationsschicht" auf den Fem- und Mas-Skalen

	Einzeleffekte:	
	Gruppe	Schicht
Fem	F=(df=2)17.76***	n.s.
Mas	n.s.	n.s.

9.3.4 Median-Split-Auswertung

Es folgt die Darlegung der Häufigkeitsverteilung anhand der Median-Split-Methode für die drei befragten Gruppen (vgl. Tab. BEM 4). Diese Daten legen auf der Basis der Mediane dar, wie viele Frauen aus jeder Gruppe sich welchem Typ zuordnen lassen.

Tab. BEM 4: Häufigkeitsverteilung der vier Typen nach Gruppen[90]

Typen	A	T	D	Insg. Zelle
Androgyn	26	40	15	81
Feminin	8	23	15	46
Maskulin	16	4	24	44
Undiffer.	20	13	24	57
Insgesamt	70	80	78	228

Die Verteilung auf die vier verschiedenen Typen sieht bei den befragten drei Gruppen unterschiedlich aus. Die Frauen aus der Türkei lassen sich nur selten der Kategorie Maskulin zuordnen, die Aussiedlerinnen nur selten der Kategorie Feminin.

---

[90] Diese Werte sind auf der Basis des Gesamtmedians berechnet.

Auffallend in der Tabelle ist, daß von der Gesamtzahl der (in diesem Bereich antwortenden) Befragten (228) 81 in der androgynen Kategorie vertreten sind (etwa 35 %), gefolgt von der undifferenzierten Kategorie, in der sich 57 Frauen befinden. Die Verteilungen der Befragten in Fem (46) und Mas (44) sind relativ ähnlich. Von den 81 androgynen Frauen der Gesamtgruppe gehört die Hälfte in die Gruppe der Frauen aus der Türkei (40), die nächststarke Besetzung in dieser Kategorie erfolgt durch die Aussiedlerinnen. Die westdeutschen Frauen sind hingegen unter den vier Typen ausgewogener verteilt.

Zusammenfassend ist festzuhalten, daß die Aussiedlerinnen und die Frauen aus der Türkei zwar am häufigsten als androgyn zu kategorisieren sind, aber die Verteilung beider Gruppen auf Fem und Mas gegensätzlich ist. Die Aussiedlerinnen befinden sich - wie die westdeutschen Frauen - häufig in der undifferenzierten Kategorie. Bei den westdeutschen Frauen ist auffällig, daß nur 15 Frauen bei den Androgynen vertreten sind. Sie befinden sich am häufigsten in der maskulinen (24) und undifferenzierten (ebenfalls 24) Kategorie.

9.3.5 Korrelationen der Fem- und Mas-Skalen

Tab. BEM 5: Korrelationen der Fem- und Mas-Skalen nach Gesamt- und Einzelgruppe

Skalen	Gesamt	A	T	D
	Mas	Mas	Mas	Mas
Fem	.30**	.35**	.61**	-.09

Signifikanzniveau: **p<.01

Die Korrelationen für die Mas- und Fem-Skalen nach einzelnen Gruppen zeigen, daß es einen positiven und signifikanten Zusammenhang zwischen den Mas- und Fem-Skalen für die beiden Einwanderinnengruppen gibt, wobei dieser für die westdeutschen Frauen zwischen Mas und Fem tendenziell negativ (aber nicht signifikant) ist. Während das feminine und das maskuline Selbstbild für die Aussiedlerinnen und Frauen aus der Türkei als koexistierende und miteinander zusammenhängende Konzepte erscheinen (sie beschreiben sich *sowohl* mit femininen *als auch* mit maskulinen Eigenschaften), zeigen sich demgegenüber das feminine und maskuline Selbstbild der befragten westdeutschen Frauen als sich gegenseitig ausschließende Konzepte (sie beschreiben sich *entweder* mit femininen *oder* mit maskulinen Eigenschaften). Die beiden Einwanderinnengruppen weisen, wie erwartet, eine hohe Korrelation zwischen ihren Einstellungen zu maskulinen und femininen Eigenschaften in ihrem Selbstbild auf, womit Maskulinität und Femininität als orthogonal koexistierende Charakteristika angenommen werden können (vgl. die Ausführungen zur methodischen Basis der BEM-Skala).

Die tendenziell negative Korrelation zwischen den Fem- und Mas-Skalen für die westdeutschen Frauen verweist hingegen eher auf ein gegensätzliches Bild zwischen den "klassischen" - und stereotypen - geschlechtstypischen Eigenschaften und damit auf eine dichotom dimensionierte Konzeption von Weiblichkeit (vgl. die Hypothesen T7 und A7 in Teil I der Arbeit).

9.3.6 Reliabilität der Original-BEM-Skala per Gruppe

Der Konsistenzwert beider Skalen ist für alle drei Gruppen als ausreichend hoch zu betrachten (vgl. Tab. BEM 6). Die beiden Original BEM-Skalen werden demnach in ihrer Konsistenz bestätigt.

Tab. BEM 6: Interne Konsistenz der Fem- und Mas-Skalen nach Gruppen (Cronbachs Alpha)

Skalen	A N=70	T N=80	D N=78
Mas	.80	.82	.86
Fem	.64	.80	.73

9.3.7 Faktorenanalyse

Mit der im folgenden vorgestellten, auf zwei Faktoren begrenzten explorativen Faktorenanalyse kann die Abbildung der Faktoren nach den vorgegebenen Mas- und Fem-Items für jede Gruppe untersucht werden.
Die nächste Tabelle zeigt, daß die Konsistenz der zweifaktoriellen Analyse als ausreichend hoch zu betrachten ist:

Tab. BEM 7: Interne Konsistenz der Fem- und Mas-Skalen nach der zweifaktoriellen Analyse für die drei befragten Gruppen (Cronbachs Alpha)

Faktoren	A N=70	T N=80	D N=78
Faktor 1	.80	.82	.85
Faktor 2	.70	.76	.78

Weiblichkeit und Männlichkeit: multifaktoriell und multidimensional

Geschlechtsspezifische Attribute, Verhaltensweisen und Selbstkonzepte sind weder unidimensional noch zweidimensional, sondern sie sind nach neueren statistischen Untersuchungen immer wieder als multidimensional bestätigt worden (vgl. z. B. Kay Deaux/ Brenda Major 1987). Im Gegensatz zu der Annahme von Bem, die behauptete, daß Weiblichkeit und Männlichkeit zweidimensional sind, zeigen neuere Faktorenanalysen, daß die Mas- und Fem-Items auf der BEM-Skala eigentlich multifaktoriell (Frank Y. Wong/ Donald R.

Mcreary/ Karen G. Duffy 1990, S. 250-251) und sogar faktoriell komplex sind (Robyn Rowland 1980, S. 454).[91]

Eine Faktorenanalyse kann nach John W. Berry (1986) überdies dazu verhelfen, die interkulturelle Validität von vorgegebenen Konstrukten - z. B. die metrische Äquivalenz der Skalen - zu prüfen - wobei es grundsätzlich darum geht, statistische Verhältnisse zwischen den Variablen durch Strukturen abzubilden. In bezug auf die BEM-Skala kann die Struktur der 40 vorgegebenen Items analysiert werden, und zwar unabhängig von der Zuordnung, die Bem durch ihre Skalenzuordnung traf. (Die hier ausgewertete Faktorenanalyse hat im Zusammenhang der Auswertungen eine heuristische Funktion und wird in Kombination mit weiterführenden Untersuchungen zu den Ergebnissen der BEM-Skala interpretiert.)

Folgende Fragen legten wir an die Auswertung an:
Wird Männlichkeit und Weiblichkeit von den befragten Gruppen unterschiedlich verstanden? Gibt es ähnliche Auffassungen zwischen den drei Gruppen? Inwieweit identifizieren sich die Befragten mit den hiesigen, kulturspezifischen stereotypischen Geschlechtscharakteren bzw. inwieweit distanzieren sie sich? Wie reagieren die befragten Frauen auf die geschlechtsspezifischen Klischees in der Zuordnung zu ihrem Selbstbild?[92]

Das Ergebnis der Faktorenanalyse veranschaulicht, wie die drei Gruppen von Befragten die vorgegebenen Items untereinander in zwei Faktoren eingeordnet haben.[93]

In der folgenden Tabelle (Tab. BEM 8) sind die Items nach ihrer Ladung geordnet; sie geben somit den Stellenwert für die Bildung des Faktors an.

---

[91] Wenn man von der Mehrdimensionalität von "gender" ausgeht, dann müssen mehrere Meßinstrumente entwickelt werden, um die verschiedenen Aspekte von Maskulinität, Femininität und die Geschlechtsrollenorientierung messen zu können. Ein einziges Instrument ist nur ungenügend imstande, die diversen Aspekte messen zu können (Spence 1984, S. 50).

[92] Die in der standardisierten Untersuchung gestellte Frage zum Frauenbild lautete wie folgt: "Im folgenden Teil sind eine Reihe von Persönlichkeitseigenschaften aufgeführt. Sie sollen sich nun mit Hilfe dieser Eigenschaften *selbst* beschreiben. Geben Sie bei jeder Eigenschaft an, ob diese fast nie, gelegentlich oder fast immer auf Sie zutrifft."

[93] Bei der Befragung wußten die befragten Frauen nicht, welche Items als Mas und welche als Fem zugeordnet waren. Sie sollten sich selbst anhand der vorgegebenen Items einschätzen. Eine Zuordnung der Items als entweder maskuline oder feminine Eigenschaften ist a priori (in der BEM-Skala) festgelegt. Die Einordnung der Variablen nach Faktoren und die Beurteilung, welcher Faktor Mas oder Fem ist, ist als ein Interpretationsschritt zu sehen.

Tab. BEM 8: Zweifaktorielle Faktorenanalyse der Fem- und Mas-Items nach Einzelgruppen

A		T		D	
Aussiedlerinnen	Frauen aus der Türkei	Deutsche Frauen			
Faktor 1	Faktor 2	Faktor 1	Faktor 2	Faktor 1	Faktor 2
203: respekteinflößend (m) .62	179: bestimmt auftreten eingefügt .66	207: furchtlos .60	201: nachgiebig .69	196: Führungseigenschaften .69	176: romantisch .77
206: herzlich .61	194: abhängig (-) (w) -.65	171: verführerisch (w) .59	187: bemüht, verletzte Gefühe zu besänftigen .67	188: entschlossen .68	193: empfindsam .65
204: keine barschen Worte benutzen .58	188: entschlossen .59	196: Führungseigenschaften .58	189: bescheiden .67	179: bestimmt auftreten .66	171: verführerisch .61
180: intelligent (m) .55	178: sachlich .57	181: fröhlich (w) .57	177: weichherzig .65	190: sicher .66	206: herzlich .59
182: ehrgeizig (-) (m) -.54	185: wetteifernd .55	173: kraftvoll .57	206: herzlich .57	168: eigene Meinung vertreten .65	170: sinnlich .59
187: bemüht, verletzte Gefühe zu beänftigen .53	175: geschäftsmäßiges Verhalten .54	169: unerschrocken .55	178: sachlich (m) .58	173: kraftvoll .56	172: leidenschaftlich .58
193: empfindsam .51	200: nicht leicht beeinflußbar .52	195: konsequent .54	199: feinfühlig .57	202: scharfsinnig .55	177: weichherzig .51
184: selbstaufopfernd .49	168: eigene Meinung vertreten .51	202: scharfsinnig .54	194: abhängig .54	169: unerschrocken .54	187: bemüht, verletzte Gefühe zu besänftigen .47
174: glücklich .47	173: kraftvoll .50	179: bestimmt auftreten .52	192: Sicherheit liebend .49	175: geschäftsmäßiges Verhalten .54	186: auf äußere Erscheinung achtend .44
202: scharfsinnig (m) .44	190: sicher .50	174: glücklich (w) .51	184: selbstaufopfernd .48	191: hartnäckig .54	199: feinfühlig .42
199: feinfühlig .43	205: verspielt .48 (w)	180: intelligent .50	204: keine barschen Worte benutzen .46	180: intelligent .51	192: Sicherheit liebend .40
181: fröhlich .42	196: Führungseigenschaften .47	203: respekteinflößend .49	188: entschlossen (m) .44	197: ohne Unbehagen kritisieren .50	181: fröhlich .40
201: nachgiebig .41	177: weichherzig (-)(w) - .40	186: auf äußere Erscheinung achtend (w) .47	193: empfindsam .36	203: respekteinflößend .49	

176: romantisch .39	172: leidenschaftlich *(w)* .32	190: sicher .46	175: geschäftsmäßiges Verhalten *(m)* .34	200: nicht leicht beeinflußbar .47	
183: empfänglich für Schmeicheleien *(-)* -.37	207: furchtlos .32	176: romantisch *(w)* .43		207: furchtlos .46	
170: sinnlich .36	198: bereit, etwas zu riskieren .30	200: nicht leicht beeinflußbar .42		189: bescheiden *(-)(w)* -.44	
195: konsequent *(m)* .35		182: ehrgeizig .41		195: konsequent .42	
186: auf äußere Erscheinung achtend .35		172: leidenschaftlich *(w)* .40		198: bereit, etwas zu riskieren .41	
171: verführerisch .34		183: empfängl. für Schmeich. *w)* .39		178: sachlich .39	
192: Sicherheit liebend .30		168: eigene Meinung vertreten .39		205: verspielt *(-)(w)* -.33	
		185: wetteifernd .38		182: ehrgeizig .31	
		198: bereit, etwas zu riskieren .36		201: nachgiebig -)(w) - .30	
		170: sinnlich *w)* .34			

In der Tabelle wird "m" (maskulin) den Items zugefügt, wenn die femininen Items häufiger bzw. mit stärkeren Ladungen in dem jeweiligen Faktor vorkommen. Das umgekehrte gilt für "w" (feminin). Das minus Vorzeichen (-) bedeutet, daß ein Item in dem jeweiligen Faktor negativ geladen ist.

Für die Aussiedlerinnen stimmt der zweite Faktor (in dem maskuline Items häufiger bzw. mit höheren Ladungen vorkommen) teilweise mit dem ersten Faktor für die westdeutschen Frauen überein, dieser Faktor spiegelt die Mas-Skala wieder.

Bei den westdeutschen Frauen wird dem Mas-Faktor ein inhaltlich strukturierter Fem-Faktor (vgl. Faktor 2) gegenübergestellt, der sich durch Eigenschaften wie weichherzig, verführerisch, romantisch beschreiben läßt. Bei den Aussiedlerinnen ergibt sich im Vergleich dazu ein Fem-Faktor (vgl. 1. Faktor), der ganz anders aussieht und mit Eigenschaften wie respekteinflößend, herzlich, intelligent, scharfsinnig und konsequent belegt wird.

Nach der zweifaktoriellen Faktorenanalyse zeigen die westdeutschen Frauen damit ein eher eindeutiges "klassisches" Weiblichkeitsbild (Faktor 2): romantisch, empfindsam, verführerisch, herzlich, sinnlich, leidenschaftlich (usw.), während dieses Bild bei den Aussiedlerinnen eher ein assertives und instrumentelles Frausein (Faktor 1) zum Ausdruck bringt. Bei dieser Gruppe liegen "weibliche" Eigenschaften wie feinfühlig, fröhlich, nachgiebig, romantisch, verführerisch (usw.) ganz unten auf dem ersten Faktor (mit geringeren Faktorladungen). Diese Eigenschaften scheinen demnach für die Aussiedlerinnen nicht die entscheidende Gegensätzlichkeit zu ihrem Männlichkeitsbild zu beinhalten - da sie einige männliche Eigenschaften durchaus als der Weiblichkeitskonzeption zugehörig einordnen. Das von ihnen entworfene Frauenbild ist mit Eigenschaften ausgestattet wie: respekteinflößend, herzlich, keine barschen Wörter benutzend, macht einen intelligenten Eindruck, ist nicht ehrgeizig (Faktor 1).

Bei den Frauen aus der Türkei geht der zweite Faktor (Fem-Faktor) in eine andere Richtung als bei den westdeutschen Frauen (Faktor 2). Während für die letztere Gruppe das Weiblichkeitsbild expressive-emotionale Qualitäten ausdrückt, enthält dieses Bild bei den Frauen aus der Türkei eine Frau mit sozialen Fähigkeiten. Es kommt bei diesem Faktor offensichtlich auf die Beziehungsqualität und die Interaktionen an - sie werden in ihm deutlich zum Ausdruck gebracht. Bei dieser Gruppe sind die beiden Typen von Menschen nicht unbedingt nach maskulinen und femininen Eigenschaften zu trennen (wie es für die Aussiedlerinnen und westdeutschen Frauen der Fall ist), sondern es entsteht ein ganz anderes Bild von Männlichkeit und Weiblichkeit: Der Fem-Faktor (2) erscheint bei den Frauen aus der Türkei eher sachlich und könnte die Stellung der Mutter in Familie und Gesellschaft ausdrücken. Das Frauenbild ist beziehungs- und arbeitsorientiert, harmonisierend; es deutet hin auf die Rolle der Frau als Managerin und Vermittlerin in der Familie; ihr Erscheinungsbild hat weniger mit einer verführerischen, emotionalisierten Weiblichkeit zu tun. Ein durch expressive Qualitäten sich auszeichnendes Weiblichkeitsbild ist offensichtlich bei den Frauen aus der Türkei nicht als dominierende Struktur aufzufinden.

Zusammenfassend läßt sich festhalten, daß die westdeutschen Frauen ein durch expressive Eigenschaften dominiertes Frauenbild entwerfen, das in der Dichotomisierung der hiesigen Kultur eine Basis hat (vgl. die Ausführungen zu Teil I der Arbeit, Westliche Mutterschaft). Die westdeutschen Befragten bilden die in der BEM- Skala vorgegebenen Geschlechtsypisierungen genau ab; sie ordnen sich geschlechtsspezifisch "exakt" zu. Mit Weiblichkeit sind für sie deutlich andere Bedingungen als für die beiden anderen Gruppen verbunden. Weiblichkeit scheint für die westdeutschen Frauen eher mit Erotik assoziiert zu sein, die wiederum auf den Mann bezogen ist. Bei den Aussiedlerinnen bringt ihr Weiblichkeitsbild demgegenüber eine Berufsorientierung zum Ausdruck, während für die Frauen aus der Türkei die familiäre Position der Frau für ihr Bild von entscheidender Bedeutung zu sein scheint.[94]

---

[94] Die Erfordernisse der interkulturellen Validität bestehen - auf verschiedenen Stufen des Forschungsprozesses - darin, an der inhaltlichen Äquivalenz (im Abgleich mit der erreichten funktionalen Äquivalenz) für ausgewählte Ergebnisse und konkrete Items zu arbeiten. In Gruppendiskussionen mit den muttersprachlichen Interviewerinnen (ein *neuartiger*, in unserem Projektteam entwickelter Schritt der Validitätsprüfung), wurden die Items der BEM-Skala zu unterschiedlichen Zeitpunkten (und in einem Rahmen, der es ermöglichte, die gewonnenen und diskutierten Erfahrungen aufeinander zu beziehen) hinsichtlich der inhaltlichen Sinngehalte abgeglichen, im interkulturellen Team dis-

9.3.8 Korrelationen der Mutterschaftsskalen mit der BEM-Skala

Im folgenden werden die Zusammenhänge der MUT-Skalen mit dem "Frauenbild" bzw. der spezifischen Erfassung des weiblichen Selbstkonzeptes (das in der Hauptbefragung mit der BEM-Skala gemessen wurde, vgl. die Ausführungen zur BEM-Skala) vorgestellt. Die Tabellen 5 und 6 zeigen die geschlechtsspezifischen Selbstbilder anhand der FEM- und MAS-Werte für die Gesamtgruppe (Tab. Korr 5) und für die einzelnen Gruppen (Tab. Korr 6) mit den Mutterschaftsskalen.

Für die *Gesamtgruppe* (vgl. Tab. Korr 5) zeigt sich, daß die weibliche Selbstbeschreibung mit den "traditionellen" Mutterschaftseinstellungen positiv korreliert (Weiblichkeit .33**, Lebenserfüllung .19**). Die männliche Selbstbeschreibung korreliert positiv mit der "alternativen" (.15*) Einstellung zu Mutterschaft. Für die Gesamtgruppe zeigt sich deutlich eine Konzeption von Mutterschaft als weiblichem Identitäts- und Lebensbereich. Die Vorstellung von Möglichkeiten und Alternativen außerhalb dieser Definition scheint mit einer männlichen Selbstbeschreibung verknüpft zu sein.

Tab. Korr 5: Korrelationen der Mutterschaftsskalen mit den Fem- und Mas-Werten nach Gesamtgruppe

SKALEN	FEM	MAS
MUT-GES[95]	.22**	.01
Alt. Lk (Mut 1).	.09	.15*
Weiblichkeit (Mut 2)	.33**	.03
Erfüllung (Mut 3)	.19**	.06

kutiert sowie die erfahrenen Reaktionen der Befragten analysiert. Das Antwortverhalten in der Hauptuntersuchung wurde eingehenden Analysen unterzogen (vgl. hierzu die Ausführungen zur Validität und die detaillierte Darstellung im FAFRA Werkstattbericht: Geschlechtsrollenorientierung und weibliches Selbstkonzept, 1994).
Eine zusätzliche Prüfung der BEM-Skala ist vorgesehen: In der folgenden Phase der Forschungsarbeit wird ein Teil der befragten Frauen (ca. 20 Frauen pro Gruppe) anhand der vorgegebenen Items gefragt werden, welche Items sie als "männlich" oder "weiblich" beschreiben würden. Auf diese Weise kann geprüft werden, ob insbesondere die Aussiedlerinnen und die Frauen aus der Türkei die im westlichen Kulturkreis als "weiblich" oder "männlich" definierten Eigenschaften als ebensolche beurteilen, oder ob sie die jeweiligen Items anders zuordnen. Dieser Schritt soll dazu dienen, die Skala in bezug auf ihre interkulturelle Validität weiter zu prüfen und das Meßinstrument in verschiedenen Stufen zu einer abgesicherten "etic"-Skala zu entwickeln (oder eine Alternative zu finden). Möglich wäre auch ein zu kombinierendes "Zweitinstrument", das die Geschlechtstypisierung der BEM-Skala zu ergänzen in der Lage ist.

[95] Die Gesamt- bzw. Megaskala zu Mutterschaft wird in weiteren Verfahrensschritten untersucht; sie bestätigt sich hier als eine "traditionell-weibliche" Konzeption von Mutterschaft (vgl. die Ausführungen zu "Analyse und Auswertung der Mutterschaftsskalen").

Für die *Aussiedlerinnen* (vgl. Tab. Korr 6) zeigt sich die Konzeption anders; die Vorstellung von "alternativen" Konzepten korreliert positiv jeweils mit der weiblichen (.25*) sowie mit der männlichen Selbstbeschreibung (.34**). Die Skala Weiblichkeit zeigt einen positiven Zusammenhang mit der weiblichen Selbstbeschreibung (.24*). Erstaunlich ist, daß die Aussiedlerinnen nur einen Zusammenhang zwischen der körperlichen Erfahrung von Mutterschaft und der weiblichen Selbstbeschreibung zeigen, dieser sich aber nicht für die lebenserfüllende Dimension nachweisen läßt. Hier scheint sich anzudeuten, daß "Weiblichkeit" von den Aussiedlerinnen vornehmlich über die körperlichen Erfahrungen, auch von Mutterschaft, definiert wird - im Sinne der "Natur" der Frau. Eine alternative Lebenskonzeption wird sowohl mit der männlichen als auch der weiblichen Selbstbeschreibung verknüpft und ist nicht geschlechtsspezifisch festgelegt.

Bei den *Frauen aus der Türkei* korreliert die weibliche Selbstbeschreibung ebenfalls positiv nur mit der körperlichen Dimension der "traditionell-weiblichen" Mutterschaftseinstellung (Weiblichkeit .31**). Auch bei ihnen scheint die Definition von "Weiblichkeit" mit den körperlichen Erfahrungen des Frauseins verknüpft zu sein. Die "alternative" Einstellung zu Mutterschaft zeigt einen positiven Zusammenhang mit der weiblichen Selbstbeschreibung (.28*) - was darauf hindeuten könnte, daß die Frauen aus der Türkei die Lebensmöglichkeiten außerhalb von Ehe in anderen Lebensgemeinschaften mit dem von ihnen erfahrenen alltäglichen Lebenszusammenhang eines weiblichen Netzwerkes assoziieren (vgl. die Ausführungen in Teil I der Arbeit, "Herkunftskontext"). Für diese Gruppe können keine Zusammenhänge zwischen der männlichen Selbstbeschreibung und den Einstellungen zu Mutterschaft nachgewiesen werden.

Auch bei den *westdeutschen Frauen* zeigen sich keine Zusammenhänge zwischen männlicher Selbstbeschreibung und den Mutterschaftseinstellungen. Bei ihnen korrelieren beide Dimensionen der "traditionellen" Mutterschaftseinstellung mit der weiblichen Selbstbeschreibung (Weiblichkeit .27*, Lebenserfüllung .25*). Die Einstellung zur geschlechtsspezifischen Arbeitsteilung (MUT 5) korreliert negativ mit der weiblichen Selbstbeschreibung (-.26*). Demnach scheint eine weibliche Selbstbeschreibung unvereinbar mit der Forderung nach männlicher Beteiligung bei der Kinderfürsorge und -betreuung zu sein.

Insgesamt zeigt sich, daß die Mutterschaftseinstellungen keinen Zusammenhang mit der männlichen Selbstbeschreibung aufweisen. Nur bei den Aussiedlerinnen zeigt sich ein Zusammenhang zwischen der "alternativen" Konzeption mit der Selbstbeschreibung als männlich (und auch weiblich). Für die Aussiedlerinnen und Frauen aus der Türkei scheint ihr Konzept von Weiblichkeit eher über die Körperlichkeit der Frau und die körperlichen Erfahrungen von Mutterschaft definiert zu sein. Dieser Zusammenhang besteht auch für westdeutsche Frauen, allerdings hier in Kombination mit ihrer Zustimmung zur lebenserfüllenden Bedeutung von Mutterschaft.

Tab. Korr 6: Korrelationen der Mutterschaftsskalen und den FEM/MAS Werten nach Einzelgruppen

Skalen	A		T		D	
	FEM	MAS	FEM	MAS	FEM	MAS
Alt. Lk (Mut 1)	.25*	.34**	.28*	.18	-.12	.03
Weiblichkeit (Mut 2)	.24*	.04	.31**	.19	.27*	-.21
Erfüllung (Mut 3)	.11	.12	.10	.15	.25*	-.16
Belastung (Mut 4)	---	---	---	---	-.02	-.09
Get.Eltern (Mut 5)	---	---	---	---	-.26*	.05

9.4 Erziehungsskalen

Mutterschaft zu untersuchen, erfordert zum einen die Analyse der ideologischen (Einstellungs-)Konzepte, zum anderen deren alltagspraktische (Verhaltens-)Komponente. Die alltägliche erzieherische Praxis von Mutterschaft wurde in der Untersuchung über einen Fragebogen zu Erziehungseinstellungen erfragt.

Die erzieherische mütterliche Praxis miteinzubeziehen hat nicht nur den Vorteil, die Einstellungen zur Mutterschaft ebenso wie die Geschlechtstypisierung um diesen Aspekt von Mutterschaft erweitern zu können, sondern sie bietet darüber hinaus die Möglichkeit, die in den inhaltlichen Hypothesen angesprochenen Charakteristika der Erziehung unter Migrations- und Einwanderungsbedingungen bzw. der Minoritätenerziehung zu ergänzen.

Die Konzeption der Erziehungsskalen zielte nicht auf die Erfassung eines kontextunspezifischen Erziehungsstils, sondern auf erziehungsrelevante Einstellungen und weitergefaßte Aspekte der mütterlichen Praxis, wie z.B. die Planung erzieherischer Aktivitäten. Die Verknüpfung der Meßbereiche der Erziehungsskalen zu den Bereichen Mutterschaft und Geschlechtsrollentypisierung schließlich ergänzt die Kontextbedingungen für Erziehung um diese integrativen Bestandteile des mütterlichen Erziehungsverhaltens.

Es kann angenommen werden, daß die *Planung* und Reflexion der eigenen erzieherischen Praxis sowie das damit verbundene Ziel, die Förderung der Selbständigkeit und Eigenständigkeit des Kindes, Dimensionen der westdeutschen Erziehungsvorstellungen sind. Umgesetzt werden sie über ein Erziehungsverhalten, welches sich als permissiv, *nachgiebig* und tolerant (im Sinne von anti-autoritär/demokratisch) sowie *geschlechtsneutral* versteht. Diese Erziehungsvorstellungen und ihre Praxis können als ein individualistisches Erziehungskonzept bezeichnet werden (vgl. die Ausführungen in Teil I, "Westliche Mutterschaft"). Das Kind als Individuum rückt in das Zentrum der Mutterschaft. Die Einwanderinnen, insbesondere die Aussiedlerinnen, sind unausweichlich mit dem hiesigen Erziehungsideal konfrontiert und befinden sich in ständiger Auseinandersetzung und Vermittlung zwischen der Erziehungsvorstellung und Praxis der ehemaligen Sowjetunion - die als eine autoritäre beschrieben wird -, und der BRD - die sie als eine freizügige, anti-autoritäre einschätzen (vgl. die Ausführungen in Teil 1 zu Mutterschaft und Einwanderung/Migration, insbesondere die Hypothese A5).

9.4.1 Gehalt der Erziehungsskalen

Der ursprüngliche Erziehungsfragebogen bestand aus sechs Subskalen, deren Items z. T. selbst entwickelt und zum Teil herkömmlichen Untersuchungen zu Erziehungseinstellungen entnommen wurden:
1. Skala zur Messung der Dimension: "Normative Beschäftigungsintensität" (Drei Items, Eigenentwicklung)
2. Skala zur Messung der Dimension: "Reflexion erzieherischen Verhaltens" (Vier Items; die Skala wurde angelehnt an die Untersuchung von Horst Nickel/ Bernd Ungelenk 1980; Trennschärfewerte s. Nickel.)
3. Skala zur Messung der Dimension: "Autoritäres/permissives Erziehungsverhalten" (Zehn Items; die Skala wurde angelehnt an die Version der Skala Schneewind, Klaus A. u. a. 1985 in der Untersuchung von Hans Merkens/ Bernhard Nauck, vgl. Merkens/Nauck, 1990.)
4. Skala zur Messung der Dimension: "Mütterliche Alleinzuständigkeit" (Fünf Items;die Skala ist eine Eigenentwicklung.)
5. Skala zur Messung der Dimension: "Geschlechtsspezifische Erziehungseinstellung". Die Skala besteht aus zwei Items (Eigenentwicklung).
6. Skala zur Messung der Dimension: "Geschlechtsspezifische Erziehungswertorientierungen" (Drei Subskalen: Konformität, Emotionalität, Autonomie, mit je sechs Eigenschaften; die Skala wurde - in ausgewählten Items - an die Untersuchung von Ernst-Hartmut Hoff/ Veronika Grüneisen angelehnt, vgl. Hoff/Grüneisen 1978.) In der Hauptbefragung wurde sie geschlechtsspezifisch variiert und in zwei Versionen für Tochter und Sohn eingesetzt.

Auf der Basis dieser Skalen und der Datenlage der Hauptuntersuchung wurde folgende aktuelle Version der Skalen erarbeitet, die auch die Auswertung leitete[96]:

---

[96] Der Einbezug dieser Skalen in die Auswertung hat exemplarischen Charakter insofern, als ihr bis dato erreichter Entwicklungsstand, empirisch gesehen, nicht ganz mit dem Niveau des Mutterschaftsfragebogens vergleichbar ist.

Abb. Erz 1: Inhaltliche Zusammensetzung der Erziehungsskalen und interne Konsistenz

Mütterliche Kontrolle alpha= .85	Mütterliche Planung alpha= .72	Mütterliche Nachgiebigkeit alpha= .55	Geschlechtsneutrale Erziehung alpha= .50
257. Alleine ich als Mutter weiß immer, was für mein Kind das Beste ist.	240. Bevor ich meinem Kind gegenüber etwas unternehme, denke ich lange darüber nach.	258. Ich bin *nicht* gleich böse, wenn mein Kind etwas vergessen hat, was ich ihm aufgetragen habe.	241. Meine Tochter soll sich wie ein Mädchen und mein Sohn wie ein Junge benehmen. (-)
254. Ich höre mir zwar bei bestimmten Fragen an, was mein Kind zu sagen hat, die Entscheidungen treffe ich aber allein.	253. Ich teile meine Zeit ein und plane genau, was ich mit meinen Kindern unternehmen will.	251. Ich bin nicht gleich böse, wenn mein Kind mal unpünktlich ist.	255. Ich will auf *keinen* Fall, daß sich meine Tochter wie ein typisches Mädchen und mein Sohn sich wie ein typischer Junge verhält.
260. Ich erlaube auf *keinen* Fall, daß mein Kind mir widerspricht.	245. Ich beschäftige mich sehr intensiv mit meinen Kindern (basteln, spielen, etc.).	256. Wenn mein Kind mich mal geärgert hat, vergesse ich es schnell wieder.	
259. Ich als Mutter sollte Tag und Nacht für mein Kind da sein.	238. In der Regel überlege ich mir schon im voraus, wie ich mich meinem Kind gegenüber am besten verhalte.		
249. Ich dulde es auf *keinen* Fall, daß mein Kind von meinen Anordnungen abweicht.	242. Wenn mein Kind etwas tun soll, wozu es keine Lust hat, braucht es das *nicht* zu machen.		
250. Den Kindern geht es gut, wenn sie das mitmachen, was ich sowieso vorhabe, wie z. B. Besuche.			
243. Andere Personen sind immer ein schlechter Ersatz für mich als Mutter.			
239. Wenn ich meinem Kind etwas verbiete und es bettelt eine Weile, erlaube ich es schließlich doch.			

9.4.2 Meßbereiche und Reichweite der Erziehungsskalen

Die Skala *"mütterliche Kontrolle"* setzt sich aus den Einstellungen zusammen, die die Rolle der Mutter als Verantwortungs- und Entscheidungsinstanz betonen (- wissen, was das Beste für das Kind ist -). Die Mutter stellt sich in ihren Entscheidungen als konsequent und kontrollierend dar - hier sind die Aspekte des autoritären Erziehungsverhaltens (vgl. oben) eingegangen. Die

Verantwortung und auch Kontrolle wird eindeutig und (selbstbewußt) der Person der Mutter (als Expertin) zugeordnet (- Tag und Nacht da sein -, - andere Personen sind ein schlechter Ersatz -). Diese Skala wird in der weiteren Auswertung als eine "etic"-Skala behandelt, da sie für alle drei Gruppen bestätigt werden konnte und für den interkulturellen Vergleich als zulässig gelten kann.
Die Skala *"mütterliche Planung"* drückt eine Reflexion und Planung der erzieherischen Praxis aus. Der Alltag mit den Kindern, bestimmte Entscheidungen und Handlungen werden im voraus sorgsam überlegt. Die eigene Zeit wird für gemeinsame Unternehmungen strukturiert und eingeteilt (z. B. intensives Spielen), die Bedürfnisse des Kindes werden mit den Bedürfnissen der Mutter ausgehandelt (- wenn es keine Lust hat, braucht es das nicht zu machen -). Diese Skala wird aufgrund des befriedigenden Konsistenzwertes für die Gesamtgruppe zum Vergleich der drei Gruppen weiter ausgewertet (allerdings erweist sich diese Konzeption nur für die Aussiedlerinnen als konsistent).
Die Skala *"mütterliche Nachgiebigkeit"* drückt eine permissive Haltung gegenüber dem Kind aus. Vergeßlichkeit, Unpünktlichkeit und Ärgernisse des Kindes werden von der Mutter mit Nachsicht (- ich bin nicht gleich böse -) und Geduld behandelt. Die Skala wird in der weiteren Auswertung als eine "emic"-Skala verwendet und nur für die Aussiedlerinnen ausgewertet.
Die Skala *"geschlechtsneutrale Erziehung"* drückt die Einstellung zur klassischen geschlechtsspezifischen Erziehung (- typische Mädchen- oder typische Jungenerziehung -) aus. Ihr Konsistenzwert liegt bei den Frauen aus der Türkei am höchsten, von ihnen sind die Items am deutlichsten als zusammenhängend angegeben worden. Diese Skala wird ebenfalls als "emic"-Skala nur für die Frauen aus der Türkei weiter in die Untersuchung einbezogen.

Tab. Erz 1: Interne Konsistenzen der Erziehungsskalen nach Gesamt- und Einzelgruppe

Skalen	Gesamt	A	T	D
Kontrolle	.85	.74	.80	.72
Planung	.72	.60	.52	.40
Nachgiebigkeit	.55	.62	.42	.44
Geschlechtsneutral	.50	.45	.60	.46

9.4.3   Auswertung der Erziehungsskalen

In den Erziehungseinstellungen ergeben sich gruppenspezifische Unterschiede, die sich signifikant nachweisen lassen ($p<.001$) (vgl. Tab. Erz 2).
Bei der Skala mütterliche Kontrolle zeigt sich ein signifikanter Unterschied zwischen den westdeutschen Frauen ($x=1,52$) und den Einwanderinnen (A: $x=2,27$; T: $x=2,26$). Demnach stimmen die westdeutschen Frauen (signifikant) der Einstellung "mütterliche Kontrolle" in geringerem Ausmaß zu.

Einer Entscheidungs- und Verantwortungsposition der Mutter, die sich auf eine kontrollierende, autoritäre Erziehung stützt, kann von den westdeutschen Frauen so nicht zugestimmt werden. Die Aussiedlerinnen und Frauen aus der Türkei hingegen stimmen diesem Erziehungsverhalten stärker zu. Sie können sich stärker als die westdeutschen Frauen als kontrollierende und autoritäre Mutter definieren, die sich zugleich als Expertin für das Kind versteht.

Der Planung von mütterlicher bzw. erzieherischer Praxis stimmen (auf den ersten Blick erstaunlich) die Frauen aus der Türkei (x=2,27) im Vergleich mit den Aussiedlerinnen (x=2,08) und den westdeutschen Frauen (x=2,05) am stärksten zu. Insgesamt haben alle Frauen den Items dieser Skala bevorzugt zugestimmt, d. h. für alle Frauen scheint es bedeutsam zu sein, den Alltag mit den Kindern für gemeinsame Erfahrungen und Erlebnisse sowie für Entwicklungen des Kindes (Spiel- und Lernaktivitäten) zu strukturieren und freizumachen. Erstaunlich ist, daß die Frauen aus der Türkei dieser Skala stärker zustimmen als die anderen beiden Gruppen. Es kann vermutet werden[97], daß die Arbeitsmigrantinnen die mütterliche Planung vorzugsweise im Sinne der langfristigen Zukunft des Kindes interpretieren - eine verständliche Betrachtungsweise, da die Zukunft ihrer Kinder (ihre Bildungs- und Berufschancen, die materielle und rechtliche Situation sowie ihr sozialer Status in der BRD) weitaus unsicherer ist als für die Kinder der beiden anderen Gruppen (Statusvorteile der Aussssiedlerinnen).

Der Mittelwert (2,59) der Aussiedlerinnen zu der Einstellungsskala "Mütterliche Nachgiebigkeit" zeigt, daß sie dieser Dimension insgesamt hoch zustimmen können. Für die Zustimmung der Aussiedlerinnen spielt sicherlich die Auseinandersetzung mit ihrer im Herkunftskontext gelebten Erziehungspraxis eine Rolle. Das Ergebnis weist darauf hin, daß in der Konfrontation mit dem hiesigen Erziehungsideal die gelebte Erziehungspraxis kritisch hinterfragt und modifiziert wird.

Der Mittelwert (1,76) der Frauen aus der Türkei zu der geschlechtsneutralen Erziehungseinstellung zeigt, daß sie dieser Dimension gegenüber insgesamt eine eher ablehnende Haltung einnehmen, eine geschlechtsspezifische Erziehung ist für die Befragten aus der Türkei von Bedeutung. (Da ein Vergleich zwischen den Gruppen bei den Einstellungsskalen "Nachgiebigkeit" und "Geschlechtsneutral" nicht möglich ist, wird ein Vergleich der Gruppen auf Einzelitemebene stattfinden.)

Zusammenfassend ergibt sich, daß für die Einwanderinnen eine kontrollierend-autoritäre Erziehungseinstellung von stärkerer Bedeutung ist als für die westdeutschen Frauen, diese lehnen ein solches Erziehungskonzept deutlich ab. Die Aussiedlerinnen und Frauen aus der Türkei vertreten eine positive Einstellung zu einer eher autoritären Erziehungspraxis, die sich aus der Auffassung, als Mutter Expertin für das Kind zu sein, legitimiert. Hingegen ist der Einstellung der Planung von Erziehung von allen drei Gruppen zugestimmt worden,

---

[97] Dies bestätigen die begleitenden Gruppendiskussionen mit den Befragten aus der Türkei.

wobei die Befragten aus der Türkei diesem Konzept wesentlich stärker zugestimmt haben. Ihre Haltung wird darin begründet sein, daß für sie die Sorge um und auch die Planung der (langfristigen) Zukunft der Kinder ein dringlicheres Anliegen ist als für die anderen beiden Gruppen. Aussiedlerinnen und westdeutsche Frauen haben die Items der Skala vermutlich im Sinne der kurzfristigen und alltäglichen Planung beantwortet.

Die Aussiedlerinnen stimmen dem hiesigen Erziehungsideal entlang der Dimensionen mütterliche Planung und Nachgiebigkeit zu und zugleich der Dimension der autoritär-kontrollierenden Erziehung. Ihre Zustimmung zu den Skalen "Mütterliche Kontrolle" und "Nachgiebigkeit" verweist nicht nur auf die Konfrontation zwischen der westlichen und sozialistischen Erziehungspraxis, sondern scheint auch charakteristisch für die Erziehung in Minoritätenlebenslagen zu sein (vgl. die Ausführungen zu Mutterschaft unter der Bedingung von Einwanderung/Migration für Arbeitsmigrantinnen Hypothese T1 sowie die Ausführungen zu Mutterschaft von deutschen Frauen in der ehemaligen Sowjetunion, besonders Merkmal 13).

Die Frauen aus der Türkei stimmen dem hiesigen Erziehungsideal in der Konzeption der Planbarkeit und Intensivierung von Erziehung stark zu, gleichzeitig wird der mütterlichen Kontrolle zugestimmt und eine geschlechtsneutrale Erziehung eher abgelehnt.

Ein weiteres aufschlußreiches Ergebnis zeigt die Analyse entlang der "Qualifikationsschicht" (Tab. Erz 3): Die Einstellung "Mütterliche Kontrolle" wird signifikant weniger stark von Frauen eingenommen, die der hohen "Qualifikationsschicht" zugeordnet sind. Die Einstellung "Mütterliche Planung" wird stärker von Frauen vertreten, die der niedrigen Schicht angehören. Hier setzt sich vermutlich der Gruppeneffekt durch. Auch hier zeigt sich - wie bei der Beantwortung der Mutterschaftsskalen - daß die "Qualifikationsschicht" neben der "Gruppenzugehörigkeit" der befragten Aussiedlerinnen, der Frauen aus der Türkei und der westdeutschen Frauen einen bedeutsamen Einfluß auf die Beantwortung der Erziehungsskalen ausübt.

Tab. Erz 2: Mittelwerte, Abweichungen, Varianzanalyse der Erziehungsskalen nach Gesamt- und Einzelgruppen

	G (N=246)	A (N= 79)	T (N=83)	D (N=84)	F-Wert
Kontrolle	2.01 .55	2.27^b .43	2.26^b .47	1.52^a .36	F=(df=2,248) 86.35***
Planung	2.29 .46	2.08^b .39	2.72^a .27	2.05^b .36	F=(df=2,250) 107.71***
Nachgiebigkeit	2.51 .45	2.59^b .43	2.27^a .46	2.67^b .37	F=(df=2,250) 23.18***
Geschlechtsneutral	1.89 .69	1.56^b .55	1.76^b .71	2.33^a .57	F=(df=2,249) 35.75***

Erklärung der Zeichen in den folgenden Tabellen:
Signifikanzniveau: ***p<.001. **p<.01, *p<.05: Gemäß Nachtest (Scheffé-Test) auf 5% Niveau signifikante Unterschiede zwischen ^{a} und ^{b}

Tab. Erz 3: Mittelwerte, Abweichungen, Varianzanalyse der Erziehungsskalen nach der Schichtzugehörigkeit

	hohe Schicht	mittlere Schicht	niedrige Schicht	F-Wert
Kontrolle	1.70^a .47	2.05^b .59	2.15^b .49	$F(2,250)= 13.35$ ***
Planung	2.11^b .34	2.14^b .45	2.49^a .44	$F(2,254)= 21.62$ ***
Nachgiebigkeit	2.63^b .41	2.59^b .44	2.37^a .48	$F(2,252)= 8.21$***
Geschlechts-neutral	2.09^a .69	1.88 .70	1.81^b .68	$F(2,251)= 3.11$*

9.4.4 Korrelationen der Erziehungsskalen mit der BEM-Skala und den Mutterschaftsskalen

Zwischen den Erziehungseinstellungen "Kontrolle" und "Planung" (.36**) zeigt sich ein mittelstarker positiver Zusammenhang. Beide Konzeptionen werden positiv miteinander verknüpft (Tab. Erz 4). Sie korrelieren beide positiv mit der weiblichen Selbstbeschreibung, während sich mit der männlichen Selbstbeschreibung nur ein schwacher Zusammenhang zeigt.

Die Einstellung "Mütterliche Kontrolle" zeigt einen starken positiven Zusammenhang mit den Mutterschaftseinstellungen "Weiblichkeit" (.66**) und "Lebenserfüllung" (.61**). Die Einstellung Mütterliche Planung zeigt dagegen nur vergleichsweise schwache Zusammenhänge mit diesen Mutterschaftseinstellungen.

Demnach ist die Dimension "Mütterliche Kontrolle" mit der weiblichen Selbstbeschreibung und den "traditionellen" Mutterschaftseinstellungen positiv verknüpft. Die kontrollierende-autoritäre Erziehungseinstellung scheint mit einer stereotyp-weiblichen Einstellung zum Lebensbereich Frausein und Muttersein zusammenzuhängen.

Tab. Erz 4: Korrelationen der Erziehungsskalen untereinander, mit Fem/Mas und Mutterschaftsskalen nach Gesamtgruppe

	Kontrolle	Planung
Planung	.36**	
FEM	.40**	.45**
MAS	.16*	.17*
Weiblichkeit	.66**	.26**
Lebenserfüllung	.61**	.13*

Da die Einstellung "Mütterliche Kontrolle" als eine "etic"-Konzeption betrachtet wird und ebenso die "traditionellen" Mutterschaftseinstellungen sowie die weibliche wie auch männliche Selbstbeschreibung sich als solche bestätigen lassen, scheint ein Vergleich der Korrelationen zwischen den Gruppen ergiebig

zu sein (vgl. Tab. Erz. 5/kursiv Gedrucktes): Dabei zeigt sich, daß die Einstellung "Mütterliche Kontrolle" bei allen drei Gruppen positiv mit der weiblichen Selbstbeschreibung korreliert, allerdings bei den Einwanderinnen (A:.42**, T:.37**) deutlich stärker als bei den westdeutschen Frauen (D:.26*).
Die Verknüpfung der Skala "Kontrolle" mit der weiblichen Selbstbeschreibung scheint bei den Einwanderinnen bedeutsamer zu sein als bei den westdeutschen Frauen. Allerdings ergibt sich ein *ebenso* starker Zusammenhang mit der männlichen Selbstbeschreibung, der bei den Einwanderinnen positiv (A:.31**, T:.35**) und bei den westdeutschen Frauen negativ ist (D:-.29**). Für die befragten westdeutschen Frauen scheint die "mütterliche Kontrolle" unvereinbar mit einer männlichen Selbstbeschreibung zu sein, sie wird als *gegensätzliches* Konzept angesehen. Hingegen wird von den Aussiedlerinnen und den Frauen aus der Türkei die "mütterliche Kontrolle" sowohl mit der weiblichen als auch männlichen Selbstbeschreibung als *vereinbar* und *zusammengehörig* angegeben. Die Erziehungseinstellung mütterliche Kontrolle wird bei den Einwanderinnen demnach nicht nur mit einer stereotyp-weiblichen Einstellung zum Lebensbereich Frausein verknüpft, sondern auch mit "männlichen" Anteilen. Die Macht- und Entscheidungsposition, die der Frau innerhalb der Familie bezüglich ihrer Erziehungskompetenz zukommt, scheint sich darin auszudrücken. Mütterliche Kontrolle vermittelt sich bei ihr nicht nur auf der kindorientierten, fürsorgerischen und emotionalen Ebene (Expressivität), sondern auch auf der Ebene Kompetenz, Rationalität und Selbstbewußtsein (Instrumentalität). Die Frau sieht sich als Expertin, fällt Entscheidungen und muß diese durchsetzen und vertreten können gegenüber dem Kind, der Familie und der Außenwelt. Die Konzeption der Erziehungseinstellung "Mütterliche Kontrolle" bezieht sich bei den Einwanderinnen auf ein Repertoire von sowohl als weiblich beschriebenen Eigenschaften und Verhaltensweisen als auch von als männlich beschriebenen. Die westdeutschen Frauen scheinen die Entscheidungs- und Kontrollkompetenzen (männliche bzw. instrumentelle Anteile der Selbstbeschreibung) eher an andere Bereiche zu knüpfen: Sie stehen unabdingbar im Widerspruch zu der Erziehungseinstellung mütterliche Kontrolle. Eine kontrollierende Erziehungseinstellung wird von ihnen nur mit der Ebene der Emotionalität und Fürsorge als zusammengehörig betrachtet.
Der positive Zusammenhang der "mütterlichen Kontrolle" mit den "traditionellen" Mutterschaftsskalen bestätigt sich am deutlichsten bei den Frauen aus der Türkei und den westdeutschen Frauen (vgl. Tab. Erz 5). Bei den Aussiedlerinnen zeigt sich dieser Zusammenhang deutlich schwächer. Die Frauen aus der Türkei und die westdeutschen Frauen scheinen.demnach die kontrollierend-autoritäre Erziehungseinstellung mit der kontinuitätssichernden und stereotyp-weiblichen Mutterschaftseinstellung stärker als ein zusammengehöriges Konzept zu betrachten als die Aussiedlerinnen. Hier kann aus der Herkunftsperspektive der Aussiedlerinnen heraus vermutet werden, daß Erziehung nicht als alleinige Kompetenz und Aufgabe der Mutter definiert, sondern in viel stärkerem Maße als staatliche Aufgabe betrachtet und prak-

tiziert wurde. Die Erziehungsaufgabe und -praxis war eingelagert im Spannungsfeld Staat - Familie, wobei zu vermuten ist, daß die Aussiedlerinnen durch ihre Lebenslage als Minorität die Erziehungsaufgabe eher im Bereich der Familie ansiedelten (vgl. die Ausführungen zu "Konstitutive Merkmale der Mutterschaft von deutschen Frauen in der ehemaligen Sowjetunion", insbesondere die Merkmale 11, 13).

Tab. Erz 5: Vergleich der Korrelationen der Erziehungsskala "Mütterliche Kontrolle" mit den anderen Erziehungsskalen, den Mutterschaftsskalen und Fem/Mas nach Gesamt- und Einzelgruppe

	G	A	T	D
Planung	.36**	.26*	-	-
Nachgiebigkeit	-	.30**	-	-
Geschlechtsneutral	-	-	-.53**	-
Fem	.40**	.42**	.37**	.26*
Mas	.16*	.31**	.35**	-.29**
Alternative Lebenskonzepte	-.06	.28*	.18	-.24*
Weiblichkeit	.66**	.25*	.59**	.42**
Lebenserfüllung	.61**	.26*	.46**	.49**
Belastung	-	-	-	.15
Geteilte Elternschaft	-	-	-	-.28**

10 Zusammenfassende Diskussion

10.1 Darstellung der Ergebnisse der Einstellungsuntersuchung zu Mutterschaft, weiblichem Selbstkonzept und Erziehungsvorstellungen

Mutterschaftsskalen

Die vielfältigen Ergebnisse der Einstellungsskalen zu Mutterschaft weisen zunächst darauf hin, daß Mutterschaft für die Gruppe der Arbeitsmigrantinnen und die der Aussiedlerinnen ein inhärenter Bestandteil des weiblichen Lebenskonzeptes ist und über die "traditionell-weiblichen" Erfahrungsbereiche, die Bedeutung von Schwangerschaft und Geburt, die Unersetzbarkeit der mütterlichen Erfahrung und die damit verbundenen Glücksgefühle, positiv begründet wird.

Mutterschaft, in solcher Weise als zentraler Aspekt weiblicher Erfahrung bestimmt, erweist sich für beide Gruppen von Einwanderinnen als zur "Normalbiographie" der Frau gehörig. Das Erleben von Mutterschaft ist, so wird deutlich, für die Einwanderinnen aufgrund der Erfahrungen ihres - spezifischen - Herkunftskontextes mit grundsätzlich positiven individuellen und sozialen sowie überwiegend statuserhöhenden Konsequenzen verbunden, die umfassend ihre Erwartungen bestimmen.

Demgegenüber weichen die westdeutschen Frauen in dieser Dimension ihrer Einstellung zu Mutterschaft erheblich von der Einstellung der Einwanderinnen ab: Mutterschaft und Weiblichkeit gehören für sie in dem Maße nicht zusammen, ihr Konzept von Mutterschaft erscheint widersprüchlicher.

Zu dem Aspekt der Bedeutung von Mutterschaft im weiblichen Lebenslauf kann ebenfalls festgehalten werden, daß die Einwanderinnen diese höher bewerten als die westdeutschen Befragten. Dieses Ergebnis erklärt sich vor dem Hintergrund der - nicht hinterfragten - Position von Kindern im Lebenslauf und im Selbstkonzept der beiden befragten Gruppen. Zudem kann davon ausgegangen werden, daß berufstätige Frauen im Herkunftskontext beider Gesellschaften die "Entweder-Oder-Problematik" nicht in dem Maße wie die westdeutschen Frauen erlebten, so daß auch in dieser Erfahrung eine weitere Basis für ihre - vergleichsweise - positive Zustimmung zu einem erfüllten Frauenleben durch Mutterschaft liegt.

Darüber hinaus erfuhren die Einwanderinnen - in beiden Herkunftsgesellschaften - durch ihre Kinder eine Kontinuität zwischen dem gesellschaftlich vermittelten, zugeschriebenen Status des Mutterseins und der mütterlichen Fürsorgerolle, die sie vermutlich im Aufnahmekontext der Bundesrepublik als positive Erwartungshaltung bewahren werden.

Daß die westdeutschen Frauen einem erfüllten Frauenleben durch Kinder kritisch-distanziert gegenüberstehen, erklärt sich durch den gesellschaftlichen Kontext und die Veränderungen, die sich in den letzten Jahrzehnten in den Lebensgestaltungsmöglichkeiten für Frauen ergeben haben, aber auch dadurch, daß dem "Muttersein" und der Sorge für Kinder in der Bundesrepublik Deutschland kein selbstverständlicher Wert mehr zugemessen wird.

Die Aussiedlerinnen stimmten signifikant unterschiedlich zu den Frauen aus der Türkei der lebenserfüllenden Bedeutung von Mutterschaft zu - die letzteren konnten sich eher als Aussiedlerinnen ein Leben *ohne* Kinder vorstellen. Die Frauen aus der Türkei scheinen sich mit der bundesdeutschen gesellschaftlichen Realität und den damit verbundenen negativen, aber auch positiven Erfahrungen auseinandergesetzt zu haben.

Die weitere Dimension von Mutterschaft, welche die Gestaltung des Lebens außerhalb der herkömmlichen Formen umfaßt ("Alternative Lebenskonzepte"), wurde von allen drei Gruppen tendenziell abgelehnt. (Diese Skala wurde als tendenzielle "etic"-Skala ausgewertet; sie erwies sich für die westdeutschen Frauen als "emic"-Skala mit hoher interner Konsistenz.) Die westdeutschen Frauen haben den Items der Skala "Alternative Lebenskonzepte" im Vergleich zu den Aussiedlerinnen stärker zugestimmt und unterscheiden sich signifikant von dieser Gruppe, aber nicht von der Gruppe der Frauen aus der Türkei. Die Aussiedlerinnen lehnten diesen Aspekt am stärksten ab, was die Vermutung nahelegt, daß ihre Reaktion mit der von ihnen vertretenen unhinterfragten Bedeutung von Mutterschaft sowie mit ihrem Nichtvertrautsein mit den in dieser Einstellung verkörperten westlich-individualistischen Lebensformen zusammenhängt. Das erstaunliche Ergebnis, daß sich die Befragten aus der Türkei in dieser Dimension weder signifikant von den Aussiedlerinnen noch von den westdeutschen Frauen unterscheiden, mag einerseits mit dem Stand der Einwanderungserfahrung dieser Gruppe zu tun haben, andererseits damit, daß die Frauen aus der Türkei ihrerseits die Begriffe "Ehe" und "Familie" mit weitergesteckten Beziehungen (wenn auch nicht mit im westlichen Sinne "alternativen" Formen) assoziieren.

Mutterschaft und weitere Variablen

Neben dem Hauptfaktor "Gruppenzugehörigkeit" erweist sich für die Mutterschaftseinstellungen die sogenannte "Qualifikationsschicht" der befragten Frauen als von entscheidender Bedeutung, hingegen nicht andere Variablen, wie z. B. Einreisejahr, Alter der Kinder, Kinderzahl etc. (vgl. die Auswertung zu den sozialstatistischen Merkmalen). Eine eindeutig zustimmende Haltung zu den "traditionellen" Mutterschaftseinstellungen ist bei den Befragten der niedrigen und mittleren Qualifikationsschicht stärker gegeben als bei den Befragten aus einer hohen Qualifikationsschicht. D. h. die in den vorliegenden Auswertungen strukturierende Basisvariable "Gruppenzugehörigkeit" verliert damit nicht ihren determinierenden Einfluß, aber es kann davon ausgegangen werden, daß es einen ebenso bedeutsam wirkenden, strukturierenden Effekt durch die "Qualifikationsschicht" gibt - der allerdings nicht die Auswirkungen des Faktors "Gruppenzugehörigkeit" aufhebt. Wieweit sich damit beispielsweise ausdrückt, daß Befragte aus mittleren und höheren sozialen

Schichten und mit höherem Bildungsniveau die größeren "Freiheiten" haben, sich alternativen Einstellungen zuwenden zu können und sich der "traditionellen" Mütterlichkeit gegenüber distanziert zu äußern, ist eine Vermutung, die näher geprüft werden muß. Ebenso wäre denkbar, daß diese Gruppe größeren Zwängen bezüglich Mutterschaft und Mutterbildern ausgesetzt ist und/oder diese stärker zum Ausdruck bringt. Die Auswirkungen des Faktors "Qualifikationsschicht" auf weitere Teilbereiche der Befragung werden in den weiteren Auswertungen der Projektforschung geprüft.

Einzelitemanalyse

Die Einzelitemanalyse weist über die Unterschiedlichkeiten hinaus auf die Gemeinsamkeiten in den Einstellungsdimensionen der drei befragten Gruppen hin: Die Meinung, daß es an der Zeit ist, etwas über das Kinderaufziehen hinaus auszuprobieren (V.219) und daß alleinerziehende Mutterschaft eine "echte Alternative" für Frauen ist (V.233) wird von den Befragten aus allen drei Gruppen einheitlich nicht favorisiert.
Sie stimmen allerdings positiv darin überein, daß Kinder das Leben einer Frau erschweren (V.224), daß mehr Entlastung im Leben von Frauen zu mehr Spaß an Kindern führt (V.235), und daß Väter sich für die Versorgung und Betreuung von Kindern genauso wie Mütter einsetzen sollten (V.223).
Die Meinung, daß Kinderversorgung eine "Frauensache" ist und eine solche bleiben sollte (V.236), wird zwar tendenziell von allen drei Gruppen abgelehnt, jedoch lehnen die westdeutschen Frauen dies eindeutig stärker ab als die beiden Einwanderinnengruppen.
Zwar stimmen alle drei Gruppen zu, daß die Lebensbedingungen das generative Verhalten von Frauen beeinflussen (V.214), daß die heutige Gesellschaft zuviel Verantwortung der einzelnen Frau auflastet (V.231), und daß es unsinnig und ungerecht ist, daß die Fürsorgearbeit überwiegend von der Mutter erbracht werden soll (V.232), jedoch werden diese Items insbesondere von den türkischen Frauen bestätigt.
Die explizite Bejahung eines Frauenlebens *ohne* Kinder wird von den Einwanderinnen vergleichsweise stärker zurückgewiesen als von den westdeutschen Frauen: Sie können Frauen, die keine Kinder haben wollen und stattdessen für ihre eigenen Interessen leben, nur seltener akzeptieren (V.229).
Tendenziell zeigt die Itemanalyse damit auf, daß die Befragten aus der Türkei einer partnerschaftlichen Orientierung im Bereich der Kinderversorgung und Erziehung *positiv* gegenüberstehen und die traditionelle Arbeitsteilung kritisch beurteilen. Die Aussiedlerinnen dagegen sehen in diesem Bereich weiterhin eine Domäne der Frau, insbesondere in der Frage der Behütung, erachten aber den Berufsbereich als eine ebenso wichtige Dimension der Lebenserfüllung der Frau. Bei zwei Items (V. 215, 217) sind die Frauen aus der Türkei und die westdeutschen Frauen sich einig und unterscheiden sich somit von den Aussiedlerinnen: Aussiedlerinnen lehnen die Meinungen, daß die Berufstätig-

keit Kinder ersetzen kann (V.215), und daß Männer den Kindern genauso wie Frauen Schutz und Geborgenheit geben können, viel stärker ab (V.217).
Der expliziten Problematisierung des "Kinderkriegens" in dieser Gesellschaft wird von den Frauen aus der Türkei geringer zugestimmt, während diesem Item von den Aussiedlerinnen und - noch höher - von den westdeutschen Frauen zugestimmt wird (V.227). Die letzteren Gruppen scheinen auf ähnlich gelagerte Erfahrungen zurückgreifen zu können und sich in der Beurteilung der Schwierigkeiten, die das Leben mit Kindern für Frauen mit sich bringt, vielleicht auch in den Erwartungen an die gesellschaftliche Leistung, tendenziell einig zu sein.
Umgekehrt zu den westdeutschen Befragten verhalten sich die beiden Einwanderinnengruppen bezüglich der Frage der Gestaltung der Lebensformen, in denen Kinder aufwachsen; Aussiedlerinnen und ebenfalls die Frauen aus der Türkei befürworten eher das Leben in einer Frauengemeinschaft statt in der Ehe - eine Einstellung, die von den westdeutschen Frauen abgelehnt wird (V.211).
Die befragten westdeutschen Frauen scheinen demgegenüber stärker ein individualistisches - auf Mann und Frau ausgerichtetes - Lebenskonzept zu vertreten: So sind sie der Meinung, daß eine Liebesbeziehung auch ohne Kinder gelingen kann - was insbesondere von den Aussiedlerinnen, aber auch von den türkischen Frauen abgelehnt wird (V.222).

Interkorrelationen der Einstellungsskalen

Auf der Ebene des Zusammenhanges der einzelnen Dimensionen von Mutterschaft werden die oben beschriebenen Ergebnisse bestätigt: Zwischen den beiden Dimensionen des Erlebens von Mutterschaft bzw. der Zuschreibung des Stellenwertes von Mutterschaft im Leben einer Frau (MUT 2 und MUT 3) ergibt sich ein Zusammenhang, der das Konzept einer Einstellung, welche die beiden Dimensionen der körperlichen und emotionalen Erfahrungen und den Bereich "Lebenserfüllung" umfaßt, für alle drei Gruppen bestätigt. Unterschiedlich sind die Verknüpfungen, die sich ergeben: Für die befragten westdeutschen Frauen befindet sich das Konzept am deutlichsten entgegengesetzt dem Konzept der alternativen Vorstellung vom Leben einer Frau, dies gilt ebenfalls für die Aussiedlerinnen. Eine solche Entgegensetzung findet sich *nicht* bei den Befragten aus der Türkei, sie scheinen diese beiden Konzeptionen unabhängig voneinander zu betrachten: Bei ihnen berührt die Vorstellung von alternativen Lebensformen nicht ihre Vorstellung von Mutterschaft als "traditionellem" weiblichem Lebensbereich mit hoher positiver Besetzung.
Die Handhabung der Einstellungskonzepte durch die Aussiedlerinnen und die westdeutschen Frauen bestätigt den Eindruck einer bipolaren Konstruktion, die für die westdeutschen Frauen mit den polarisierten gesellschaftlichen Strukturen erklärt werden kann, aber auch mit der ideologischen Entgegensetzung von einerseits "traditioneller" Weiblichkeit und andererseits dem Leben

ohne Kinder oder Leben mit Kindern außerhalb von Mutterschaft. Die westdeutschen Befragten bilden weitere Entgegensetzungen: Für sie zeigen sich die kritisch-distanzierten Einstellungen (MUT 1 und MUT 4 und 5, die "emic"-Skalen) als eindeutig verknüpft mit der alternativen Einstellung zu Mutterschaft; aber die Zustimmung zu Mutterschaft als "traditionellem" weiblichem Lebensbereich erscheint als unvereinbar mit einer kritischen Haltung zur geschlechtsspezifischen Arbeitsteilung bei der Kinderbetreuung.

D. h. für westdeutsche Frauen zeigen sich hier Einstellungsbereiche, die offensichtlich gegenwärtig mit einem individuellen Frauenleben nicht (mehr) zu vereinbaren sind: Von erfüllter Mutterschaft zu sprechen und/oder entsprechende Erwartungen zu hegen, scheint für westdeutsche Frauen so nicht möglich zu sein. Mutterschaft in einer solchen - "traditionellen" - Richtung wird, so ist zu vermuten, als überwiegend einengend und einseitig empfunden und erlaubt beispielsweise nicht die gleichzeitige Zustimmung zur Kritik an der geschlechtsspezifischen Arbeitsteilung - wie es für die Frauen aus der Türkei der Fall ist. Die Befragten aus der Türkei scheinen in der Handhabung dieser Einstellungsbereiche eine größere Freiheit zu haben bzw. ihre Vorstellung "traditioneller" Weiblichkeit ist keine Entgegensetzung zu einer "alternativen" Betrachtungsweise.

Für die Aussiedlerinnen kann davon ausgegangen werden, daß die von ihnen gezeigte Dichotomie auf ihre sich im Anfang befindende Einwanderungssituation und die damit verbundenen hohen Anpassungsleistungen zurückzuführen ist, in der, so ist zu vermuten, jegliche alternative Vorstellung eher verunsichernd wirkt. In einem nach Kontinuität verlangenden emotionalen Prozeß wird zusätzliche Verunsicherung als Belastung empfunden, die folglich ebenso stark abgelehnt wie der Kontinuität zugestimmt werden muß.

Ergebnisse der BEM-Skala

Die Häufigkeitsverteilung der Fem- und Mas-Skalen nach Gesamtgruppe und einzelnen Gruppen zeigte auf, daß die Selbsteinschätzung *aller drei befragten Gruppen* in Richtung Weiblichkeit liegt. Die Befragten der Gesamtgruppe haben sich stärker "feminin" als "maskulin" eingeschätzt und sie haben sich heterogener in bezug auf die Mas-Items geäußert.

Festzustellen ist, daß die Gruppenzugehörigkeit bzw. die Herkunft einen signifikanten Einfluß auf das Ausmaß an Weiblichkeit - aber nicht an Männlichkeit - hat. Die Frauen aus der Türkei haben sich auf der Mas-Skala im Vergleich zu den anderen Gruppen eher "männlicher" eingestuft; es ergeben sich hierbei jedoch keine signifikanten Unterschiede. Sie haben sich aber eindeutig signifikant "weiblicher" als Aussiedlerinnen und westdeutsche Frauen eingeschätzt. Auffallend ist im weiteren, daß sich die Aussiedlerinnen und insbesondere die Frauen aus der Türkei nicht nur "androgyn" eingeschätzt haben, sondern die Aussiedlerinnen haben sich häufiger "maskulin" und "undifferenziert", die Arbeitsmigrantinnen häufiger "feminin" eingestuft

(Median-Split-Methode). Die westdeutschen Frauen, die in allen vier Kategorien ausgewogener verteilt sind, befinden sich in den "maskulinen" und "undifferenzierten" Kategorien und haben sich vergleichsweise seltener "androgyn" eingeschätzt.

Der Einfluß der "Qualifikationsschicht" erweist sich bei der BEM-Skala als nicht signifikant, d. h. in diesem Einstellungsbereich muß angenommen werden, daß die Herkunft bzw. Gruppenzugehörigkeit von ausschlaggebender Bedeutung für die gemessenen Einstellungen ist - ein anderes Ergebnis im Vergleich zu den Mutterschaftseinstellungen, bei denen die "Qualifikationsschicht" einen zusätzlichen Effekt hat.

Ein wesentliches Ergebnis zeigen darüber hinaus die Korrelationskoeffizienten der Fem- und Mas-Skalen: Während sich eine hochsignifikante Korrelation zwischen den beiden Skalen für die Aussiedlerinnen und Frauen aus der Türkei ergeben hat, sind die beiden Skalen für die westdeutschen Frauen nicht signifikant und sogar tendenziell negativ. Dies bestätigt die Hypothese, daß das weibliche und männliche Selbstbild der beiden Einwanderinnengruppen nicht als einander ausschließende, sondern als koexistierende Konzepte gehandhabt werden, während diese geschlechtstypischen Selbstbilder für die westdeutschen Frauen eher als einander ausschließend erscheinen - was auf eine bipolare bzw. dichotomisierte Konzeption ihrer Weiblichkeit hindeutet.

Die faktorenanalytische Auswertung rundet das Bild der andersartigen Konstruktion der Selbstkonzepte von Einwanderinnen versus westdeutschen Frauen ab: Bei den westdeutschen Frauen sind die weiblichen und männlichen Eigenschaften in zwei von einander deutlich getrennten Faktoren eingeordnet; diese Faktoren spiegeln eher ein "klassisches" Bild von Weiblichkeit und Männlichkeit wider (was der originalen Skalenzuordnung entspricht und eine Basis in der Dichotomisierung der hiesigen Kultur findet, vgl. Teil I der Arbeit). Die westdeutschen Frauen haben sich demzufolge in ihrer Geschlechtstypisierung im Selbstkonzept "geschlechtsspezifisch korrekt" gegenüber der BEM-Skala verhalten, sie ordnen sich *bevorzugt expressive* und weniger instrumentelle Eigenschaften zu. Weiblichkeit scheint darüber hinaus für sie mit Erotik assoziiert zu sein - die wiederum auf den Mann bezogen ist.

Bei den Aussiedlerinnen und insbesondere bei den Frauen aus der Türkei finden sich demgegenüber "männliche" Eigenschaften in "weiblichen" Strukturen und umgekehrt. Das Frauenbild der Aussiedlerinnen bringt eine *Berufsorientierung* zum Ausdruck, während bei den Frauen aus der Türkei *die Rolle der Frau in der Familie als Managerin und Vermittlerin* offensichtlich von größerer Bedeutung für ihr Frauenbild ist.

Korrelationen der Mutterschaftsskalen mit der BEM-Skala

Bei den korrelativen Zusammenhängen der Mutterschaftskonzepte mit der Selbstzuschreibung bzw. der Erfassung der Geschlechtstypisierung durch die BEM-Skala zeigen sich weitere Differenzierungen und Vertiefungen der oben geschilderten Eindrücke: Die "traditionellen" Mutterschaftseinstellungen zeigen bei allen Gruppen *keinen* Zusammenhang mit der männlichen Selbstbeschreibung, ein deutlicher Zusammenhang zeigt sich allerdings zwischen den Einstellungsbereichen der "traditionellen" Mutterschaft und der weiblichen Selbstbeschreibung.

Die Aussiedlerinnen bilden eine gewisse Ausnahme, da sich hier ein Zusammenhang zwischen der männlichen (und weiblichen) Selbstbeschreibung und den "alternativen" Konzepten ergibt. Bei den Befragten aus der Türkei zeigt sich ein Zusammenhang zwischen den alternativen Konzepten und der weiblichen Selbstbeschreibung.

Zwischen Aussiedlerinnen und Frauen aus der Türkei einerseits und westdeutschen Frauen andererseits ergibt sich ein jeweils etwas anders gelagerter Zusammenhang. Die ersten beiden Gruppen verbinden die weibliche Selbstzuschreibung nur mit den körperlichen und emotionalen Erfahrungen der Mutterschaft; die westdeutschen Frauen verbinden beide Dimensionen von Mutterschaft (auch die lebenserfüllende) mit der weiblichen Selbstbeschreibung.

Für die westdeutschen Frauen zeigt sich eine weitere *Polarisierung*: Ihre Einstellung zur geteilten Elternschaft korreliert negativ mit der weiblichen Selbstbeschreibung, d. h. eine weibliche Selbstbeschreibung scheint *unvereinbar* mit der Forderung nach männlicher Beteiligung bei der Kinderversorgung und -betreuung zu sein.

Für die Gesamtgruppe läßt sich für diesen bedeutsamen Bereich des Zusammenhanges zwischen geschlechtsspezifischer Selbsttypisierung und der Einstellung zu Mutterschaft festhalten, daß die weibliche Selbstbeschreibung mit den "traditionellen" Mutterschaftsbereichen hoch korreliert und die männliche Selbstbeschreibung schwach mit der "alternativen" (und für die westdeutschen Befragten mit der "kritisch-distanzierten") Einstellung zusammenhängt. Es zeigt sich für die Gesamtgruppe demnach deutlich ein geschlechtsspezifisch "typischer" Zusammenhang von Weiblichkeitsdefinition auf der einen Seite und Mutterschaft als einem "traditionellen" weiblichen Identitäts- und Lebensbereich auf der anderen Seite. Eine alternative bzw. kritische Sicht auf Mutterschaft wird mit einer männlichen Selbstbeschreibung verbunden.

Erziehungsskalen und Korrelationen zu Mutterschaft und BEM

Die Einstellungen im Erziehungsbereich erscheinen gegensätzlich zwischen Aussiedlerinnen, Frauen aus der Türkei und westdeutschen Frauen, wobei die beiden Gruppen von Einwanderinnen eine kontrollierend-autoritäre Erziehungseinstellung favorisieren, während die westdeutschen Befragten diese eindeutig ablehnen und demgegenüber einen permissiven Erziehungsstil bevorzugen, verbunden mit der Dimension der mütterlichen Planung. Auch für die Frauen aus der Türkei ist das Konzept der erzieherischen Planung wichtig - was vermutlich als langfristige Planung von ihnen aufgefaßt wird -, im Gegensatz zu den westdeutschen Frauen, die damit die täglich gelenkte Erziehungspraxis benennen.

Bei den Aussiedlerinnen zeigt sich ein Komplex von Einstellungen im Erziehungsbereich, der ihrer Minoritätenlebenslage in der ehemaligen Sowjetunion entspricht und unter hiesigen Bedingungen die geforderten Anpassungsleistungen ermöglicht bzw. stützen wird. Sie stimmen der Planung von Erziehung zu, unterstützen mütterliche Nachgiebigkeit und befürworten eine autoritär-kontrollierende Erziehungspraxis. In der Untersuchung der korrelativen Zusammenhänge zeigen sich positive Zusammenhänge mit den "traditionellen" Mutterschaftseinstellungen, der mütterlichen "Kontrolle" als Erziehungsstil und der weiblichen Selbstbeschreibung (BEM).

Alle drei Einstellungsbereiche lassen sich als kulturübergreifende, universalistische Konzepte fassen, die jedoch von den drei befragten Gruppen unterschiedlich gehandhabt werden.

Mütterliche Kontrolle und männliche Selbstbeschreibung erscheinen gegensätzlich für die westdeutschen Frauen; Aussiedlerinnnen und Frauen aus der Türkei verknüpfen die mütterliche Kontrolle demgegenüber sowohl mit der weiblichen als auch mit der männlichen Selbstbeschreibung. Ihre Form von "Kontrolle" scheint sowohl die Dimension der Expressivität als auch der Instrumentalität zu umfassen. Im Gegensatz zu den westdeutschen Frauen, die mütterliche Kontrolle mit der "männlichen" Selbstbeschreibung negativ verknüpfen, beziehen die Einwanderinnen sich damit vermutlich auf die Macht- und Entscheidungsposition, die die Mutter in den Familien mit ihrer Erziehungskompetenz einnimmt.

Positiv korreliert sind bei den Befragten aus der Türkei und den westdeutschen Befragten die "traditionellen" Mutterschaftseinstellungen mit der kontrollierend-autoritären Erziehungseinstellung; dies gilt nicht in dem Maße für die Aussiedlerinnen. Vermutlich ist die Vorstellung "traditioneller" Mütterlichkeit bei Aussiedlerinnen eher mit dem Bild einer strengen, autoritär-kontrollierenden, aber auch nachgiebigen Mutter assoziiert.

Für den Erziehungsbereich gilt ebenso wie für die anderen Befragungsbereiche, daß in weiteren Untersuchungen, vornehmlich in vertiefenden, methodisch qualitativ ausgerichteten Befragungen, die bis dato entwickelten Konzepte weiter untersucht werden müssen. Das Konzept des autoritär-kontrollierenden Erziehungsstiles muß beispielsweise für die beiden Einwanderinnengruppen differenziert werden: Autoritarismus im westdeutschen Verständnis ist, wie bereits die Untersuchungen von Hans Merkens/ Bernhard Nauck (1993) zeigten (vgl. Teil I der Arbeit und Hypothese T 5), für türkische Arbeitsmigrantenfamilien auch mit zärtlicher Behütung und Beschützung verbunden, so daß auch in der vorliegenden Untersuchung die Zustimmung zu Autoritarismus und die Ablehnung von Permissivität nicht die liebevolle Zuwendung ausschließen muß (die notwendig wird im "schutzlosen" Raum der Migrationslebenslage). Für die Einstellungen im Erziehungsbereich gilt in besonderer Weise, daß sich in ihnen die Minoritätenlebenslage kristallisiert (vgl. die Merkmale 4 und 5 und die zugeordneten Hypothesen im Teil I der Arbeit).

10.2 Fazit

Forschungsergebnisse

Für die gesamten Einstellungsbereiche läßt sich bei den Befragten aus der Türkei und auch bei den Aussiedlerinnen feststellen, daß sie sich häufig entgegengesetzt zu den Einstellungskonstruktionen der westdeutschen Befragten äußern. Sie bilden Zusammenhänge und stellen eine Art von gleichgelagerten Dimensionierungen her, die der "dichotomen Optik" (Carol Hagemann-White 1988) des westlichen Denkens entgegensteht. Die Dimensionalität der von ihnen gebildeten Konstrukte (ebenso wie die hergestellten Verknüpfungen) ist durchgängig anders als die der westdeutschen Frauen. Für den Bereich der Geschlechtstypisierung läßt sich festhalten, daß sie keine entgegengesetzten, dichotomen Dimensionen im Selbstkonzept zum Ausdruck bringen, sondern FEM und MAS sind bei ihnen (nach der BEM-Skala) koexistierende Konzepte. Sie stehen darüber hinaus auch nicht im Gegensatz zu den "traditionellen" Mutterschaftskonzepten.

Eine "klassisch-weibliche" Haltung zu Mutterschaft ist für Einwanderinnen nicht damit gleichzusetzen, daß sie sich in ihrem Selbstkonzept stereotypisch "weiblich" (im westlichen, expressiven Sinne) klassifizieren. Wie die weiterführende Auswertung zur BEM-Skala, die Faktorenanalyse, zeigt, ergeben sich einerseits für die Befragten aus der Türkei, andererseits für die befragten Aussiedlerinnen Weiblichkeitsbilder bzw. Frauenbilder, die gänzlich andere Elemente enthalten, als sie aus den westlichen Stereotypisierungen bekannt sind: Frauen aus der Türkei zielen in ihrem Weiblichkeitsbild auf die familiäre, durchaus machtvolle Position der Frau ab, Aussiedlerinnen entwerfen ein berufs- und arbeitsweltorientiertes Weiblichkeitsbild. (Damit erweist sich die Hypothese über die unterschiedlichen Selbstkonzepte von Frauen aus Gesellschaften mit andersartigen Geschlechterverhältnissen als bestätigt, vgl. Hypothesen T 7 und A 7, Teil I der Arbeit.) Dieses Ergebnis findet in etwa eine Entsprechung im Erziehungsbereich, indem sich zeigt, daß die weibliche und die männliche Selbstbeschreibung mit der Erziehungseinstellung der mütterlichen Kontrolle (bei den Einwanderinnen) in einer Richtung liegen.

Gerade an diesem Bereich zeigt sich, daß die nicht-dichotom gelagerten Konzepte der beiden Einwanderinnengruppen sich nicht alleine auf den Bereich der Geschlechtstypisierung beschränken. Ihre Einstellung in anderen Bereichen, auch im organisatorischen Bereich ihrer mütterlichen Praxis (vgl. "Kinderbetreuung"), zeigt häufig eine, mit "westlichen Augen" betrachtet, unkonventionelle Ausrichtung. Für die Befragten aus der Türkei wird an ihren alltagspraktischen mütterlichen Leistungen deutlich, daß sie - im Unterschied zu den beiden anderen Gruppen - eine partnerschaftlich organisierte Kinderbe-

treuung in ihrer eigenen Familie z. T. in einem Umfang und mit einer Selbstverständlichkeit leben, die den gängigen Klischees über die türkische Migrantenfamilie *nicht* entspricht.
Die Aussiedlerin bringt in den von ihr geäußerten Erwartungen an ihr Leben ein Frauenideal zum Ausdruck, das herausragend die verschiedenen Bereiche kombiniert: Eine Frau ist in diesem Bild unhinterfragt weiblich-mütterlich und zugleich weiblich-berufstätig. Dem westdeutschen "Entweder-Oder" im Frauenleben steht ihr Bild diametral entgegen.
Die Einstellungen der Befragten aus der Türkei und die der befragten Aussiedlerinnen verweisen, wie besonders im Bereich Mutterschaft deutlich wird, auf eine *nicht-westliche Modernität*, die in vielen anderen Untersuchungen zu diesem Themenbereich so nicht belegt werden konnte. Aussiedlerinnen ebenso wie die Frauen aus der Türkei zeigen im Vergleich zu den westdeutschen Frauen ein ungebrocheneres Verhältnis zu dem einmaligen Erfahrungsfeld, das Mutterschaft einem Frauenleben bietet.
Westdeutsche Frauen weisen demgegenüber, wie die obigen Ausführungen belegen, eine kritische, vielfach gebrochene Haltung in diesem Bereich auf, die in eine Entgegensetzung zwischen dem "Muttersein" und dem "Leben" einer Frau zu münden scheint. Die gesellschaftlichen Polarisierungen (vgl. Teil I der Arbeit zu "Mutterschaft in westlichen Gesellschaften") und die dadurch erfahrenen Zwänge scheinen sich im Umgang der westdeutschen Frauen mit dieser Fragestellung deutlich niederzuschlagen. In den Mutterbildern, mit denen sich diese Gruppe von Frauen konfrontiert sieht, wird Selbstaufgabe und -verleugnung als das Charakteristikum einer guten Mutter mitgeteilt. Eine liebende Mutter erscheint als Frau interessenlos bzw. ihre Interessen erscheinen als nicht unterschieden von denen ihrer Kinder. Die Stärke dieser Bilder und der damit einhergehenden Wertvorstellungen haben ambivalente Auswirkungen auf das Lebenskonzept jeder Frau, auch auf das der kinderlosen und berufstätigen Frau. Der Wunsch nach einer freieren und unbelasteteren Lebensgestaltung für die Frau und Mutter scheint bei den westdeutschen Frauen in einer deutlichen Skepsis und der Ablehnung der "traditionellen" mütterlichen Einstellungskonzepte aufzugehen.
Für die Einwanderinnen wird herausgearbeitet, daß sie in der Mutterschaft *die* Kontinuität sichernde existentielle Strategie sehen, die allen weiteren Lebensbereichen gegenüber nicht ausgrenzend, sondern tendenziell vereinnahmend erscheint - ihr Muttersein steht anderen Lebenserwartungen nicht entgegen; sie wünschen beispielsweise auch Entlastung -, die aber nicht über eine Ablehnung des Konzeptes Mutterschaft oder die Ausgrenzung anderer Bereiche abgehandelt wird.
Der Frage, wie die für jede Gruppe festgestellten schichtspezifischen Differenzierungen zu den Mutterschaftseinstellungen zu interpretieren sind, muß weiter nachgegangen werden. In bezug auf die Ergebnisse zur BEM-Skala läßt sich festhalten, daß geschlechtsspezifische Typisierungen im Selbstkonzept offensichtlich unabhängig von schichtspezifischen und qualifikationsbe-

zogenen Einflüssen sind bzw. daß in diesem Bereich der kulturelle Kontext als determinierender Faktor zu überwiegen scheint.

Diskussion des methodischen Konzeptes

Der in der vorliegenden Untersuchung breite methodische Zugang, der inhaltlich verschiedene Bereiche, kombiniert mit der alltagspraktischen Realität von Müttern, abfragte, ermöglichte erst eine auf die Komplexität der Einstellungsbereiche und ihrer Verknüpfungen gerichtete Sichtweise. Die Frage der Validierung der Instrumente und der Sicherung der Konzepte des interkulturellen Vergleichs findet im Rahmen eines solchen Designs eine zufriedenstellende Basis. Wie detailliert für die BEM-Skala an der Einzelitemanalyse, die sich auf die Prüfung der inhaltlichen Äquivalenz bezog, diskutiert wurde, sind die Ergebnisse der BEM-Skala sehr sorgfältig vor dem Hintergrund der - in mehreren Schritten zu überprüfenden - inhaltlichen Äquivalenz der (abstrakten) Eigenschaftsvorgaben zu gewichten. Es erweist sich gerade an dieser Skala, daß es sinnvoll ist, in interkulturellen Untersuchungen mit einer Eigenschaftsskala nicht als Einzelinstrument zu arbeiten, sondern sie in einem Set von anderen, ergänzenden Instrumenten zu verwenden (vgl. die Ausführungen zur interkulturellen Validität der BEM-Skala in Teil II der Arbeit).
Die Entscheidungen, weibliches Selbstkonzept bereichsspezifisch zu erfragen und in ausgewählten Themenbereichen, auch alltagspraktischen, sowie in entsprechenden Schlüsselkontexten umzusetzen (vgl. die Ausführungen zur "Operationalisierung") und die damit verbundene Entscheidung, auf die sogenannte "subjektive" Kultur der Befragten abzuzielen, auf ihre alltagspraktische Definition und Umsetzung, erweist sich auf vielen verschiedenen Ebenen der Arbeit als vorteilhaft.
Die Ergebnisse zur Geschlechtstypisierung der Befragten, in Kombination mit ihren Einstellungen zu Mutterschaft und Erziehung, verbunden mit alltagspraktischen Organisationsfragen, ergeben ein komplexes Bild der Einstellungen, aber auch der Lebenslage von Einwanderinnen, wie es die bisherige Forschung nicht vorgelegt hat.[98]
Die Basisentscheidung, einerseits die Herkunftsgesellschaften, andererseits die Aufnahmegesellschaft in das Design der Untersuchung systematisch miteinzubeziehen, führt in der Interpretation der empirischen Ergebnisse zu einer Komplexität und Dichte, die ohne einen solchen Bezugsrahmen nur schwer vorstellbar ist. Viele Einstellungsbereiche sind nur im Kontext der Herkunftsgesellschaften erklärbar, andere wiederum nur in der Erfassung der durch die Konfrontation mit der Aufnahmegesellschaft sich ergebenden Spannungsfelder im Erleben von Einwanderinnen/Migrantinnen.

---

[98] Im Rahmen der vorgestellten Projektforschung sind weitere Forschungsschritte geplant, die es ermöglichen, die hier vorgestellten Ergebnisse zu vervollständigen und zu vertiefen, u. a. ist eine Befragung der Partner der interviewten Frauen geplant.

Der systematische Einbezug der westdeutschen Frauen - auch auf der Ebene der Befragung - ist insofern ein Gewinn, als sowohl die Einstellungen der Einwanderinnen relativiert werden können als auch die Konzepte der westdeutschen Frauen in der Konfrontation mit den Einwanderinnen in neuem Licht erscheinen. Durch dieses Design, so scheint es, ist nicht nur eine kulturvergleichende Untersuchung günstig angelegt, sondern die Ergebnisse geben vielfältigen Anlaß für eine "kulturkritische" oder auch gesellschaftskritische Sicht.
Der sich wie ein roter Faden durch die Arbeit ziehende, sie strukturierende "emic-etic-approach" ist sowohl methodisch als auch inhaltlich von Vorteil. Die im Hinblick auf diese Strukturierung entwickelten Merkmale bzw. Kategorien sind die Voraussetzung einerseits für die Zurückdrängung und die Kontrolle der eigenen, ethnozentrisch ausgerichteten Perspektive, andererseits auch für die Gestaltung der einzelnen Teilbereiche der Arbeit, wie der Aufarbeitung und Deskription der verschiedenen Herkunftskontexte und Verortungsbereiche von Mutterschaft, letztlich auch ihrer systematischen Verbindung.

Erziehungswissenschaftliche Überlegungen und Perspektiven

Die vorliegende Arbeit ging von dem Anspruch aus, einen erziehungswissenschaftlichen Beitrag zu der Frage zu leisten, wie und unter welchen Bedingungen Mutterschaft und weibliche Selbstkonzepte in verschiedenen Gesellschaften zustande kommen und wie der Einfluß moderner, industrieller Gesellschaften auf weibliche Selbstkonzepte und Konzepte von Mutterschaft aussieht.
Die obigen zusammenfassenden Ausführungen thematisierten bereits die unterschiedlichen Lebenswelten der befragten Frauen, die als kontextuelle Basis für die geäußerten Einstellungen herangezogen wurden. Unter den Bedingungen von Einwanderung und Migration und dem äußeren Druck, der mit dieser Veränderung einhergeht, erhalten zusätzlich die normativen Orientierungen der Herkunftskontexte eine unabdingbare Bedeutung, auch wenn sie in - z. T. negativer - Abgrenzung zum Ausdruck kommen wie bei den Aussiedlerinnen (vgl. Teil I der Arbeit, Hypothese A 5). Darüber hinaus bedeuten Familie und Kinder Reichtum, innere Sicherheit und sie erfüllen eine emotionale, kontinuitätssichernde Funktion.
Vor diesem Hintergrund entwickeln sich, in je verschiedener Gestalt, Strategien und Lebenskonzepte der einwandernden/migrierenden Frau, um ein Leben mit Kindern im Aufnahmeland zu sichern. Gegenwart und Zukunft der Kinder geben Anlaß für ihre Erwerbstätigkeit und ihre Erwerbsorientierung; die Vereinbarkeit von Familie und Beruf ist eine existentielle Notwendigkeit.
Ihr weibliches Selbstkonzept ist mit Mutterschaft selbstverständlich und eng verbunden. Die Realität der gelebten Mutterschaft und der Möglichkeiten, im Einwanderungs- bzw. Migrationskontext für Kinder zu sorgen und diese zu erziehen, ist nicht identisch mit den normativen Vorstellungen und dem Zu-

gang, den ihr der Aufnahmekontext "vorlebt" und vorgibt. Die Orientierungen, die Frauen aus der Türkei ebenso wie Aussiedlerinnen in Richtung eines familiären und weiblichen Netzwerkes mitbringen, ihre Orientierung an der sogenannten multiplen Mutterschaft (vornehmlich der Frauen aus der Türkei) ebenso wie ihre Orientierung an nicht-individualistischen, kollektiven und familiären Werten, aber auch an andersartig strukturierten Geschlechterbildern, können für den hiesigen westlichen Lebenskontext mit seinen individualistischen und leistungsbezogenen Wertorientierungen zu einer herausfordernden Kritik werden.

Die Ergebnisse der vorliegenden Arbeit tragen in zwei inhaltlichen Bereichen zur erziehungswissenschaftlichen Forschung bei: Im Bereich der interkulturellen Erziehung und allgemein im Bereich der Erziehungs- und Sozialisationsbedingungen in Familien und der elterlichen Funktionen und Erziehungsaufgaben. Diese beiden Schwerpunkte werden abschließend skizziert.

Die mütterliche Erziehung in der Migranten- und Einwandererfamilie

In den, den Teil I der Arbeit abschließenden, konstitutiven Merkmalen zu Mutterschaft unter der Bedingung von Einwanderung und Migration und den spezifischen Hypothesen zu Aussiedlerinnen und Arbeitsmigrantinnen aus der Türkei wird die spezifische Erziehungsleistung der Mutter in der Minoritätenfamilie, aber auch die gesamte, diese Familie kennzeichnende erzieherische "Atmosphäre" dargelegt: Für Aussiedlerfamilien erweist sich ihre Ansiedlung in der Bundesrepublik als eine Situation, die hohe Anpassungsleistungen erfordert, die aber ebenfalls erweiterte Lebensmöglichkeiten und -chancen mit sich bringt. Im Bereich von Erziehung ist zu vermuten, daß der in der Bundesrepublik favorisierte Erziehungsstil (langfristig) positiv bewertet und integriert wird. Es ergibt sich allerdings ein Spannungsfeld zwischen der Familie und den umgebenden erzieherischen Institutionen, und der Ausgangspunkt für Erziehung wird ähnlich dem, der in der Sowjetunion für die Familie gegeben war. (Die daraus resultierende Fragestellung stößt bis dato auf ein unerforschtes Feld in der Erziehungswissenschaft; die Aussiedlerfamilie und die Probleme der Kinder und Jugendlichen aus diesen Familien sind nur mangelhaft untersucht, vgl. Teil I der Arbeit.)

Die von der Aussiedlerin zu erbringende Erziehungsleistung verlangt die aus der Sowjetunion bekannten Strategien, die darauf zielen, das Kind, unter Berücksichtigung seiner Eigenständigkeit und seiner Bedürfnisse, in eine unbekannte und - potentiell - feindliche oder unfreundliche Umgebung zu integrieren.

Die türkische Arbeitsmigrantin erlebt in unterschiedlicher Ausgangslage, dennoch auf ähnliche Weise, die erforderliche Erziehungsleistung - die von ihr für die Kinder zu erbringende "Eingliederungshilfe" ist komplexer ausgerichtet, da sie potentiell an zwei kulturellen und gesellschaftlichen Kontexten orientiert ist. Die von ihr eingesetzten Strategien dienen dem Schutz des Kindes.

In beiden Fällen erscheint die Position der Mutter in der Familie machtvoll und im Erziehungsbereich und in der alltäglichen Praxis dominant. Gefordert sind ihre vermittelnden Fähigkeiten, sie balanciert die Bedürfnisse der Familie zwischen den Familienmitgliedern aus und erhält die Balance zwischen der Familie und der sie umgebenden Gesellschaft (dies ist eine Einschätzung, die von der internationalen Forschung geteilt wird, vgl. Teil I der Arbeit). Die Einwanderin und die Migrantin zeigen sich als Mütter keineswegs ausgeliefert und ohnmächtig (wie es in einem Teil der erziehungs- und sozialwissenschaftlichen Forschungsliteratur lautet) - wenn sie sich auch in ständiger Konfrontation und Auseinandersetzung mit dem westlichen Mutterbild befinden -, sondern als Personen, die den von ihnen geforderten Fähigkeiten und den Notwendigkeiten des erzieherischen Alltages bewußt gegenübertreten und diesen aktiv gestalten.

Wie die obigen Ergebnisse zeigen, wäre es eine wesentlich zu kurz gegriffene Interpretation, den Erziehungsstil und die erzieherische Praxis dieser Gruppen von Frauen, die eine positive Zustimmung zu einer kontrollierend-autoritären Erziehung beinhalten, isoliert zu betrachten und ohne die Bezugnahme auf die Minoritätenlebenslage der Familien zu interpretieren. Die erzieherische Praxis in dieser familiären Lebenslage ist grundsätzlich zu unterscheiden von der Erziehung in der Aufnahmegesellschaft, denn die Familie liefert die Basis der ethnischen Identifikation und sie kommt ethnischen Schutzbedürfnissen entgegen. Erziehung heißt demnach auch immer, sich in einer Balance halten zu müssen zwischen Forderungen und Permissivität, Anpassung und Entfremdung - Gegensätze, die zusätzlich durch ein hierarchisches Machtgefälle zwischen Familie und Gesellschaft vermittelt sind.

Die Frau in der Familie trägt ihrerseits dazu bei, die Familie "im Gleichgewicht zu halten".

Frauen- und Mutterbilder und die elterlichen Aufgaben

Das andersartige Frauenbild der Einwanderinnen, wie es durch die statistischen Ergebnisse in mehreren inhaltlichen Bereichen bestätigt wird, ergibt einen harten Kontrast zum europäischen und westlichen Kulturraum, in dem die Dissoziation des öffentlichen und privaten Lebensbereichs seine Entsprechung in einem dichotomisierten "Geschlechterbild" findet (vgl. dazu Teil I der Arbeit und die Ausführungen zu "Mutterschaft in westlichen Gesellschaften"). Darüber hinaus wird diese Entwicklung als eine für die europäische bzw. westliche Welt typische (vgl. hierzu die terminologische Festlegung in der "Einleitung zur Arbeit") Entwicklung gekennzeichnet und insofern relativiert: In Gesellschaften außerhalb dieser westlichen Welt mit andersartigen Strukturen, die bspw. eine größere Durchlässigkeit zwischen öffentlichem und privatem Raum zulassen, zeigen sich andersartige Geschlechterverhältnisse und demzufolge andersartige Frauen- und Männerbilder bzw. andersartige Geschlechterstereotype und -charaktere.

Die in dieser Arbeit durchgeführte kontrastive Paralleluntersuchung von kulturellen und gesellschaftlichen Kontexten, die nicht zur westlichen Welt gehören, zeigt - und dies ist ein wichtiges Ergebnis für die erziehungswissenschaftliche Diskussion - die Potentiale und Möglichkeiten auf, die in einem offensichtlich weniger polarisierten Geschlechtscharakter für Frauen (vermutlich auch für Männer) liegen können. Die "gemeinsamen" männlichen und weiblichen Zuordnungen, die die Einwanderinnen in den dargestellten Einstellungsbereichen trafen, weisen auf ein tendenziell "vollständigeres" Mutterbild hin, zumindest auf der Ebene der geäußerten Einstellungen und Selbstzuschreibungen, den Schilderungen von Erwartungen und Aktivitäten der Befragten.

Im Bereich der Erziehung zeigen sich die Effekte der einseitigen Zuweisungen von Geschlechtscharakteren in der Dissoziation der elterlichen Aufgaben, d. h. es entwickelte sich in der europäischen und westlichen Welt die "väterliche" Kontrolle und die "mütterliche" Zuwendung - parallel zu der väterlichen Versorger- und der mütterlichen Fürsorgerolle in der Familie im Bereich der existentiellen Arbeitsteilung des Elternpaares. (Tatsächlich wurde der Vater in der europäischen Familiengeschichte aus den erzieherischen Aufgaben immer mehr verdrängt, vgl. die Ausführungen zu "Mutterschaft in westlichen Gesellschaften", Teil I der Arbeit.)

Wie die Einstellungsuntersuchung im Erziehungsbereich ergab, weisen die Einwanderinnen auch hier ein komplexeres Bild ihrer Konzepte auf: Mütterliche Kontrolle ist bei ihnen mit expressiven, ebenso aber mit instrumentellen Selbstzuschreibungen verbunden - im Gegensatz zu den westdeutschen Befragten. Folglich scheint die Mutter die elterlichen Aufgaben, die im Modell der westlichen Erziehung zwischen Eltern aufgeteilt werden, in sich zu vereinigen bzw. keine Verlagerung der männlich-kontrollierenden Erziehungsaufgaben vorzunehmen (dies gilt ebenso für die Aussiedlerin wie für die türkische Arbeitsmigrantin).

Die Ausgrenzung der "väterlich-kontrollierenden" Anteile aus der Mutter-Kind-Beziehung in der Familie der westlichen Welt wird mit diesem Ergebnis zunächst auf einer neuen Ebene in Frage gestellt. Welche Konsequenz es für Kinder haben mag, ihre Mutter einerseits integrierter in ihrem Frau- und Muttersein, andererseits in ihrer erzieherischen Praxis "vollständiger" zu erleben, ist eine Frage, die weiter untersucht werden muß.

Belegt wird damit in diesem spezifischen Bereich "Mutterschaft" und den damit verbundenen Lebensbezügen der Frau nicht nur der Aspekt der sozialen Konstruktion von Geschlecht in Gesellschaften (vgl. die Ausführungen zum "gender"-Konzept in Teil II der Arbeit), sondern exemplarisch die Konsequenzen der Zuschreibung von Geschlechtscharakteren im westlichen Modell der Zweigeschlechtlichkeit für den Bereich Erziehung und Sozialisation.[99]

---

[99] Damit werden die vielfältigen Variationen der Mutter-Kind-Beziehung und der Lebensformen der westlichen Welt, die mit dem Anspruch auftreten, gleichberechtigtere und "integriertere" Erziehungsbedingungen zu schaffen, nicht in Frage gestellt.

Die Erwerbstätigkeit der Frau hat darüber hinaus seit dem 2. Weltkrieg zu gravierenden Veränderungen in der Familie und auch zu Verlagerungen in der Mutter-Kind-Beziehung geführt (vgl. Teil I der Arbeit), die in weiterführenden Untersuchungen zu diesem Thema miteinbezogen werden müßten.

LITERATUR

Abadan-Unat, Nermin (Hg.): Women in Turkish Society, Leiden: Brill 1981
Abadan-Unat, Nermin (Hg.): Die Frau in der türkischen Gesellschaft, Frankfurt am Main: Dagyeli 1985
Afanassjewa, Tamara: Das Schicksal der Frau im Rußland der Umgestaltung, in: Feministische Studien, 10.Jg. (1992) Nr.2, S.75-83
Akkent, Meral/ Franger, Gaby: Mädchen in der Türkei und in Deutschland. Eine kulturvergleichende Situationsanalyse, München: DJI 1987
Akpinar, Ünal/ Essinger, Helmut: Sozialisationsprobleme von Migrantenkindern, in: Skiba, Ernst-Günther/ Wulf, Christoph/ Wünsche, Konrad (Hg.): Enzyklopädie Erziehungswissenschaft. Bd. 8: Erziehung im Jugendalter - Sekundarstufe 1, Stuttgart: Klett-Cotta 1983, S.150-159
Albrecht-Heide, Astrid: Grundzüge der Migrantenkinderforschung in der Bundesrepublik Deutschland. Beitrag für: Critical Evaluation of European Studies on the Cultural and Human Aspects of Migration. Université de Nice. Institut d'Etudes et des Recherches Interethniques et Interculturelles, unveröffentlichtes Manuskript, Berlin:1979
Althammer, Walter/ Kossolapow, Line: Aussiedlerforschung. Interdisziplinäre Studien, Köln: Böhlau 1992
Anderson, R./ Bruce W.: On the Comparability of Meaningful Stimuli in Cross-Cultural Research, in: Sociometry, 30.Jg. (1967) S.124-136
André, Rae: Multi-Cultural Research: Developing a participative Methodology for Cross-Cultural Psychology, in: International Journal of Psychology, 16.Jg. (1981) S.249-256
Anselm, Sigrun: Die zweideutige Macht der Mutter, in: Theorien weiblicher Subjektivität, Frankfurt am Main: Verlag Neue Kritik 1985, S.66-91
Anthias, Floya: Sexual Divisions and Ethnic Adaption: The Case of Greek-Cypriot Women, in: Phizacklea, Annie (Hg.): One Way Ticket, London: Routledge and Kegan 1983, S.73-94
Ashmore, Richard D./ Boca, Frances K. Del/ Titus, D.: Types of Women and Men: Yours, Mine and Ours, Toronto: Presented at American Psychological Association Meeting 1984
Attwood, Lynne: The New Soviet Man and Women - Soviet Views on Psychological Sex Differences, in: Holland, Barbara (Hg.): Soviet Sisterhood. British Feminists on Women in the USSR, London: Fourth Estate 1985, S.54-77
Attwood, Lynne: The New Soviet Man and Women. Sex-Role Socialization in the USSR, London: Macmillian 1990
Auernheimer, Georg: Der sogenannte Kulturkonflikt. Orientierungsprobleme ausländischer Jugendlicher, Frankfurt am Main/New York: Campus 1988
Auernheimer, Georg: Einführung in die interkulturelle Erziehung, Darmstadt: Wissenschaftliche Buchgesellschaft 1990
Bade, Klaus J. (Hg.): Deutsche im Ausland - Fremde in Deutschland. Migration in Geschichte und Gegenwart, München: Beck 1992

Badinter, Elisabeth: Die Mutterliebe. Geschichte eines Gefühls vom 17. Jahrhundert bis heute, München: dtv 4. Aufl. 1988 (1984)

Bankart, Brenda: Japanese Perceptions of Motherhood, in: Psychology of Women Quarterly, 13.Jg. (1989) S.59-76

Baum, Renate: Die berufstätige Frau in der Sowjetunion, in: MLD (Mitteilungen des Medizinischen Literaturdienstes am Osteuropa-Institut der FU Berlin, Beilage 3, Medizin in Osteuropa), 8.Jg. (1976) S.4-27

Beauvoir, Simone de: Das andere Geschlecht. Sitte und Sexus der Frau <orig. Le Deucième Sexe, 1949>, Hamburg: Rowohlt 1951

Beck, Ulrich: Risikogesellschaft. Auf dem Weg in eine andere Moderne, Frankfurt am Main: Suhrkamp 1986

Beck-Gernsheim, Elisabeth: Mutterwerden - der Sprung in ein anderes Leben, Frankfurt am Main: Fischer 1989

Beere, Carola A.: Gender Roles. A Handbook of Tests and Mesures, New York: Greenwood Press 1990

Bem, Sandra L.: The Measurement of Psychological Androgyny, in: Journal of Consulting and Clinical Psychology, 42.Jg. (1974) Nr.2, S.155-162

Bem, Sandra, L.: Gender Schema Theory: A Cognitive Account of Sex Typing, in: Psychological Review, 88.Jg. (1981) Nr.4, S.354-364

Bender-Szymanski, Dorothea/ Hesse, Hermann-Günther: "Gehorsam und brav". Der autoritär-patriarchalische Erziehungsstil von ausländischen Arbeitern: Fiktion oder Faktum? in: Pädagogik extra (1987a) Nr.9, S.10-13

Bender-Szymanski, Dorothea/ Hesse, Hermann-Günther: Migrantenforschung. Eine kritische Analyse deutschsprachiger empirischer Untersuchungen aus psychologischer Sicht (Studien und Dokumentation zur vergleichenden Bildungsforschung: Bd.28), Frankfurt am Main: Böhlau 1987b

Bender-Szymanski, Dorothea/ Hesse, Hermann-Günther: Der Migrant als Forschungsobjekt, in: Empirische Pädagogik, 2.Jg. (1988) Nr.3, S.269-287

Bennholdt-Thomsen, Veronika/ Dokter, Andrea/ Firat, Gülsün u. a.: Frauen aus der Türkei kommen in die Bundesrepublik. Zum Problem der Hausfrauisierung, Bremen: CON 1987

Berry, John W.: On Cross-Cultural Comparability, in: International Journal of Psychology (1969) Nr.4, S.119-128

Berry, John W.: Introduction to Methodology, in: Triandis, Harry C./ Berry, John W. (Hg.): Handbook of Cross-Cultural Psychology, 2. Jg., Massachusetts: Allyn and Bacon Inc. 1986, S.1-28

Bertram, Hans/ Borrmann-Müller, Renate: Von der Hausfrau zur Berufsfrau? Der Einfluß struktureller Wandlungen des Frauseins auf familiales Zusammenleben, in: Gerhardt, Ute/ Schütze, Yvonne (Hg.): Frauensituationen. Veränderungen in den letzten zwanzig Jahren, Frankfurt am Main: Suhrkamp 1988, S.251-272

Bhachu, Parminder K.: Work, Dwory and Marriages among east African Sikh Women in the United Kingdom, in: Simon, Rita James/ Brettell, Caroline B. (Hg.): International Migration. The Female Experience, New Jersey: Rowman & Allanheld 1986, S.229-239

Bhachu, Parminder K.: Apni Marzi Kardhi. Home and work: Sikh women in Britain, in: Westwood, Sallie/ Bhachu, Parminder K.: Enterprising Women. New York/London: Routledge 1988, S.76-102

Bierhoff-Alfermann, Dorothee: Androgynie. Möglichkeiten und Grenzen der Geschlechterrollen, Opladen: Westdeutscher Verlag 1989

Binion, Victoria Jackson: Psychological Androgyny: A Black Female Perspective, in: Sex Roles, 22.Jg. (1990) Nr.7/8, S.487-507

Birk, Ulrich-Arthur: Rechtsfragen der Einwanderung von Aussiedlern und Ausländern in der BRD im Vergleich, in: Informationsdienst zur Ausländerarbeit (1990) Nr.2, S.15-18

Bock, Ulla: Androgynie und Feminismus, Weinheim: Beltz 1988

Bohmann, Alfred: Menschen und Grenzen. Strukturwandel der deutschen Bevölkerung im sowjetischen Staats- und Verwaltungsbereich. Bd.3, Köln: Verlag Wissenschaft und Politik 1970

Bolak, Hale: Wenn die Frau das Geld verdient ... Machtverhältnisse in städtischen Arbeiterfamilien, in: Neusel, Ayla/ Tekeli, Sirin/ Akkent, Meral (Hg.): Aufstand im Haus der Frauen. Frauenforschung aus der Türkei, Berlin: Orlanda Frauenverlag 1991, S.229-241

Boll, Klaus: Kultur und Lebensweise der Deutschen in der Sowjetunion und von Aussiedlern in der Bundesrepublik Deutschland. Erste Ergebnisse einer Untersuchung mit Aussiedlern aus der UdSSR. Forschungsprojekt "Deutsche in der Sowjetunion und Aussiedler aus der UdSSR in der Bundesrepublik Deutschland" (Arbeitsbericht Nr. 4; Osteuropa-Institut), München April 1991

Boll, Klaus/ Link, Christoph: Herkunftsland Sowjetunion/GUS, hrsg. von: DIFF (Deutsches Institut für Fernstudien an der Universität Tübingen) (Weiterbildung für die Arbeit mit Aussiedlern), Tübingen 1992

Boos-Nünning, Ursula: Für Interdisziplinarität in der Migrantenforschung, in: Empirische Pädagogik, 2.Jg. (1988) Nr.3, S.276-284

Borris, Maria: Ausländische Arbeiter in einer Großstadt, Frankfurt am Main: Europäische Verlags-Anstalt 1973

Brandt, Franz: Situationsanalyse nichterwerbstätiger Ehefrauen ausländischer Arbeitnehmer in der BRD, Bonn 1977

Brislin, Richard W. (Hg.): Cross-Cultural Research Methods. Comparative Studies in Behavioral Science, New York: Wiley & Sons 1973

Brislin, Richard W.: Cross-Cultural Research in Psychology, in: Annual Research Psychology, 34.Jg. (1983) S.363-400

Brislin, Richard W.: Applied Cross-Cultural Psychology (Cross-Cultural Research and Methodology Series, 14.Jg.), Newbury Park/London/New Delhi: Sage Publications 1990

Bruce, R./Anderson, W.: On the Comparability of Meaningful Stimuli in Cross-Cultural Research, in: Sociometry, 30.Jg. (1967) S.124-136

Brusskowa, Elena: In Wahrheit sind wir wirklich stärker, in: Feministische Studien, 10.Jg. (1992) Nr.2, S.111-117

Buckley, Mary: Soviet Interpretations of the Woman Question, in: Holland, Barbara (Hg.): Soviet Sisterhood. British Feminists on Women in the USSR, London: Fourth Estate 1985, S.24-53

Buckley, Mary: Women and Ideology in the Soviet Union, New York/London/Toronto u. a.: Harvester Wheatsheaf 1989

Burge, P.: Parental Child-Rearing Sex-Role Attitudes Related to Social Issue Sex-Role Attitudes and Selected Demographic Variables, in: Home Economics Research Journal, 9.Jg. (1981) Nr.3, S.193-19

Butenschön, Marianna: Frauenemanzipation in der UdSSR: Anspruch und Wirklichkeit (II). Die Sowjetfrau im Konflikt zwischen Beruf und Familie, in: Osteuropa, 27.Jg. (1977) Nr.3, S.192-209

Casagrande, Joseph B.: The Ends of Translation, in: International Journal of American Linguists, 20.Jg. (1954) S.335-340

Cinar, E. Mine/ Evcimen, Günar/ Kaytaz, Mehmet: The Present Day Status of Small-Scale Industries (Sanatkar) in Bursa, Turkey, in: International Journal of Middle East Studies, 20.Jg. (1988) Nr.3, S.287-301

Collins, Patricia Hill: Black Feminists Thought. Knowledge, Consciousness, and the Politics of Empowerment, Boston: Unwin Hyman 1990

Cosar, Fatma Mansur: Women in Turkish Society, in: Beck, Lois/ Keddü, Nitchi (Hg.): Women in the Muslim World, Cambridge/London: Harward University Press 1978, S.124-139

Deaux, Kay: Sex and Gender, in: Annal Review of Psychology, 36.Jg. (1985) S.49-81

Deaux, Kay: Psychological Constructions of Masculinity and Feminity, in: Reinisch, June M./ Rosenblum, Leonhard A./ Sanders, Stephanie A. (Hg.): Masculinity and Feminity. Basic Perspectives, New York/Oxford: Oxford University Press 1987, S.289-303

Deaux, Kay/ Kite, Mary E.: Thinking about Gender, in: Hess, Beth B./ Ferree, Myra Marx (Hg.): Analyzing Gender. A Handbook of Social Science Research, Newbury Park/Beverly Hills/London u. a.: Sage Publications 1987, S.92-117

Deaux, Kay/ Major, Brenda: Putting Gender into Context: An Interactive Model of Gender-related Behavior, in: Psychological Review, Jg.94, Nr.3 (1987), S.369-389

Dietz, Barbara: Erste Ergebnisse einer Befragungsstudie mit deutschen Spätaussiedlern aus der Sowjetunion: Die soziodemographischen Charakteristika der Befragten. Forschungsprojekt "Deutsche in der Sowjetgesellschaft" (Arbeitsbericht Nr. 7; Osteuropa-Institut), München 1986

Dietz, Barbara: Lebensbedingungen in der Sowjetunion im Stadt-Land-Vergleich. Forschungsprojekt "Deutsche in der Sowjetgesellschaft" (Arbeitsbericht Nr.1; Osteuropa-Institut), München 1988a

Dietz, Barbara: Beschäftigung und Entlohnung in der Sowjetunion der siebziger Jahre: Ergebnisse einer Befragungsstudie mit deutschen Spätaussiedlern aus der Sowjetunion. Forschungsprojekt "Deutsche in der Sowjetgesellschaft" (Arbeitsbericht Nr. 9; Osteuropa-Institut), München 1988b

Dietz, Barbara: Erwartungen an die neue Heimat: Deutsche Aussiedler aus der Sowjetunion vor dem beruflichen und sozialen Neubeginn in der Bundesrepublik

Deutschland. Forschungsprojekt "Deutsche in der Sowjetunion und Aussiedler aus der UdSSR in der Bundesrepublik Deutschland" (Arbeitsbericht Nr. 5; Osteuropa-Institut), München 1991

Dietz, Barbara: Anders als die anderen. Zur Situation der Deutschen in der Sowjetunion und der deutschen Aussiedler in der Bundesrepublik, in: Osteuropa. Zeitschrift für Gegenwartsfragen des Ostens, 42.Jg. (1992) Nr.2, S.147-159

Dietz, Barbara/ Hilkes, Peter: Deutsche in der Sowjetunion. Zahlen, Fakten und neue Forschungsergebnisse, in: Aus Politik und Zeitgeschichte (Beilage zur Wochenzeitschrift "Das Parlament"), 38.Jg. (9.Dez.1988) Nr.50, S.3-13

Dietz, Barbara/ Hilkes, Peter: Rußlanddeutsche: Unbekannte im Osten. Geschichte, Situation, Zukunftsperspektiven, München: Olzog Verlag 1992a

Dietz, Barbara/ Hilkes, Peter: Deutsche Aussiedler aus der Sowjetunion. Sozialer Hintergrund. Ausreise. Integration, in: Althammer, Walter/ Kossolapow, Line: Aussiedlerforschung. Interdisziplinäre Studien, Köln: Böhlau 1992b, S.49-76

Diezinger, Angelika: Frauen: Arbeit und Individualisierung. Chancen und Risiken. Eine empirische Untersuchung anhand von Fallgeschichten, Opladen: Leske und Budrich 1991

Dokumentation eines Projektseminars an der Universität Hannover, Fachbereich Erziehungswissenschaften: Fremdheit und Identität. Zur Lebenswelt und Integrationsproblematik von Spätaussiedlern. Hannover 1989

Duben, Alan: The Significance of Family and Kinship in Urban Turkey, in: Kagitcibasi, Cigdem (Hg.): Sex Roles, Family, & Community in Turkey, Bloomington/Indiana: Indiana University, 1982, S.73-99

Eagly, Alice H./ Kite, Mary E.: Are Stereotypes of Nationalities Applied to Both Women and Men? in: Journal of Personality and Social Psychology, 53.Jg. (1987) Nr.3, S.451-462

Ecevit, F. Yildiz: Frauenarbeit im städtischen Produktionsprozeß unter den Bedingungen des Strukturwandels, in: Neusel, Ayla/ Tekeli, Sirin/ Akkent, Meral (Hg.): Aufstand im Haus der Frauen. Frauenforschung aus der Türkei, Berlin: Orlanda Frauenverlag 1991, S.109-119

Engelbrech, Gerhard: Frauenspezifische Restriktionen des Arbeitsmarktes - Situationsbericht und Erklärungsansätze zu Phasen des Berufsverlaufs anhand von IAB-Ergebnisssen, in: Mayer, Karl Ulrich/ Allemdinger, Jutta/ Huinink, Johannes (Hg.): Vom Regen in die Traufe. Frauen zwischen Beruf und Familie, Frankfurt am Main/New York: Campus 1991, S.91-118

Erler, Gisela/ Jaeckel, Monika/ Pettinger, Rudolf/ Sass, Jürgen: Kind? Beruf? Oder Beides? Eine repräsentative Studie über die Lebenssituation und Lebensplanung junger Paare zwischen 18 und 33 Jahren in der Bundesrepublik Deutschland im Auftrag der Zeitschrift Brigitte, München 1988

Esser, Elke: Ausländerinnen in der BRD. Eine soziologische Untersuchung des Eingliederungsverhaltens ausländischer Frauen, Frankfurt am Main: Fischer 1982

FAFRA-Werkstattbericht zu: Basisdaten der Stichprobe, Universität Osnabrück 1994

FAFRA-Werkstattbericht zu: Einstellungen im Bereich Erziehung, Universität Osnabrück 1994

FAFRA-Werkstattbericht zu: Geschlechtsrollenorientierung und weibliches Selbstkonzept, Universität Osnabrück 1994

FAFRA-Werkstattbericht zu: Mutterschaft und weibliches Selbstkonzept, Universität Osnabrück 1994

FAFRA-Werkstattbericht zu: Vereinbarkeit von Familie und Beruf, Universität Osnabrück 1994

FAFRA-Werkstattbericht zu: Vergleichsorientierung, Universität Osnabrück 1994

Fallers, Lloyd A./ Fallers, Margaret C.: Sex Roles in Edremit, in: Peristiany, Jean G. (Hg.): Mediterranean Family Structures, Cambridge/London/New York/Melbourne: Cambridge University Press 1976, S.243-260

Feldmann-Neubert, Christine: Frauenleitbild im Wandel 1948-1988. Von der Familienorientierung zur Doppelrolle, Weinheim: Deutscher Studien Verlag 1991

Ferree, Myra Marx: The View from Below: Women's Employment and Gender Equality in Working Class Families, in: Hess, Beth B./ Sussman, Marvin B. (Hg.): Women and the Family: Two Decades of Change, New York/London: Haworth Press 1984, S.57-76

Ferree, Myra Marx: She works hard for a living: Gender and Class on the Job, in: Hess, Beth B./ Ferree, Myra Marx (Hg.): Analyzing Gender, Newbury Park/Beverly Hills/London/New Delhi: Sage Publications 1987, S.322-347

Foner, Nancy: Women, Work and Migration: Jamaicans in London, in: Urban Anthropology, 4.Jg. (1975) Nr.3, S.229-249

Foner, Nancy: Sex Roles and Sensibilities: Jamaican Women in New York and London, in: Simon, Rita James/ Brettell, Caroline (Hg.): International Migration. The Female Experience, New Jersey: Rowman & Allanheld 1986, S.133-151

Freidenberg, Judith/ Imperiale, Graciela/ Skovron, Mary Louise: Migrant Careers and Well-Being of Women, in: International Migration Review, 22.Jg. (1988) Nr.2, S.208-225

Freter, Hans-Jürgen/ Hollstein, Betina/ Werle, Markus: Integration qualitativer und quantitativer Verfahrensweisen - Methodologie und Forschungspraxis. Projektberichte, in: ZUMA-Nachrichten, 15.Jg. (November 1991) Nr.29, S.98-114

Garfinkel, Harold: Studies in Ethnomethodology, New York: Englewood Cliffs 1967

Geiges, Adrian/ Suworowa, Tatjana: Liebe steht nicht auf dem Plan. Sexualität in der Sowjetunion heute, Frankfurt am Main/Moskau: Wolfgang Krüger Verlag/Progress Verlag 1989

Geißler, Birgit: Rahmenbedingungen der Erwerbsbeteiligung der Frauen seit der Nachkriegszeit. Wandel der weiblichen Arbeitsorientierung und Lebensplanung, in: Arbeitskreis Sozialwissenschaftliche Arbeitsmarktforschung (SAMF) (Hg.): Arbeitsmarkt und Frauenerwerbsarbeit. Arbeitspapier 1989, S.1-25

Gerhardt, Ute/ Schütze, Yvonne (Hg.): Frauensituation. Veränderungen in den letzten zwanzig Jahren, Frankfurt am Main: Suhrkamp 1988

Gilman, Charlotte Perkins: Mann und Frau. Die wirtschaftlichen Beziehungen der Geschlechter als Hauptfaktor der sozialen Entwicklung <orig. Women and Economics, USA 1889>, Dresden/Leipzig: Minden Verlag 1913

Glenn, Evelyn Nakano: Split Household, Small Producer and Dual Wage Earner: An Analysis of Chinese-American Family Strategies, in: Journal of Marriage and Family, 45.Jg. (1983) S.35-46

Göring, Hans: Qualifikationsvoraussetzungen und -erwartungen von Aussiedlern, in: Baumeister, Hans-Peter: Integration von Aussiedlern, Weinheim: Deutscher Studien Verlag 1991, S.120-130

Gold, Steven J.: Differential Adjustment among New Immigrant Family Members, in: Journal of Contemporary Ethnography, 17.Jg. (1989) Nr.4, S.408-434

Gordon, Leonard V./ Kikuchi, Akio: American Personality Tests in Cross-Cultural Research: A Caution, in: Journal of Social Psychology, 69.Jg. (1966) S.179-183

Graudenz, Ines/ Römhild, Regina: Kulturkontakt unter Deutschen: Zur interaktiven Identitätsarbeit von Spätaussiedlern. Eine Projektskizze, in: Bildung und Erziehung, 43.Jg. (1990) Nr.3, S.313-324

Graudenz, Ines/ Römhild, Regina: Identität und Kulturkontakt. Zur subjektiven Konstruktion des "Deutschseins" bei Spätaussiedlern (GFPF-Materialien, Nr. 2), Frankfurt am Main 1991, S.9-12

Graudenz, Ines/ Römhild, Regina: Fremde Deutsche. Aussiedler und Fremdenfeindlichkeit - Eine Herausforderung an das bundesrepublikanische Selbstverständnis, in: Döbrich, Peter/ Rutz, Georg: Fremdenhaß und politischer Extremismus - was kann die Schule tun? (Bericht zur Jahrestagung der Gesellschaft zur Förderung Pädagogischer Forschung am 30. und 31. Oktober 1992) (GFPF-Materialien, Nr. 27), Frankfurt am Main: 1993, S.17-29

Greif, Siegfried/ Hormuth, Stephan/ Janikowski, Andreas u. a.: Erfolg und Verlauf der Aneignung neuer Umwelten durch Aussiedler ("EVA-A"-Projekt; Phase I: Pilot-Studie), Kassel 1991

Greverus, Ina-Maria: Kultur und Alltagswelt. Eine Einführung in Fragen der Kulturanthropologie (Sonderausgabe), Frankfurt am Main: Institut für Kulturanthropologie und Europäische Ethnologie der Universität Frankfurt am Main 1987

Grinberg, León/ Grinberg, Rebeca: Psychoanalyse der Migration und des Exils, München/ Wien: Verlag Internationale Psychoanalyse 1990

Gümen, Sedef: The Impact of Peripheral Capitalism on Women's Activities in Production and Reproduction - The Case of Turkey (Inaugural-Dissertation), Berlin: 1987

Gümen, Sedef/ Herwartz-Emden, Leonie: Zur Problematik der Validität in interkulturellen Untersuchungen, in: Tarnai, Christian (Hg.): Beiträge zur empirischen pädagogischen Forschung, Münster/New York: Waxmann 1993, S.67-79

Gümen, Sedef/ Herwartz-Emden, Leonie/ Westphal, Manuela: Die Vereinbarkeit von Beruf und Familie als weibliches Lebenskonzept: Eingewanderte und deutsche Frauen im Vergleich, in: Zeitschrift für Pädagogik, 40.Jg. (1994) Nr.1, S.63-80

Günther, Christa/ Dornheim, Andreas: Psychosoziale Integrationsprobleme, hrsg. von: DIFF (Deutsches Institut für Fernstudien an der Universität Tübingen) (Weiterbildung für die Arbeit mit Aussiedlern), Tübingen 1992

Gutschmidt, Gunhild: Kind und Beruf. Alltag alleinerziehender Mütter, Weinheim/München: Juventa 1986

Hagemann-White, Carol: Sozialisation: männlich - weiblich? Alltag und Biographie von Mädchen, Opladen: Leske und Budrich 1984

Hagemann-White, Carol: Macht und Ohnmacht der Mütter, in: Rommelspacher, Birgit (Hg.): Weibliche Beziehungsmuster. Psychologie und Therapie von Frauen, Frankfurt am Main/New York: Campus 1987, S.15-30

Hagemann-White, Carol: Wie werden nicht zweigeschlechtlich geboren ..., in: Hagemann-White, Carol/ Rerrich, Maria S. (Hg.): FrauenMännerBilder. Männer und Männlichkeit in der feministischen Diskussion, Bielefeld: AJZ-Verlag 1988, S.224-235

Hager, Bodo/ Wandel, Fritz: Probleme der sozio-kulturellen Integration von Spätaussiedlern. Mit besonderem Bezug auf Jugendliche aus Oberschlesien, in: Osteuropa, 28.Jg. (1978) Nr.3, S.193-209

Hardach-Pinke, Irene/ Hardach, Gerd (Hg.): Deutsche Kindheiten 1700-1900: Autobiographische Zeugnisse, Frankfurt am Main: Verlag Anton Hain 3. Aufl. 1992 (1978)

Hare-Mustin, Rachel T./ Marecek, Jeanne: On Making a Difference, in: Dies. (Hg.): Making a Difference. Psychology and the Construction of Gender, New Haven/London: Yale University Press 1990, S.1-21

Heckmann, Friedrich: Die Bundesrepublik - Ein Einwanderungsland? Zur Soziologie der Gastarbeiterbevölkerung als Einwandererminorität, Stuttgart: Klett-Cotta 1981

Heckmann, Friedrich: Ethnische Minderheiten, Volk und Nation. Soziologie interethnischer Beziehungen, Stuttgart: Ferdinand Enke Verlag 1992

Heinelt, Hubert/ Lohmann, Anne: Immigranten im Wohlfahrtsstaat. Rechtspositionen und Lebensverhältnisse, Opladen: Leske und Budrich 1992

Heitlinger, Alena: Women and State Socialism. Sex Inequality in the Soviet Union and Czechoslovakia, London/Basingstoke: McMillan Press LTD 1979

Helbrecht-Jordan, Ingrid/ Gonser, Ute: "Vater sein dagegen sehr!" - Wege zur erweiterten Familienorientierung von Männern. - Forschungsnotiz -, in: Zeitschrift für Frauenforschung, 11.Jg. (1993) Nr.1+2, S.179-189

Herwartz-Emden, Leonie: Migrantinnen und ihre Familien in der Bundesrepublik Deutschland. Ein Bericht zum Forschungsstand, in: Ethnizität & Migration, 2.Jg. (1991) Nr.7, S.5-28

Herwartz-Emden, Leonie/ Merkens, Hans: Überlegungen zum Validierungsproblem aus wissenschaftstheoretischer Sicht, in: ZeF, 14.Jg. (1980) Nr.2, S.90-116

Herwartz-Emden, Leonie/ Westphal, Manuela: Bildungserwartungen und Berufsmotivation von Aussiedlerinnen aus der ehemaligen Sowjetunion, in: Unterrichtswissenschaftliche Zeitschrift für Lernforschung, 21.Jg. (1993) Nr.2, S.106-125

Hess, Beth B./ Ferree, Myra Marx (Hg.): Analyzing Gender. A Handbook of Social Science Research, Newbury Park/Beverly Hills/London u. a.: Sage Publications 1987

Hess, Beth B./ Ferree, Myra Marx: Introduction, in: Dies. (Hg.): Analyzing Gender. A Handbook of Social Science Research. Newbury Park/Beverly Hills/London u. a.: Sage Publications 1987, S.9-30

Hess-Buechler, Judith-Maria: Something Funny Happened on the Way to the Agora. A Comparison of Bolivian and Spanish Galician Female Migrants, in: Anthropological Quarterly, 14.Jg. (1976) Nr.1, S.62-68

Hettlage-Varjas, Andrea: Bikulturalität - Privileg oder Belastung? in: Kürsat-Ahlers, Elcin (Hg.): Die multikulturelle Gesellschaft, Frankfurt am Main: Verlag für interkulturelle Kommunikation 1992, S.142-167

Hettlage-Varjas, Andrea/ Hettlage, Robert: Kulturelle Zwischenwelten. Fremdarbeiter - eine Ethnie? in: Schweizerische Zeitschrift für Soziologie, 10.Jg. (1984) Nr.2, S.357-404

Hettlage-Varjas, Andrea/ Hettlage, Robert: Auf der Suche nach der verlorenen Identität. Kulturelle Zwischenwelten - eine sozio-psychoanalytische Deutung des Wandels bei Fremdarbeitern, in: Journal (Hg. vom Psychoanalytisches Seminar Zürich), 20.Jg. (1989) S.26-48

Hilkes, Peter: "Deutsche in der Sowjetgesellschaft". Eine Befragungsstudie mit deutschen Spätaussiedlern aus der UdSSR, in: Pädagogik und Schule in Ost und West, 37.Jg. (1989) Nr.1, S.10-15

Hinderink, Jan/ Kiray, Mübeccel B.: Social Stratification as an Obstacle to Development. A Study of Four Turkish Villages, New York/Washington/London: Praeger Publishers 1970

Hoff, Ernst-Hartmut/ Grüneisen, Veronika: Arbeitserfahrungen, Erziehungseinstellungen und Erziehungsverhalten von Eltern, in: Schneewind, Klaus A./ Lukesch, Helmut (Hg.): Familiäre Sozialisation. Probleme, Ergebnisse, Prognosen, Stuttgart: Ernst-Klett-Verlag 1978, S.65-89

Hoffmann-Nowotny, Hans-Joachim: Sociological and Demographic Aspects of the Changing Status of Migrant Women in Europe, in: Zeitschrift für Bevölkerungswissenschaft (hg. vom Bundesinstitut für Bevölkerungsforschung, Wiesbaden), 3.Jg. (1977) Nr.2, S.3-22

Hoffmeyer-Zlotnik, Jürgen H.P. (Hg.): Qualitative Methoden der Datenerhebung in der Arbeitsmigrantenforschung, Berlin: QUORUM Verlag 1986

Holland, Barbara (Hg.): Soviet Sisterhood. British Feminists on Women in the USSR, London: Fourth Estate 1985

Holmstrom, Engin Inel: Changing Sex Roles in a Developing Country, in: Journal of Marriage and Family, 35.Jg. (1973) Nr.3, S.546-553

Iglitzin, Lynne B./ Ross, Ruth: Women in the World: A Comparative Study (Studies in Comperative Politics, Serien-Hg.: Merkl, Peter H.), Santa Barbara/Oxford: Clio Books 1976

Info Dienst Deutsche Aussiedler: Zahlen, Daten, Fakten. 34, Bonn 1992

Iwawaki, Saburo/ Kashima, Yoshihisa/ Leung, Kwok (Hg.): Innovations in Cross-Cultural Psychology. Selected Papers from the Tenth International Conference of the International Association for Cross-Cultural Psychology held at Nara, Japan, Amsterdam/Berwyn, PA: Swets & Zeitlinger 1992

Janikowski, Andreas/ Greif, Siegfried: Arbeitsveränderungen und Arbeitsbiographien von Aussiedlern (Projektgruppe "Erfolg und Verlauf der Aneignung neuer Umwelten durch Aussiedler", EVA-A), Kassel 1991,S.55-74

Jewtuch, Wladimir/ Suglobin, Sergej/ Samborskaja, Janina: Deutsche in der Ukraine: Status, Ethos und Orientierung. Ergebnisse einer Befragungsstudie. Forschungsprojekt "Deutsche in der Sowjetunion und Aussiedler aus der UdSSR in der Bundesrepublik Deutschland" (Arbeitsbericht Nr.7; Osteuropa-Institut), München Januar 1993

Johnson, Miriam M.: Strong Others, Weak Wives: The Search of Gender Equality, Berkeley/Los Angeles/London: University of California Press 1988

Joseph, Gloria I. (Hg.): Schwarzer Feminismus. Theorie und Politik afroamerikanischer Frauen, Berlin: Orlanda Frauenverlag 1993

Josephides, Sasha: Honour, Family and Work: Greek Cypriot Women before and after Migration, in: Westwood, Sallie/ Bhachu, Parminder (Hg.): Enterprising Women, London/New York: 1988, S.34-57

Kagitcibasi, Çigdem: The Changing Value of Children in Turkey (Papers of the East-West Population Institute), Hawaii: 1982a

Kagitcibasi, Çigdem (Hg.): Sex Roles, Family and Community in Turkey, Bloomington/Indiana: Indiana University 1982b

Kagitcibasi, Çigdem: Linking the Indigenous and Universalist Orientations, in: Iwawaki, Saburo/ Kashima, Yoshihisa/ Leung, Kwok (Hg.): Innovations in Cross-Cultural Psychology, Amsterdam/Berwyn PA: Swets & Zeitlinger 1992, S.29-37

Kandiyoti, Deniz: Some Social-Psycological Dimensions of Social Change in a Turkish Village, in: The British Journal of Sociology, 25.Jg. (1974) Nr.1, S.47-62

Kandiyoti, Deniz: Sex Roles and Social Change: A Comparative Appraisal of Turkey's Women, in: Signs, 3.Jg. (1977) Nr.1, S.57-73

Kandiyoti, Deniz: Urban Change & Women's Roles: An Overview and Evaluation, in: Kagitcibasi, Çigdem (Hg.): Sex Roles, Family, & Community in Turkey, Bloomington/Indiana: Indiana University 1982, S.101-120

Kandiyoti, Deniz: Emancipated but Unliberated? Reflections on the Turkish Case, in: Feminist Studies, 13.Jg. (Summer 1987) Nr.2, S.317-338

Kandiyoti, Deniz: Bargaining with Patriarchy, in: Gender and Society, 2.Jg. (1988) Nr.3, S.274-290

Kandiyoti, Deniz: Women and Household Production. The Impact of Rural Transformation in Turkey, in: Glavanis, Kathy (Hg.): The Rural Middle East, London: Zed Books 1990, S.183-194

Kandiyoti, Deniz: Patriarchalische Muster. Notizen zu einer Analyse der Männerherrschaft in der türkischen Gesellschaft, in: Neusel, Aylâ / Tekeli, Sirin / Akkent, Meral: Aufstand im Haus der Frauen, Berlin: Orlanda Frauenverlag 1991, S.315-329

Kazgan, Gülten: Labour Force Participation, Occupational Distribution, Educational Attainment, and the Socio-Economic Status of Women in the Turkish Economy, in: Abadan-Unat, Nermin (Hg.): Women in Turkish Society, Leiden: E.J. Brill 1981, S.132-159

Kehl, Krisztina: Familie und Verwandtschaft - Grundlagen dörflicher sozialer Organisation, in: Die Ausländerbeauftragte des Senats von Berlin in Zusammenarbeit mit dem Paritätischen Bildungswerk e.V. (Hg.): Die Ehre in der türkischen Kultur - Ein Wertsystem im Wandel, Berlin 1988, S.5-7

Kehl, Krisztina/ Pfluger, Ingrid: Das Wertgefüge im türkischen Dorf, in: Die Ausländerbeauftragte des Senats von Berlin in Zusammenarbeit mit dem Paritätischen Bildungswerk e. V. (Hg.): Die Ehre in der türkischen Kultur - Ein Wertesystem im Wandel, Berlin: 1988, S.8-17

Keller, Heidi: Männlichkeit - Weiblichkeit, Darmstadt: Steinkopff 1978

Kerig, Patricia K./ Alyoshina, Yulya Y./ Volovich, Alla S.: Gender-Role Socialization in Contemporary Russia. Implications for Cross-Cultural Research, in: Psychology of Women Quarterly, 17.Jg. (1993) Nr.4, S.389-408

Kibria, Nazli: Power, patriarchy and gender conflict in the Vietnamese immigrant community, in: Gender and Society, 4.Jg. (1990) Nr.1, S.9-24

Kibria, Nazil/ Barnett, Rosalind C./ Baruch, Grace K. u. a.: Homemaking-Role Quality and the Psychological Well-Being and Distress of Employed Women, in: Sex Roles, 22.Jg. (1990) Nr.5/6, S.327-347

Kiray, Mübeccel B.: Values, Social Stratification and Development, in: Journal of Social Issues, 24.Jg. (1968) Nr.2, S.87-100

Kiray, Mübeccel B.: The New Role of Mothers: Changing Intra-Familial Relationships in a Small Town in Turkey, in: Peristiany, Jean G. (Hg.): Mediterranean Family Structures, London: Cambridge University Press 1976, S.261-271

Kiray, Mübeccel B./ Abadan-Unat, Nermin: Social Structure, in: Grothusen, Klaus-Detlev (Hg.): Südosteuropa-Handbuch: Bd. IV: Türkei, Göttingen: Vandenhoeck & Ruprecht 1985, S.498-518

Kitzinger, Sheila: Frauen als Mütter. Geburt und Mutterschaft in verschiedenen Kulturen, München: dtv 3. Aufl. 1986

Klausing, Christina: Als Kinderkrankenschwester im Grenzdurchgangslager - zugleich ein Beitrag zum Windelnwickeln des Säuglings, in: Kinderkrankenschwester, 11.Jg. (1992) Nr.1, S.7-9

Klees, Karin: Partnerschaftliche Familien. Arbeitsteilung, Macht und Sexualität in Paarbeziehungen, Weinheim/München: Juventa 1992

Kocturk, Tahire: A Matter of Honour. Experiences of Turkish Women Immigrants, London/New Jersey: Zed Books Ltd. 1992

Kohli, Martin: Lebenslauf und Lebensalter als gesellschaftliche Konstruktionen: Elemente zu einem Vergleich, in: Matthes, Joachim (Hg.): Zwischen den Kulturen? Die Sozialwissenschaften vor dem Problem des Kulturvergleichs, Sonderbd.8: Soziale Welt, Göttingen: Otto Schwartz & Co. 1992, S.283-303

Kollontai, Alexandra: Die Situation der Frau in der gesellschaftlichen Entwicklung. Vierzehn Vorlesungen vor Arbeiterinnen und Bäuerinnen an der Sverdlof-Universität 1921, Frankfurt am Main: Verlag Neue Kritik 1975

Kongar, Emre: A Survey of Familial Change in Two Turkish Gecekondu Areas, in: Peristiany, Jean G. (Hg.): Mediterranean Family Structures (Cambridge Studies in Social Anthropologie), London: Cambridge University Press 1976, S.205-218

Kossolapow, Line: Aussiedler-Jugendliche. Ein Beitrag zur Integration Deutscher aus dem Osten, Weinheim: Deutscher Studien Verlag 1987

Kossolapow, Line: Kulturarbeit mit Aussiedlern als phasenspezifischer Prozeß, in: Althammer, Walter/ Kossolapow, Line: Aussiedlerforschung. Interdisziplinäre Studien, Köln: Böhlau 1992, S.19-28

Kostakov, V. G.: Features of the Development of Female Employment. in: Lapidus, Gail Warshofsky (Hg.): Women, Work, and Family in the Soviet Union, Armank/New York/London: M.E. Sharpe, Inc. 1982, S.33-68

Kreidt, Ulrich/ Leenen, Wolf Rainer/ Grosch, Harald: Trennungserfahrung und Lebenslauf. Folgen von "Familienfragmentierung" bei türkischen Migranten der zweiten Generation, in: Zeitschrift für Pädagogik, 35.Jg. (1989) Nr.3, S.337-355

Krone-Schmalz, Gabriele: Schuften, einkaufen, gebären, in: Vorwärts (1990a) Nr.11, S.26-29

Krone-Schmalz, Gabriele: In Wahrheit sind wir stärker. Frauenalltag in der Sowjetunion, Düsseldorf/Wien/New York: Econ 1990b

Krüger-Potratz, Marianne: Zum Wandel der türkischen Familie in der Türkei und in der Migration, in: Bildung und Erziehung, Beiheft 41.Jg. (1988) Nr.5, S.197-224

Kudat, Ayse: Stability and Change in the Turkish Family at Home and Abroad: Comparative Perspectives, Berlin: 1975

Küper-Basgöl, Sabine: Frauen in der Türkei zwischen Feminismus und Reislamisierung, Münster/Hamburg: LIT-Verlag 1992

Kürsat-Ahlers, Elcin: Die Bedeutung der Mutter im bikulturellen Identitätsfindungsprozeß türkischer Mädchen, in: Informationsdienst zur Ausländerarbeit, 6.Jg. (1986) Nr.4, S.82-85

Kürsat-Ahlers, Elcin (Hg.): Die multikulturelle Gesellschaft: Der Weg zur Gleichstellung? Frankfurt am Main: Verlag für Interkulturelle Kommunikation 1992

Kulturrat der Deutschen aus Rußland e. V./ Landsmannschaft der Deutschen aus Rußland e.V.: Volk auf dem Weg. Deutsche in Rußland und in der Sowjetunion 1763-1986. Eine kurze Übersicht, Stuttgart: 3. Aufl. 1986

Kusterer, Karin: Ethnische Identität bei den Deutschen in der Sowjetunion. Ergebnisse einer Befragungsstudie mit deutschen Spätaussiedlern aus der Sowjetunion. Forschungsprojekt "Deutsche in der Sowjetgesellschaft" (Arbeitsbericht Nr.13; Osteuropa-Institut), München: Mai 1991

Lamphere, Louise: Working Mothers and Family Strategies: Portuguese and Colombian Immigrant Women in a New England Community, in: Simon, Rita James/ Brettell, Caroline: International Migration. The Female Experience, New Jersey: 1986, S.133-151

Lane, Ann J.: Einleitung. Das literarische Weltbild der Charlotte Perkins Gilman, in: Gilman, Charlotte Perkins: Die gelbe Tapete und andere Erzählungen, Frankfurt am Main/Berlin: Ullstein 1988, S.7-33

Lapidus, Gail Warshofsky (Hg.): Women, Work, and Family in the Soviet Union, Armonk/New York/London: M.E. Sharpe Inc. 1982

Lapidus, Gail Warshofsky: Gender and Restructuring: The Impact of Perestroika and its Aftermath on Soviet Women (Paper prepared for UNU), New York: 1992

Leahy, Margaret E.: Development Strategies and the Status of Women. A Comparative Study of the United States, Mexico, the Soviet Union, and Cuba, Boulder/Colorada: Lynne Rienner Publishers Inc. 1986

Leon Siantz, Mary Lou de: Maternal acceptance/rejection of Mexican migrant mothers, in: Psychology of Women Quarterly, 14.Jg. (1990) S.245-254

Lenz, Ilse: Geschlechtssymmetrische Gesellschaften. Neue Ansätze nach der Matriarchatsdebatte, in: Lenz, Ilse/ Luig, Ute (Hg.): Frauenmacht ohne Herrschaft. Geschlechterverhältnisse in nichtpatriarchalischen Gesellschaften, Berlin: Orlanda Frauenverlag 1990, S.17-74

Lenz, Ilse/ Luig, Ute (Hg.): Frauenmacht ohne Herrschaft. Geschlechterverhältnisse in nichtpatriarchalischen Gesellschaften, Berlin: Orlanda Frauenverlag 1990

Lewis, Susan: Motherhood and Employment: The Impact of Social and Organizational Values, in: Phoenix, Ann/ Woollett, Anne/ Lloyd, Eva (Hg.): Motherhood, Meanings, Practices, and Ideologies, London/Newbury Park/New Dehli: Sage Publications 1991, S.195-215

Ley, Katharina: Frauen in der Emigration. Eine soziologische Untersuchung der Lebens- und Arbeitssituation italienischer Frauen in der Schweiz, Frauenfeld/Stuttgart: Huber 1979

Lipovskaja, Olga: Der Mythos der Frau in der heutigen sowjetischen Kultur, in: Feministische Studien, 10.Jg. (1992) Nr.2, S.64-74

Lonner, Walter J.: An Overview of Cross-Cultural Testing and Assessment, in: Brislin, Richard W. (Hg.): Applied Cross-Cultural Psychology, Newbury Park/London/New Dehli: Sage Publications 1990, S.56-76

Lonner, Walter J./ Berry, John W. (Hg.): Fields Methods in Cross-Cultural Research (Cross-Cultural Research and Methodology Series, 8Jg.), Beverly Hills/Newbury Park/London/New Dehli: Sage Publications 1986

Lonner, Walter J./ Berry, John W.: Preface, in: Lonner, Walter J./ Berry, John W. (Hg.): Field Methods in Cross-Cultural Research, Beverly Hills/Newbury Park/London/New Dehli: Sage Publications 1986, S.11-15

Lott, Bernice: Dual Natures or Learned Behavior: The Challenge to Feminist Psychology, in: Mustin, Rachel T. Hare/ Marecek, Jeanne (Hg.): Making a Difference. Psychology and the Construction of Gender, New Haven/London: Yale University Press 1990, S.65-101

Lubig, Evelin: Ehre im Wandel - Erfahrungen mit dem Ehrbegriff in einem türkischen Dorf, in: Die Ausländerbeauftragte des Senats von Berlin in Zusammenarbeit mit dem Paritätischen Bildungswerk e. V. (Hg.): Die Ehre in der türkischen Kultur - Ein Wertsystem im Wandel, Berlin: 1988, S.18-35

Lutz, Helma: Migrantinnen aus der Türkei - Eine Kritik des gegenwärtigen Forschungsstandes, in: Blaschke, Jochen (Hg.): Migration & Ethnizität, Berlin: Express Edition 1986, S.9-45

Lutz, Helma: Lebensentwürfe ausländischer Frauen. Zum Subjektivitätsbegriff in der Migrantenforschung, in: Informationsdienst zur Ausländerarbeit, 8.Jg. (1988) Nr.4, S.18-21

Maehr, M./ Nicholls, J.: Culture and Achievement Motivation: A Second Look, in: Warren, N. (Hg.): Studies in Cross-Cultural Psychology, 2.Jg., London: Academic 1980, S.221-267

Mänicke-Gyöngyösi, Krisztina: Zum Wandel städtischer Lebensstile in der Sowjetunion, in: Mänicke-Gyöngyösi, Krisztina/ Rytlewski, Ralf: Lebensstile und Kulturmuster in sozialistischen Gesellschaften, Köln: Wissenschaft und Politik 1990, S.160-190

Mänicke-Gyöngyösi, Krisztina: Was bedeutet die Umgestaltung für Frauen in Osteuropa: Traditionalisierung versus Modernisierung der Geschlechterverhältnisse? in: Österreichische Zeitschrift für Politikwissenschaft (ÖZP), 20.Jg. (1991) Nr.2, S.117-129

Matthes, Joachim (Hg.): Zwischen den Kulturen? Die Sozialwissenschaften vor dem Problem des Kulturvergleichs, Sonderbd.8: Soziale Welt, Göttingen: Verlag Otto Schwarz & Co. 1992

McAndrew, Maggie: Soviet Women's Magazines, in: Holland, Barbara (Hg.): Soviet Sisterhood. British Feminists On Women in the USSR, London: Fourth Estate 1985, S.78-115

Mead, Margaret: Mann und Weib. Das Verhältnis der Geschlechter in einer sich wandelnden Welt. Mit einem Nachwort von Imogen Seger, Frankfurt am Main/Berlin: Ullstein 1992

Merkens, Hans/ Nauck, Bernhard: Familiale Orientierungen türkischer Arbeitsmigranten. Wertvorstellungen, innerfamiliale Orientierungen im Zusammenhang mit Biographie und Ausstattung des sozialen Nahraumes. Unveröffentlichter DFG-Projektneuantrag 1990

Merkens, Hans/ Nauck, Bernhard: Ausländerkinder, in: Markefka, Manfred/ Nauck, Bernhard: Handbuch der Kindheitsforschung, Neuwied/Kriftel/ Berlin: Luchterhand 1993, S.447-457

Mernissi, Fatima: Geschlecht Ideologie Islam, München: Frauenbuchverlag 1987

Meske, Sigrid: Situationsanalyse türkischer Frauen in der BRD, Berlin: Express Edition 1983

Metz-Göckel, Sigrid: Mutter sein und andere Lebensformen von Frauen, in: Metz-Göckel, Sigrid/ Nyssen, Elke (Hg.): Frauen leben Widersprüche. Zwischenbilanz der Frauenbewegung, Weinheim/Basel: Beltz-Verlag 1990, S. 153-184

Metz-Göckel, Sigrid/ Nyssen, Elke (Hg.): Frauen leben Widersprüche. Zwischenbilanz der Frauenbewegung, Weinheim/Basel: Beltz-Verlag 1990

Meyer, Sibylle/ Schulze, Eva: Balancen des Glücks. Neue Lebensformen: Paare ohne Trauschein, Alleinerziehende und Singles, München: C. H. Beck 1989

Mies, Maria: Patriarchat und Kapital. Frauen in der internationalen Arbeitsteilung, Zürich: Rotpunktverlag 1988

Mihciyazgan, Ursula: Wir haben uns vergessen. Ein intrakultureller Vergleich türkischer Lebensgeschichten, Hamburg: E.B-Verlag Rissen 1986

Mihciyazgan, Ursula: Was hat das Gold mit der Zukunft zu tun? Überlegungen zur Lebensplanung und zu Zukunftsvorstellungen türkischer Migrantinnen, in: Informationsdienst zur Ausländerarbeit (1988) Nr.5, S.31-36

Morgan, Kathrin P./ Ayim, Maryann: Comment on Bem's "Gender Schema Theory and its Implications for Child Development: Raising Gender - Afchematic Children in a Gender-Fchematic Society", in: Science, Jg.10 (Herbst 1984) Nr.1, S.188-196

Morokvasic, Mirjana: Jugoslawische Frauen. Die Emigration - und danach, Frankfurt am Main: Stroemfeld/Roter Stern 1987

Morvaridi, Behrooz: Cash Crop Production and the Process of Transformation, in: Development and Change, 21.Jg. (1990) Nr.4, S.693-722

Morvaridi, Behrooz: Gender Relations in Agriculture. Women in Turkey, in: Economic Development and Cultural Change, 40.Jg. (1992) Nr.3, S.567-586

Müller, Ursula: Warum gibt es keine emanzipatorische Utopie des Mutterseins? in: Schön, Bärbel (Hg.): Emanzipation und Mutterschaft. Erfahrungen und Untersuchungen über Lebensentwürfe und mütterliche Praxis, Weinheim/München: Juventa 1989, S.55-79

Münscher, Alice: The Workday Routines of Turkish Women in Federal Republic of Germany: Results of a Pilot Study, in: International Migration Review, 18.Jg. (1984) Nr.4, S.1230-1246

Mummendey, Hans Dieter: Selbstkonzept, in: Frey, Dieter/ Greif, Siegfried (Hg.): Sozialpsychologie. Ein Handbuch in Schlüsselbegriffen, München/Wien/Baltimore: Urban & Schwarzenberg 1983, S. 281-285

Mummenday, Hans Dieter: Psychologie der Selbstdarstellung, Göttingen: Hogrefe 1990

Nadig, Maya: Die verborgene Kultur der Frau. Ethnopsychoanalytische Gespräche mit Bäuerinnen in Mexiko, Frankfurt am Main: Fischer 1986

Nadig, Maya: Mutterbilder in zwei verschiedenen Kulturen. Ethnopsychoanalytische Überlegungen, in: Braun, Christina von/ Sichtermann, Barbara/ Nadig, Maya u. a.: Bei Licht betrachtet wird es finster. FrauenSichten (Die kleine weiße Reihe: Bd.98), Frankfurt am Main: Athenäum 1987, S.81-104

Nadig, Maya: Die gespaltene Frau - Mutterschaft und öffentliche Kultur, in: Brede, Karola (Hg.): Was will das Weib in mir? Freiburg im Breisgau: Kore 1989a, S.141-161

Nadig, Maya: Frauen in der Kultur - Macht und Ohnmacht. Zehn ethnopsychoanalytische Thesen, in: Kossek, Brigitte/ Langer, Dorothea/ Seiser, Gerti (Hg.): Verkehren der Geschlechter. Reflexionen und Analysen von Ethnologinnen (Reihe Frauenforschung: Bd.10), Wien: Wiener Frauenverlag 1989b, S.264-271

Nadig, Maya: Der ethnologische Weg zur Erkenntnis. Das weibliche Subjekt in der feministischen Wissenschaft, in: Knapp, Gudrun-Axeli/ Wetterer, Angelika (Hg.): Traditionen - Brüche, Freiburg im Breisgau: Kore 1992, S.151-200

Nauck, Bernhard: Arbeitsmigration und Familienstruktur. Eine Analyse der mikrosozialen Folgen von Migrationsprozessen, Frankfurt am Main: Campus 1985a

Nauck, Bernhard: "Heimliches Matriarchat" in Familien türkischer Arbeitsmigranten? Empirische Ergebnisse zu Veränderungen der Entscheidungsmacht und Aufgabenallokation, in: Zeitschrift für Soziologie, 14.Jg. (1985b) Nr.6, S.450-465

Nauck, Bernhard: Zur Situation türkischer Frauen und ihrer Familien in der Bundesrepublik Deutschland, in: Irigaray, Luce: Frauenforschung V: Zur Geschlechterdifferenz: Interviews und Vorträge, Wien: Wiener Frauenverlag 1987, S.89-97

Nauck, Bernhard: Inter- und intragenerativer Wandel in Migrationsfamilien, in: Soziale Welt, 39.Jg. (1988a) Nr.4, S.504-518

Nauck, Bernhard: Zwanzig Jahre Migrantenfamilien in der Bundesrepublik. Familiärer Wandel zwischen Situationsanpassung, Akkulturation und Segregation, in: Nave-Herz, Rosemarie (Hg.): Wandel und Kontinuität der Familie in der Bundesrepublik Deutschland, Stuttgart: Enke 1988b, S.279-297

Nauck, Bernhard: Migration, ethnische Differenzierung und Modernisierung der Lebensführung, in: Zapf, Wolfgang: Die Modernisierung moderner Gesellschaften. Verhandlungen des 25. Deutschen Soziologentages, Frankfurt am Main: Campus 1990, S.704-723

Nauck, Bernhard: Intergenerative Beziehungen in deutschen und türkischen Familien. Elemente einer individualistisch-strukturtheoretischen Erklärung, in: Bott, Peter/ Merkens, Hans/ Schmidt, Folker (Hg.): Türkische Jugendliche und Aussiedlerkinder in Familie und Schule. Theorie und empirische Beiträge der pädagogischen Forschung, Hohengehren: Schneider 1991a, S.79-101

Nauck, Bernhard: Differentielle Fertilität in der Bundesrepublik Deutschland und in der Türkei. Ein interkultureller und interkontextueller Vergleich, in: Glatzer, Wolfgang (Hg.): Die Modernisierung moderner Gesellschaften. Sektionen, Arbeits- und Ad-Hoc-Gruppen, Opladen: Westdeutscher Verlag 1991b, S.121-123

Nauck, Bernhard: Fruchtbarkeitsunterschiede in der Bundesrepublik Deutschland und in der Türkei. Ein interkultureller und interkontextueller Vergleich, in: Voland, Eckart (Hg.): Fortpflanzung: Natur und Kultur im Wechselspiel, Frankfurt am Main: Suhrkamp 1992, S.239-269

Nauck, Bernhard: Dreifach diskriminiert? Ausländerinnen in Westdeutschland, in: Helwig, Gisela/ Nickel, Hildegard Maria (Hg.): Frauen in Deutschland 1945-1992 (Studien zur Geschichte und Politik: Bd.318), Bonn: Bundeszentrale für politische Bildung 1993, S.364-395

Neue Osnabrücker Zeitung (NOZ): Aussiedlerzahlen weiter rückläufig, 01.07.1993

Neumann, Ursula: Erziehung ausländischer Kinder. Erziehungsstile und Bildungsvorstellungen in türkischen Arbeiterfamilien, Düsseldorf: Schwann 1981

Neusel, Ayla/ Tekeli, Sirin/ Akkent, Meral (Hg.): Aufstand im Haus der Frauen. Frauenforschung aus der Türkei, Berlin: Orlanda Frauenverlag 1991

Nickel, Horst/ Ungelenk, Bernd: Untersuchungen zum Erzieher- und Elternverhalten und zum Sozialverhalten von Kindern in Eltern-Initiativ-Gruppen und Kindergärten. Forschungsbericht des Instituts für Entwicklungs- und Erziehungspsychologie der Universität Düsseldorf 1980

Nießen, Manfred: Qualitative Aspects in Cross-National Comparative Research and the Problem of Functional Equivalence, in: Nießen, Manfred/ Peschar, Jules (Hg.): Problems of Theory, Methodology and Organisation in Eastern and Western Europe, Oxford/New York/Toronto u. a.: Pergamon Press 1982, S.83-104

Nießen, Manfred/ Peschar, Jules (Hg.): Problems of Theory, Methodology and Organisation in Eastern und Western Europe, Oxford/New York/Toronto/ Sydney/Paris/Frankfurt am Main: Pergamon Press 1982

Niestroj, Brigitte H.E.: Die Mutter-Kind-Beziehung im Kontinuum von Neuzeit und Moderne, in: Campe, Joachim Heinrich: Über die früheste Bildung junger Kinderseelen, Frankfurt am Main/Berlin: Ullstein 1985, S.7-52

Nooseworthy, Cathryn M./ Lott, Albert J.: The Cognitive Organization of Gender-Stereotypic Categories, in: Personality and Social Psychology Bulletin, 10.Jg. (1984) Nr.3, S.474-481

Norusis, M.: Advanced Statistics Guide. SPSS^x, New York: McGraw-Hill 1985

Novikowa, Elvira/ Schipulo, Tatjana: Die Situation der Frau in Rußland während der wirtschaftlichen Umstrukturierung. Ergebnisse einer empirischen Studie, in: Feministische Studien, 10.Jg. (1992) Nr.2, S.104-110

Nyssen, Elke: Frauen zwischen Beruf und Familie, in: Metz-Göckel, Sigrid/ Nyssen, Elke (Hg.): Frauen leben Widersprüche. Zwischenbilanz der Frauenforschung, Weinheim/Basel: Beltz-Verlag 1990, S.185-200

Öncü, Ayse: Turkish women in the professions: Why so many? in: Abadan-Unat, Nermin (Hg.): Women in Turkish Society, Leiden: E.J. Brill 1981, S.181-193

Özbay, Ferhunde: Women's Education in Rural Turkey, in: Kâgitcibasi, Cigdem (Hg.): Sex Roles, Family, and Community in Turkey, Indiana: Indiana University Turkish Studies 1982, S.133-149

Özbay, Ferhunde: Der Wandel der Arbeitssituation der Frau im innerhäuslichen und außerhäuslichen Bereich in den letzten sechzig Jahren, in: Neusel, Ayla/ Tekeli, Serin/ Akkent, Meral (Hg.): Aufstand im Haus der Frauen. Frauenforschung aus der Türkei, Berlin: Orlanda Frauenverlag 1991, S.120-148

Özel, Sule/ Nauck, Bernhard: Kettenmigration in türkischen Familien. Ihre Herkunftsbedingungen und ihre Effekte auf die Reorganisation der familiären Interaktionsstruktur in der Aufnahmegesellschaft, in: Migration, 1.Jg. (1987) Nr.2, S.61-94

Özerturgut-Yurtdas, Hatice: Die Vielfalt leben. Migration als Aufbruch und Veränderung, in: Informationsdienst zur Ausländerarbeit (1988) Nr.4, S.23-30 (Interview von B. Sellach)

Özerturgut-Yurtdas, Hatice: Pionierinnen der Arbeitsmigration - Analyse von Lebensläufen türkischer Frauen. Vortrag zur Tagung: "Migrantinnenforschung in der Bundesrepublik Deutschland: Begrifflichkeit, Methode und politische Bedeutung", Würzburg (Frankenwarte 1990) (unveröffentlichtes Manuskript) Köln 1990

Ortiz, Vilma/ Cooney, Rosemary Santana: Sex-Role attitudes and labor force participation among young Hispanic females and Non-Hispanic white females, in: Social Science Quarterly, 35.Jg. (1984) Nr.2, S.392-400

Osteuropa-Archiv: Abtreibung oder "Muß-Ehe"? Demographische Probleme in der Sowjetunion, 38.Jg. (1988) S.A569-A575

Peltz, Gudrun: "Hat Kopf, Hand, Fuß und Herz". Untersuchungen zur Stellung der Frau in der sowjetischen Gesellschaft, in: Fieseler, Beate/ Schulze, Birgit (Hg.): Frauengeschichte: gesucht - gefunden? Köln/Weimar/Wien: Böhlau 1991, S.236-256

Peristiany, Jean G. (Hg.): Mediterranean Family Structures, Cambridge/New York/London/Melbourne: Cambridge University Press 1976

Pessar, Patricia R.: The Linkage between the Household and Workplace of Domenican Women in the U.S., in: International Migration Review, 18.Jg. (1984) Nr.4, S.1188-1211

Pfluger-Schindlbeck, Ingrid: "Achte die Älteren, liebe die Jüngeren". Sozialisation türkisch-alevitischer Kinder im Heimatland und in der Migration, Frankfurt am Main: Athenäum 1989

Phoenix, Ann/ Woolett, Anne/ Lloyd, Eva (Hg.): Motherhood, Meanings, Practices and Ideologies, London: Sage Publications 1991

Pike, Kenneth L.: Language in Relation to a Unified Theory of the Structure of Human Behavior, The Hague/Paris: Mouton & Co. 2. Aufl. 1967 (1954)

Pintér, Karin: Das Weibliche im Ethnischen, in: Bauböck, Rainer/ Baumgartner, Gerhard/ Perchinig, Bernhard/ Pintér, Karin (Hg.): ... und raus bist du! Ethnische Minderheiten in der Politik (Österreichische Texte zur Gesellschaftskritik: Bd.37), Wien: Verlag für Gesellschaftskritik 1988, S.280-290

Planck, Ulrich: Das generative Verhalten der Landfrauen in der Türkei, in: Orient, 32.Jg. (1991) Nr.3, S.449-463

Poortinga, Ype H./ Malpass, Roy S.: Making Inferences from Cross-Cultural Data, in: Lonner, Walter J./ Berry, John W. (Hg.): Field Methods in Cross-Cultural Research, Beverly Hills/Newbury Park/London/New Dehli: Sage Publications 1986, S.17-46

Quack, Sigrid: "Da muß man sich durch einen langen, dunklen Tunnel tasten ..." Zur beruflichen Eingliederung von Aussiedlerinnen und Aussiedlern in Deutschland, in: Morokvasic, Mirjana (Hg.): Wanderungsraum Europa: Menschen und Grenzen in Bewegung, Berlin: Ed. Sigma 1994, S.250-269

Ralston, Helen: Ethnicity, Class and Gender among South Asian Women in Metro Halifax: An Exploratory Study, in: Canadian Ethnic Studies, 20.Jg. (1988) Nr.3, S.63-83

Renner, Erich: Erziehungs- und Sozialisationsbedingungen türkischer Kinder, Rheinstetten: Schindele 1975

Riebe, Kurt/ Collatz, Jürgen: Geburtshilfliche Versorgung türkischer Frauen. Eine sozialepidemiologische Sekundäranalyse der Perinatalstudie Niedersachsen und Bremen, in: Collatz, Jürgen/ Kürsat-Ahlers, Elcin/ Korporal, Johannes (Hg.): Gesundheit für alle. Die medizinische Versorgung türkischer Familien in der Bundesrepublik Deutschland, Hamburg: EB-Verlag Rissen 1985, S.230-257

Rink-Scheidt, Eva: Aussiedlerfrauen und -kinder passen in kein Förderungsprogramm, in: Informationsdienst zur Ausländerarbeit (1990) Nr.2, S.19-20

Rommelspacher, Birgit: Weibliche Beziehungsmuster. Psychologie und Therapie von Frauen, Frankfurt am Main/New York: Campus 1987

Rommelspacher, Birgit: Mitmenschlichkeit und Unterwerfung. Zur Ambivalenz der weiblichen Moral, Frankfurt am Main/New York: Campus 1992

Rosenbaum, Monika: Frauenarbeit und Frauenalltag in der Sowjetunion, Münster: Westfälisches Dampfboot 1991

Rowland, Rubyn: The Bem Sex-Role Inventory and its Measurement of Androgyny, in: Australian Psychologist, Jg.15, Nr.3 (1980) S.449-457

Rubin, Gayle: The Traffic in Women: Notes on the "Political Economy" of Sex, in: Reiter, Rayna R.: Toward an Anthropology of Women, New York: Monthly Review Press 1975, S.157-210

Ruddick, Sara: Mütterliches Denken. Für eine Politik der Gewaltlosigkeit, Frankfurt am Main/New York: Campus 1993

Sacharowa, Natalja/ Possadkaja, Anastasia/ Rimaschewskaja, Natalja: Die Frau im gesellschaftlichen Leben der Sowjetunion, in: Sowjetwissenschaft. Gesellschaftswissenschaftliche Beiträge, 42.Jg. (1989) Nr.4, S.414-422

Schaumann, Lena/ Haller, Ingrid/ Geiger, Klaus/ Hermanns, Harry: Lebenssituation und Lebensentwürfe junger türkischer Frauen der zweiten Migrantengeneration (Hessische Landesregierung für Frauenangelegenheiten), Wiesbaden: 1988

Scheinhardt, Sahlia: Auflösung der traditionellen türkischen Familien in der Industriegesellschaft? Frauenrolle, Zweite Generation, Identität zwischen den Kulturen, in: Schulte, Axel/ Trabandt, Cornelia/ Zein, Abudin (Hg.): Ausländer in der Bundesrepublik. Integration, Marginalisierung und Identität, Frankfurt am Main: Materialis-Verlag 1985, S.146-163

Schenk, Herrad: Die feministische Herausforderung. 150 Jahre Frauenbewegung in Deutschland, München: C.H. Beck 4. Aufl. 1988

Schiffauer, Werner: Die Bauern von Subay. Das Leben in einem türkischen Dorf, Stuttgart: Klett-Cotta 1987

Schiffauer, Werner: Die Migranten aus Subay. Türken in Deutschland: Eine Ethnographie, Stuttgart: Klett-Cotta 1991

Schmidt-Koddenberg, Angelika: Ausländerinnen im Gespräch. Maßnahmen zur Verbesserung der Lebenssituation ausländischer Frauen. Dokumentation und Analyse im Auftrag des Ministers für Arbeit, Gesundheit und Soziales des Landes Nordrhein-Westfalen, Düsseldorf: 1984

Schmidt-Koddenberg, Angelika: Akkulturation von Migrantinnen. Eine Studie zur Bedeutsamkeit sozialer Vergleichsprozesse zwischen Türkinnen und deutschen Frauen, Opladen: Leske und Budrich 1989

Schneider-Düker, Marianne/ Kohler, André: Die Erfassung von Geschlechtsrollen. Ergebnisse zur deutschen Neukonstruktion des Bem Sex-Role Inventory, in: Diagnostica, 34.Jg. (1988) Nr.3, S.256-270

Schöneberg, Ulrike: Probleme der inhaltlichen und sprachlichen Gestaltung standardisierter Befragungsinstrumente und deren Übersetzung in Untersuchungen über Arbeitsmigranten, in: Sieverding, Ulrich O. (Hg.): Arbeitsmigrantenforschung in der Bundesrepublik Deutschland. Methodenprobleme der Datenerhebung, Frankfurt am Main: Haag und Herchen 1985, S.128-156

Schrader, Achim/ Nikles, Bruno W./ Griese, Hartmut M.: Die zweite Generation. Sozialisation und Akkulturation ausländischer Kinder in der Bundesrepublik, Königstein/Taunus: Athenäum 1976

Schütze, Yvonne: Mutterliebe - Vaterliebe. Elternrollen in der bürgerlichen Familie des 19. Jahrhunderts, in: Frevert, Ute (Hg.): Bürgerinnen und Bürger. Geschlechterverhältnisse im 19. Jahrhundert. Mit einem Vorwort von Jürgen Kocka, Göttingen: Vandenhoeck und Ruprecht 1988a, S.118-133

Schütze, Yvonne: Zur Veränderung im Eltern-Kind-Verhältnis seit der Nachkriegszeit, in: Nave-Herz, Rosemarie (Hg.): Wandel und Kontinuität der Familie in der Bundesrepublik Deutschland, Stuttgart: Enke Verlag 1988b, S.95-114

Schütze, Yvonne: Die gute Mutter. Zur Geschichte des normativen Musters "Mutterliebe" (Theorie und Praxis der Frauenforschung: Bd.3), Bielefeld: Kleine Verlag 2. Aufl. 1991 (1986)

Schultze, Günther: Soziale Situation ausländischer Mädchen und Frauen in Nordrhein-Westfalen, hg. von der Palamentarischen Staatssekretärin für die Gleichstellung von Frau und Mann des Landes NRW, Bonn/Düsseldorf: 1987

Sewerin, Christiane: Männergesellschaft. Patriachalischer Scheinausweg verhindert Gleichberechtigung der Frau, in: DSF Journal, 28.Jg. (1989) Nr.4, S.34-35

Sherif, Carolyn Wood: Needed Concepts in the Study of Gender Identity, in: Psychology of Women Quarterly, 6.Jg. (1982) Nr.4, S.375-398

Sieverding, Monika/ Alfermann, Dorothee: Instrumentelles (maskulines) und expressives (feminines) Selbstkonzept: ihre Bedeutung für die Geschlechtsrollenforschung, in: Themenheft der Zeitschrift für Sozialpsychologie, Bd.23 (1992) Nr.1, S.6-15

Sievering, Ulrich O. (Hg.): Arbeitsmigrantenforschung in der Bundesrepublik Deutschland. Methodenprobleme der Datenerhebung (Arnoldshainer Texte, Bd.35), Frankfurt am Main: Haag und Herchen 1985

Silberreisen, Rainer K./ Schmitt-Rodermund, Eva: "Wir haben befürchtet, die Familie würde auseinanderreißen". Veränderungen der Familienbeziehungen: Folgen für Jugendliche in Aussiedlerfamilien (Projektgruppe "EVA-A"), Kassel: 1991, S.26-54

Simon, Rita James/ Brettell, Caroline B. (Hg.): International Migration. The Female Experience, New Jersey: Rowman and Allanheld 1986

Sirman, Nükhet: Verhaltensstrategien von Bäuerinnen zur Stärkung ihrer Position in Ehe und Familie, in: Neusel, Ayla/ Tekeli, Sirin/ Akkent, Meral (Hg.): Aufstand im Haus der Frauen. Frauenforschung aus der Türkei, Berlin: Orlanda Frauenverlag 1991, S.242-268

Smith, Estelle M.: The Portuguese Female Immigrant: the Marginal Man, in: International Migration Review, 14.Jg. (1980) Nr.1, S.77-92

Snyder, Nelly Salgado de/ Cervantes, Richard C./ Padilla, Amado M.: Gender and Ethnic Differences in Psychological Stress and Generalized Distress among Hispanics, in: Sex Roles, 22.Jg. (1990) Nr.7/8, S.441-453

Spelman, Elizabeth V.: Inessential Woman. Problems of Exclusion in Feminist Thought, Boston: Beacon Press 1988

Spence, Janet T.: Masculinity, Feministy and Gender-related Traits: A conceptual analysis and critique of current research, in: Progress in experimental personality research, Nr.13 (1984) S. 1-99

Spence, Janet T./ Deaux, Kay/ Helmreich, Robert L.: Sex Roles in Contemporary American Society, in: Lindzey, G./ Aronson, E. (Hg.): Handbook of Social Psychology, New York: Random House 1985, S.149-178

Spence, Janet T./ Helmreich, Robert L.: Masculinity & Femininity. Their Psychcological Dimensions, Correlates and Antecedents, Austin/London: University of Texas Press 1978

Spence, Janet T./ Helmreich, Robert L.: Theoretical Notes. Androgyny versus Gender Schema: A Comment on Bem's Gender Schema Theory, in: Psychological Review, 88.Jg. (1981) Nr.4, S.365-368

Spence, Janet T./ Sawin, Linda L.: Images of Masculinity and Femininity. A Reconceptualization, in: O'Leary, Virgina E./ Unger, Rhoda K./ Wallston, Barbara

Strudler (Hg.): Women, Gender, and Social Psychology, Hillsdale/New Jersey: Erlbaum 1985, S.35-66
Stagl, Justin: Eine Widerlegung des kulturellen Relativismus, in: Matthes, Joachim (Hg.): Zwischen den Kulturen? Die Sozialwissenschaften vor dem Problem des Kulturvergleichs, Göttingen: Verlag Otto Schwarz & Co. 1992, S.145-166
Statistisches Bundesamt: Statistisches Jahrbuch 1981 für die Bundesrepublik Deutschland, Wiesbaden 1981
Statistisches Bundesamt: Statistisches Jahrbuch 1982 für die Bundesrepublik Deutschland, Wiesbaden 1982
Statistisches Bundesamt: Statistisches Jahrbuch 1992 für die Bundesrepublik Deutschland, Wiesbaden 1992
Stirling, Paul: Turkish Village, London: Weidenfeld and Nicolson 1965
Stone, Karen: Motherhood and Waged Work: West Indian, Asian and White Mothers Compared, in: Phizacklea, Annie (Hg.): One Way Ticket, London: 1983, S.33-52,
Tanner, Nancy: Matrifocality in Indonesia and Africa and Among Black Americans, in: Rosaldo, Michelle Zimbalist/ Lamphere, Louise (Hg.): Woman, Culture, and Society, Stanford/California: Stanford University Press 1974, S.129-156
Tekeli, Sirin: The Rise and Change of the New Women's Movement. Emergence of the Feminist Movement in Turkey, in: Dahlenup, Drude (Hg.): The New Women's Movement, Feminism and Political Power in Europe and the USA, London/Beverly Hills u. a.: Sage Publications 1986, S.179-199
Tekeli, Sirin: Frauen und Politik in der Türkei. Hg. vom Berliner Institut für Vergleichende Sozialforschung: Jahrbuch für Vergleichende Sozialforschung 1987/1988 (früher: Jahrbuch zur Geschichte und Gesellschaft des Vorderen und Mittleren Orients), Berlin: Parabolis 1987/1988, S.71-91
Tekeli, Sirin: Frauen in der Türkei der 80er Jahre, in: Neusel, Ayla/ Tekeli, Sirin/ Akkent, Meral (Hg.): Aufstand im Haus der Frauen. Frauenforschung in der Türkei, Berlin: Orlanda Frauenverlag 1991, S.27-46
Timur, Serim: "Determinants of Family Structure in Turkey", in: Abadan-Unat, Nermin: Women in Turkish Society, Leiden: E.J. Brill 1981, S.59-73
Timur, Serim: Charakteristika der Familienstruktur in der Türkei, in: Abadan-Unat, Nermin (Hg.): Die Frau in der türkischen Gesellschaft, Frankfurt am Main: Dagyeli 1985, S.56-76
Tivers, Jacqueline: Women Attached. The Daily Lives of Women with Young Children, New York: St. Martin's Press 1985
Triandis, Harry C.: The Analysis of Subjective Culture, New York: Wiley 1972
Trommsdorff, Gisela (Hg.): Sozialisation im Kulturvergleich (Bd.10: Der Mensch als soziales und personales Wesen), Stuttgart: Enke Verlag 1989
Unger, Rhoda K.: Imperfect Reflections of Reality. Psychology Constructs Gender, in: Mustin, Rachel T. Hare/ Marecek, Jeanne (Hg.): Making a Difference. Psychology and the Constructions of Gender, New Haven/London: Yale University Press 1990, S.102-149
Uygur, Nermi: Transkulturelle Betrachtungen über die menschlich-gesellschaftlichen Eigenschaften der türkischen Sprache, in: Ruhloff, Jörg (Hg.): Aufwachsen in

einem fremden Land (Europäische Hochschulschriften), Frankfurt am Main/Bern: Peter Lang Verlag 1982, S.86-104

Vazquez-Nuttall, Ena/ Romero-Garcia, Ivonne/ Leon, Brunhilda de: Sex Roles and Perceptions of Feminity and Masculinity of Hispanic Women. A Review of their Literature, in: Psychology of Women, 11.Jg. (März 1987) Nr.1, S.409-425

Wagenhäuser, Franz J. A.: Gastarbeiterwanderung und Wandel der Agrarstruktur am Beispiel von drei ost-zentralanatolischen Dörfern, Fort Lauderdale/Saarbrücken: Breitenbach Publishers 1981

Warrier, Shrikala: Marriage, Maternity and Female Economic Activity. Guyjarati Mothers in Britain, in: Westwood, Sallie/ Bhachu, Parminder (Hg.): Enterprising Women, New York/London: Routledge 1988, S.132-152

Weische-Alexa, Pia: Soziokulturelle Probleme junger Türkinnen in der Bundesrepublik Deutschland. Mit einer Studie zum Freizeitverhalten türkischer Mädchen in Köln (Diplomarbeit), Köln: PH Rheinland 4. Aufl. 1982 (1977)

Weiß, Johannes: Faktoren, Elemente und Probleme der soziokulturellen Identität von Aussiedlern (Projektgruppe "EVA-A"), Kassel: 1991, S.75-86

Wendt-Hildebrandt, Susan/ Hildebrandt, Kai/ Krebs, Dagmar: Zur interkulturellen Validität von Messinstrumenten, in: ZUMA-Nachrichten (1983) Nr.13, S.45-57

Werbner, Pnina: Taking and Giving. Working Women and Female Bonds in a Pakistani Immigrant Neighbourhood, in: Westwood, Sallie/ Bhachu, Parminder K. (Hg.): Enterprising Women, New York/London: Routledge 1988, S.177-202

Werlhof, Claudia von/ Mies, Maria/ Bennholdt-Thomsen, Veronika: Frauen, die letzte Kolonie, Reinbek bei Hamburg: Rowohlt 1988

Westwood, Sallie/ Bhachu, Parminder (Hg.): Enterprising Women. Ethnicity, Economy and Gender Relations, London/New York: Routledge 1988

Wiederkehr-Benz, Katrin: Mütterlichkeit, in: Lissner, Anneliese/ Süssmuth, Rita/ Walter, Karin (Hg.): Frauenlexikon. Wirklichkeiten und Wünsche von Frauen, Freiburg im Breisgau: Herder 1988, S.780-785

Williams, John E./ Best, Deborah L.: Measuring Sex Stereotypes: A Thirty-Nation Study, Newbury Park, CA.: Sage Publications 1982

Wilpert, Czarina: Die Zukunft der zweiten Generation. Erwartungen und Verhaltensmöglichkeiten ausländischer Kinder, Königstein/Ts.: Hain 1980

Wilpert, Czarina: Work and the Second Generation: the Descendants of Migrant Workers in the Federal Republic of Germany, in: Dies. (Hg.): Entering the Working World, Aldershot/Brookfield, USA/Hongkong u.a.: Gower 1988, S.111-149

Wilpert, Czarina: Expertengespräch während des Symposiums "Zur gesellschaftlichen Lage von Frauen in der Türkei der achtziger Jahre und in der Migration", Hofgeismar: 1989

Wilpert, Czarina/ Morokvasic, Mirjana: Bedingungen und Folgen internationaler Migration. Berichte aus Forschungen zu den Migrationsbiographien von Familien, Jugendlichen und ausländischen Arbeiterinnnen, in: Soziologische Forschungen, 4.Jg. (1983) Nr.8,S.III-55 und S.275-316

Wilpert, Czarina/ Morokvasic, Mirjana: Die neue internationale Migration von Frauen nach Italien. Tagungsanlage zum internationalen Symposium über "Frauen und Migration"; 18.10.-21.10.1988: TU Berlin

Winnicott, Donald W.: Primäre Mütterlichkeit, in: Ders.: Von der Kinderheilkunde zur Psychoanalyse: Kindler 1976, S.153-160

Woolett, Anne/ Phoenix, Ann: Psychological Views of Mothering, in: Phoenix, Ann/ Woolett, Ann/ Lloyd, Eva (Hg.) Motherhood. Meanings, Practices and Ideologies, London/Newbury Park/New Delhi: Sage Publications 1991, S.28-46

Wong, Frank Y./ Mcreary, Donald/ Duffy, Karen G.: A further Validation of the Bem Sex Role Inventory: A Multitrait - Multimethod Study, in: Sex Roles, Jg.22, Nr. 3/4 (1990) S. 249-259

Yalcin-Heckmann, Lale: ... dann kannst du was erleben! Geschlechtsspezifische Rollen und Frauenstrategien in nomadischen und seminomadischen Stammesgesellschaften, in: Neusel, Ayla/ Tekeli, Sirin/ Akkent, Meral (Hg.): Aufstand im Haus der Frauen. Frauenforschung aus der Türkei, Berlin: Orlanda Frauenverlag 1991, S.269-286

Yanagisako, Sylvia Junko: Women-Centered Kin Networks in Urban Bilateral Kinship, in: American Ethnologist (1977) Nr.4, S.207-225

Zentrum für Türkeistudien (Hg.): Türkei Sozialkunde. Wirtschaft, Beruf, Bildung, Religion, Familie, Erziehung, Opladen: Leske und Budrich 1991

ZUMA: Zur interkulturellen Validität von Messinstrumenten, in: Zuma Nachrichten (13. November1983) S.45-47